中公文庫

自殺論

デュルケーム
宮島喬訳

中央公論新社

目次

自殺論

——社会学研究

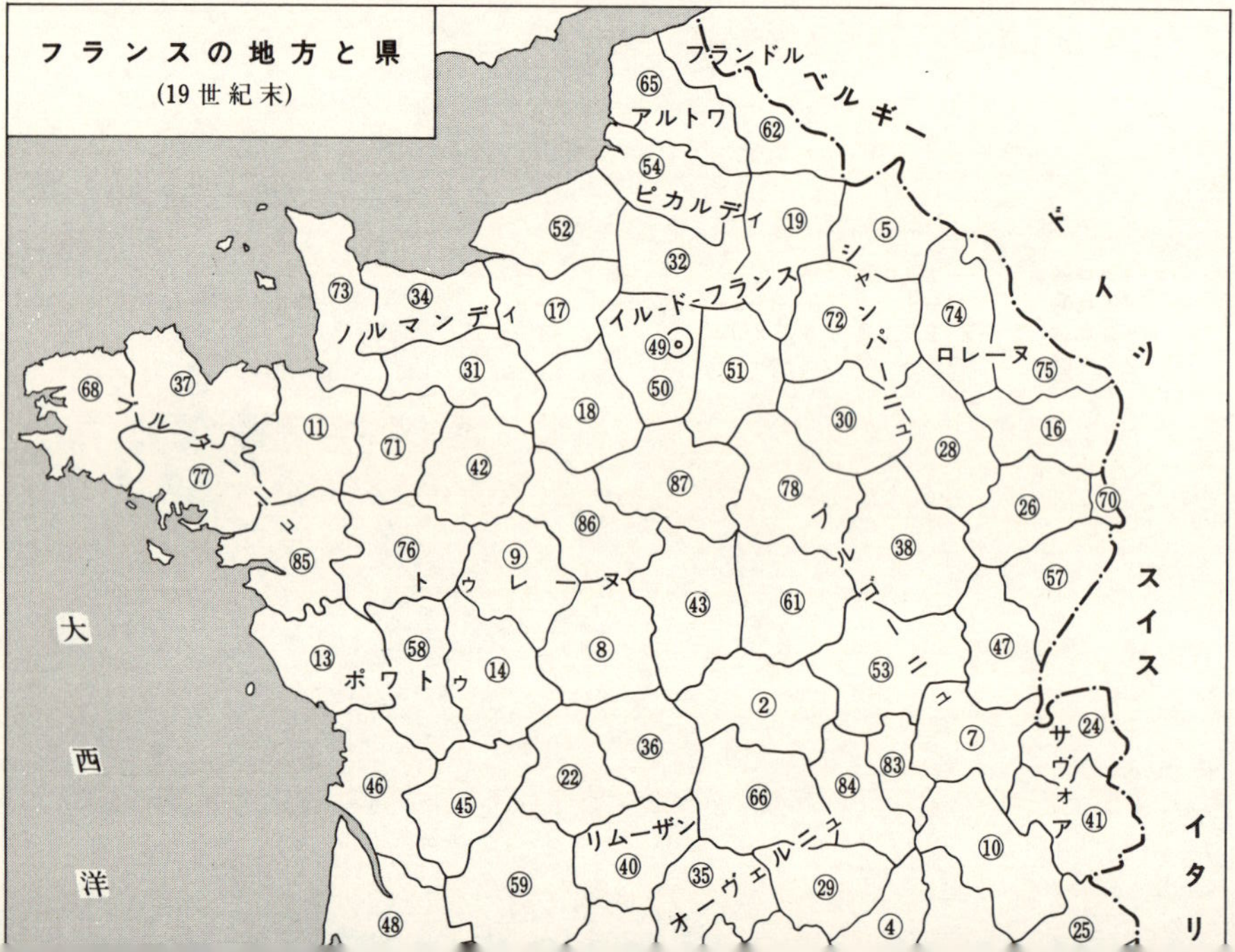
フランスの地方と県
(19世紀末)
フランドル
アルトワ
ピカルディ
ノルマンディ
イル-ド-フランス
シャンパーニュ
ロレーヌ
ブルターニュ
トゥレーヌ
ブルゴーニュ
ポワトゥ
リムーザン
オーヴェルニュ
サヴォア
ベルギー
ドイツ
スイス
イタリ
大西洋

県名（五十音順）

①アヴェロン
②アリエ
③アリエージュ
④アルデーシュ
⑤アルデンヌ
⑥アルプ-マリティーム
⑦アン
⑧アンドル
⑨アンドル-エ-ロワール
⑩イゼール
⑪イル-エ-ヴィレーヌ
⑫ヴァール
⑬ヴァンデ
⑭ヴィエンヌ
⑮ヴォークリューズ
⑯ヴォージュ
⑰ウール
⑱ウール-エ-ロワール
⑲エーヌ
⑳エロー
㉑オード
㉒オート-ヴィエンヌ
㉓オート-ガロンヌ
㉔オート-サヴォア
㉕オート-ザルプ
㉖オート-ソーヌ
㉗オート-ピレネー
㉘オート-マルヌ
㉙オート-ロワール
㉚オーブ
㉛オルヌ
㉜オワーズ
㉝ガール
㉞カルヴァドス
㉟カンタル
㊱クルーズ
㊲コート-デュ-ノール
㊳コート-ドール
㊴コルス（コルシカ）
㊵コレーズ
㊶サヴォア
㊷サルト
㊸シェール
㊹ジェール
㊺シャラント
㊻シャラント-マリティーム
㊼ジュラ
㊽ジロンド
㊾セーヌ
㊿セーヌ-エ-オワーズ
51セーヌ-エ-マルヌ
52セーヌ-マリティーム
53ソーヌ-エ-ロワール
54ソンム
55タルン
56タルン-エ-ガロンヌ
57ドゥー
58ドゥー-セーヴル
59ドルドーニュ
60ドローム
61ニエーヴル
62ノール
63バス-ザルプ
64バス-ピレネー
65パ-ド-カレー
66ピュイ-ド-ドーム
67ピレネー-オリアンタル
68フィニステール
69ブーシュ-デュ-ローヌ
70ベルフォール
71マイエンヌ
72マルヌ
73マンシュ
74ムース
75ムルト-エ-モゼル
76メーヌ-エ-ロワール
77モルビアン
78ヨンヌ
79ランド
80ロゼール
81ロット
82ロット-エ-ガロンヌ
83ローヌ
84ロワール
85ロワール-アトランティク
86ロワール-エ-シェール
87ロワレ

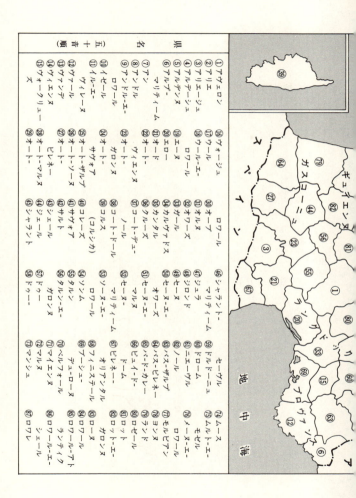

凡例

一、本文中における（　）の使用は原著に従っている。文意を明確にするために訳者がくわえた補足・注釈は〔　〕に入れて区別した。ただし、訳語の原綴をしめすばあいは、小活字をもちいて（　）に入れた。

一、原文のイタリック体は原則として訳文に傍点を付した。

一、原注および訳注は章末に記し、本文中の該当語句の末尾右傍に番号を付した。*を付したものは原注、†を付したものは訳注をしめし、それぞれ章ごとの通し番号である。

一、表については、便宜上、原著に番号のないものをふくめて通し番号を付し、表題のないものには適宜表題をくわえたが、いちいち注記しなかった。

一、表の最後に付された小字の注記は、*を付したもの以外はすべて原著者によるものである。

一、統計数字等の明らかな誤りについては、表中のものは*を付して欄外に注記し、本文中のものは〔　〕内もしくは章末の訳注において正しい数値をしめした。

一、原著の巻末に付されている詳細な内容目次は割愛した。

一、本書の巻末の索引は訳者が作成したものである。

序文

しばらく前から、社会学が流行の学問となっている。この言葉は、一〇年前にはあまり知られていなかったし、ほとんど問題にされなかったが、今日ではふつうに用いられている。この新しい科学の使命は増大し、この科学にたいするある好意的な予断が、人びとのあいだにひろまっている。よせられている期待は大きい。しかし、正直なところ、今日までに得られたこの科学の成果は、あらわされた著作の数とも、またそれを追究することにかけられた興味とも、本当に見合ったものであるとはいいがたい。科学の進歩というものは、それの対象としている問題の解決に向かってどれほど前進したかという指標によって認識される。それまで未知であった法則が発見されたとき、あるいは少なくとも、明らかにされた新しい事実が、究極的な問題解決とみなされるものをもたらさなくとも、問題の立て方を変化させるとき、科学は進歩したといわれる。しかしあいにく、社会学はこのような状況を呈していないが、それには相応の理由がある。すなわち、それは、往々にして社会学が、その取り扱う問題をはっきりと限定されたかたちで提起していないということである。社会学は、いまだになお建設の段階と哲学的総合の段階をこえていない。社会的領域のある限定された部分に光をあてることにつとめるよりも、好んでありとあらゆる問題に手をひろげ、絢爛《けんらん》たる一般論を展開し、なにひとつ問題をはっきり限定して扱おうとしないのだ。[†1] このような方法は、いわば、あらゆる種類の主題に照明を投げかけることによって、たしかに多少は世人の好奇心をまぎらわすことができるかもしれないが、なんら客観的なものに到達することはできまい。簡単な検討や軽はずみな直観によっては、きわめて複雑な現実にかんする法則を首尾よくみいだすことができるものではない。とりわけ、あのように広汎《こうはん》で性急な一般化が行なわれるばあいには、どんなたぐいの証明も不可能である。せいぜいできることといえば、提起した仮説を例証するのに都合のよい事例を必要に応じて引用するくらいのことであるが、たんに事例をあげることは証明にはならない。そのうえ、あまりに多くの事実を扱うときには、いずれの問題も十分に追究することができないし、ほとんど行きあたりばったりのあてにならない資料にたよるほかなく、それらを吟味するすべもないことになる。したがって、もっぱら限定された問題を扱うことを原則としてきた者ならだれにとっても、純粋社会学の書物はほとんど役にたたない。なぜなら、このような書物の大部分は、いかなる特定領域の研究にも属さないし、多少とも権威のある資料となると、あまりにもとぼしいからである。

　社会学の将来あることを信じる者は、当然このような事態に終止符をうつように心がけなければならない。かりにこの事態がつづくならば、社会学は、ほどなくかつての不面目な状態に逆もどりするであろうし、ただ理性への敵対者だけを喜ばせるような結果をまねこう。なぜなら、今日まで人間精神の理解のおよぶことをこばんできた――そして人間精神が熱心に理解しようとつとめている――現実のその部分が、一時的にもせよ、その理解からのがれているようなことがあれば、それは人間精神にとって悲しむべき挫折《ざせつ》であろうからである。獲得された結果が不完全なものであるからといって、すこしも落胆する必要はない。それは、新たな努力をふるい起こさせる理由でこそあれ、その努力を放棄させる理由にはならない。このような誕生まもない科学は、たとえ誤りや模索が避けられなくとも、それらを意識し、ふたたびくりかえさないように気をつければ、批判されるべきものではない。だから、社会学はその目標のいずれをも放棄する必要はないが、しかし、他方、社会学はみずからによせられている期待にこたえようとすれば、新種の哲学まがいのもの以上になるようにつとめなければならないのである。社会学者は、社会的事実にかんする形而上学的《けいじじょうがく》思弁に甘んじないで、はっきりとその輪郭をえがくことができ、いわば指でさししめされ、その境界がどこからどこまでであるかをいうことができるような事実群を、その研究対象とし、断固それととりくまなければならない。また、歴史学、民族誌、統計学などの補助的な分野をたんねんに参照しなければならない。これらがなくては、社会学は無力なのである。ただなにか懸念される点があるとすれば、それは、これらの科学の明らかにした事実が、にもかかわらず、社会学者の収集しようとしている素材と実際にはなんの関係もないのではないかということである。なぜなら、社会学者がその素材をどれほど注意して限定しようとつとめても、それはきわめて豊富であり、また多様をきわめているので、いわば無限に予想をこえた留保部分をふくんでいるからである。しかし、こんなことは決定的なことではない。もしも、社会学者が、そのような研究方法にしたがうならば、たとえかれの事実の収集が十分でなく、そのやり方があまりに狭くかぎられたものであっても、ともかく将来にも受けつがれる有益な研究を達成したことになるであろう。というのは、なんらかの客観的基礎をもっている発想は、その創始者の個性に密接にむすびついていることはないからである。それは、なにかしら個をこえたものをもっているので、他の人びともふたたびそれをとりあげて追究することができる。つまり、伝達が可能だということなのだ。こうして、科学的研究においてある一定の連続性が保証されるようになるが、この連続性こそ、科学的作業において、その進歩をうながす条件にほかならない。

読者が以下に読まれるこの著作は、以上のような精神にしたがって構想された。過去の講義において研究する機会をもったいろいろな主題のなかから、私がここに自殺をえらんで公《おおやけ》にした理由は、これ以上容易に規定されるものも少なく、またこれは、とくに時宜を得た例だとおもわれたからである。もっとも、自殺というものの輪郭をはっきりさせるためには、予備的な研究が要請されている。しかし、その代わり、このような限定を通じて、どんな思弁的な論議よりもすぐれて社会学の可能性を証明する真の法則を首尾よくみいだすことができる。そこには、われわれが証明したいとおもっている法則があらわれてくるであろう。たしかに、私は〔本書中で〕一再ならず、誤りを犯したであろうし、観察された事実からの帰納を試みるにあたって、それを不当に拡張することもあったにちがいない。しかし、少なくとも、各命題は、それを裏づける証拠をともなっているし、私は、その証拠をできるかぎり豊富にするようにもつとめた。わけても、そのつど、解釈された事実と、推論、解釈が混同されないように区別することに意を用いた。だから、読者は、すこしも判断を乱されずに、私の説明の根拠となった事実の適否を吟味することができる。

なお、研究にこのように限定をくわえたからといって、かならずしも全体的な観点や一般的な洞察がさまたげられるわけではない。それどころか、結婚生活、やもめ暮らし、家族、宗教社会などにかんする若干の命題を確立することに成功したと私は考えているが、これらの命題は、私の誤解がなければ、それらの条件や制度の本質にかんするモラリストたちの通説よりも示唆に富んでいよう。また、この研究からは、現にヨーロッパ社会をおそっている一般的な不安の原因と、その不安を緩和することのできる克服方法にかんしても、若干の指針がみちびかれるものとおもう。ある一般的状態が、一般論の助けのみによって説明されると考えてはならないからである。その一般的状態は、ある特定の原因に根ざしているかもしれないが、その原因は、それを表現している同じく特定の現象を通じてこそはじめて解明できるといったものかもしれない。さて、今日の自殺は、まさしくわれわれを悩ませている集合的な疾患を反映しているひとつの形態にほかならない。それゆえ、自殺の研究は、その疾患を理解するための一助となることができるであろう。

最後に、私が、他の著書[*1]のなかで提起し、とくに検討した方法論上の重要な問題が、本書のなかでも、ただし具体的、応用的な形態で、取り扱われることになろう。じっさい、それらの問題のなかには、本書の以下の研究が非常に大きな寄与をする問題がひとつあるのであるが、その寄与の大きさを考えると、いまここでも、それについてただちに読者の注意を喚起しておかなければならない。

私の実践している社会学的方法は一《いっ》に帰して、社会的事実はもの《ショーズ》と同じように、いいかえれば、個人の外部にある実在と同じように研究されなければならない、という基本的原則の上に立てられている。これほど多くの批判を浴びた原則はないが、またこれほど基本的な原則もない。というのは、要するに、社会学の成立が可能であるためには、社会学が、なによりもまず、ひとつの対象を、それも社会学独自の研究対象をもたなければならないからである。社会学は、他の諸科学の領域には属さないひとつの実在を認識しなければならない。ただし、そのさい、個人の意識のほかに実在的なものがなにもないとすれば、社会学は、それに固有の研究素材を欠くことになるから、存在しなくなる。とすれば、観察の向けられる唯一の対象は、それをおいてほかにないから、個人の心理状態ということになる。ところが、これを扱うのは心理学の仕事なのだ。じっさい、この観点からすれば、たとえば婚姻、家族、宗教などの実質をなすものはすべて、父性愛、孝心、性的欲求、いわゆる宗教本能などの個人的欲求のうちにあることになり、それらの制度はこうした個人的欲求に対応したものとみなされる。あのように多様で複雑な歴史的形態をともなって現われているそれらの制度そのものは、なおざりにされ、ほとんど重視されなくなってしまう。それらの制度は、個人の本性の一般的特徴の外面的、偶然的な現われであるから、その一側面にすぎなくなり、なんら特別な研究を必要としないことになる。たしかに、人類のこれらの永遠なる感情が歴史のそれぞれの時点でどのように外部的に現われたかをときおり研究してみるのは、興味つきないことかもしれない。だが、このように外部に現われたものはすべて不完全なものにすぎないから、さして重視することはできないとされる。なるほど、ばあいによっては、それらの外部的形態をとりのぞいたほうが、原型をよく把握できることがある。外部に現われたものの意味はすべて、その原型から派生したものであり、外部に現われたものは、その原型を変形したものなのだから。こうして、この科学〔社会学〕の基礎を個人の心理的構造に求めることはこれをより強固な基盤の上に確立することになる、という口実のもとに、人はこの科学に属する唯一の対象をそれから遠ざけてしまったのである。社会が存在しなければ、社会学も存立できないということ、また存在するものが個人だけならば、社会は存在しないということを人は理解しない。なお、こうした考え方は、社会学の顔がいつも漠然とした一般論の方向を向いていることと浅からぬ因縁がある。社会生活の具体的形態にただ仮の存在しか認めないとき、それらを表現しようとつとめてもどうなるであろう。

さて、それとは反対に、いわば本書の各ページからは、個人は、個人をこえたひとつの道徳的実在、すなわち集合的実在によって支配されているという印象がでてこないわけにはいかないとおもう。各民族には固有の自殺率があること、その率は一般死亡率よりも変化しにくいこと、それが変化するときには各社会の固有の増加率にしたがうこと、およびそれが、日、月、年のなかの各時点でしめす変化は、もっぱら社会生活のリズムを再現していることを知るとき、また、結婚生活、離婚、家族、宗教社会、軍隊などが、ばあいによっては数字でも表現できるような明確な法則によって自殺率に影響を与えていることを確認するとき、人びとは、これらの事態や制度を、力も効果ももたない、なにかしら観念的なこしらえものとみることをやめるにちがいない。むしろ、それが生きた、効果のある実在的な力であることを感じるであろうが、それがどのように個人を規定するかをみることによって、それが個人にもとづく力ではないことも十二分に証明される。かりに個人がこの力を生みだす結合に一つの要素として参加するとしても、この力が形成されていくにつれて、それは個人の上に拘束をおよぼすようになる。こうした条件を考えれば、社会学がいかにして客観的でありうるか、また客観的でなければならないかが、よく理解されよう。というのは、社会学は、心理学者や生物学者が取り扱っている実在におとらない明確な確固とした実在を、対象としているからである。*2

　ここで、私は、二人のかつての教え子、ボルドー高等小学校教諭フェラン氏と哲学教授資格者《アグレジェ》マルセル・モース氏が私に献身的に協力してくれたこと、私にいろいろ尽力してくれたことに感謝しなければならない。フェラン氏は、本書のなかのすべての地図を作成してくれた。また、第34表〔二六九ページ〕および第37表〔二九七ページ〕の作成に必要な材料を集めることができたのは、モース氏のおかげである。これらの表の重要性はあとでわかってくるとおもう。これのために、モース氏は、年齢、性、法律上の身分、子どもの有無の別に分けるため二万六千人の自殺者の記録をしらべなければならなかった。このたいへんな仕事を、かれは一人でやってくれた。

　それらの表は、年間報告には載らない司法省所有の資料からつくられた。資料を自由に使うことができたのは、同省統計課長タルド氏の非常なご厚意によるものである。同氏に深く感謝の意を表したい。

*1　*Les règles de la méthode sociologique*, Paris, 1895.〔『社会学的方法の規準』〕

*2　しかし、のちにしめすように（五四六ページ*20を参照）、この見方は、あらゆる自由をしりぞけ

るどころか、自由と統計的データのしめす決定論を両立させる唯一の方法とおもわれる。

†1 コント、スペンサーなどの総合社会学の壮大空疎といわれる内容をさす。

序論

一

自殺という言葉はしじゅう会話のなかに登場するので、その意味はだれにとっても自明のもので、ことさら定義をくだすにはおよばないとおもわれるかもしれない。しかし、じつは日常語というものは、それによってあらわされている概念と同じように、いつも曖昧《あいまい》なものなのだ。だから、学者が日常語を慣用どおりに使って、その意味を特別に吟味し、あらためて規定する労をいとうならば、重大な混乱におちいるだろう。意味内容がほとんど限定されていないため、会話の必要に応じてそのときどきに中身が変わってしまうばかりでない。さらにまた、会話の必要がそこからみちびかれる類別〔たとえば自殺か否かの類別〕は、系統だった分析によるのではなく、人びとの漠然とした印象をあらわすにすぎないので、まったく異なった範疇《はんちゅう》に属する事実が一括して同じ名称でよばれたり、同じ性質をもつ実在が異なった名称でよばれたりすることがよく起こる。したがって、かりに世間一般に受けいれられている日常語をそのまま用いていくならば、一括されるべきものを区別してしまったり、区別されるべきものを一括してしまったりして、物事のありのままの関係を見誤り、その結果、それらの性質を誤認してしまうおそれがある。比較することによって、はじめて説明することが可能になる。科学的研究というものは、比較のできる事実を対象とするとき、はじめてその目的を達成することができるのであるが、有効に比較できるすべての事実を確実に集めれば集めるほど、それだけ研究が実をむすぶ機会も多くなる。しかし、存在のあいだの本来の関係をいくらかでも確実にとらえるためには、通俗的な用語法が結果するような通りいっぺんの吟味に甘んじていてはなるまい。したがって、学者は、日常語に対応する、まったく型にはまった事実群を、その研究対象とすることはできないのである。学者は、研究しようとする事実群に、科学的な取り扱いのために必要な同質性と特定性をあたえるために、みずからそれらを構成しなければならない。植物学者が花や果実について語るとき、また動物学者が魚や昆虫について語るとき、それらの種々の用語をあらかじめ一定の意味に限定して用いるのも、このためである。

そこで、筆者の最初の仕事も、自殺という名称のもとに研究しようとする一群の事実を規定することでなければならない。そのために、いろいろな種類の死のうちで、次のような特徴を共通にしめしているものがあるかどうかをしらべてみよう。すなわち、十分に客観的であって注意ぶかい観察者ならばだれしもそれとみとめ、十分な特殊性をそなえているためにそれによって類別しても他種の死と混同するおそれがなく、さらに一般に自殺という名のもとに考えられている現象に十分近いのでこの言葉をひきついで使っても慣用をそこなうこともない、という特徴である。もしそのような死が存在すれば、右のような明らかな特徴をおびているすべての事実を、例外なく自殺という名称のもとに一括しようとおもう。しかしそのばあい、このようにして構成される種類の死が、つね日ごろ自殺とよばれている事例をすべてふくんでいないかどうか、また反対に、ふつう別の名でよびならわされている事例までをふくんでしまっているかどうか、などの点に気づかう必要はない。なぜなら、ここでの問題は、一般の人びとが自殺についていだいている観念を多少とも正確に表現することではなく、自殺という名称でよんでもいっこうにさしつかえない、しかも客観的な根拠のある対象の範疇、いいかえれば、事実のある明確な本質に対応しているそのような範疇を構成することだからである。

さて、いろいろな種類の死のうちには、それが当の死者自身のまねいたものであり、かれの行為からひき起こされた結果であって、その当人自身が受難者である、という特殊な性質をそなえた死がある。他方、それと同じ特徴が、世間の共通にいだいている自殺の観念のまさに根底にあることも否定できない。なお、その死をひき起こす行為の固有の性質はなにかということは、たいして問題ではない。ふつう自殺というと、多少とも筋力をふるう積極的な荒々しい行為と考えられがちであるが、じつは、徹頭徹尾消極的な態度やたんなる行動回避も、同じ結果をもたらすことがある。人は刃物や火器を用いて自殺をするかとおもうと、まったく同様、絶食によっても自殺をはかる。死が当人の行為のまねいた結果であるとみなされうるためには、かならずしも当人の行為がその死の直接的な先行与件である必要はない。因果関係が間接的であってもいっこうにさしつかえないのであり、それがために自殺という現象の本質が変わるわけではない。殉教の栄誉をかちえるために、死罪と知りながら不敬罪を犯し、死刑執行人の手にかかって殺される偶像破壊者も、自分の手で死の打撃をくわえるのと変わりなく、みずから死をまねいたことになる。少なくとも、この二種類の自発的な死を別々の部類にふりわけなければならない理由はない。なぜなら、両者のあいだには、それを実行にうつすさいの実際にかかわるささいなちがいしかないからである。そこで、次のような最初の定式に達する。当の受難者自身によってなされた積極的・消極的行為から直接、間接に生じるいっさいの死を、自殺と名づける。

しかし、この定義も完璧《かんぺき》ではない。というのは、これでは、まったく異なる二種類の死が弁別されないからである。高い窓を地面と同じ高さにあるとおもいこんで、そこから飛びおりる幻覚者の死と、自分がなにをしているかを知りながらみずからに一撃をくわえる正気な人間の死を、いっしょくたにし、同列に扱うことはできないだろう。じっさい、ある意味では、当の受難者自身のなんらかの行為の直接、間接の結果でないような死は、ほとんどありえない。死をもたらす原因はわれわれの内部にあるよりも、むしろ外部にあって、その原因の影響範囲にあえてはいりこんでいくときに、はじめてその作用がわれわれの上におよぶのである。

では、死という結果をまねく行為が、当人によって、その結果を意図してなされる場合だけが自殺である、といってよいであろうか。自殺したいと欲する者だけが、真の自殺者なのであろうか。また、自殺とはみずからにたいする意図的な殺人であるといってよいであろうか。しかし、まず、こうした定義は、少なくとも観察が困難であるため、たやすくは識別しがたいという難点をはらんだ特徴によって自殺を定義することになろう。その特徴がいかに興味ぶかく、また重要なものであっても、右の難点はいかんともしがたい。どんな動機が行為者を動かしたのか、かれが決心をしたときかれは死そのものを欲していたのか、それともなにか別の目的を目ざしていたのか――こういうことはどうにも知るすべがない。意図というものは、あまりにも内面的なものであって、外側からはおおよそのところしか知ることができない。それは、内省的な観察の目からものがれさる。われわれは、自分の行動の真の動機を見誤っていることのなんと多いことか。われわれはたえず、とるにたらない感情や無意識的習慣にうごかされている行動を、崇高な情熱や気高い配慮によるものであるかのように説明しているのだ。

しかも、一般的にいって、ひとつの行為を、行為者の追求する目的によって定義することはできない。なぜなら、同じひとつの行動の体系が、その性質を変えることなくあまりにも多様な目的に適応することはできるからである。事実、かりに自殺の意図のある場合にのみ自殺が起こるというのであれば、見かけは異なっていても、根本では世間が自殺とよんでいるものと一致する事実や、自殺という言葉を用いなければほかによびようのない事実に、自殺という名称をあたえることをこばまなければなるまい。自分の連隊を救うために避けがたい死に身をさらそうとする兵士は、死そのものを望んでいるわけではない。だがかれも、破産の恥辱をのがれるために死をえらぶ実業家や商人と同じ資格で、自殺者ではないだろうか。信仰に殉ずる者、わが子のために一身を犠牲にする母親などについても同じことがいえる。死が、目ざす目的のためには――もっぱらいまわしい条件であっても――避けがたいものとして甘受されるにせよ、また死そのものが明らかに望まれて追求されるにせよ、いずれの場合でも本人が生を放棄することに変わりはない。そしてそのばあい、生を放棄するやり方のちがいは、同一の種類のなかのたんなる変種のちがいにすぎない。それらのあいだには多くの基本的な類似性がみとめられるので、まずそれらを同じ一般的な呼称のもとに包括しないわけにはいかない。ただし、次には、そのように構成された類の内部で、いくつかの種を区別しなければならない。たしかに、通俗的には、自殺とはなによりもまず、もはや生きることを望まない人間の絶望的な行為である。とはいえ、じつは、人間は、生からのがれるときでもなお生に執着しているのだから、やはり生命を放棄することに変わりはない。そして、生きとし生ける者がもっとも貴重なかけがえのないとされる財産〔生命〕をこのように放棄する行為のすべてには、明らかに共通の本質的な特徴が存在している。それにひきかえ、こうした死への決意をうながしたかもしれないさまざまな動機は、二次的な相違を生じさせるにすぎないだろう。それゆえ、もしも献身的な行為が生命の避けがたい犠牲にまでおよぶときには、それとても科学的にはひとつの自殺なのである。これがどのような種類に属するかは、のちにのべる。

生命の放棄という行為のとりうるあらゆる形態に共通の特徴はといえば、その行為が、事情をあらかじめ心得たうえでなされるという点である。すなわち、当人をそこに追いやった理由がなんであるにせよ、かれは、その行為にうつるとき、行為のもたらす結果がどのようなものであるかを承知している。このような特殊な性質をおびている死はすべて、当人以外からもたらされた死や、当人がたんに無意識にまねいてしまった死から明瞭《めいりょう》に区別される。それらの死は、たやすく識別される一特徴によって見分けられる。というのは、個人が自分の行為の自然に行きつく結果をあらかじめ承知してふるまったのかどうかを見分けることは、解きえない問題ではないからである。そこで、右のような死は、限定された、同質的な、それ以外のあらゆる死から識別できる一群をなすので、ある特定の用語によって指示されなければならない。それには自殺という言葉をあてるのが適当であり、別の言葉をつくるまでもない。日常、自殺とよばれているたいていの事実はこの一群にふくまれるからである。そこで、自殺の定義として次のようにのべることができよう。死が、当人自身によってなされた積極的、消極的な行為から直接、間接に生じる結果であり、しかも、当人がその結果の生じうることを予知していた場合を、すべて自殺と名づける。このように定義される行為でありながら、死という結果をまねくまえに中止されるものが、自殺未遂である。

以上のように定義しておけば、筆者の研究から、動物の自殺にかんした事柄をすべて除外することもできる。事実、動物の知能について知られているかぎりでは、動物には前もってみずからの死を表象する能力、ことに死を招来する能力は認められない。なるほど、仲間の殺された場所に立ち入ることをいやがる動物はいる。それはその動物がみずからの運命を予感しているからだ、ということかもしれない。しかし、実際には、血のにおいがするだけで、動物の本能的な後退運動がひき起こされるのである。よく引合いにだされる、いわゆる自殺とみなしたいいくぶんもっともらしい事例も、まったくちがったかたちで説明される。興奮したサソリがその針でわれとわが身を突き刺すのも（それも確かなことではない）、おそらく自動的、反射的な反応によるものであろう。興奮状態によって高められた運動エネルギーは、そのおもむくままにめちゃくちゃに放出される。そのためにこの動物がたまたまその犠牲になったにしても、それは、その運動から生じる結果があらかじめ表象されていたということはできない。また他方、主人を失って食を絶った犬の場合でも、それは、犬をおそっている悲しみが機械的に食欲を減退させたからにすぎない。たとえそれが死をまねこうとも、犬はそのことを予知していたわけではない。この場合の絶食も、サソリの場合の刺傷も、予知されていた結果〔死〕をもたらすための手段とされていたのではなかった。したがって、これらには、さきほど定義した自殺の特徴が欠けている。そういうわけで、以下の考察では、もっぱら人間の自殺だけを研究しなければならないであろう。[*1]

ところで、右の定義は、たんに誤った結合や恣意《しい》的な排除を前もっていましめるという利点をもつばかりではない。同時にそれは、これから先、道徳的生活全体のなかで自殺というものがどういう位置を占めているかについて、ひとつの考え方を示唆してくれる。じっさい、この定義によれば、自殺とは、世の通念に反し、他の種々の行為様式とまったくかけ離れた事実群、つまり、それらと縁もゆかりもない孤立した一種の異常現象をなしているのではなく、むしろ反対に、他の種々の行為様式と一連の媒介をへて切れ目なくむすびついていることがしめされる。自殺は、日常的行為の極端化されたもの以外のなにものでもない。事実、当人が自分の生に終止符をうつ行為に身をまかせるとき、その行為が一般にどのような結果をまねくものであるかを熟知していれば、すなわちそれが自殺なのである。ただし、その熟知の度合にも大小がある。熟知していたかどうかが多少とも疑わしくなれば、もはや自殺とはいえない別のものがそこに生まれる。しかし、この別のものと自殺のあいだには程度の差しかなく、近い類縁関係が存在する。それと承知して他人のために死の危険を冒す者は――死という結果がかならずもたらされるわけではないが――、たとえ死ぬようなことがあっても、たぶん自殺者とはいえない。死をできるだけ避けようとおもいながら、わざわざ死とたわむれる向こうみずな人間、すべてに無頓着《むとんじゃく》で健康にも注意せず、みずからの怠惰から健康をそこなってしまう無気力な人間、これらも自殺者にははいらない。ただし、こうした種々の行動様式が、いわゆる自殺と根本から区別されるのかというと、そうもいかない。それらも自殺とよく似た精神的状態から生じるのだ。つまり、それらの行動もまた、当人が知らないわけではないような死の危険をともなうものであり、しかも死の危険におそわれる見通しがあっても、かれを思いとどまらせるものではないからである。しいて相違をみつけるならば、死をまねく機会がより少ないということにつきる。だから、研究に根《こん》をつめすぎて倒れた学者をさして、人はよく自殺だというが、そうよぶのもあながち根拠がないわけではない。したがって、右のような事実はすべて、自殺の萌芽《ほうが》的な種類を形成しているのであって、完全な、その態《てい》をなしている自殺とそれをいっしょくたにするのは正しい方法でなくとも、ともかく、両者のあいだの類縁関係を見失ってはならない。なぜかといえば、その完全な自殺が、一方で勇敢な行為や献身的行為に、他方で無謀な行為やたんなる怠惰な行為にそれぞれ切れ目なくつながっていることが明らかになるや、それはまったく一変した様相においてあらわれてくるからである。こうした比較が示唆に富んでいることは、のちに理解されるであろう。

二

しかし、このように定義された事実は、はたして社会学者に関係があるのだろうか。自殺とは、個人の行為にほかならず、個人のみに関係したものであるため、もっぱら個人的要因によって規定されていなければならないかのようにおもわれる。それゆえに、心理学の領域だけに属するようにおもわれる。事実、自殺への決意を説明するさいには、自殺者の気質、性格、生活歴、私生活上の体験などが引合いにだされるのが通例ではなかろうか。

そうした研究方法がどの程度、またどのような条件のもとで妥当するかを、いまここで検討する必要はない。ただ確かなことは、少なくともそれとは全然異なった側面から自殺をとらえることも可能だということである。もしも自殺を、別々に考察されるべき、たがいに孤立した個々の出来事とのみみないで、所与の時間単位内に所与の社会の内部に起こる自殺を全体的に考察してみるならば、こうして得られた全体は、たんなる個々の単位の総和、すなわち寄せ集められた自殺の和ではなく、それ自体が一種独特の *sui generis* 新しい事実を構成していることがみとめられる。それは、統一性と個性をもち、それゆえ固有の性格をそなえている。さらにいえば、その性格はすぐれて社会的なものなのだ。事実、第1表にしめされているように、観察があまり長期間にわたらないかぎり、同一の社会における自殺の数はほぼ一定している。それは、各国民の生活のいとなまれている環境が、年々ほとんど変化をしめさないからである。もっとも、ときにはより大きな変化の生じることもあるが、それはまったく例外的な場合にすぎない。しかも、そうしたいちじるしい変化は、社会的状態に一時的に影響をおよぼすなんらかの危機といつも時を同じくしていることがわかる。[*2] 一八四八年[†1]に自殺の激減がヨーロッパのすべての国に生じたのはその例である。

　もっと長い期間をとってみれば、より大きな変化もみとめられる。しかし、いったん起こると、それからのち、変化は慢性化してしまう。つまり、この変化と同時に社会の構造的性格も重大な変化をこうむったことが、そこに端的にしめされている。この変化がかなり多くの観察者の考えていたほどひどく緩慢には生じないということは、注目にあたいする。変化は急激でもあれば、また漸進的でもある。数字は、連続した数年間きわめて接近した値の範囲内を上下してから、突然上昇し、逆方向に多少揺れ動いてのち確定され、強められ、やがては固定化される。というのは、およそ社会的均衡がやぶられるときには、その破綻《はたん》がどれほど急激に起こったにせよ、その結果がすべてあらわれるまでには一定の時間がかかるからである。このように、自殺の変動は、発作的に起こり、ある期間増大をつづけ、やがて静止し、さらにまた始まるというような、別々の継起的・波動的運動から

第１表　ヨーロッパの主要国における自殺の不変性（絶対数）

年	フランス	プロイセン	イギリス	ザクセン	バイエルン	デンマーク
1841	2814	1630		290		337
1842	2866	1598		318		317
1843	3020	1720		420		301
1844	2973	1575		335	244	285
1845	3082	1700		338	250	290
1846	3102	1707		373	220	376
1847	(3647)	(1852)		377	217	345
1848	(3301)	(1649)		398	215	(305)
1849	*3583*	(1527)		(328)	(189)	337
1850	*3596*	*1736*		390	*250*	340
1851	*3598*	*1809*		*402*	*260*	*401*
1852	*3676*	*2073*		*530*	*226*	*426*
1853	*3415*	*1942*		*431*	*263*	*419*
1854	*3700*	*2198*		*547*	*318*	*363*
1855	*3810*	*2351*		*568*	*307*	*399*
1856	*4189*	*2377*		*550*	*318*	*426*
1857	*3967*	*2038*	1349	*485*	*286*	*427*
1858	*3903*	*2126*	1275	*491*	*329*	*457*
1859	*3899*	*2146*	1248	*507*	*387*	*451*
1860	*4050*	*2105*	1365	*548*	*339*	*468*
1861	4454	*2185*	1347	(*643*)		
1862	4770	*2112*	1317	*557*		
1863	4613	*2374*	1315	*643*		
1864	4521	*2203*	1340	(*545*)		*411*
1865	*4946*	*2361*	1392	*619*		*451*
1866	*5119*	*2485*	1329	704	410	*443*
1867	*5011*	3625	1316	752	471	*469*
1868	(*5547*)	3658	*1508*	800	453	*498*
1869	*5114*	3544	*1588*	710	425	*462*
1870		3270	*1554*			*486*
1871		3135	*1495*			
1872		3467	*1514*			

なりたっている。第1表〔三一ページ〕によれば、この波動の一つが、一八四八年の事件の直後から、すなわち国によっては一八五〇年から五三年にかけて、ほとんど全ヨーロッパに生じたことがわかる。もう一つの波動は、ドイツにおいては一八六六年の戦争[†2]ののちに、フランスにおいてはもうすこし早く一八六〇年ころ、すなわち帝政〔ナポレオン三世の第二帝政〕の頂点を画する時期に、イギリスでは一八六八年前後、当時の通商条約を因とする商業革命[†3]の起こったのちに、それぞれ始まった。一八六五年ころのフランスにみられる新たな上昇は、たぶんそれと同じ原因によるものであろう。一八七〇年の戦争[†4]以降、また新しい上昇的動きが芽ばえたが、これはいまなおつづいており、ほとんど全ヨーロッパに共通している。[*3]

こうみてくると、それぞれの社会は、歴史の各時点において、ある一定の自殺への傾向をもっている。この傾向の相対的な強度は、自殺総数と全年齢および男女の人口の比率によって計られる。こうして与えられる数字を、筆者は、当の社会に固有の自殺死亡率とよぶことにする。ふつう、それは人口百万または十万にたいして算出される。

その比率は、長期的にみて一定しているばかりか、その不変性の度合は主要な人口現象の比率のそれをも上まわっている。なかでも、一般死亡率は年ごとにずっとめまぐるしく上下するものであるが、その変化のほうが、自殺率の変化よりはるかに大きいのである。ためしに若干の期間にわたって両方の現象の変化のさまを比較してみればよい。第2表

第2表　自殺率と一般死亡率の変化の比較

	1841－46の期間	人口10万あたりの自殺	人口1000あたりの死亡	1849－55の期間	人口10万あたりの自殺	人口1000あたりの死亡	1856－60の期間	人口10万あたりの自殺	人口1000あたりの死亡
A 絶対数	1841	8.2	23.2	1849	10.0	27.3	1856	11.6	23.1
	1842	8.3	24.0	1850	10.1	21.4	1857	10.9	23.7
	1843	8.7	23.1	1851	10.0	22.3	1858	10.7	24.1
	1844	8.5	22.1	1852	10.5	22.5	1859	11.1	26.8
	1845	8.8	21.2	1853	9.4	22.0	1860	11.9	21.4
	1846	8.7	23.2	1854	10.2	27.4			
				1855	10.5	25.9			
	平均	8.5	22.8	平均	10.1	24.1	平均	11.2	23.8
B 平均を一〇〇とし、それにたいする各年の率	1841	96	101.7	1849	98.9	113.2	1856	103.5	97
	1842	97	105.2	1850	100	88.7	1857	97.3	99.3
	1843	102	101.3	1851	98.9	92.5	1858	95.5	101.2
	1844	100	96.9	1852	103.8	93.3	1859	99.1	112.6
	1845	103.5	92.9	1853	93	91.2	1860	106	89.9
	1846	102.3	101.7	1854	100.9	113.6			
				1855	103	107.4			
	平均	100	100	平均	100	100	平均	100	100

			継続した2年間の			平均以上・以下*	
			最大差	最小差	差の平均	平均以下の最大差	平均以上の最大差
C 差の大きさ	1841－46の期間	一般死亡率	8.8	2.5	4.9	7.1	5.2
		自殺率	5.0	1	2.5	4	3.5
	1849－55の期間	一般死亡率	24.5	0.8	10.6	13.6	11.3
		自殺率	10.8	1.1	4.48	3.8	7.0
	1856－60の期間	一般死亡率	22.7	1.9	9.57	12.6	10.1
		自殺率	6.9	1.8	4.82	6.0	4.5

* 1849-55の期間および1856-60の期間では，「平均以下の最大差」と「平均以上の最大差」の欄の数字が，誤って入れちがいになっている。

〔三三ページ〕で試みたのがそれである。比較の便宜をはかるため、各年度の死亡と自殺の両方について、各期間の平均率を百とし、それにたいする各年の比率をあらわしてみた。こうして各年ごとの差、あるいは平均率との差は、死亡と自殺の両方の欄について比較できるようになった。さて、その比較から、各期間における変化の幅は、自殺よりも一般死亡率のほうがはるかに大きいという結果が出ている。その差は平均して二倍にもおよぶ。ただ、最後の二つの期間を通じ、継続した二年間の最小差だけは、一般死亡率も自殺率も、ともにほとんど等しくなっている。しかし、この最小差は、死亡欄においては例外であり、それに反して、自殺の年ごとの変化のほうは、差が拡大することがあってもそれは例外的な場合にすぎない。そのことは差の平均の比較によって明らかになる。[*4]

もしも、同一期間内の継続的な数年間を比較するのでなく、異なった諸期間の平均値を比較したならば、死亡率にあらわれている増減もほとんどとるにたらないものとなることは確かである。一時的・偶然的原因のはたらきによって生じる年々の逆方向への変化は、もっと長い期間を算出の基準にとるときには、たがいに相殺されてしまう。そして、それらの逆方向への変化は平均値に跡をとどめないので、その排除の結果、平均値はかなり強固な不変性をしめすことになる。だから、たとえばフランスでは、一八四一年から七〇年まで、一〇年ごとの期間をとってみると、順次に二三・一八、二三・七二、二二・八七という数字が得られる。しかし、まずすでに注目にあたいするのは、各年の自殺が、たんに一期間から一期間にわたっての一般死亡率とくらべても、まさるといわぬまでも少なくともひとしい不変性をしめしているということである。しかもなお、平均死亡率がかりに規則性をもつことがあっても、それは一般的かつ非個性的なにものかであって、一定の社会の特徴をえがきだすにほとんどたるものではない。事実、ほぼ同じ文化の水準に達している諸民族については、死亡率の差がほとんどなく、かりに差があってもそれはごくわずかである。たとえばフランスでは、さきほどみたように、一八四一年から七〇年にかけての死亡率は、人口千につき二三あたりを前後している。これと同期間、ベルギーでは二三・九三、二二・五、二四・〇四、イギリスでは二二・三二、二二・二一、二二・六八、デンマークでは二二・六五（一八四五―四九年）、二〇・四四（一八五五―五九年）、二〇・四（一八六一―六八年）となっていた。いまなお地理的にヨーロッパに属しているにすぎないロシアをのぞけば、死亡率が右の数字からやや離れるヨーロッパの大国は、イタリアとオーストリアくらいのものである。イタリアでは、一八六一年から六七年にかけてじつに三〇・六まで上昇し、オーストリアではさらにそれをしのぐ大きな上昇があった（三二・五二）。[*5] これにひきかえ、自殺率のほうは、年々微弱な変化しかしめさない場合があっても、社会によっては、一倍、二倍、三倍、四倍あるいはそれ以上の増減をしめしているところがある（第3表〔三七ページ〕を参照）。こうみてくると、自殺率は、死亡率よりもはるかに各社会集団に固有なものであり、社会集団を特徴づける一つの指標と考えることができる。また、自殺率は、各国民の気質をもっとも根底からつくりあげているものときわめて密接にむすびついているので、この自殺率の大小によって各社会が分類されるさいの順位は、時期がまったく変わっても、ほとんどまったく前後することがない。それは、第3表をしらべることによって立証される。ここで比較されている三つの期間を通じて、どこの国でも自殺の増加がうかがわれたが、[†5] その増加の動きのなかにあっても、それぞれの国民は相互の距離をたもっていた。各国民には、それぞれ固有の増加率があるというわけである。

　したがって、自殺率というものは、ひとつの明確に限定された事実群を構成している。それは、この率の不変性と可変性が同時に証明しているとおりである。すなわち、もしも自殺率が、周囲の多様な状況のなかにおいても同時的に存在がみとめられるような、まぎれもない、相互に関連しあった特性にもとづくものでなかったならば、自殺率の不変性は説明がつかないからである。そしてまた、自殺率の可変性は、それらの特性の固有性と具体性を表現している。なぜなら、それらの特性は、社会そのものの固有の性格に応じて変わるからである。だから、要するに、第3表にしめしたような統計的データは、それぞれの社会が全体としてこうむっている自殺傾向を表現しているのである。いまここでは、この傾向がなにからなりたっているのかについて、それが固有の実在性をもった集合精神[*6]の一種独特の状態であるのか、それとも個人的諸状態の総和をあらわしているのにすぎない

第3表　ヨーロッパ諸国の自殺率（人口100万あたり）

	1866−70の期間	1871−75の期間	1874−78の期間	順位 第一の期間	第二の期間	第三の期間
イタリア	30	35	38	1	1	1
ベルギー	66	69	78	2	3	4
イギリス	67	66	69	3	2	2
ノルウェー	76	73	71	4	4	3
オーストリア	78	94	130	5	7	7
スウェーデン	85	81	91	6	5	5
バイエルン	90	91	100	7	6	6
フランス	135	150	160	8	9	9
プロイセン	142	134	152	9	8	8
デンマーク	277	258	255	10	10	10
ザクセン	293	267	334	11	11	11

のか、という点にまで言い及ぶ必要はないであろう。後者の仮説は、これまですすめてきた考察とは両立しがたいのであるが、その問題はいまは保留しておき、本論のなかで取り扱いたいとおもう。*7 これについてはどうおもおうとも、ともかく、こうした自殺傾向は、つねになんらかのかたちにおいて実在している。それぞれの社会は、ある一定数の自殺をひき起こす傾向をそなえているのだ。したがって、この傾向こそが社会学に属する固有の研究対象となることができる。これからとりかかろうとするのも、この傾向についての研究にほかならない。

そこで、筆者の意図するところも、個々の自殺の発生にかかわるすべての条件をできるだけ完全に網羅することではなく、もっぱら、社会的自殺率と名づけたこのかぎられた事実のもとづいている条件を究明することにつきる。この二つの問題の問い方は、他の点でそのあいだにどのような関連があるにせよ、きわめて異質なものであることは明らかである。事実、個人に関係したいろいろな条件のうちには、自殺総数と人口の比に影響をおよぼすほどの一般性をもたない条件がたしかに多い。それらは、おそらくはだれそれという孤立した個人を自殺に追いやることはできようが、社会全体 *in globo* にわたっていくぶんとも大きな自殺傾向を生じさせることはできない。それらは、特定の社会組織の状態にむすびついていない。と同時に、なんら社会的な反作用をおよぼすものでもない。したがって、それらは、心理学者の関心をひきこそすれ、社会学者の関心をひくものではない。社会学者が研究するのは、個々ばらばらに個人の上にではなく、集団の上に影響をおよぼすことのできるような諸原因なのだ。だから、自殺のいろいろな要因のなかで社会学者にかかわりのあるものは、その作用が社会全体に影響をおよぼすような要因のみにかぎられる。自殺率とは、こうした要因の所産なのである。それゆえ、筆者はもっぱらそれらの要因に関心をそそがなければならない。

　以上がこの研究の目的であり、この研究は三つの部分からなっている。

　説明しなければならないこの現象〔自殺〕は、きわめて一般的な非社会的原因に起因するか、そうでなければ、まさに社会的な原因に起因するかのどちらかでなければならない。そこでまず、非社会的原因のもたらす影響がどのようなものであるかをたずね、それが無にひとしいか、もしくはごくかぎられた影響でしかないことを明らかにする。

ついで、社会的原因の本質はなにか、それはどのようにして自殺という結果をひき起こすか、それと種々の自殺に随伴する個人的諸状態との関係はどうか、などの点を規定する。そうしてのちに、はじめて自殺の社会的要素、つまりさきにのべた集合的な傾向がなにからなりたっているか、それと他の社会的事実との関係はどのようなものか、それらがなにを媒介としてこの自殺傾向に作用をおよぼすのか、という問題をよりくわしくしめすことができるようになる。

＊1　このような仕方では説明できないごく少数の例がのこる。しかし、それもはたして例外なのかどうか、たいへん疑わしい。それは、アリストテレスの伝えている一頭の馬についての観察である。その馬は、人がひそかに自分を母馬と交尾させようとしているのに気づいて、さんざん拒否したすえに、すすんで高い岩から身を投げたという（『動物誌』第九巻四七）。飼育者たちは、馬が近親交配をすこしも拒否しないことを断言している。この問題については、すべて Westcott, *Suicide*, pp.174-179 を参照。

＊2　それらの例外的な年度の自殺数は、括弧にくくっておいた。

＊3　第1表〔三一ページ〕において、これらのさまざまな波動をあらわす一連の数字を、交互にふつうの書体とイタリックでしめしておいた。それぞれの特徴を目でみてわかるようにするためである。

＊4　ワグナーは、すでにこの方法で死亡率と婚姻率を比較している（Wagner, *Die Gesetzmässigkeit*, etc., p.87）。

＊5　*Dictionnaire Encyclopédique des sciences médicales*, t. LXI, p.738 における ベルティヨンの《Mortalité》の項による。

＊6　このような表現を用いたからといって、もちろん集合意識を実体化するつもりはまったくない。私は、個人と同様、社会にも、実体的精神の存在をみとめない。この点については、また、のちにふれる。

＊7　第三編第一章を参照。

†1　フランスで二月革命の起こった年。この影響は全ヨーロッパにおよび、ドイツやオーストリアに三月革命が起こった。

†2　プロイセンとオーストリアのあいだに戦われた普墺戦争。

†3　当時イギリスでは自由貿易運動が頂点に達しており、六〇年代にフランスはじめヨーロッパの主要国とつぎつぎに通商条約を締結していった。この自由貿易への転換のもたらした通商上の変化をさしているのであろう。

†4　プロイセンとフランスのあいだに戦われた普仏戦争。

†5　第3表によれば、デュルケームのいうようにかならずしもすべての国で一貫した増加がみとめられるとは断定できない。

第一編　非社会的要因

第一章　自殺と精神病理的状態

非社会的な原因のうち、自殺率に影響をおよぼすとおもいこまれているものには、有機的・心理的傾向および物理的環境の性質という二種のものがある。個人の体質、あるいは少なくとも重要な一群の諸個人の体質のうちには、国によってその強度はちがっても、直接に人を自殺におもむかせるようなある傾向が存在することがあるかもしれない。また他方、気候や気温などが、身体に影響をおよぼすかたちで間接的に同じ結果を生じることもあるかもしれない。いずれにしても、こうした仮説は文句なしにしりぞけてしまうわけにはいかない。そこで、以下ではこの二種の要因に順次検討をくわえ、実際にそれらが自殺という現象となんらかの関係があるか、あるとすればどういう関係かをさぐってみることにしよう。

一

ある所与の社会にとって年間の発生率がかなり一定していて、しかも民族が異なればかなりいちじるしく変動をしめすような病気がある。すなわち精神異常（folie）がそれである。したがって、およそ自殺というものに精神錯乱的なもののあらわれをみることにかりになんらかの根拠があったならば、われわれの提起した問題は解決されているにちがいない。つまり、自殺とは個人的な病のひとつにほかならないということになる。[*1]

これはかなり多くの精神病の専門医によって支持されてきた命題である。エスキロル[†1]によれば、「自殺は精神病のあらゆる特徴をしめしている」。[*2]――「人が自殺をするのは精神錯乱のときだけであり、したがって自殺者とは精神病者にほかならない」。[*3]かれは、この原則から出発し、自殺は意識的なものではないから、法によって罰してはならないと結論した。ファルレとモロー・ド・トゥール[*4][†2]もほとんど同じ言葉で語っている。後者は自説をのべているまさにその一節のなかで、ある指摘をしているが、その指摘だけでもかれの説が疑わしく感じられることは事実である。すなわちいう。「自殺とは、あらゆるケースにおいて一個の精神異常の帰結とみなされるべきであろうか。このやっかいな問題をここでは一刀両断に解決しようとはおもわないが、ただ、精神病についてふかく研究すればするほど、また経験をつみ、精神病者を多く観察すればするほど、おのずとこの問題について肯定的な意見にかたむいていくことを、一般的命題としてのべておきたい」[*5]。一八四五年に、ブールダン博士は、公刊時に医学界でかなりの論議をよんだ一小冊子のなかで、なおいっそう極端にこの同じ意見を主張している。

この説は、二つの異なった論法で擁護されうるし、また事実、擁護されたのであった。すなわち、ある場合には、自殺はそれ自体一種独特の病的状態、ある独特の精神病をなしているといわれる。またある場合には、自殺は、明確なひとつの種《しゅ》とはされないが、精神的に健康な者にはみられない、ひとつまたは複数の種の精神病からのたんなる偶発事とみなされる。前者の命題はブールダンのものであり、それにたいしエスキロルは、後者の考え方のもっとも権威ある代表者にあたっている。エスキロルはのべている。「これまでのべきたったことからすでに、われわれにとって自殺とはおびただしい数にのぼる多様な原因にもとづく、ひじょうにさまざまな特徴をもってあらわれてくる一現象にほかならず、したがってこの現象は単一の病気の特徴をしめすものとはなりえないことが予見される。経験によって否定されるような一般的命題がうちたてられたのは、自殺をひとつの独自の病気としてしまったためである」[*6]。

自殺が精神錯乱的な特徴をおびていることを証明しようとするこの二つの論法のうち、後者は、それを否定するような経験的事実はありえないという原則を立てているため、より厳密さを欠き、より根拠に欠けている。じっさい、自殺のあらゆるケースについて完璧な目録をつくることや、そのおのおのについて精神病の影響がはたらいていることをしめすことは、できない相談である。せいぜいできることは、個々の事例を引用することぐらいであるが、その数がいかに多くとも科学的一般化の基礎とはなりえない。反対の事例があげられないときでも、つねにそうしたものは存在しうるだろうからである。けれども、前述のもうひとつの証明は、うまく提出されれば決定的となるかもしれない。もし自殺が、固有の特徴と明確な進行をしめすひとつの精神病であることが証明されるまでになれば、問題はみごとに解決されたことになる。すなわち、すべて自殺者は狂者にほかならない、と。

だが、それにしても自殺狂（folie-suicide）といったものは存在するのか。

二

自殺への傾向はその本質からして特別な限定されたものであるから、もしそれが精神病の一変種をなしているならば、それは単一の行為にかぎられた部分的な精神病でしかありえない。それがあるひとつの精神錯乱を特徴づけるものだというためには、その錯乱がもっぱら唯一当の対象にむすびつくものでなければならない。というのは、かりにそれが多くの対象とむすびつくならば、それらのうちの他の諸対象でなく当の一対象によってその錯乱を規定する理由はなくなるであろうからである。精神病理学の伝統的な用語法では、そうした限定された精神錯乱は偏執狂とよばれている。偏執狂者とは、ただ一点をのぞけばまったく正常な意識をもった患者のことであり、かれは明白に局部化されたひとつの欠陥をしめしているにすぎない。たとえばときおり不意に、飲みたいとか、盗みたいとか、罵倒したいといった理屈をこえた不条理な欲望をいだくのである。しかしそれ以外の行為はすべて、それ以外の思考とともに、まったく正常である。それゆえ、もし自殺狂というものが存在するとすれば、それは一個の偏執狂でしかありえないし、また事実、たいていの場合たしかにそのように称されてきた。[*7]

逆に、もし偏執狂とよばれるこの特別な種類の病気の存在を認めるならば、容易に自殺をそのなかにくわえたくなるのは理解できる。じっさい、さきほどの定義によれば、この種の疾患の特徴をなすのは、知的な機能における本質的な障害をふくんでいないということである。精神生活の基礎は、偏執狂者においても精神の健康な者においても変わるところはない。ただ、前者においては特定の心的状態がある例外的な突出によってこの共通の基礎から遊離しているのだ。事実、偏執狂とはたんに、傾向の面においては過度な情念、表象の面では虚偽の観念にすぎないが、それでもひじょうな強度に達しているので、精神を悩ませ、ついにはいっさいの自由をうばってしまう。たとえば、野心が正常な状態から病的となり、他の脳の機能がそれについてはあたかも麻痺《まひ》したような度合に達するときには、それは誇大妄想狂に変わる。だから、偏執狂があらわれるためには、感性のいくらか激烈な運動が心的均衡をかきみだすだけで十分なのだ。ところで、たしかに自殺は一般になんらかの常軌を逸した情念の影響のもとにあり、この情念は一度でその力を費消してしまうか、あるいはもっぱら徐々にその力を発現させていくようにおもわれる。したがって、自己保存というあのきわめて根源的な本能を緩和するためにはなんらかのこの種の力がつねに必要であるとさえ考えても、一見理由があるようにみえる。他方、自殺者の多くは、生に終止符をうつというその特別な行為の外では他の人びととなんら変わっていないのであり、それだけにかれらを全般的な精神錯乱とみなす理由はない。以上が、偏執狂というかたちをとって自殺が精神錯乱のうちにくわえられていた理由である。

ただ、偏執狂というものはいったい存在するのか。長いあいだその存在は疑われることがなかった。精神病医たちは一致して、この部分的精神錯乱の説を文句なしに認めていた。臨床観察によって証明ずみだと信じられていたばかりではない。この説は、心理学のいろいろな教説からの当然のひとつの系ともみられていたのである。当時、人間精神は明確に区別された諸能力と別個の諸力とから成っていて、それらは通常は協働しているが、別個に作用することもありうるとされていた。それゆえ、それらの能力や力が別々に病に冒されることがあるのも当然と思われていた。人が意志なき知性や知性なき感性をしめすことができるというのに、どうして感性の障害を伴わない知性ないしは意志の病、あるいはその逆の病が存在しえないのか。この同じ原則をそれらの能力のより特殊な形態に適用することによって、病がもっぱらひとつの傾向、ひとつの行為、あるいは孤立したひとつの観念におよぶことがありうると認められるにいたったのである。

けれども今日、こうした意見は一般に放棄されてしまっている。偏執狂は存在しないことを観察によって直接に証明することは明らかに不可能であるが、偏執狂の明白な事例をただひとつでも引用することは不可能だということも、これまたたしかである。臨床経験では、まったく孤立した状態の精神の病的傾向といったものにはけっして到達することはできなかった。あるひとつの能力が冒されれば、つねに同時に他の諸能力も冒されるものである。偏執狂の存在を主張する者たちがこの同時に随伴する諸障害に気づかなかったのは、観察を適切に行なわなかったためである。ファルレはこうのべている。「宗教的観念に囚《とら》われている一人の狂者を例にとろう。これは一般に宗教的偏執狂に分類されている。かれは、自分は神の声をきき、神からの使命を負っており、新しい宗教を世界にもたらすのだ……と称している。この考えはまったく狂気じみている、だがそれでいて、当人はこの一連の宗教的観念を別にすれば、他の人びとと同じように思考を展開している、と人はいうだろう。では、いますこし注意ぶかく当人にたずねてみるとよい。そうすれば、ただちに、かれのなかに他の病的な諸観念を発見することだろう。たとえば、宗教的な観念とならんである傲慢さへの傾向がみいだされるといったぐあいに……。かれはたんに宗教の改革ばかりでなく、社会を改革するという使命までおびていると信じこんでいる。おそらくは、自分のために最高の運命が留保されているのだとさえ思いこんでいるにちがいない……。この患者のなかに誇大妄想の傾向がないかどうかさぐってみて、かりにこれを発見しなかったとしよう。しかしその場合でも、劣等の観念や恐怖する傾向が確認されるにちがいない。宗教的観念のとりことなっているこの患者は、自分はだめだ、破滅の運命にある、などとも思いこんでいよう」[*8]。もちろん、これらの錯乱がすべて同一主体のなかにいつもむすびついてみとめられるわけではないが、たいていの場合、いっしょにみいだされるものである。あるいは、こういうことである。これらの錯乱は、病気の唯一かつ同一の時期に、そろって発生しないまでも、多少とも接近した段階であいついで生じるのがみとめられるものである、と。

要するに、いわゆる偏執狂者には、これらの個々の症候とは別に、その病気の基礎そのものをなす、全精神生活にかかわるある一般的状態がつねにみとめられる。あのさまざまな妄想は、それの皮相的、一時的な表現にすぎない。この状態を構成しているのは、過度の興奮または過度の抑鬱《よくうつ》、あるいは一般的な異常（perversion）である。そしてとりわけ、思考および行為における均衡と整合の欠如がみとめられる。患者もまた推論を行なう。しかし、かれのもろもろの観念は欠落なしにつながっているわけではない。道理をこえたばかばかしい行為をするわけではないが、その行為は一貫性を欠いている。それゆえ、狂気が精神生活に、それもかぎられたかたちで関与するというのは正確な言い方ではない。それは悟性を冒すやいなや、全体を冒すのだ。

なおまた、偏執狂の仮説の依拠していた原理は、科学の今日的な与件とも相反している。昔の能力説（théorie des facultés）はいまではほとんど支持者がいない。意識的行為のさまざまな様態はもはや、形而上的実体の内部でのみ結合し一体性をとりもどすような個々別々の力ではなく、連繫《れんけい》性をもった機能であるとみられている。それゆえ、ひとつの機能が冒されると、その侵害はつぎつぎに他の機能へと波及しないわけにはいかない。この浸透は、身体の他の部分よりも精神生活においてより緊密にはたらく。というのも、精神的諸機能は、たがいにそれほどはっきりと区別された器官をもたないので、ひとつが冒されるとその他の器官も冒されずにはすまないからである。脳のそれぞれの部分への精神的機能の配置は、まったく確定されていない。ちょうど、脳の一部がその機能を遂行するのをさまたげられるときには、異なった諸部分が容易にたがいに代替しあうということによって証明されるように……。したがって、それらの機能はあまりにも完全に絡みあっているので、狂気が一機能だけを冒し、その他を無傷のままにのこすといったことはありえない。ましてて、狂気が精神生活をその根底から変質させることなしに特定の一観念あるいは一感情を変質させるなどということは、まったく考えられもしない。というのも、表象や傾向はそれ固有の存在をもたず、かといって、集合して精神を形成するようなそれだけの数の小さな精神的な実体、原子をなしているわけでもないからである。それらは、意識の中枢の一般的状態を外部的に表現しているにすぎない。その一般的状態から派生し、それを表現しているというわけである。けっきょく、表象や傾向が病的な性格をおびると、この一般的状態そのものもそこなわれないわけにはいかないのだ。

だが、もし精神的諸欠陥が局部化されえないとすれば、いわゆる偏執狂なるものは存在しないし、また存在しえない。この名称でよばれてきた、見かけは局部的な障害も、かならずより広汎《こうはん》な障害から生じているものである。それらは病気ではなく、より一般的な病気からの特殊で二次的な偶発現象にほかならない。それゆえ、偏執狂が存在しなければ自殺狂もありえないであろうし、したがって自殺は一個の明確な狂気をなしてはいないことになる。

三

とはいえ、自殺がもっぱら狂気の状態のもとで生じる、ということはありうる。たとえ自殺は、そのものでは特別な精神錯乱ではないにせよ、自殺を生じないような錯乱の形態は存在しない。自殺は精神錯乱の付随的な症候にすぎないが、しかしそれでも頻繁に生じてはいる。この頻繁さから、自殺は健康な状態ではけっして起こらない、自殺は精神異常の確実な一指標である、と結論してよいだろうか。

この結論は早計だろう。なぜなら、精神病者のいろいろな行為のうちにはかれらに固有の、狂気を特徴づけるのに役だつようなものもあれば、反対に、狂者にあってはある特別な形態をとっていても健康な人間にも共通するような他の行為もあるからである。経験を抜きにして、自殺をこの二つのカテゴリーの前者のほうに分類しようとしても、それは根拠がない。もちろん、精神病医はかれらの接した自殺者の大部分が精神異常のあらゆる徴候をしめしていたことを確認している。が、この証言は問題を解くには不十分であろう。そのような吟味ではあまりにも簡単にすぎるからである。なおまた、このように狭い特殊な経験からはいかなる一般的法則もみちびくわけにはいくまい。かれらの接した自殺者はもちろん精神病者であったが、そこから、かれらの観察しなかった、しかもおびただしい数にのぼる自殺者について結論をくだすことは不可能なことである。

系統的に手続をふむ唯一の方法は、狂者によって行なわれた自殺をその重要な特徴にもとづいて分類し、それによって精神異常による自殺の主要なタイプを構成し、自殺のあらゆるケースがこれらの病理学の枠組のなかにはいるか否かを探究することである。いいかえれば、自殺が精神病者に特有の行為であるかどうかを知るには、自殺が精神異常においてどのような形態をとるかを規定し、次にそれが自殺のとる唯一の形態であるか否かをみてみなければならない。

一般に専門家も精神病者の自殺を分類することにあまり熱意をしめさない。けれども、次の四つのタイプは、もっとも重要な種類をふくんでいると考えることができる。この分類のおもな特徴は、ジュッセとモロー・ド・トゥールに負っている。[*9]

一、偏執狂的自殺 (suicide maniaque) ——この自殺は、ある場合には幻覚に、ある場合には妄想《もうそう》による。患者は、想像上の危険や恥辱をのがれるために、あるいは天からうけた神秘的な命令にしたがうために、等々の理由で自殺する。[*10] しかし、この自殺の動機や進行のさまは、その自殺を生じさせた病、すなわち偏執 (manie) の諸特徴を反映している。この疾患の特徴は、極端な動揺性にある。このうえもなく変わりやすく矛盾にさえみちた観念、感情が、この偏執狂患者の心にあいついで目まぐるしく去来する。それは、果てることなき旋風といったところである。ひとつの意識の状態が生まれたかとおもうと、もうそれは他の状態にとって代わられている。偏執狂的自殺を生じさせる動機もこれと異なるところはなく、おどろくべき速さで、生まれ、消失し、あるいは変容をとげる。患者に自殺を決意させる幻覚や妄想が突如あらわれ、それによって自殺への企てが生じる。次いで、たちまち場面は一変する。もしその企てが未遂に終われば、少なくともしばらくのあいだは再度の企ては起こらない。のちにそれが再現されるとしても、ある別の動機にもとづいていよう。まったく些細《ささい》な出来事でも、こうした突然の変容をみちびくことがある。あるひとりのこの種の患者は、自殺しようとして、どこもあまり深くない小川に飛びこんでしまった。そのため身を没することのできる場所をさがさなければならなかったが、そのとき、ひとりの税関吏がかれの意図をあやしみ、銃をかまえて、水から出なければ射《う》つぞとおどしたのであった。するとただちに、この人物は平然として家路につき、二度とふたたび自殺しようなどとは考えなかった。[*11]

二、憂鬱症的自殺（suicide mélancolique）――この自殺は、患者が自分と周囲の人物や事物との関係をもはや正常に評価できないほどになっている極端な沈鬱《ちんうつ》と悲哀の一般的状態にむすびついている。快楽も、かれにはなんの魅力もない。すべてが灰色にみえるのだ。生は倦怠《けんたい》と苦痛にみちているように感じられる。これらの傾向は恒常的なものであるから、自殺の観念についても同様で、それはきわめて固定的であり、自殺を生じる一般的動機もそれとわかるほどつねに同一性をたもっている。正常な両親のあいだに生まれた一少女が、田舎で幼年期を過ごしてから、教育をきちんと終えるため一四歳になって土地を離れなければならなかった。このときから少女は、いうにいわれぬ倦怠と、尋常ならぬ孤独への好みをおぼえるようになり、やがてどうしても追いはらうことのできない死への願望をいだくようになった。「少女は何時間もそのまま、目をじっと地上に落とし、胸ふさがる思いで、不吉な出来事に恐れおののく人さながら、微動だにしないでいる。川に身を投げようとかたく決意し、だれも助けにくることのない、いちばん辺鄙《へんぴ》な場所をさがすのであった」。[*12] しかし、自分の考えている行為が犯罪であることがよくわかると、しばらくはそれをあきらめた。だが一年後、自殺への好みは以前にもまして強いかたちでもどってき、その企ては矢つぎばやにくりかえされた。

直接に自殺をみちびくさまざまな幻覚や妄想が、こうした一般的な絶望につけくわわってくるのもめずらしくはない。ただ、それは、さきに偏執狂患者のなかにみたほど気まぐれなものではない。むしろ反対に、それを生みだした一般的状態と同じように固定的である。患者につきまとう恐怖、みずからへの呵責《かしゃく》、感じる悲しみ、これらはつねに変わりがない。それゆえ、前者と同様この自殺も想像上の理由によってひき起こされるが、これをさらに他から区別するのは、その慢性的な性格である。したがって、この自殺はひじょうに執拗《しつよう》でもある。この部類の患者は、かれらに死をもたらす手段を冷静に準備する。その目的を達するのに、辛抱強さと、どうかすると信じられないほどの狡猾《こうかつ》さを発揮する。一方、偏執狂患者の絶えざる動揺性ほど、この一貫した精神とへだたっているものもない。一方には、持続的な原因を伴わない一時的な感情の爆発しかないが、他方には、患者の一般的特徴にむすびついたある恒常的な状態がみられるのである。

三、強迫的自殺（suicide obsessif）――この場合、自殺は、現実の、あるいは想像上のいかなる動機にもよらず、ひたすら、これという理由もなく患者の精神を圧倒的に支配している死の固定観念から生じている。患者は、自殺をする正当な理由がなにもないことを完全に知っていながら、なお自殺への願望につきまとわれている。それは、反省や推論の支配のおよばない本能的欲求であり、人が偏執狂の欲求とみなそうとした盗みや殺人や放火への欲求と類似したものである。患者はこうした欲望のばかばかしさがわかっているので、まずこれとたたかおうとつとめる。ただ、この抵抗がつづいているあいだ、当人はつねに悲哀と圧迫感をおぼえ、みぞおちのあたりに不安を感じ、しかもそれが日に日に昂じていく。そのため、この種の自殺はしばしば不安自殺（suicide anxieux）という名をもってよばれてきた。以下は、とある日にブリエール・ド・ボワモンのもとをおとずれた一患者の告白であり、右の状態がここでは完璧《かんぺき》に叙述されている。「私はある商会につとめていて、自分の職業上の義務は大過なく果たしている。しかし自分は自動人形のようにふるまっていて、人が言葉をかけてきても、言葉はむなしく虚空のなかに反響するように感じられる。いちばんの悩みは、自殺の想念からくるもので、片時もそれをふりはらうことができない。一年前からこの衝動に囚われている。最初はあまり明瞭ではなかったが、二ヵ月ほど前から、この衝動はどこにいても自分を追いまわすようになっている。それでいて自分は自殺をするいかなる動機ももっていない……。私の健康は良好で、家族のだれもこのような病気をもっていない。仕事に損害をおよぼしたこともなく、給料もまずまずで、それは年相応の愉《たの》しみを可能にはしてくれる」[*13]。けれども、ひとたび患者が自殺への衝動とたたかうことをあきらめ、自殺への決心をすると、この不安はやみ、平静さがもどってくる。もしも未遂に終われば、失敗にもかかわらず、往々にしてそれだけでこの病的欲望をしばし鎮静させることができる。患者はその願望をかなえたらしいのである。

四、衝動的ないし自動的自殺（suicide impulsif ou automatique）――これも、いまのべた自殺以上に動機づけをもつわけではなく、現実のなかにも、患者の想像のうちにもなんら存在理由をもっていない。それは、多少とも長期にわたって精神を悩ませ、徐々に意志を支配するにいたるような固定観念の所産ではなく、突然の、直接には、あらがいがたいある衝動から結果する自殺である。この衝動は、突如すっかり発達したかたちで出現し、当の行為をひき起こすか、または少なくともその実行の開始をうながす。この唐突さは、先ほど偏執狂についてみたことを思わせるものがあるが、ただ、偏執狂的自殺は、それ自体はばかばかしいとはいえ、つねになんらかの理由をもっている。つまり、患者の妄想に根ざしているということである。それに反し、ここでは、自殺への傾向は、なんら知的前徴を伴うことなく、まったく自動的に突発し、その結果をもたらす。刃物を目にしたり、断崖《がい》の縁を歩いていたりすると、それだけでたちまち自殺の想念が生まれ、あまりに早く行為がそれにつづくので、患者自身なにが起こったかを意識していないことも少なくないほどである。「ある男は友人たちと静かにおしゃべりをしていたが、突如として飛びあがり、手すりを乗り越え、水のなかに身を投げてしまった。すぐに救いあげられ、その行為の理由をたずねられたが、かれはなにもわからなかった。男は、有無をいわさず自分を駆り立てていくひとつの力に屈したのだ」。[*14] 別のある者はこんなふうにいっている。「奇妙なことに、どのようにして窓を乗り越えたか、そのときどのような考えが自分を支配していたかを、さっぱり思いだすことができない。というのも、私は、自殺しようという考えをまったくもっていなかったし、あるいは少なくともいまでは、そのような考えをもっていた記憶がないからだ」。[*15] より弱い程度の例では、患者は自殺への衝動が生じるのを感じ、ただちに死の手段から身を遠ざけることによって、その誘惑からのがれるのに成功している。

要するに、すべての精神錯乱者の自殺は、およそ動機というものを欠いているか、あるいはまったく想像上の動機によってひき起こされているかである。ところが、多くの自殺はこのいずれの部類にもはいらない。自殺のほとんどは動機をもっており、しかもそれらの動機は現実のなかに根拠をもたないわけではない。とすれば、言葉の濫用《らんよう》をでもあえてしないかぎり、自殺者すべてのうちに狂者をみるというわけにいくまい。いままで特徴づけを行なってきたすべての自殺のうち、健康な精神の人間に観察される自殺といちばん識別しがたくみえるのは、憂鬱症的自殺である。なぜなら、自殺をする正常な人間が、精神病者とまったく同様に意気沮喪《そそう》と憂鬱の状態におかれていることはよくあるからである。とはいえ、かれらのあいだにはつねに次のような重要なちがいがある。正常な者の状態とそこから生じる行為は客観的な原因をもたないわけではないのにたいし、精神病者のばあい、それは外的諸状況となんの関係ももっていない。要するに、幻想や幻覚が正常な知覚から区別され、自動的な衝動が熟慮された行為から区別されるように、精神錯乱者の自殺もそれ以外のものから区別されるのである。そのばあい、一方から他方へと連続的なつながりがあることは事実であるが、もしそれをもって両者を同一とみなす理由とされたならば、一般に健康と病気を、後者が前者の一変種だという理由で、おなじく同一視しなければならないだろう。普通の平均的な者はけっして自殺しない、なんらかの異常をしめす者だけが自殺をする、ということがかりに証明されたとしても、なお狂気を自殺の一必要条件とみなすことはゆるされまい。というのは、精神病者は、たんに平均的な者よりいくらか異なったふうに考えたり、ふるまったりするだけの人間というわけではないからである。

したがって、言葉の意味をもっぱら恣意《しい》的に限定することによってはじめて自殺をこのように密接に精神異常に関連づけることができたのだ。エスキロルはこう主張する。「法にしたがうため、誓約を守るため、祖国を救うため、気高い高潔な感情にしか耳をかたむけず、確実におとずれる危険のなかに身を投じ、不可避の死にみずからをさらし、すすんでその生命を犠牲にする者は、けっして自殺者ではない」[*16]。そして、かれはデシウス[†3]、アッサス[†4]などの例を引いている。ファルレもまた、クルティウス[†5]、コドロス[†6]、アリストデモス[†7]を自殺者とみなすことをこばんでいる。[*17] ブールダンは、こうした例外を、宗教的信仰や政治的信念だけでなく、昂《たか》まった愛情の感情によってよび起こされた自殺にまで拡大している。しかし、われわれの知るところでは、自殺を直接にひき起こす動機の性質は、その自殺を規定するにも、またけっきょく、それを自殺でないものから区別するにも役だたない。自殺者自身によって、そこから生じるはずの結果を十分に知りながら遂行される行為から生じるあらゆるケースの死は、その目的はどうであれ、きわめて本質的な類似性をもっているので、別々の種類に分属させるわけにはいかない。どうみてもそれらは同じ属のなかの複数の種を構成することができるだけであり、さらにいえば、こうした区別を行なうには、多かれ少なかれ問題のある、自殺者によって追求されている目的というものとは別の基準が必要とされよう。というわけで、少なくとも狂気を伴わない一群の自殺が存在することになる。さて、いったん例外への扉が開けはなたれると、それを閉じることはいかにもむずかしい。というのは、あのとくに高潔な情熱によってひき起こされる死と、それほど高尚でもない動機によって生じる死のあいだには、不連続はないからである。一方から他方へはそれと感じられないほどの微妙な段階的移行があるにすぎない。それゆえ、前者が自殺であるならば、後者にも同じ名称をあたえないのはまったく筋が通らない。

このように、精神病とはかかわりのない自殺が、それもおびただしく存在する。これらの自殺は二重の標識によって認識される。すなわち、それらは熟慮されたものであること、および、その熟慮のなかにはいってくる表象はまったく幻覚的なものではないこと、がそれである。たびたび論議をよんだこの問題も、自由にかんする問題を仰々しく提起するまでもなく解決されうることがわかる。われわれは、自殺者がすべて狂者であるかどうかを知るのに、かれらが自由にふるまっているか否かは問わなかった。ただ、観察のさい自殺のさまざまな種類のしめす経験的な特徴をもっぱら根拠としたのである。

四

精神病者の自殺は自殺の全部ではなく、その一種を代表しているにすぎないから、精神異常を構成している病理的状態は、自殺への集合的傾向をその全体において説明することはできない。けれども、厳密な意味での精神異常と知能のもうしぶんのない均衡のあいだには、あらゆる一連の中間的形態がある。それらは、通常、神経衰弱（neurasthénie）という共通の名でよばれている多種多様な異常をなしている。したがって、それらが、精神錯乱がなくとも、自殺の発生にある重要な役割を演じないかどうかは探究してみるにあたいする。

このような問題が提出されるのも、精神病による自殺が存在すればこそである。じっさい、神経系統への重大な障害があれば、それだけで一から自殺を生みだすことができるなら、より軽度の障害も、同じような影響をおよぼすはずである。神経衰弱は初歩的な精神病の一種であるから、とすればある程度まで同じ結果を生じるにちがいない。そして、それは精神錯乱よりはるかに拡がった状態にあり、しだいに一般化さえしつつある。そうである以上、このようによばれる異常の全体が自殺率の変動をうながす一要因となることはありうることである。

なおまた、神経衰弱が自殺への傾向を準備するというのも理解される。なぜなら、神経衰弱におちいる者は、その気質からいって、苦痛をこうむるように運命づけられているからである。じっさい、苦痛が一般に神経系統のあまりにも強い攪乱《こうらん》から生じることはよく知られている。あまりにも強い神経の動揺はたいてい苦痛にみちたものだからである。ただし、それをこえると苦痛が始まる最大の強度は個人によってちがい、その神経がより抵抗力をもっている者ではより高く、そうでない者ではより低くなっている。したがって、後者のばあい、苦痛の範囲はより早く始まる。神経病患者にとっては、あらゆる圧力が病の原因のひとつとなり、あらゆる運動が疲労につながる。その神経は、表面に触れるか触れないかなのに、ちょっとの接触にも傷ついてしまう。通常はまったく目立たない生理的諸機能が果たされるだけでも、かれにとっては、一般にきつい感覚的興奮のみなもととなってしまう。その代わり、このばあい、快楽の範囲もまた低いところから始まることはたしかである。というのは、この弱い神経系統の過度の浸透されやすさのため、正常な有機体なら動揺をこうむることもないような刺激にも感じやすくなっているからである。というわけで、このような者には、つまらない出来事でも法外な愉《たの》しみの機会となることができる。したがって、かれは一方で失うものを他方で獲得しているわけで、この相殺のおかげで、闘いを維持するうえで他の人びとよりも防備が弱いわけではないかのようにおもえる。ところが、けっしてそうではなく、かれが劣っていることは事実なのだ。なぜなら、日常の印象、および平均的生活条件がしばしば再発させる感覚的興奮は、つねに一定の力をもっているからである。それゆえ、かれにとって生というものが十分に静穏でないおそれがある。もちろん、そうした生から身を退《ひ》くとか、外部の騒音が弱くしかきこえないような環境をつくるとかすれば、あまり苦痛をおぼえずに生きることができる。神経病患者がしばしば、自分を苦しめる世界からのがれて、孤独をもとめるのは、このためである。しかし、もしかれが喧噪《けんそう》な世間に身を投じなければならず、自分の病的繊細さを外部の衝撃から注意ぶかく守りとおすことができなければ、かれにとって愉しみよりも苦痛を感じる機会が多くなる。それゆえ、このような身体は自殺の想念にとって格好の地盤となってしまう。

以上が神経病患者の生を困難にする唯一の理由というわけではない。かれの神経系統は極端に鋭敏であるため、その観念や感情もつねに不安定な均衡のうちにある。もっとも軽微な印象でさえ患者の内部では異常な反響をひき起こすので、その心的組織は、たえず刻々根底からくつがえされており、こうした間断なき動揺の打撃をうけ、一定した形式のもとに落ち着くことができない。それはつねに変転の過程にある。これが固定化されるためには、過去の諸経験が持続的な効果をもたなければならないであろう。実際には、そうした効果は、突発する急激な変動によってたえず破壊され、押し流されてしまうのであるが……。ところで、固定した不変の環境のもとでは、生物の機能も同じ程度の不変性と固定性をもっていないかぎり、生きていくことができない。というのは、生きることとは、外部からの刺激に適切な仕方で反応することであり、この調和的な呼応は、時間と習慣の援《たす》けを借りてはじめて確かなものとなりうるからである。生とは、しばしば幾世代をもつうじてくりかえされる模索にほかならず、その成果は一部分遺伝的なものとなる。それは、行為の必要が起こるたびに新たな努力の負担のもとにやりなおされる、といったものではありえない。かりに、反対に、行為のなされる時点でいわばすべてがやりなおされなければならないなら、生はおよそそのあるべき姿をしめすことができない。この安定性は、われわれと物理的環境との関係においてばかりでなく、社会的環境との関係においても欠くことができない。その組織が明確に規定されている社会では、個人は同じように確定された精神的・道徳的構造をもっているかぎりで安定して生きていくことができる。ところが、これこそは神経病患者に欠けているものなのだ。かれは動揺状態にあるため、四囲の状況がたえず不意にかれを襲うことになる。それに対応する用意がないため、行為の独自の形式を一からつくりあげなければならないので、そこから神経病患者の周知の新しさ好みが生まれる。しかし、伝統的な状況に適応しなければならないときには、急場の工夫は、経験の寄与するそれをしのぐことはできないであろう。したがって、しばしば失敗に終わる。

というわけで、社会組織が固定的であればあるほど、このように動揺しやすい者はそれだけ生きるのに困難をおぼえるのである。

それだけに、この心理的タイプが自殺者にきわめて一般的にみられることは、大いにありうることである。しかしさらに問題となるのは、このまったく個人的な条件が自殺の発生にどれほどかかわりあっているかということである。いくらかでも状況の作用があれば、この条件は自殺をひき起こすにたるのだろうか。それとも、個人の外部の、それらのみが自殺の決定因をなしている諸力の影響に個人をより感じやすくする、という結果をもたらすだけだろうか。

この問題を直接に解決するには、自殺の増減と神経衰弱の増減を比較できなければならないであろう。しかしあいにく、後者は統計によってはとらえられない。ただし、ある間接的な方法をとると、この困難を避ける手だてが与えられよう。およそ精神病とは、神経の変質の拡大された形態にほかならないから、変質者の数は精神病者の数と同じように増減すると考えても、大きな間違いをするおそれはない。したがって後者の考察をもって前者の考察に代えることができる。さらにいうと、この方法によると、自殺率とあらゆる種類の精神異常全体のあいだの関係を一般的なかたちで確定することができるという利点がある。

もっとも、次のような第一の事実は、実際はそうでないのに精神異常にある影響力を認めることになってしまうかもしれない。それは、自殺が精神病と同様、田舎よりも都市に多いという事実である。だから、後者とともにふえたり減ったりするようにみえ、このため自殺が精神病に起因しているようにおもわれるかもしれない。しかし、この並行関係はかならずしも原因—結果の関係をあらわしてはいない。偶然の一致の産物ということも大いにありうるのだ。のちにみるように自殺の社会的原因それ自体は都市文明に密接にむすびついており、しかも大都市でもっとも強い力を揮《ふる》うだけに、右の仮説は容易に許容される。だから、精神病理的状態が自殺のうえにおよぼすことのできる影響を測定するには、この状態が同じ現象の社会的諸条件とともに増減するようなケースは取り除いておかなければならない。なぜなら、これらの二つの要因が同じ方向に作用するときには、全体の結果のうち、おのおのに帰属する部分を分離して取りだすことは不可能だからである。それらは、もっぱら、両者がたがいに反比例しているような所で考察されなければならない。つまり、それらのあいだに一種の対立が生じている場合にのみ、いずれが決定的であるかを知ることができるのだ。もしも精神障害が、よくいわれてきたようにきわめて重要な役割を演じているならば、きわだった結果によってその影響の存在がしめされなければならない。実は、社会的諸条件がそうした結果を相殺してしまいがちなのだが……。逆に、個人的諸条件が反対方向にはたらくときには、社会的諸条件の作用が表《おもて》にあらわれるのはさまたげられるはずである。ところで、以下にのべる事実は、これと反対のことが原則であ

第4表　精神病者の男女比

	男子	女子		男子	女子
シュレージエン (1858)	49	51	ニューヨーク (1855)	44	56
ザクセン (1861)	48	52	マサチューセッツ (1854)	46	54
ヴュルテンベルク (1853)	45	55	メリーランド (1850)	46	54
デンマーク (1847)	45	55	フランス (1890)	47	53
ノルウェー (1855)	45	56	〃 (1891)	48	52

ることを証明している。

一、すべての統計のしめすところでは、精神病者の施設では収容者のうち女子の数がいくらか男子を上まわっている。この関係は国によって異なるが、第4表のしめすように一般に、女子五四ないし五五対男子四六ないし四五となっている。

コッホは、精神病人口全体について十一ヵ国で行なわれた調査の結果を総合している。一六万六六七五人の男女患者のうち、男子は七万八五八四人、女子は八万八〇九一人で、男子では人口千あたり一・一八人、女子では一・三〇人となっている。[*18] マイル[†8]はかれなりに、これと近い数字をつかんでいる。

じっさい、この女子の多い分は、たんに男子の精神病者の死亡率が女子のそれの死亡率よりも高いことによるのではないかと考えられてきた。事実、たしかにフランスでは施設で死んだ百人の精神病者のうちほぼ五五人は男子である。したがって、ある所与の時点で調査された女子患者の数の多さは、女子が精神病へのより強い傾向をもっているることをしめしているのではなく、たんにこうした条件のもとでも、なお他のあらゆる条件におけると同様、女子は男子よりも長命であることを証明しているにすぎないだろう。けれども、現在の精神病人口のうち男子より女子が多いということも既定の事実である。とすれば、これは正当なこととおもわれるが、精神病者から神経質な者へと結論をおよぼせば、それぞれの時点で男子よりも女子に神経衰弱者が多いことを認めなければならない。したがって、もしも自殺率と神経衰弱のあいだにある因果関係があるというなら、女子の自殺は男子よりも多くなければならないであろう。すくなくとも、同等の自殺がなければなるまい。なぜなら、女子の死亡率の低いことを考慮し、それにしたがって調査の報じるところを修正してもなお、せいぜい結論できることは、女子の精神病への傾向は男子のそれと明らかにひとしいということだからである。じっさい、女子の死亡率の低さと、精神病者のあらゆる調査でしめされる女子の多さは、ほとんど正確に相殺しあっている。ところで、女子の自殺への傾向は、男子より大きいとか男子と同等であるとかはとてもいえないのであり、自殺とは本質的に男性的なものの表現である。女子の自殺一にたいし、男子の自殺は四にのぼる（第5表を参照）。したがって男子と女子はそれぞれ一定した自殺傾向をもっており、これはそれぞれの社会層についても異なるところがない。とはいえ、この傾向の強度はいささかも精神病理的要因と比例しては変化しない。なお、この後者は、毎年登録される新しいケース、も

第5表　総自殺件数における男女別の内訳

	絶対数		100件あたり	
	男子	女子	男子	女子
オーストリア（1873－77）	11429	2478	82.1	17.9
プロイセン（1831－40）	11435	2534	81.9	18.1
〃（1871－76）	16425	3724	81.5	18.5
イタリア（1872－77）	4770	1195	80	20
ザクセン（1851－60）	4004	1055	79.1	20.9
〃（1871－76）	3625	870	80.7	19.3
フランス（1836－40）	9561	3307	74.3	25.7
〃（1851－55）	13596	4601	74.8	25.2
〃（1871－76）	25341	6839	78.7	21.3
デンマーク（1845－56）	3324	1106	75.0	25.0
〃（1870－76）	2485	748	76.9	23.1
イギリス（1863－67）	4905	1791	73.3	26.7

モルセッリによる。

しくは同様の期間に調査された患者の数にもとづいて評価されたものである。

二、第6表〔七一ページ〕では、宗教別の精神病への傾向を比較することができる。

精神病は、他のどの宗教よりもユダヤ教徒にはるかに多発していることがわかる。それゆえ、神経系統の他の疾患についても、同様だと考えるのは大いに根拠があろう。ところが、自殺傾向のほうは、正反対に、ユダヤ教徒のばあいきわめて小さい。のちに筆者は、これが自殺傾向のもっとも弱い宗教でさえあることをしめすつもりである。[*19] したがって、このばあい、自殺は精神病理的状態と反比例して変化するのであり、およそ後者の延長であることからはほど遠い。もちろん、この事実から神経や脳の障害が自殺への予防力として役だつことができるなどと結論してはなるまい。これらの障害がもっとも多くみられるときにも自殺の減少が起こりうることからして、それは自殺をひき起こすのにほとんど効果をもたない、ということでなければならない。

カトリック教徒をプロテスタントに比較するだけでは、これほど全面的な逆の関係はみられない。とはいえ、逆転は頻繁にみられる。カトリック教徒の精神病への傾向は、プロテスタントのそれにくらべ一二回中四回分だけ少ないにすぎず、その差はきわめて小さい。それに反し、カトリックの自殺はどこでも、いかなる例外もなくプロテスタントよりはるかに少ないことが、[*20]第29表〔二二九ページ〕からわかるであろう。

三、のちに明らかにされるだろうが、[*21]あらゆる国で自殺傾向は幼児期から最高齢期まで一貫して増加している。しばしば七〇歳ないし八〇歳以降に低下がみられるものの、きわめて軽微であり、人生のこの時期ではつねに壮年期の二、三倍におよんでいる。逆に、精神病は壮年期にもっとも多く発生する。危険がもっとも多いのはほぼ三〇歳くらいで、それをこえると減少し、はるかに、そしてもっとも弱まるのは老年期である。[*22]このような拮《きっ》抗《こう》関係は、およそ自殺の増減をうながす原因と精神障害をひき起こす原因が別々の性質のものでなければ、説明がつかないであろう。

各年齢ごとの自殺率を、同じ時期にあらたに生じる精神病の件数の割合とではなく、精神病人口にたいする割合と比較すると、並行関係の存在しないことがやはり明らかとなろ

第6表　宗教別の精神病者

	各宗教1000人あたりの精神病者数		
	プロテスタント	カトリック	ユダヤ教徒
シュレージエン (1858)	0.74	0.79	1.55
メクレンブルク (1862)	1.36	2.0	5.33
バーデン公国 (1863)	1.34	1.41	2.24
〃 (1873)	0.95	1.19	1.44
バイエルン (1871)	0.92	0.96	2.86
プロイセン (1871)	0.80	0.87	1.42
ヴュルテンベルク (1832)	0.65	0.68	1.77
〃 (1853)	1.06	1.06	1.49
〃 (1875)	2.18	1.86	3.96
ヘッセン大公国 (1864)	0.63	0.59	1.42
オルデンブルク (1871)	2.12	1.76	3.37
ベルン州 (1871)	2.64	1.82	

コッホの ***Zur Statistik der Geistkrankheiten,*** p. 108–119 による。

う。全人口にたいする精神病者の数がもっとも多くなるのは、三五歳くらいである。この割合は六〇歳くらいまではほぼ変わらず、それをこえると急速に低下する。それゆえ、自殺率が最大になるときこれは最小となり、それ以前では、双方に生じる変化のあいだにはどのような規則的な関係もみとめられない。[*23]

四、自殺と精神病という二つの観点からさまざまな社会を比較しても、この二つの現象の増減のあいだにはそれ以上の関係はみいだせない。精神病の統計はたしかにあまり厳密ではないから、国際比較はまったく正確だというわけにはいかない。しかし、二人の別々の著者から借りた二つの表〔七三ページ、第7表A、B〕が、にもかかわらずいちじるしく整合的な結果をしめしていることは注目される。

このように精神病者のきわめて少ない国は、自殺のきわめて多い国でもある。ザクセンのばあいはとくに目だっている。ルロワ博士は、セーヌ－エ－マルヌ県の自殺にかんするきわめてすぐれた研究で、似たような観察をしている。「精神病がかなりの割合でみとめられる地域はまたたいてい、自殺についても同じである。しかし、両者の最大値はまったく別であることもありうる。私は、……精神病も自殺もないようなかなり幸福な国とならんで……精神病だけ発生しているような国もある、とさえ信じたいような思いだ」。他の地域では、反対の現象が起こっている。[*24]

たしかにモルセッリ[†9]は、これといくらかちがう結果に到達している。[*25] しかしそれは、なによりもまずかれが、精神異常という共通の名称のもとに厳密な意味での精神病と重度知能障害（idiot）を混同してしまったためである。[*26] 実はこの二つの疾患はきわめて異質のもので、自殺に影響をおよぼすか否かという観点からは、とくにそうである。この知能障害は自殺への素因をなすどころか、むしろ予防力をなしている。というのは、これが都市よりも田舎に格段に多いのに対し、自殺は田舎ではるかに少ないからである。それだけに、自殺率にたいする異なった種類の神経障害の関係を明らかにしようとすれば、このように対照的な二つの状態はどうしても区別しなければならなくなる。ただし、たとえ両者をいっしょにしても、精神病の増減と自殺のそれとのあいだに規則的な並行関係を確証するに

第7表　ヨーロッパ諸国の自殺の比と精神病の比

A

	人口10万あたりの精神病者数	人口100万あたりの自殺件数	各国の順位	
			精神病者	自　殺
ノルウェー	180 (1855)	107 (1851−55)	1	4
スコットランド	164 (1855)	34 (1856−60)	2	8
デンマーク	125 (1847)	258 (1846−50)	3	1
ハノーファー	103 (1856)	13 (1856−60)	4	9
フランス	99 (1856)	100 (1851−55)	5	5
ベルギー	92 (1858)	50 (1855−60)	6	7
ヴュルテンベルク	92 (1853)	108 (1846−56)	7	3
ザクセン	67 (1861)	245 (1856−60)	8	2
バイエルン	57 (1858)	72 (1846−56)	9	6

B

	人口10万あたりの精神病者数	人口100万あたりの自殺件数	自殺件数の平均
ヴュルテンベルク	215 (1875)	180 (1875)	107
スコットランド	202 (1871)	35	
ノルウェー	185 (1865)	85 (1866−70)	63
アイルランド	180 (1871)	14	
スウェーデン	177 (1870)	85 (1866−70)	
イングランド，ウェールズ	175 (1871)	70 (1870)	
フランス	146 (1872)	150 (1871−75)	164
デンマーク	137 (1870)	277 (1866−70)	
ベルギー	134 (1868)	66 (1866−70)	
バイエルン	98 (1871)	86 (1871)	153
アルプス内オーストリア	95 (1873)	122 (1873−77)	
プロイセン	86 (1871)	133 (1871−75)	
ザクセン	84 (1875)	272 (1875)	

表の第1の部分はデシャンブルの *Dictionnaire* における《Aliénation mentale》の項（t. III, p. 34）から，第2の部分はエッティンゲンの *Moralstatistik* の付表97から引用したものである。

第8表　精神病人口と自殺

	人口10万あたりの精神病者数	人口100万あたりの自殺件数
第1群（3ヵ国）	340－280	157
第2群（3ヵ国）	261－245	195
第3群（3ヵ国）	185－164	65
第4群（3ヵ国）	150－116	61
第5群（3ヵ国）	110－100	68

はいたらない。じっさい、モルセッリの数字を疑問の余地のないものと考え、ヨーロッパの主要国を精神病人口（重度知能障害者も精神病者も同じ表題のもとに合算されている）の大きさにしたがって五つのグループに分け、次いで、これらのグループのおのおのの自殺の平均をもとめてみると、第8表のようになる。

大ざっぱにいうと、精神病者と重度知能障害者の多いところでは、自殺もまた多いということ、またその逆の関係もなりたつこと、が指摘できる。けれども、この二つの階梯《かいてい》のあいだには、二種の現象間に一定の因果関係があることをしめすような一貫した対応関係はみられない。第一群よりも自殺が少なくてしかるべき第二群にそれ以上の自殺がみとめられ、同じ観点からすれば他のすべての群よりも自殺が少ないはずの第五群では、それに反して、第四群、そして第三群さえも上まわっている。最後に、モルセッリの報告している精神病の統計の代わりに、もっと完全で、もっと厳密だとおもわれるコッホの統計に拠《よ》るならば、並行関係がないことはさらにいっそうはっきりする。じっさい、みられるのは第9表のような関係である。[*27]

イタリアの諸州についてモルセッリの行なったいまひとつの比較は、かれみずからがいうようにあまり証明にならない。[*28]

五、最後に、精神病は一世紀来規則的に増加しているとみなされ、[*29] 自殺も同様であるから、この事実は両者が関連していることの証拠だと考えたくなるかもしれない。けれども、のちに明らかにするように未開社会では精神錯乱がきわめて少ないのに往々にして自殺が頻発しているということが、右の事実からいっさいの証明上の価値をうばってしまう。[*30]

第９表　精神病者，重度知能障害者と自殺

	人口10万あたりの精神病者および重度知能障害者数	人口100万あたりの自殺件数の平均
第１群（３ヵ国）	422－305	76
第２群（３ヵ国）	305－291	123
第３群（３ヵ国）	268－244	130
第４群（３ヵ国）	223－218	227
第５群（４ヵ国）	216－246	77

それゆえ、社会的自殺率は、精神錯乱への傾向とも、推定によるさまざまな形態の神経衰弱への傾向とも、なんら明確な関係をたもっていないことになる。

じっさい、すでにしめしたように神経衰弱が自殺の傾向を準備することがあるとしても、それは必然的にこの結果を生むものではない。もちろん、神経衰弱者があまりにも深く活動的な生に入りこむとき、苦痛をこうむることはほとんど避けがたい。しかし、ここから引きしりぞいて特別に観想的な生活をすることも不可能ではない。ところで、利害と情念の葛藤《かっとう》が、このように感じやすい有機体にとってあまりに心をかきみだし、激烈にすぎるとしても、また有機体は、思索の甘やかな喜びを十二分に味わうようにつくられてもいる。行動には不向きなその肉体の弱さ、過敏な感受性は、その代わりにこの有機体を知的な職能にむかわせる。そして、この職能もまた適切な器官を必要とする。同様に、あまりにも固定的な社会的環境は生来の本能をそこなうだけだとしても、社会それ自体が、動的であって、進歩をとげるという条件のもとでのみ維持されうるようなばあい、そのかぎりで有機体も有用な役割を演じる。というのも、すぐれて進歩の手段となるからである。それはまさに伝統に、習慣のくびきに逆らうものであり、それだけに、新しいものの汲めども尽きぬ泉となる。そして、文化的にもっとも進んだ社会はまた、表象の機能がもっとも必要とされ、もっとも発達をみている社会であり、と同時にそのきわだった複雑さのためほとんど不断の変化がみずからの存立の条件となっている。まさにこのとき、神経衰弱者が、もっとも多くなり、また最たる存在理由をもつことになる。したがってかれらは、いま置かれている環境のもとに生きるべく生まれてきたためにおのずと自己淘汰《とうた》をとげていくというような、本質的に非社会的な存在ではない。むしろ、かれらに固有の身体的状態に、他の原因がつけくわわってきて、こうした傾向を刻印し、それをこの方向に発達させるということでなければならない。神経衰弱とは、それ自体で必然的になんらかの特定の行為をひき起こすものではなく、状況に応じてさまざまな形態をとることのできるきわめて一般的な傾向なのだ。それはいわば、社会的諸原因によってどのように受胎されるかということしだいで、大いに多様な傾向を生じることのできる一個の地盤なのである。年老いて進むべき方向を見失った民族においては、生の嫌悪や無気力な憂鬱《ゆううつ》が、それの合意するいまわしい帰結とともに、容易にそこに芽ぐむことになろうが、逆に、若々しい社会にあっては、ことに発達をみるのは燃えるような理想主義や高邁《こうまい》な宣伝への情熱や積極的な献身である。衰退の時期に変質者の増加がみられるにしても、国家が創《つく》られていくのはかれらによってであり、大改革者が出現するのもすべてかれらの内からである。このような曖昧《あいまい》な力[*31]をもってしては、自殺率のような明確な社会的事実を十分説明するわけにはいくまい。

五

ところが、しばらく前から人びとが現代文明のほとんどあらゆる悪の源泉とみなしがちになっているある特殊な精神病理的状態がある。それはアルコール依存症である。すでに精神病、貧困、犯罪などの増加がなんでもかでもこれに帰せられている。しかしいったいアルコール依存が自殺の増加にいくらかでも影響をおよぼすだろうか。一見して、この仮説はあまり当たらないようにみえる。というのは、自殺がいちばん多いのはもっとも知的な階級ともっとも裕福な階級であるが、アルコール依存がいちばん多いのはこれらの世界ではないからである。いずれにせよ、事実にまさるものはない。そこで事実を検討してみよう。

フランスの自殺分布図と過飲酒の犯罪の起訴をしめす地図を比較してみても、[*32] 両者のあいだにほとんどなんの関係もみとめられないことがわかる。前者を特徴づけるのは、被害がそこからひろがっていく二つの中心があることで、そのひとつはイル-ド-フランスで、そこから右へ拡大されていくのに対し、他は、マルセイユからニースへの地中海岸を占めている。アルコール依存についての白い部分と濃い部分の分布はまったくちがう。ここでは三つの主な中心がみとめられるわけで、ひとつはノルマンディ、より特定していえばセーヌ下流に、他はフィニステール県とブルターニュ諸県一般に、そしていまひとつはローヌ県とその周辺地域にある。だが逆に、自殺については、ローヌは平均以上ではないし、ノルマンディの諸県のほとんどは平均以下であり、ブルターニュにいたってはほとんど無傷である。それゆえ、両現象の地理はおそろしくちがっていて、一方が他方の発生に大きなかかわりをもっているとみることはできない。

自殺を、飲酒による犯罪ではなく、アルコール依存による神経病あるいは精神病と比較しても、同じ結果に達する。フランスの諸県を自殺率の大きさによって八つの群に分け、そのおのおのにあって、アルコールを原因とする精神病の平均件数がどうなっているかを、リュニエ博士による数字からみてみた。[*33] 得られた結果は、第10表のようなものである。

右の二つの列のあいだには対応関係はない。自殺は一倍から六倍、そしてそれ以上へとなっているが、それにひきかえアルコールによる精神病の比率は一の位で若干の増加がみられるだけで、それも規則的ではない。第二群は第三群を、第五群は第六群を、第七群は第八群を上まわっている。しかし、アルコール依存が精神異常として自殺に作用をおよぼすとしても、それはアルコール依存のひき起こす障害を介してのことにすぎない。二つの地図の比較が、以上の平均の比較をも裏づけている。*34

第10表　アルコールを原因とする精神病と自殺

	人口10万あたりの自殺件数（1872－76）	入院者 100人中アルコールを原因とする精神病者数（1867－69と1874－76）
第１群（５県）	50以下	11.45
第２群（18県）	51－75	12.07
第３群（15県）	76－100	11.92
第４群（20県）	101－150	13.42
第５群（10県）	151－200	14.57
第６群（９県）	201－250	13.26
第７群（４県）	251－300	16.32
第８群（５県）	それ以上	13.47

一見したところ、少なくともわが国にかんするかぎりは、アルコール消費量と自殺傾向のあいだにより緊密な関係があるようにみえる。じっさい、いちばんアルコールを飲するのは北部の諸県であるし、自殺がいちばん猛威をふるっているのもこの同じ地域である。しかし、まず、地図上の二種の分布図は全然同じ形状を呈していない。一方は、ノルマンディと北部で極大の濃さとなり、パリへと下るにしたがって薄くなっていく。これがアルコール消費量の地図である。他は、反対に、セー

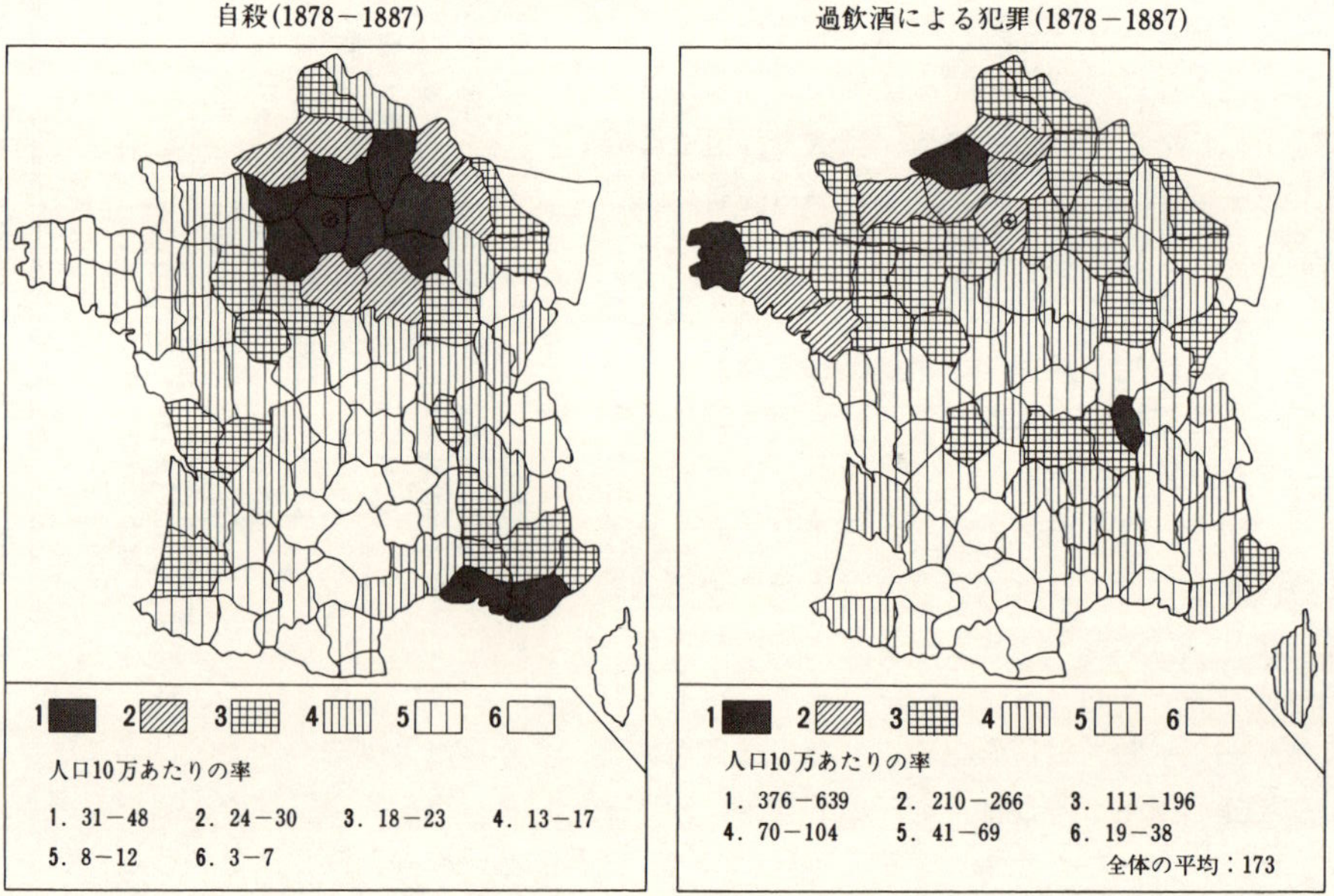
自殺(1878－1887)
1 2 3 4 5 6
人口10万あたりの率
1. 31－48　2. 24－30　3. 18－23　4. 13－17
5. 8－12　6. 3－7
過飲酒による犯罪(1878－1887)
1 2 3 4 5 6
人口10万あたりの率
1. 376－639　2. 210－266　3. 111－196
4. 70－104　5. 41－69　6. 19－38
全体の平均：173

第1図　自殺とアルコール

アルコールが原因の精神異常(1867－1876)
(年間平均)

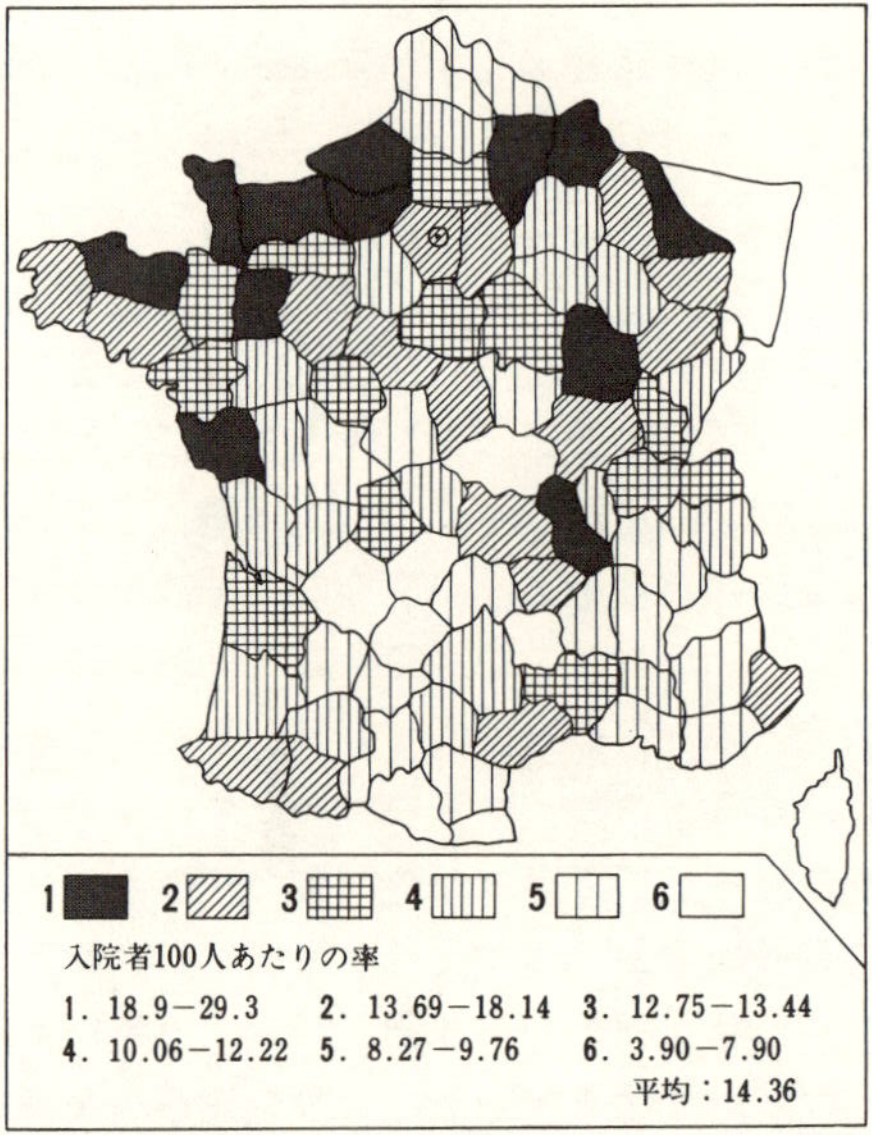

アルコール消費量
(1873)

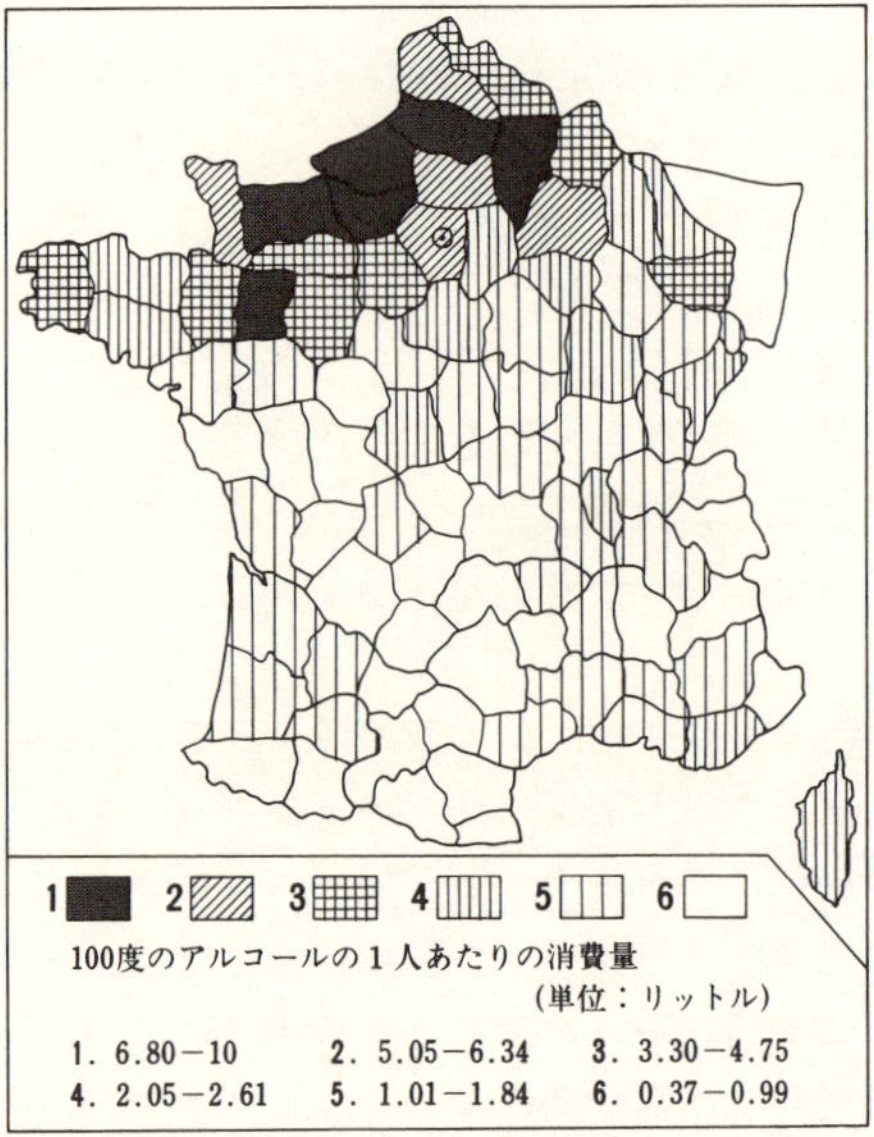

ヌ県とその周辺諸県でもっとも強度を増し、すでにノルマンディでは濃度を減じ、北部にはおよんでいない。前者は西の方へ伸びて、大西洋岸まで達するのに対し、後者は反対の方向をしめしている。それは、西の方ではたちまちひとつの限界によって堰止《せきと》められてしまって、これを越えることはない。すなわちウール県とウール－エ－ロワール県を越えないのであるが、それに反し、東の方には大きく拡がっている。くわえて、南仏でヴァール県とブーシュ－デュ－ローヌ県によって形づくられている黒色の部分は、アルコール消費量の地図の上にはもはやみられない。*35

また、たとえ符合がみとめられるばあいでも、それは偶然であって、まったく証明にはならない。事実、フランスを出て北へずっと上っていくと、アルコール消費量は一貫して増加していくが、それでいて自殺はふえることがない。一八七三年のフランスではアルコール消費量は一人あたり平均して二・八四リットルにすぎないが、ベルギーではこの数字が一八七〇年八・五六リットル、イギリスでは九・〇七リットル（一八七〇―七一年）、オランダ四リットル（一八七〇年）、スウェーデン一〇・三四リットル（一八七〇年）、ロシア一〇・六九リットル（一八六六年）となり、ペテルブルグでは二〇リットル（一八五五年）にさえなっている。それでいて、この時期フランスでは人口百万あたり一五〇件の自殺がかぞえられたのにたいし、ベルギーは六八件、イギリス七〇件、スウェーデン八五件、そしてロシアはごくわずかにすぎなかった。ペテルブルグでも、一八六四年から六八年にかけ、年間平均率は六八・八にとどまっている。デンマークだけが北欧諸国中唯一、自殺が多く、同時にアルコール消費量も多い国（一八四五年に一六・五一リットル）である。[*36] したがって、わが国の北部諸県が自殺への傾向とアルコール飲料への好みの双方において目だっているとしても、前者が後者からみちびかれ、後者のなかにその説明がみいだされるということではない。この一致は偶然なのだ。北方では一般に多量のアルコールが飲まれるが、それはブドウ酒が少なく高価だからであり、[*37] またおそらく、体温を高くたもつことのできる特別な食品が他所《よそ》よりも必要だからであろう。そして他方、わが国のこの同じ地域に、自殺を生むような諸原因が特別に集積されているわけである。

ドイツのさまざまな国のあいだの比較は、この結論を裏づけている。[*38] じっさい、これらを、自殺とアルコール消費量という二重の観点から分類してみると（第11表〔八四ページ〕を参照）、自殺のもっとも多い群（第三群）はアルコール消費のごく少ないもののひとつであることがわかる。くわしくみると、まぎれもない対照関係さえみてとれる。すなわち、ポーゼン地方はほとんど全帝国のなかでもっとも自殺の少ない（人口百万あたり九六・四件）所であるが、アルコールがもっとも多く（一人あたり一三リットル）消費される所である。これよりほとんど四倍も自殺の多い（百万あたり三四八）ザクセンでは、飲まれる量は半分である。そして、アルコール消費がいちばん少ない四番目のグループは、もっぱら南部の諸州から構成されていることが指摘されよう。他方、ここで他のドイツよりも自

第11表　ドイツにおけるアルコール消費と自殺

	1人あたりのアルコール消費量（1884－86）	人口100万あたりの自殺件数の平均	国　　　名
第 1 群	13－10.8ℓ	206.1	ポーゼン，シュレージエン，ブランデンブルク，ポメラニア
第 2 群	9.2－7.2ℓ	208.4	東西プロイセン，ハノーファー，ザクセン地方，テューリンゲン，ウェストファリア
第 3 群	6.4－4.5ℓ	234.1	メクレンブルク，ザクセン王国，シュレスヴィヒ・ホルスタイン，アルザス，ヘッセン大公国と地方
第 4 群	4ℓ以下	147.9	ライン地方，バーデン，バイエルン，ヴュルテンベルク

殺が少ないのは、住民がカトリックであるか、または強力なカトリック少数派をふくんでいるからにほかならない。[*39]

それゆえ、いかなる精神異常も、自殺とのあいだに規則的で明白な関係をたもってはいない。ある社会に多くの、あるいは少ない自殺者がみられるのは、そこに神経病患者やアルコール依存者が多かったり、あるいは少なかったりするからではないのだ。さまざまな形態の退化というものが、人を自殺させるような諸原因の作用にすぐれて適合的な心理的地盤をなすとしても、それ自体が原因のひとつをなすわけではない。同じ状況のもとでは、退化した者のほうが健常者よりも自殺しやすいことは認められてよいが、その状態のために必然的に自殺をするというわけではない。その者のなかにやどっている潜在的な力は、それ自体探究を要する別の諸要因の作用のもとに、はじめて作動するのである。

＊1　精神病それ自体が純然たる個人的なものであるかぎりにおいて……。実際には精神病は、一部分社会的な現象である。この点については後にまたふれよう。

＊2　*Maladies mentales*, t. I, p.639.

＊3　*Ibid.*, t. I, p.665.

＊4　*Du suicide*, etc., p.137.

＊5　*Annales médico-psych.*, t. VII, p.287.

＊6　*Maladies mentales*, t. I, p.528.

＊7　Brierre de Boismont, p.140 を参照。

＊8　*Maladies mentales*, p.437.

＊9　*Dictionnaire de médecine et de chirurgie pratique* の《suicide》の項を参照。

＊10　これらの幻覚を、たとえば窓とドアをかんちがいさせる結果を生じるような幻覚と混同してはならない。このばあいは、既述の自殺の定義では、自殺ではなく事故死ということになる。

＊11　Bourdin, *op. cit.*, p.43.

＊12　Falret, *Hypocondrie et suicide*, pp.299-307.

＊13　*Suicide et folie-suicide*, p.397.

＊14　Brierre, *op. cit.*, p.574.

＊15　*Ibid.*, p.314.
＊16　*Maladies mentales*, t. I, p.529.
＊17　*Hypocondrie et suicide*, p.3.
＊18　Koch, *Zur Statistik der Geisteskrankheiten*, Stuttgart, 1878, p.73.
＊19　第二編第二章二三〇ページを参照。
＊20　二二九ページを参照。
＊21　一二三ページの第14表を参照。
＊22　Koch, *op. cit.*, pp.139-146.
＊23　*Ibid.*, p.81.
＊24　*Op. cit.*, p.238.
＊25　*Op. cit.*, p.404.
＊26　モルセッリは明言しているわけではないが、そのことはかれのあげている数字そのものからでてくる。数字は、精神錯乱のケースだけを代表するにしてはあまりに高すぎる。デシャンブルの*Dictionnaire* にかかげられた表を対照せよ。そこでは区別がなされている。モルセッリが同表では精神病と重度知能障害を合計していたことがよくわかる。
＊27　コッホの報告しているヨーロッパの国々から、筆者はオランダのみを除外した。オランダの自殺傾向の強度についてのかれのもっている情報は、十分だとおもわれないからである。
＊28　*Op. cit.*, p.403.
＊29　じっさい、その証明はまったく説得的な仕方でなされたとはとうていいえない。いずれにせよ、増加がみられるとしても、その増加率はわからない。
＊30　第二編第四章を参照。
＊31　この曖昧さのいちじるしい例としては、フランス文学とロシア文学のあいだにしめされる類似と対

照がある。フランス人が共感をもってロシア文学を迎えたことは、ロシア文学とフランス文学がある親和性をもっていることをしめしている。事実、この二国民の作家には、神経系統の病的な繊細さと心的、道徳的なある種の均衡の欠如が感じられる。ところが、生物学的であるとともに心理学的なこの同じ状態がなんと異なった社会的帰結を生じることであろう。ロシア文学が極端に理想主義的であるのに反し、また人間の苦悩へのつよい同情に由来する、ロシア文学のおびている哀愁が、人間の苦悩への信仰をかきたて行為をひき起こすあの健全な悲哀をなしているのに対し、フランス文学は、たんに陰気な絶望の感情をひけらかすにすぎず、もの憂い憂鬱の状態をあらわしている。同じ体質的状態がいかにしてほとんど正反対の社会的目的に仕えることが起こるか、それをしめしている例である。

＊32　*Compte général de lsadministration de la justice criminelle*, année 1887 による。第1図、八〇ページを参照せよ。

＊33　*De la production et de la consommation des boissons alcooliques en France*, pp.174-175.

＊34　第1図、八〇ページを参照。

＊35　同右。

＊36　Lunier, *op. cit.*, p.180 以下による。これと同様の数字は、他の年についても Prinzing, *op. cit.*, p.58 のなかにみられる。

＊37　ブドウ酒の消費についていえば、これはむしろ自殺の増減に反比例する。これがもっとも多く飲まれるのは南フランスであるが、ここは自殺のいちばん少ない所である。けれども、ブドウ酒が自殺を防ぐ力をもっているなどと結論するわけにはいかない。

＊38　Prinzing, *op. cit.*, p.75 による。

＊39　アルコールの影響力を証明するため、アルコール飲料の消費と自殺が一八三〇年以来並行して減少してきたノルウェーの例がしばしば引合いにだされた。しかし、スウェーデンでは、自殺は増加を

やめなかったのに（一八二一―三〇年の百万あたり六三件にたいし、一八八六―八八年には一一五）、アルコール依存はあいかわらず、同じような割合で減少をしめした。ロシアにおいても同様である。

この問題のあらゆる資料を読者に提供するため、次のことを付けくわえなければならない。すなわち、フランスの統計があるいは飲酒の発作に、あるいは常習的な飲酒癖に帰している自殺の割合は、一八四九年の六・六九％から一八七六年の一三・四一％になっている。しかし、まずもっていえば、これらすべてのケースが、けっして固有の意味でのアルコール依存に帰せられるわけではない。アルコール依存はたんなる酩酊や酒場通いと混同されてはならないからである。次に、その正確な意味はどうであれ、これらの数字は、アルコール飲料の暴飲が自殺率にきわめて大きなかかわりをもつことを証明するものではない。最後に、自殺について想定される原因にかんして統計がこのように提供してくれる報告に大きな価値を認めることができない理由については、後にふれることにする。

†1　Jean Es quirol（一七七二―一八四〇）。フランスの精神病医。サルペトリエル病院でピネル（訳注一七七ページ†2を参照）の助手をつとめ、のち近代精神医学の確立に寄与する。自殺と精神病の関連を強調した。

†2　Jean-Pierre Falret（一七九四―一八七〇）。フランスの精神病医。エスキロルに従い、精神病の研究、治療にあたる。ヒポコンデリーと自殺の関連を論じた。

†3　Decius Publius（紀元前四世紀）。ローマの執政官。サムニウムとの戦いで、ローマ軍の勝利のため奮戦し、覚悟の戦死をとげた。その子、孫も同様にヒロイックな死をとげている。

†4　Louis（chevalier d'）Assas（一七三三―六〇）。ヴォルテールやロシャンボーの伝えている逸話に登場する人物で、オーヴェルニュ連隊の隊長。偵察中に敵にかこまれ、声をたてるなと威嚇された

が、大声で敵襲を告げ、みずからはその場で刺殺された。

†5 Marcus Curtius（紀元前四世紀ころ）。ローマの貴族の青年。フォルムに突然地割れが生じたとき、神託にしたがってそのなかにとびこみ、この犠牲によって裂け目が閉じたといわれる。

†6 Codrus. アテナイの伝説的な王。ドリアのヘラクレダイがアッティカを襲ったとき、かれらは、もしコドロスを助命すれば勝利することができるという神託を受けていた。このことを聞き知ったコドロスは、木こりに身をやつしてドリア人と戦い、戦死して祖国を救った。

†7 Aristodêmos（紀元前八世紀ころ）。ギリシアのメッセニアの王。スパルタの戦いで、神託により、祖国の勝利のため自分の娘を犠牲にささげ、のちみずからも娘の墓前で自殺したといわれる。

†8 Georg von Mayr（一八四一―一九二五）。ドイツの統計学者。ミュンヘン大学教授等をつとめる。統計学的観点から自殺等多くの現象を考察した。

†9 E. Morselli（一八五二―一九二九）。イタリアの神経学者、精神病医。自殺の統計的研究を、はじめて多面的に行なった。

第二章　自殺と正常な心理状態――人種、遺伝

しかし、自殺への傾向が、いましがた検討したようなとくに異常な状態にではなく、個人の体質に基礎をおいていることがあるかもしれない。また、神経系統のなんらかの異常とかならずしもむすびつくことなく、純粋に心理的な諸現象からなりたっていることがあるかもしれない。ある形態の偏執狂でも、精神錯乱でも、神経衰弱でもないような自殺の傾向が、なぜ人間に存在しないというのか。少なからぬ自殺研究者が認めてきたように、*1 もしそれぞれの人種が固有の自殺率をもっているならば、この命題も立証されたものと考えられよう。というのも、人種というものはもっぱら有機的・心理的特徴によって定義され、他の人種から区別されるからである。だから、自殺が実際に人種によって多かったり少なかったりするならば、自殺と密接にむすびついているある身体的傾向が存在すると認めなければなるまい。

しかし、いったい、そうした関係は存在するのだろうか。

一

だが、まずもって人種とはなんだろうか。一般世人のみならず人類学者たち自身もこの語をかなりまちまちに使っているので、定義をあたえることが必要になってくる。とはいえ、これまで提起されてきたさまざまな定式には一般に基本的な二つの観念がみいだされる。ひとつは類似という観念、他は血のつながりという観念である。そして、学派によって、これらの観念のいずれか一方が主要な位置を占めている。

ひとつの見方として、人種とは、もちろん共通の特徴をしめす諸個人の集合であるが、さらにこの属性の共有がかれらすべてが同じ祖先に由来するという事実にもとづいているような場合、と解されてきた。なんらかの原因のもとに同一の生殖から生じた一または複数の人間に、種の他の者から区別されるようなある変異が生まれ、それが次世代で消滅することなく、遺伝の効果によってしだいに有機体のなかに固定化されていくとき、そこに一つの人種が生じるという。こうした考え方のもとに、ド・カトルファージュ氏[†1]は、人種を「同一の種に属し、生殖をつうじて当初の変種の諸特徴を伝達していくような類似した個体の全体[*2]」と定義しえたのであった。こう理解するならば、人種は、同一種のさまざまな人種がそこから生じてきたとされる最初の複数の対の男女が、こんどはすべて唯一の一組の男女から生じているとされる点で、種と区別される。概念はこうしてはっきり限定されることになる。人種が規定されるのは、これを生じさせた血のつながりによるという特別な方法によってだということになる。

しかしあいにく、この定式だけで満足してしまえば、一人種の存在とその範囲は、歴史的・民族誌的探究の援《たす》けによって確定されるにとどまり、その探究の結果もつねに疑わしいものとなる。なぜなら、こと起源の問題にかけては、われわれはきわめて不確かな推測にしか達することができないからである。そればかりではない。この定義に対応するような人種が今日存在しているかどうかも、知れたものではない。というのも、ありとあらゆる方向に交配がすすんだため、人種の既存の変種のおのおのは、ひじょうに多様な起源から発するようになっているからである。それゆえ、別の基準があたえられないかぎり、さまざまな人種が自殺とどのような関係を有するかを知るのは、大いに困難となろう。これらの人種がどこからどこまでの範囲かを正確にいうわけにはいかないからである。それに、ド・カトルファージュ氏の考えには、科学が解決したというにはほど遠いひとつの問題に、臆断の解決をくだしているという欠点がある。じっさい、氏の考えは、人種の特徴は進化の過程で形成され、もっぱら遺伝の影響のもとに有機体のうちに固定化されたものと想定している。だが、それはまさに人類多元論者《ポリジェニスト》と称されている人類学者の一派が異を唱えているところである。かれらによれば、人類は、聖書の伝承がいっているように、すべて唯一の同じ一組の男女から発しているのではなく、同時的に、あるいは時を追って地球上の別々の地点に出現したのだという。これら最初の祖先はたがいに無関係に、異なった環境のもとで形成されたのだろうから、当初からはっきりした相違を刻印されていたにちがいない。したがって、そのおのおのが一人種をなしていたのだろうということになる。とすれば、おもだった人種を考えてみても、生じた変異が徐々に固定化していくことによってではなく、最初からいきなり構成されたのではないか、と。

この大きな論争は依然として決着がついていない。そのため、人種の観念のなかに血統とか血族という考え方を入れてくるのは、方法的に妥当とはいえない。むしろ、観察者が直接にとらえられるような直接的な属性によってこれを規定し、起源の問題はすべて留保しておいたほうがよい。そうすると、人種を特徴づけるものとしては二つの属性しか残らないことになる。一つは、種々の類似をしめしている一群の諸個人ということであるが、しかしこのことは信仰や職業を同じくしている者にもいえる。だから、人種を決定的に特徴づけるのは、これらの類似が遺伝するということである。起源にあってどう形成されるにせよ、それは現に遺伝によって伝えられることのできる一つの型である。プリシャールが次のようにのべるのは、以上の意味においてである。「人種という名のもとには、遺伝によって伝えられることのできる共通の属性を多少ともしめしている諸個人の集合全体が意味される。ただし、これらの属性の起源はさしあたり問わず、留保される」[†2]。ブロカ氏もほとんど同じ言葉で自分の考えをのべている。「人類のさまざまな変種、それが人種と名づけられたわけだが、この名は、同じ変種に属する諸個人間の直接間接の血のつながりという観念を生じさせる。けれども異なった変種に属する諸個人間の血のつながりの問題については、肯定的にも否定的にも決着がつかない」。[*3]とするならば、人種の構成の問題も解くことが可能となる。ただし、そのばあい、この言葉はひじょうに広い意味に解されるので、不確定なものとなってしまう。すなわち、たんにもはや種のもっとも一般的な分科、人類の比較的不変の自然的な部分をさすだけではなく、ありとあらゆる種類の型をさすようになる。じっさい、この観点からすると、長い間にわたって密接な関係でむすばれてきた結果、一部分遺伝的な類似性を呈しているような成員からなる諸民族の各グループは、ひとつの人種をなすことになろう。よくラテン人種とかアングロ－サクソン人種などといわれるのは、こういう理由からである。いやむしろ、ただこうした形態においてのみ人種は、なお歴史の発展の生きた具体的な要因とみなされることができるのだ。最初の基本的な主要な人種は、諸民族の混淆《こんこう》と歴史のるつぼのなかで相互にあまりにも混りあってしまい、およそ、個性のほとんどを失ってしまった。まったく消失してはいないにせよ、少なくとも、もはやその漠然とした輪郭、たがいに不完全にしかむすびつかないような断片的な特徴しかみいだされず、特徴的な相貌をかたちづくることはない。身長の高さや頭蓋の形状についてのしばしば不確かな若干の記録をもっぱらたよりにして構成されるヒトの型は、社会現象の展開に大きな影響をおよぼすと認められるほどの確実性も確定性ももっていない。広い意味で人種とよばれているより特殊でより範囲の狭い型は、もっときわだったある特徴をもち、必然的にある歴史的な役割をになうことになる。というのも、それらは自然の所産であるよりもはるかに歴史の所産だからである。しかし、それらは客観的に定義されるどころではない。たとえば、ラテン人種はサクソン人種からどのような厳密な指標によって区別されるのか、われわれの知識はまったくたよりない。各人はいくぶんとも各様に、たいした科学的厳密さもなしに、これを語っている。

以上の予備的な考察は、どんな社会現象であれ、それへの人種の影響を明らかにしようとするとき、社会学者は慎重なうえにも慎重でなければならないことを教えてくれる。なぜなら、このような問題を解決するには、なお種々の人種とはなにか、どのようにしてそれらは相互に識別されるかを知らなければならないであろうからである。人類学のこの不確かさが、いかにも、人種の語が今日もうなんら明確なものに対応していないという事実にもとづいているかもしれないだけに、以上の留保はいっそう必要になってくる。じっさい、原人種というものが一方では古生物学的関心の対象でしかないのにたいし、他方では、今日その名称でよばれているもっと限定されたこれらの集合は、血よりも文明を同じくしている諸民族あるいは諸民族の社会にほかならないように思われる。このように解された人種は、けっきょく民族とほとんど同一視されてしまう。

二

とはいえ、大ざっぱにみてきわめて一般的な特徴がみとめられること、その間に諸民族がふり分けられているようないくつかの主要な型が存在することを承認し、それらに人種という名をあたえるのに同意することとしよう。モルセッリはこれを、次の四つに分類している。ゲルマン型（変種としてドイツ人、スカンディナヴィア人、アングロ‐サクソン人、フラマン人をふくむ）。ケルト‐ローマ型（ベルギー人、フランス人、イタリア人、スペイン人）、スラヴ型、ウラル‐アルタイ型。なお、この最後の型については、ヨーロッパにはほとんど代表されていず、自殺との関係がどうであるかは明確にできないから、心覚えの程度にのべるにとどめよう。じっさい、この型に属させることのできるものは、ハンガリー人、フィンランド人、およびロシアの若干の地方にかぎられる。他の三つの人種は、自殺への傾向が小さくなっていく順序に、まずゲルマン諸民族、次いで、ケルト‐ローマ、最後にスラヴ、と分類されてきた。[*4]

だが、これらの相違は本当に人種の作用に帰せられるのか。

もしこのように同じ名称のもとにひとまとめにされている諸民族の各グループが、ほぼひとしい強度の自殺傾向をもっていたならば、仮説は真実味をおびてくることだろう。ところが、同じ人種に属する諸民族のあいだでも極端なひらきがみられるのだ。一般にスラヴの自殺への傾向は小さいが、ボヘミア人とモラヴィア人は例外をなしている。前者の自殺は人口百万あたり一五八、後者は一三六をかぞえるが、それにたいしてカルニオレ人は四六、クロアティア人三〇、ダルマツィア人一四にすぎない。同様に、すべてのケルト－ローマの民族のうち、フランスは百万あたり一五〇と、その割合で抜きんでている。これに対しイタリアは同じ時期に三〇ほどにすぎず、スペインはそれよりさらに少ない。こんなに大きな差が、モルセッリの考えるように、フランスでは他のラテン諸国よりもゲルマン系の者が多いという事実から説明される、とするのはいかにも無理がある。同種の民族からこのようにちがっている民族は、とりわけもっとも文明のすすんだ民族でもあるのだから、諸社会、そしていわゆる人種的諸集団を分かっているものは、むしろ文明の発展の不均等ではないかと考えてみてよい。

ゲルマン諸民族のあいだでは変化の幅はさらに大きい。この型に属するとされる四つのグループのうち、スラヴやラテンよりもはるかに自殺の傾向の弱い民族が三つある。〔百万あたり〕五〇にすぎないフラマン人、七〇[*5]のアングロ－サクソン人、スカンディナヴィア人である。このスカンディナヴィア人についていえば、なるほどデンマーク人は二六八という高い数字をしめしているが、ノルウェー人は七四・五、スウェーデン人は八四にすぎない。とすれば、デンマーク人の自殺率を人種に帰することはできない。人種にかけてはこのうえなく純粋である二つの国で、それがまったく相反する結果を生じているからである。けっきょく、すべてのゲルマン諸民族のうち、一般的にいって自殺への強い傾きをもっているのはドイツ人だけということになる。ということは、言葉を厳密な意味にとれば、ここではもはや人種は問題となりえず、民族が問題となっているということかもしれない。とはいえ、部分的にもせよ遺伝するようなドイツ型が存在しないということは証明されていないから、言葉の意味をこの極限まで押しひろげて、ドイツ人種に属する諸民族については、ケルト－ローマ、スラヴの社会、ないしアングロ－サクソンやスカンディナヴィアの社会の大部分よりも自殺が多い、ということはできる。しかし、前述の数字からせいぜい結論できるのはそこまでである。いずれにせよ、これが、厳密にいって、人種的属性がある種の影響をおよぼすのではないかと考えられる唯一のケースである。しかも、実際にはここでも人種がなんの影響もおよぼさないことをわれわれはやがて知ることになろう。

じっさい、ドイツ人の自殺への傾向をこの原因に帰するためには、この傾向がドイツでは一般的にみられることを証明するだけでは足りない。この一般性はドイツ文明の固有の性格に帰せられるかもしれないからである。だから、この自殺傾向がドイツ人の身体の遺伝的な一状態にむすびついていて、たとえ社会的環境が変わっても存続するようなこの型の永続的な特徴であることがあらかじめ証明されていなければなるまい。こうした条件のもとではじめて、われわれはそこに人種の一所産をみとめることができよう。そこで、われわれとしては、ドイツ人が、ドイツ国外で他の諸民族の生活と結び、異なった諸文明に適応しているときにも、その悲しむべき首位の座を確保しているかどうかをしらべてみよう。

オーストリアは、この問題に答えるにあたって、経験ずみのある事柄を提供してくれる。ここには、州によって比率はまちまちだが、ドイツ人が、人種的起源をまったく異にする住民と混淆して住んでいる。[†3] そこで、ドイツ人のいることが自殺の数を増大させる方向に作用しているかどうか、これをみてみよう。第12表〔一〇〇ページ〕は、各州について、一八七二—七七年の五年間の平均自殺率とともに、ドイツ人の数の大小をしめしている。種々の人種を考慮に入れるにあたっては、使われている方言の性質によることにした。この基準は絶対的な正確さこそもたないが、しかしなお、役だてることのできるいちばん確かな基準をなしている。

モルセッリ自身から引用したこの表でも、ドイツ人の存在の影響のいかなる痕跡もみとめられない。ドイツ人をふくむ率が三七%から九%にすぎないボヘミア、モラヴィア、ブコヴィナの自殺の平均（一四〇）は、ドイツ人がかなり多数を占めるシュタイエル、ケルンテン、シュレージエンのそれ（一二五）を上まわっている。また同様に、スラヴ人が目

第12表　自殺と人種についてのオーストリア諸州間の比較

		人口100あたりのドイツ人数	人口100万あたりの自殺率		
ドイツ人のみの地域	低地オーストリア	95.90	254		
	高地オーストリア	100	110	平均106	
	ザルツブルク	100	120		
	アルプス外ティロル	100	88		
ドイツ人多数地域	ケルンテン	71.40	92	平均125	
	シュタイエル	62.45	94		
	シュレージエン	53.37	190		
自殺率の高いドイツ人少数地域	ボヘミア	37.46	158	平均140	2群の平均86
	モラヴィア	26.33	136		
	ブコヴィナ	9.06	128		
自殺率の低いドイツ人少数地域	ガリツィア	2.72	82		
	アルプス内ティロル	1.90	88		
	沿海地方	1.62	38		
	カルニオレ	6.20	46		
	ダルマツィア		14		

だって少ない後者の地方は、こと自殺にかんしては、住民が完全にドイツ人からなる高地オーストリア、ザルツブルク、アルプス外ティロルのわずか三つの地方を凌駕している。なるほど低地オーストリアの自殺は他の諸地方よりはるかに多い。だが、自殺が二分の一ないし三分の一にすぎない高地オーストリア、ザルツブルク、アルプス外ティロルにはドイツ人がもっと多いことからすれば、この自殺の多さをドイツ人がいることに帰するわけにはいくまい。この数字の高い真の原因、それは低地オーストリアの中心都市がウィーンであって、あらゆる首都の例にも

れずここでは毎年法外な数の自殺がかぞえられるということにある。それは、一八七六年をとると人口百万あたり三二〇にのぼっている。したがって、大都市であることに起因することを人種のせいにしないよう注意しなければならない。これと反対に、沿海地方、カルニオレ、ダルマツィアでは自殺はひじょうに少ないわけだが、その原因はドイツ人がいないためではない。なぜなら、アルプス内ティロルでもガリツィアでもドイツ人は同じように少ないが、自殺は二倍から六倍にもおよんでいるからである。ドイツ人が少数である八つの州全体について自殺率の平均を計算してみると八六となるが、これは、もっぱらドイツ人からなるアルプス外ティロルと同じくらいであり、ドイツ人が相当多いケルンテンやシュタイエルとも同等である。このように、ドイツ人とスラヴ人が同じ社会環境のもとで生活しているときには、かれらの自殺傾向はいちじるしく等しいものとなる。したがって、もろもろの状況が異なるときにかれらのあいだにみとめられる差は、人種によるものではないということになる。

ドイツ人とラテン人のあいだに指摘した相違についても、これと異なるところはない。スイスにはこの二つの人種がみとめられる。一五の州は、全部もしくは一部分ドイツ人からなっている。そしてその自殺の平均は一八六である（一八七六年）。五つの州（ヴァレ、フリブール、ヌシャーテル、ジュネーヴ、ヴォー）ではフランス人が多数を占める。その自殺の平均は二五五である。これらの州のうち自殺がもっとも少ないヴァレ（百万あたり一〇）は、ほかでもないドイツ人がもっとも多い州にあたっている（人口千につき三一九）。逆に、住民がほとんど完全にラテン系であるヌシャーテル、ジュネーヴ、ヴォーの自殺はそれぞれ四八六、三二一、三七一にのぼっている。

もし人種的要因が影響しているならば、それをもっとはっきり顕現させるためにとおもい、これを覆い隠しているかもしれない宗教的諸要因を取り除くようにつとめた。そのため、ドイツ人の州を、同じ宗教に属するフランス人の州と比較してみたのである。しかし、この計算の結果は、さきほどの結果を裏づけているにすぎない。

スイスの諸州の自殺件数〔人口百万あたり〕

カトリックのドイツ系の州……八七	プロテスタントのドイツ系の州……二九三
カトリックのフランス系の州……八三	プロテスタントのフランス系の州……四五六

一方では二つの人種のあいだにいちじるしい差はないが、他方ではフランス系の州が上位にある。それゆえ、これらの事実の一致して証明するところ、ドイツ人に他の民族より自殺が多いとしても、その原因はかれらの血管のなかをながれている血にではなく、かれらがそのなかで育ってきた文明に帰せられるということである。ただし、人種の影響を確定するためにモルセッリの提示している証拠のうち、一見したところ議論の余地のないよ

うに思われるものがひとつある。フランスという民族は、最初から身長において区別される二つの主要な人種の混血から生じている。したがって、ユリウス・カエサルの時代から、キムリス人は身長が高いことで有名であった。したがって、ブロカは、住民の身長をもとにしてこの二つの人種がフランスの領土内に今日どのように分布しているかを規定することができたのであるが、それによると、ケルト起源の住民はロワール河の南に、キムリス系の住民はその北部に多いことがわかった。とすると、この人種地図は、自殺分布図とある種の類似をしめすことになる。というのも、われわれは、自殺は、この国の北の部分にかたまっていて、中央部と南部では逆に極小にとどまっていることを知っているからである。しかし、モルセッリはもっと議論を先に進めている。かれは、フランスにおける自殺は人種の分布の仕方に応じて規則的に増えたり減ったりする、ということを証明できると考えた。この証明を行なうのに、フランスの諸県を六つのグループに分け、そのおのおのについて自殺数の平均と、身長が足りないために兵役を免除された者の数の平均が算出された。兵役免除者の数が少ない所ほど身長は高くなるわけだから、これは該当の住民の平均身長を測る間接的な方法となる。ところで、この二種の平均はたがいに反比例するかたちで変化していることがわかる。すなわち、身長が足りずに免除される者が少ない所ほど、つまり平均身長がより高い所ほど、いっそう自殺が多いというわけである。*6

このような厳密な対応関係がかりに確証されたならば、それはまず人種の影響によって説明されるほかないであろう。ところが、モルセッリがこの結果に到達するのに依拠した方法では、これを証明ずみのこととみなすわけにはいかない。じっさい、モルセッリはその比較の基礎としてブロカ[*7]によって区別された六つの人種グループをとったわけであるが、後者はこの区別を、ケルトとキムリス両人種の、想定された純粋度にしたがって行なっている。だが、この学者の権威がいかほどであれ、以上の人種誌的な問題はあまりにも複雑で、なおあまりにも多様な解釈と矛盾にみちた仮説の余地を残しており、かれの提起したような分類を確固たるものとみなすわけにはいかない。この分類の根拠としてどれだけ多くの、大なり小なり真偽のさだかでない歴史的推測にかれがたよらなければならなかったかはいうまでもないし、またこれらの研究からの明白な帰結としてフランスに二つのはっきり異なった人類学上のタイプが存在するとされるとしても、認められるものとかれの考えた中間的な種々の微妙な色調をおびたタイプの存在は、それよりはるかに疑わしい。[*8]それゆえ、整然としてはいるがおそらくあまりにできすぎている例の表は脇におき、各県のそれぞれの平均身長にもとづき（すなわち身長不足のため兵役を免除された者の数の平均にもとづき）諸県を分類することでよしとし、それらの平均のおのおのに自殺の数の平均を対置してみよう。すると、モルセッリの得たものとはいちじるしく異なる第13表のような結果が得られる。

自殺率は、キムリス人またはそう想定される者の相対的な多さに規則的に比例して高ま

第13表　兵役免除者数と自殺率

身長の高い県			身長の低い県		
	検査対象者1000人あたりの兵役免除者数	自殺率の平均		検査対象者1000人あたりの兵役免除者数	自殺率の平均
第1群（9県）	40以下	180	第1群（22県）	60－80	115（セーヌを除くと101）
第2群（8県）	40－50	249	第2群（12県）	80－100	88
第3群（17県）	50－60	170	第3群（14県）	それ以上	90
全体の平均	60以下	191	全体の平均	60以上	103（セーヌを除くと93）

ってはいない。というのは、身長のもっとも高い第一のグループは、第二のグループよりも自殺が少ないし、第三のグループよりも目だって多くはなく、また、身長の低い三つのグループは、身長の点では若干のでこぼこはあれ、自殺についてはほぼ同じ水準にあるからである。*9 これらの数字からいえること、それは、フランスは自殺からみても身長からみても、二つの部分に、すなわち自殺が多くて身長の高い北部と、身長が低くて自殺の少ない中央部に分けられ、しかもそれでいて両者の増加は厳密には並行していない、ということである。いいかえると、人種地図の上にみとめられた二つの地方の大きなかたまりは、自殺地図の上にも再現されるのであるが、その符合は大ざっぱに、また一般的に真実だといえるにすぎない。この比較される二現象のしめしている増減の詳細にまでわたっ

て符合がみとめられるわけではないのである。

このように、いったん符合を真の比率へと置き換えたならば、それはもはや人種的要因の影響をみとめるうえでの決定的証拠をなさない。ひとつの法則を証明するにはたらない、奇妙な一事実にすぎないからである。この符合はまさしく、相互に無関係な要因のたんなる出会いでしかありえないのだ。少なくともこれを人種の影響に帰することができるためには、この仮説が別の事実によって裏づけられ、さらには要求もされなければなるまい。ところが、まったく案に相違し、仮説は以下のような事実によって反証をこうむっている。

一、ドイツ人のそれのような、その実在性は疑いようもなく、またあれほど強い自殺への類似的傾向をそなえている集合的タイプが、社会的状況が変わるとたんにその傾向をあらわさなくなったり、ケルトや古ベルギー人のそれのようなわずかの痕跡しかのこっていないなかば疑わしいタイプが、今日なおこの同じ傾向に効力ある影響をおよぼしているというのは、解《げ》せないものがあろう。過去の名残りを永久に伝えていくおそろしく一般的な諸属性と、このような傾向の複雑な特性のあいだには、あまりにも隔たりがありすぎる。

二、のちにみるように、古ケルト人には自殺が多かった。*10 それゆえ、ケルト系だと想定される住民にこんにち自殺が少ないのは、人種による生来的な特質ではなく、むしろ外的状況の変化によるものである。

三、ケルト人とキムリス人は、最初から存在した純粋な人種というわけではない。かれらは「言語や信仰と同様、血によっても」[*11]むすばれていた。双方とも、あるときは一団となって侵入し、あるときはあいついで群をなし、ヨーロッパ中にしだいに拡がっていった金髪、長身の人種の変種にほかならない。人種誌学的観点からみておよそ両者のあいだに存在する相違は、ケルトが南フランスの黒褐色の髪の背の低い人種と混血し、共通のタイプからいっそう遠ざかっていった点にある。したがって、もしキムリス人のこのうえなく大きな自殺傾向が人種的原因に根ざすならば、それは、かれらにあっては原人種がさほど変質をとげなかったということによるのだろう。だが、もしそうならば、フランス以外でもこの人種の特徴が目だっていれば、それだけ自殺が多くなっていてしかるべきであろう。ところが、まったくそうなっていない。ヨーロッパ中でも身長が大きいのはノルウェー（一・七二メートル）である。なお、このタイプの起源はおそらく北部、とくにバルト海沿岸であろうとおもわれ、事実そこではこのタイプがもっともよく維持されているとみられている。にもかかわらず、スカンディナヴィア半島では自殺率は高くない。この同じ人種はフランスよりもオランダ、ベルギー、イギリスで純粋さをたもっているといわれるが、[*12]それでいてフランスは他の三つの国よりもはるかに自殺が多いのである。

なお、フランスの自殺のこの地理的分布は、人種という曖昧《あいまい》な力を介入させるまでもなく、説明されることができる。周知のように、わが国は精神的にも民族的にも、まだ全面的に融合しあっていない二つの部分に分かたれている。中部や南部の住民は、固有の気質や生活様式をもちつづけ、まさにそのために北部の考え方や習俗に抵抗している。ところで、フランスの文明の中心の位置する所は北部であり、したがってそれは本質的に北方的なものにとどまっている。他方、のちにみるように、この文明はフランス人を自殺へと追いやる主要な原因を内包しているから、その影響の範囲の地理的な境界は、自殺のもっとも多い地帯の境界ともなっている。したがって、北部の人間に南部の人間よりも自殺が多いのは、その人種的気質のために自殺へとより傾向づけられているからではなく、たんに自殺の社会的諸原因がロワール河以南よりもとくに以北に集積されているからにすぎない。

わが国のこの道徳的二元性がどのように生じ維持されたかは、人種誌的考察では十分に解くことのできない歴史の問題である。いずれにせよ、その原因となりえたものは人種の相違ではないし、また、そればかりでもない。きわめて多様な人種が相互に混淆し、区別がつかなくなってしまうことはありうることだからである。北部のタイプと南部のタイプのあいだには、幾世紀にもわたる共同生活によっても克服できないような対立は存在しない。プロヴァンス人がイル－ド－フランスの住民と異なっていたのと同じくらい、ロレーヌ人もノルマンディ人と異なっていた。けれども、歴史上の理由から、地方精神や地域的伝統主義が南部では依然として強かったのにたいし、北部では、共通の敵手に立ちむかう必要や利害上の密接な連帯やより頻繁な接触がより早くから諸民族を接近させ、その歴史を一つにしてきたということである。そして、人間、思想、事物の交流を活発にすることによって後者の地方を強力な文明の発祥の地としたのは、まさにこの道徳的平準化であった。*13

三

なお、人種を自殺傾向の重要な要因とみなしている理論は、暗黙のうちに、自殺傾向が遺伝的であることを認めている。なぜなら、そうした条件でのみ自殺傾向は人種の特性となることができるからである。だが、自殺の遺伝、それははたして証明されるか。この問題は先行する問題との関連外でも、それ自体で固有の意義をもつものであるから、それだけ検討に付されるにあたいする。じっさい、かりに自殺への傾向が生殖をつうじて伝達されていくことが証明されるなら、この傾向が一定の身体的状態に緊密に依存していると認めなければなるまい。

しかし、まず言葉の意味をはっきりさせなければならない。自殺は遺伝する、というとき、たんに、自殺者の子弟は両親の気質をうけついでいるので同じような状況におかれると両親と似た行為をとりがちだ、という意味にすぎないのか。こうした言い方をするなら、この命題は異論の余地がない。が、また、あまり意味はない。なぜなら、このばあい遺伝するのは自殺ではなく、たんにある一般的な気質にすぎないからである。こうした気質は、ばあいによっては当人を自殺へと傾向づけることがあるかもしれないが、必然的にそう作用するわけではなく、したがってかれらの決意の十分な説明とはならない。じっさい、自殺の発生にもっとも作用しやすい個人の体質、すなわちさまざまな形態の神経衰弱も、自殺率のしめす増減をなんら説明してくれないことは、すでにみたとおりである。心理学者がしばしば遺伝について語ってきたのは、これとはまったく異なる意味においてである。親から子へと直接に、まるごと移し入れられ、いったん伝達されるとまったく自動的に自殺を生じるもの、それが自殺の傾向だというのである。このばあい、自殺への傾向は、ある種の自律性をそなえた心理的メカニズムの一種で、偏執狂とそれほど異なったものではなく、またこれにはおそらく、おなじく一定の生理的メカニズムが対応しているとされよう。ということは、自殺の傾向は本質上、個人的諸原因にもとづいているということである。

　観察の結果はこのような遺伝の存在を証明しているだろうか。たしかに、同一の家族のなかで自殺が悲しむべき規則性をもって再現されているケースがよくみられる。そのもっともおどろくべき例のひとつが、ガル[†4]によって引かれている。「地主のGという男は……七人の子と二百万の遺産をのこして逝き、六人の子はパリまたはその周辺に住み、父の遺産の自分の分を相続した。これを殖やした者さえいる。だれも不幸に出遭わず、全員が健康にめぐまれている。……ところが、四年のあいだに、七人の兄弟全員が自殺してしまったのだ」。[*14] 六人の子をもち、そのうち四人が自殺し、しかも五人目はたびたび自殺未遂を起こしたという一商人を、エスキロルは知っている。[*15] そのほか、親と子と孫たちがつぎつぎと同じ衝動に屈して自殺するという例が知られている。けれども、生理学者のあげる例は、大いに慎重に取り扱われるべきこれら遺伝の問題について早計に結論をくだしてはならないことを教えてくれるはずである。たとえば、親子代々が肺結核にかかるという例はたしかに多い。しかし、学者たちはこれが遺伝することを認めるのになお躊躇《ちゅうちょ》している。むしろ反対の結論のほうがすぐれているようにさえおもわれる。じっさい、同一の家族のなかでのこの反復的な罹患は、結核それ自体の遺伝によりも、病源であるバクテリアに冒されやすく、またそのばあいにバクテリアが繁殖しやすい一般的な体質の遺伝によっている可能性がある。このばあい、伝達されるのは病気そのものではなく、たんに病気の進行を容易にするような性質の地盤であろう。こうした説明をきっぱりとしりぞけ、正当と主張しうるには、少なくとも、コッホ菌[†5]がしばしば胎児にもみいだされることを証明する必要があろう。この証明がなされていないかぎり、疑問はまぬがれない。おなじ留保は、われわれをいまとらえている問題についても、ぜひとも必要である。ということは、この問題を解くのに、遺伝という主張にとって都合のよいいくらかの事実を引いてくるだけでは十分ではないということなのだ。さらになおこれらの事実が、偶然の符合に帰せられないほど十分な数に達していること、それ以外の説明の余地がないこと、他のいかなる事実とも矛盾しないこと、がいえなければなるまい。では、事実はこの三重の条件を充《み》たすだろうか。

なるほど、これらの事実は稀有《けう》なものとはみなされていない。しかし、自殺は本質上遺伝するものであるとそこから結論しうるためには、これらの事実がいくらか頻繁に生じているというだけでは十分ではない。くわえて、自殺全体にそれの占める割合がどうかをはっきりさせることができる必要があろう。かりに自殺総数の比較的大きな部分について、遺伝的先行条件の存在が立証されたなら、これら二つの事実のあいだにある因果関係があり、自殺は遺伝する傾向がある、と認めても正当とされよう。だが、こうした証拠が欠けているかぎりは、引用されているケースがさまざまな原因の偶然の組み合わせによるのではないか、とつねに疑ってみることができよう。ところが、ひとりこの問題を決することができるとおもわれる観察も比較も、かつて広い範囲にわたってなされたためしはない。ほとんどつねに、人びとの興味に投じるような若干の逸話を報じるだけでよしとされたのである。この特殊な点についてこれまでわれわれにあたえられている若干の資料は、どうみてもまったく論証的な意味をもっていない。むしろいくらか矛盾してさえいる。リュイ博士がたまたま施設のなかで観察し、かなり完全な情報をまとめることのできた三九人の多少とも顕著な自殺への傾向をもった精神病者のうち、おなじ傾向がすでに患者の家族のなかにみいだされたケースは、ただの一例にすぎなかった。*16 ブリエール・ド・ボワモンは、二六五人の精神病者のうちに、自殺した親をもった者はわずか一一人、すなわち四％しかみいだしていない。[*17] カゾーヴィエイユのあげている比率はこれよりはるかに高く、六〇人のうち一三人について、遺伝的な先行条件をみとめたということである。これは二八％に達する。[*18] バイエルンの統計は遺伝の影響を記録にとどめた唯一のものであるが、それによると一八五七―六六年のあいだにこの影響は一三％についてみとめられたという。[*19]

以上の事実がさほど決定的ではなくとも、自殺がとくに遺伝的であることを認めないとこれを説明することができないならば、この仮説も、他の説明がみいだせないというまさにそのことのために、ある種の権威をもつことになろう。しかしながら、同じ結果を生じるものとして、とくに同時的に作用する、少なくとも他の二つの要因が存在する。

まず、右のほとんどすべての観察は、精神病医によって、それゆえ精神病者についてなされたものであった。ところで、精神異常はすべての病気のなかでおそらくもっとも遺伝しやすいものであろう。とすれば、いったい遺伝するのは自殺傾向なのか、それともむしろ、自殺傾向が、よくあらわれるが偶然的なその一徴候をなすところの精神異常ではないのか、と考えてみることができよう。すべての観察者が証言するところでは、遺伝の仮説に適合するケースがみとめられるのは、もっぱらではないにせよ、とくに自殺した精神病者においてであるだけに、右の疑問には根拠がある。[*20] おそらくこれらの条件のもとでも、遺伝は重要な役割を演じていることだろう。だがそれはもう自殺の遺伝ではない。遺伝するのは、精神疾患の一般であり、神経的欠陥であって自殺はつねにその恐るべき、しかし偶然的なひとつの帰結にほかならない。このばあい、遺伝が自殺の傾向に関係しないのは、ちょうど遺伝性肺結核において遺伝が喀血《かっけつ》に関係しないのと同様である。自分の家族のうちに精神異常者と自殺者を同時にかぞえる薄幸な人間が、これまた自殺をするとすれば、それは親が自殺者であったからではなく、精神病者であったからなのだ。また、精神障害は、たとえば先祖の憂鬱症が子孫の慢性的な錯乱へ、あるいは本能的な狂気へ、と遺伝するときに形を変えるから、同じ家族のいく人もの成員が自殺することが起こるし、これらの自殺すべてがそれぞれ異なった狂気と関連し、したがって異なった型に属することも起こりうる。

けれどもこの第一の原因は、あらゆる事実を説明してくれるわけではない。というのは、ひとつには、自殺はもっぱら精神病者の家族のなかで反復して生じるということは証明されていないからであり、他方、精神異常はかならずしもそうした帰結をふくまないのに、これらの家族の若干では自殺が慢性的状態にあるかのようにみえるというきわだった特徴が依然として残るからである。すべての狂者が自殺への傾向をおびているというわけではない。では、あらかじめ自殺へと方向づけられているようにみえる狂者の祖先がいるのはどうしてなのか。類似したケースのこの競合は明らかに、前の要因とはちがった一要因の作用を予想させる。しかし、これは、遺伝のせいにしなくとも説明することができる。ケースが伝染していくその力、これだけでそれは再現されるのだ。

事実、次章でみるように、自殺はすぐれて伝染的なものである。この伝染性は、あらゆる暗示一般、とくに自殺の観念によりとらわれやすい体質をもった個人にとくにみとめられる。というのは、こうした個人には、かれらに強い印象をあたえたものすべてを再現しようという傾向があるばかりか、すでになにほどか惹《ひ》かれていたひとつの行為をくりかえそうという傾向をとくにおびているからである。ところでこの二つの条件は、自殺者を親にもつような精神病者、またはたんなる神経衰弱者のばあいに実現される。かれらは神経的な弱さのために暗示にかかりやすく、と同時に自殺の観念をあらかじめ容易に受けいれやすくもなっているからである。だから、近親者の悲劇的な死の思い出や直接の光景が、かれらにとってあらがいがたい強迫観念や衝動の源泉となるとしても、いっこうに不思議はない。

以上の説明は、遺伝にうったえる説明とまったく同様にもうしぶんのないものである。が、また、この説明によってはじめて理解されるような事実もある。自殺がたびたびみられるような家族にあっては、自殺があいついでほとんど同じような形で再現されることが少なくない。同じ年齢で生じるばかりでなく、同じようなやり方で行なわれるのである。ある所では縊死《いし》が、またある所では窒息や高所からの飛び降りがこのんで行なわれている。よく引かれるあるケースではこの類似がさらにはなはだしく、同じひとつの火器が一家全員で、しかも数年の間隔をおいて用いられたのであった。[*21] こうした類似性のなかにこのんで遺伝をよりよく証拠だてるものをみいだすことが行なわれてきた。けれども、自殺を明確な心理的実体とみなさない相当の理由があるとすれば、なおさら、首吊りとかピストルとかによる自殺傾向が存在するなどと認められるわけがない。むしろこれらの事実は、その家族の歴史をすでに血で染めてきたもろもろの自殺が生存者の精神のうえにいかに大きな伝染的影響力をふるっているか、を証明していないだろうか。それらの記憶がかれらにつきまとい、悩ませなかったならば、先行者たちの行為をこのようにきわめて忠実に再現させることはできないだろうからである。

この説明になおいっそう真実味をあたえるのは、遺伝が問題となりえないような、また伝染がその不幸の唯一の原因であるような多くのケースも、同じ特徴をしめしていることである。のちに再言する伝染現象にあっては、さまざまな異なった自殺がまったくおどろくべき一様性を呈することがめずらしくない。まるでそれらは相互の敷き写しのようである。例の一五人の傷痍《しょうい》軍人の話は、だれ知らぬ者もない。一七七二年、この一五人はホテルの廊下のうす暗がりで、あいついで短時間のあいだに同じ鉤《かぎ》で首を縊《くく》って死んでいる。そして、この鉤を取り除くと、流行病は終わりを告げたのであった。同様に、ブーローニュの宿営のある哨舎《しょうしゃ》で一人の兵士が頭を撃ち抜いて死に、ほどなくして同じ哨舎から多くの模倣者をだしたが、哨舎を焼き払ってしまうと伝染はやんだ。これらすべての事実には、強迫観念の大きな影響が明瞭にあらわれている。というのは、その観念を喚起していた物的対象が消滅するや、ただちにやむからである。それゆえ、あいついで生じた自殺がすべて明らかに同一のモデルを再現しているとみえるときには、それらをこの同じ原因に帰するのは正しい。すべてが同時に作用してこの原因の力を強めているような家族では、原因は極大の影響力をふるうにちがいないから、なおさらである。

なお、自殺者の多くも、親と同じようにふるまうとき、その手本の魅力に敗《ま》けたのだという感情をいだいている。エスキロルの観察したある家族のケースがそれである。「二六〜七歳のいちばん下の（弟）が、鬱病になり家の屋根から飛び降りている。かれを看護していた次兄は、弟の死で自分を責め、いく度も自殺未遂を犯したすえ、一年後、長い断食をくりかえしたあげく死んでいる。その二年前、医師である四男は私に向かって自分の運命もこれからのがれられないだろうと、くりかえしひどく絶望的に語っていたが、そのかれも自殺してしまう」。[*22] モローは次のような事実を引いている。きょうだいと父方の伯父がすでに自殺しているある精神病患者は、自殺への傾向にとらわれていた。かれをシャラントン〔の精神病院〕に訪ねてきた兄弟の一人は、かれの物語った恐ろしい想念に絶望を感じ、自分もまた自殺の誘惑に屈してしまうだろうという確信からのがれられなかった。[*23] ある患者はブリエール・ド・ボワモンの所に来て、次のように告白している。「五三歳まで自分は健康で、なんの悩みごともなく、性格も明るいほうだった。ふと、三年前から暗い想念をいだきはじめた。……そして三ヵ月前からそれは一時も自分を放してくれず、自殺へと自分を駆りたてている。隠さずにいえば、自分の兄は六〇歳で自殺をしている。これまで、そのことを本気で気にかけてはいなかったが、五六歳になってみると、この記憶が自分の心にいっそう生き生きと浮かんできて、いまではつきまとって離れなくなっている」。それにしても、いちばん論証的な事実のひとつは、ファルレが報告しているものである。ある一九歳の娘が「父方の伯父の死は自殺だった」ということを知る。「この新事実は、彼女を大いに苦しめた。精神病は遺伝するという噂をきいていて、自分もいつかこの悲しい状態におちいるのではないかという思いが、やがて彼女の注意をうばってしまった。……父が自殺をしたとき、彼女はこの哀れな状態にあった。以来、自分は変死する運命にあると信じるようになって、迫ってくる死のことしか考えなくなり、ひたすら次のようにくりかえしていた。『自分は父や伯父と同じように死ななければならない。自分の血は腐っている』。そして、自殺未遂を犯す。ところが、彼女が父だと信じていた者は、実はそうでなかった。母親は、彼女の恐れを取り除くため真実を打ち明け、本当の父親との出会いを取りはからった。父と娘は身体的に非常によく似ていたので、彼女は疑念がすべてたちどころにして霧消するのを感じる。以来、彼女は自殺という想念をまったく棄て、しだいに快活さをとりもどし、健康も回復した」[*24]。

このように、一方で、自殺の遺伝という考え方にこのうえなく好都合であるようなケースも、遺伝の存在を証明するには十分ではないし、他方、これらのケースは容易にいまひとつの説明にも適合するのである。そればかりではない。その意義が心理学者には見落とされてきたようにおもわれるある種の統計的事実があり、それらはいわゆる遺伝の仮説とは相容《い》れない。それは、次のような事実である。

一、人びとをあらかじめ自殺へと傾向づけるような遺伝にもとづく有機的・心理的決定論がもしはたらくならば、それは男女にほぼひとしく作用するはずである。なぜなら、自殺そのものはなんら性別に特定されたものではなく、生殖が女子よりも男子に不利に作用するという根拠はないからである。だが、実際は、われわれの知っているように女子の自殺はきわめて少なく、男子の自殺のごく一部分を代表するにすぎない。かりに遺伝がこれに帰せられているような力をもっていたならば、このようなことにはならないだろう。

人は、あるいはこういうかもしれない。女子も男子と変わりなく自殺への傾向を遺伝的にうけついでいるが、ほとんどのばあい女子に特有の社会的諸条件によって相殺されているのだ、と。だが、ほとんどのばあい潜在状態にとどまる遺伝とやらについては、いったいどう考えるべきだろうか。もしそうなら、この遺伝は、そのはたらきをなにものも証明してくれないような漠とした潜在力ということになる。

二、肺結核の遺伝にふれて、グランシェ氏はこういっている。「このようなケース（生後三ヵ月の肺結核と認定された幼児）についても遺伝を認めるとなると、なんでもかんでも認めてしまうことになる。……結核症が生後一五ヵ月あるいは二〇ヵ月目に発病するとき、潜在的結核症の存在はなんら疑いえないとしても、これがすでに子宮内の生活に発しているかどうかはあまり確かではない。……生後一五年あるいは二〇年、三〇年に発病するとき、これについて、いまわれわれは何といったらよいだろうか。ある障害がたとえ生命の始まりのときに存在するとしても、このように長い時間が経ってなおその毒性を失わないということがあるのだろうか。患者がその生活のなかでたまたま感染する……活発な細菌よりも、これら化石化したような細菌にすべて病気の原因として罪を負わせるのは、筋の通ったことだろうか」。[*25] じっさい、ある病気が遺伝すると主張しうるためには、胎児もしくは新生児に病源をみいだすことができるような決定的な証拠がない以上、少なくともそれが小さな子どもによく発病することを証明しなければなるまい。まさにそのために、ほんの幼児期からあらわれる特別な精神病の根本的原因が遺伝にもとめられ、その理由から、これは遺伝性精神病とよばれたのであった。コッホは、精神病が、まったく一から遺伝によって創《つく》りだされるわけではなくとも、遺伝の影響をうけないわけにはいかないようなケースでは、前徴が知られていないばあいよりも、はるかに早期にあらわれる傾向のあることをも証明した。[*26]

なるほどたしかに、ヒゲとかツノなどのように、遺伝するとみなされているが多少とも時間が経ってはじめて発現するような特質がよく引合いにだされる。けれども、こうした遅れが遺伝の仮説において説明されうるのは、遺伝する特質が有機体の状態にもとづいているばあいにかぎられる。そしてこの有機体の状態そのものは個体の発達の過程でしか構成されえない。たとえば、およそ性的機能にかんするかぎり、いうまでもなく遺伝は思春期になってはじめて明白な効果を生じる。ところで、遺伝する特質がどのような年齢においても作用するならば、それは一挙に発現してしかるべきであろう。したがって、発現するのに時間がかかればかかるほど、それだけそれを発現させるうえで遺伝に負うところは少なくなると考えざるをえない。では、なぜ自殺の傾向が他のそれにではなく、有機体の発達のこのような段階と連関しているとされるのか、理解に苦しむところである。かりに自殺の傾向がまったく組織されたかたちで伝達されうるような明確な一メカニズムをなしているならば、それは幼時から作用していなければならないはずであろう。

だが、実際に起こっているのはこれと反対のことである。自殺は子どもにはひじょうに少ない。ルゴワによると、フランスでは一八六一—七五年の時期、一六歳以下の子ども百万のうち、男子の自殺は四・三、女子のそれは一・八であった。イタリアはどうか。モルセッリによれば、その数はさらに少なく、男子については一・二五、女子については〇・三三をこえず（一八六六—七五の期間）、この率はすべての国をつうじていちじるしく接近している。最低年齢の自殺者は五歳であるが、これはまったく例外をなしている。そして、これらの尋常ならぬ自殺が、遺伝に帰せられなければならないということは、なお証明されていない。じっさい、子どももまた社会的諸原因の影響のもとにおかれていて、社会的原因が子どもを自殺させることも十分にありうることを看過してはならない。そうした影響が子どものケースにもおよんでいることを証明してくれるのは、子どもの自殺も社会的環境に応じて多かったり少なかったりするという事実である。たとえば、大都市ほど子どもの自殺の多い所はない。[*27] これは、小さな都市住民の特徴である早熟が証明しているように、大都市ほど子どもにとっての社会生活が早くはじまる所もないからである。より早くから、より完全に文明の作用の洗礼をうけるので、それだけ早くから、完全にその影響をうけるというわけである。また、そのためにこそ、文明のすすんだ国の子どもの自殺は、悲しむべき一貫性をもって増加しているのだ。[*28]

それればかりではない。自殺は子どものころにはひじょうに少ないというだけではなく、老年になってはじめて最大に達し、その間は、年齢を重ねるにつれて規則ただしく増加していく〔第14表を参照〕。

こうした関係は、いくぶんか程度の差はあるにせよ、あらゆる国をつうじて変わらない。スウェーデンは、その最大値が四〇から五〇歳のあいだにある唯一の社会である。他のどの社会でも、最大値はもっぱら最後の年齢幅、またはそのもうひとつ前に生じていて、たぶん調査の誤差によるものとおもわれるごくわずかな例外を除くと、どこでも同じように、増加はこの極限までつづいている。[*29] 八〇歳以後、減少はどこでもまったく同じように

第14表　年齢別自殺（各年齢層100万あたり）

年齢	フランス (1835−44) 男子	フランス 女子	プロイセン (1873−75) 男子	プロイセン 女子	ザクセン (1847−58) 男子	ザクセン 女子	イタリア (1872−76) 男子	イタリア 女子	デンマーク (1845−56) 男女
16以下	2.2	1.2	10.5	3.2	9.6	2.4	3.2	1.0	113
16−20	56.5	31.7	122.0	50.3	210	85	32.3	12.2	272
20−30	130.5	44.5	231.1	60.8	396	108	77.0	18.9	307
30−40	155.6	44.0	235.1	55.6	551	126	72.3	19.6	426
40−50	204.7	64.7	347.0	61.6			102.3	26.0	576
50−60	217.9	74.8	529.0	113.9	906	207	140.0	32.0	702
60−70	274.2	83.7					147.8	34.5	785
70−80	317.3	91.8			917	297	124.3	29.1	
80以上	345.1	81.4					103.8	33.8	642

この表の資料はモルセッリによっている。

みとめられるわけではないが、いずれにせよ数はひじょうに少ない。この年齢の率は七〇歳の者のそれをいくらか下まわっているが、その他の率、少なくとも他のほとんどの率については、これを依然上まわっている。とすれば、成人にのみ発現し、この時から年齢を重ねるにつれて、つねに強まっていくような傾向を、どうして遺伝のせいにすることができよう。子どものころには無であるか、ひじょうに微弱であって、やがてしだいに強まっていき、老人にいたってはじめて最強度に達するような病を、どうして先天的な病とよぶことができようか。

このばあいには、同時遺伝の法則を引合いにだすわけにはいくまい。じっさい、この法則は、遺伝する特質は、ある種の状況のもとでは、祖先に発現したのと同じ年齢で子孫にもあらわれるとしている。しかし、これは、一〇歳か一五歳をこえると、年齢をえらばず何歳だろうとあらわれる自殺のばあいにはあてはまらない。自殺の特徴をなすもの、それは生涯のある定まった時点にあらわれるのではなく、年を重ねるにつれていよいよ増加していくという点にある。この絶えざる増加は、自殺の根ざしている原因それじたいが、年をとるにつれて発達していくことをしめしている。だが、遺伝はこのような条件を充たさない。なぜなら、遺伝とはそもそもからして、受胎が完了すれば、そのようにあらわれなければならないもの、またあらわれることのできるものだからである。自殺への傾向は出生以来潜在的状態で存在していて、のちになって発現ししだいに発展していく別の力の影響のもとにはじめて表にあらわれてくる、という見方があるかもしれない。しかし、そうした見解は、遺伝の影響がせいぜいのところきわめて一般的で不確定な先有傾向と化してしまうことを認めることである。なぜなら、もうひとつ別の要因の同時的作用が遺伝には不可欠で、その要因があたえられるときに、またそのかぎりでのみ、遺伝がその作用をあらわすというのであれば、真の原因とみなされるべきは、むしろその要因だということになるからである。

最後に、自殺が年齢に応じて増減するその仕方は、有機的・心理的状態が、いずれにせよ、その決定因となりえないであろうことを証明している。およそ有機体に根ざしているものは、すべて生命のリズムに支配されており、成長、次いで停滞、最後に退歩といった段階を順次経過するからである。限りなく発達するような生物学的ないし心理的特質は存在しない。すべては、はたらきの頂点に達してからは衰退していくものである。これに反し、自殺は人生の最後の限界になってはじめて頂点に達する。よく八〇歳ごろにみとめられる減少も、軽微であるうえに、まったく一般的というわけではなく、しかも相対的なものにすぎない。九〇歳の者の自殺は六〇歳の者の自殺となお同じくらいか、これを上まわるし、とくに壮年期の者よりも多いからである。自殺を増減させる原因は生来の不変な一衝動にではなく、社会生活の漸進的な作用にあるのではないかということが、右の特徴からみとめられないだろうか。人が社会に出る年齢のいかんによって自殺は早くあらわれたり遅くあらわれたりするわけであるが、これと同様、人がより全面的に社会に参加するにつれて自殺は増加している。

したがって、われわれはここで、前章の結論にふたたび立ちもどることになる。もちろん、自殺は当の個人の体質がこれをこばまないばあいにしか起こりえない。ただし自殺にもっともむすびつきやすい個人の状態にしても、それは確定的、自動的な傾向からではなく（精神病者のケースは別として）、状況に応じて種々の形態をとりうるような一般的で漠とした傾向からなっている。そしてこの傾向は、自殺を可能にはするが、必然的にこれをもたらすというわけではなく、したがって、自殺に説明をあたえてくれるわけでもない。

＊1　とくに Wagner, *Gesetzmässigkeit*, etc., p.165 以下、および Morselli, p.158; Oettingen, *Moralstatistik*, p.760 など。

＊2　*L'espèce humaine*, p.28, Paris, Félix Alcan.

＊3　デシャンブルの *Dictionnaire*, t. V における《anthropologie》の項。

＊4　ワグナーとエッティンゲンによって提起された諸分類については、ふれない。これについてはモルセッリ自身が決定的なかたちで批判をしている（p.160）。

＊5　これらの事実を説明するのにモルセッリは、その論拠も提示せずに、イギリスにはケルト人が多いことを想定し、フランドル人については、その気候の影響を引合いにだしている。

＊6　Morselli, *op. cit.*, p.189.

＊7　*Mémoires d'anthropologie*, t. I, p.320.

＊8　二つの大きな地域群の存在は異論の余地がないようにおもわれる。すなわち、ひとつは身長の高い者の多い北部の一五県から形成されているもの（徴兵適齢者千人あたり免除者はわずか三九人）、他方は、身長の低い者が多い中央および西部の二四県から構成されているもの（千人あたり九八から一三〇人の免除者）がそれである。この相違はいったい人種の所産だろうか。これはすでにはるかに解きがたい問題である。もしも、三〇年間にフランスの平均身長がいちじるしく変わったこと、および身長を理由とする兵役免除者が一八三一年の千人あたり九二・八〇人から一八六〇年の五九・四〇人に変わったことを考えるならば、このように変わりやすい一特性が、人種とよばれる比較的変わりにくいこれらの型の存在を認めるための大いに確かな基準であるのかどうか疑ってみてよかろう。だが、いずれにしても、この両極端の型のあいだにブロカが介在させた中間群がどのように構成され、命名され、キムリス型かケルト型かに帰属せしめられたかをみると、なおいっそう

疑問の余地があるように思われる。ここでは形態学的なたぐいの理由は問題にならない。人類学は、たしかに所与の地域における平均の身長がどうかを確定することはできるが、この平均がどのような交配から結果したかを確定するのはできない相談である。じっさい、中間的な身長は、ケルト人がひじょうに背の高い人種と交配したことによるのかもしれないし、またキムリス人がかれらより小さい人間と結合したことによるのかもしれない。地理的分布はなおさら引合いにだすことができない。なぜなら、これら混合的グループは、北西部（ノルマンディ、低ロワール地方）、南西部（アキテーヌ地方）、南部（旧ローマ領地方）、東部（ロレーヌ）などいたる所にいくらかずつみられるからである。それゆえ歴史上の議論がのこるが、これはきわめて推測的なものでしかありえない。民族のさまざまな侵入や浸透がどのように、いつ、どのような状態のもとに、どのような割合で生じたかを、歴史学はよく知っていない。まして、それらが民族の身体的構造におよぼした影響を確定するのを、助けてはくれない。

＊9　ことにセーヌ県をのぞくとそうである。同県はその置かれている例外的諸条件のため、他の県と正確に比較することができない〔当時、セーヌ県はパリをふくんでいた〕。

＊10　第二編第四章、三四八ページおよび三五五ページを参照。

＊11　Broca, *op. cit.*, t. I, p.394.

＊12　Topinard, *Anthropologie*, p.464 を参照。

＊13　同じ指摘はイタリアにもあてはまる。ここでも自殺は南部より北部に多いが、他方、北部住民の平均身長は、南部地域のそれよりもいくらか高い。けれども、それは現在のイタリア文明がピエモンテを起源とするもので、他方、ピエモンテ人は南部の人間よりもやや背が高いということである。ただし、その差は小さい。少なくともイタリア本土についていえば、最高はトスカナとヴェネツィアで一・六五メートル、最低はカラブリアの一・六〇メートルである。サルデーニャでは、身長は一・五八メートルに下がっている。

＊14 *Sur les fonctions du cerveau*, Paris, 1825.
＊15 *Maladies mentales*, t. I, p.582.
＊16 *Suicide*, p.197.
＊17 Legoyt, p.242 に引用されている。
＊18 *Suicide*, pp.17-19.
＊19 Morselli, p.410 による。
＊20 Brierre de Boismont, *op. cit.*, p.59; Cazauvieilh, *op. cit.*, p.19.
＊21 Ribot, *L'hérédité*, p.145, Paris, Félix Alcan.
＊22 Lisle, *op. cit.*, p.195.
＊23 Brierre, *op. cit.*, p.57.
＊24 Luys, *op. cit.*, p.201.
＊25 *Dictionnaire encyclopédique des sciences méd.*, t. LXXVI, p.542 の《phtisie》の項。
＊26 *Op. cit.*, pp.170-172.
＊27 Morselli, p.329 以下を参照。
＊28 Legoyt, Paris, Félix Alcan, p.158 以下を参照。
＊29 男子については、筆者の知っているのはイタリアの場合だけである。ここでは、三〇歳と四〇歳のあいだにある停滞が生じている。女子については、この同じ年齢幅で、一般的な、またそれだけに実際にそうであろう停止運動がある。これは、女子の一生のなかにひとつの段階を画している。なお、それはおそらく、独身であることの失望や傷心があまり強くは感じられなくなりはじめ、より年齢がすすんで老嬢が独りでいるときに生じる精神的孤立がまだその全面的な結果を生じていない、そうした時期に対応していよう。

†1　Jean L. A. de Quatrefages de Bréau（一八一〇―九二）。フランスの博物学者、生物学者。人類の起源の単一性の主張を展開した。

†2　Paul Broca（一八二四―八〇）。フランスの外科医、人類学者。脳の生理学的な解明等をつうじて近代人類学の確立に貢献した。

†3　十九世紀後半のオーストリアは、ハンガリーといわゆる二重帝国を形成していた。ここでは、ハプスブルク家の直接の統治下の版図をさすが、そこには今日のハンガリー、チェコ、スロヴァキア、クロアチア、さらにポーランド、イタリアなどの一部がふくまれている。

†4　Franz Josef Gall（一七五八―一八二八）。ドイツの医師。頭蓋骨の触診によって人間の能力を識別しうるとした。

†5　結核菌のこと。発見者コッホの名にちなんでこうよばれる。

第三章　自殺と宇宙的諸要因

個人の先有傾向はそれのみでは自殺の決定因とならないにしても、それがある種の宇宙的要因（facteurs cosmiques）とむすびつくときには、あるいは、より大きな影響をおよぼすかもしれない。物質的環境は、もしそれがなかったならば萌芽の状態にとどまるかもしれないような疾患をしばしば発病させるが、これと同様、物質的環境は、ある種の個人に生来的にそなわっている一般的で、まったく潜在的な自殺への傾向を行為へと移行させる力をもっているかもしれない。そうであれば、そのばあい、自殺率を一個の社会現象と認める理由はなくなろう。それは、ある種の物理的原因とある有機的心理的状態の同時的作用にもとづくのであるから、全面的に、ないし主要に病態心理学に属することになるからである。だが、じっさい、それらの条件のもとでは、自殺率がなぜあれほどまで各社会集団に固有の特徴をもつことができるのか、おそらく説明に苦しむことだろう。国がちがったからといって、宇宙的環境はそんなにひどくはちがわないからである。しかしながら、ある重要な事実はすでに既定のこととされていないわけではない。それは、自殺という現象のしめす増減の少なくともある要素は、社会的原因をもちこまなくとも説明されるのではないか、ということである。

この種の要因のうち、自殺への影響があると認められたのは、気候と季節の気温の二つにかぎられる。

一

ヨーロッパの地図上に緯度の差に応じてどのように自殺が分布しているか。それをしめせば次のようになる。

緯度	自殺件数（人口百万あたり）
三六—四三度	二一・一
四三—五〇度	九三・三
五〇—五五度	一七二・五
それ以北	八八・一

つまり自殺が最少なのはヨーロッパの北部と南部であり、いちばん多いのは中部である。

モルセッリはいっそう正確に、ひとつは緯度にして四七度と五七度のあいだ、他は経度にして二〇度から四〇度のあいだにはさまれた空間が、とくに自殺の偏愛をうけている場所である、とのべることができた。そして、この地帯はヨーロッパでももっとも気候の温和な地域とかなり重なっている。とすれば、この符合は、気候の影響の結果のあらわれとみなければならないだろうか。

以上がモルセッリの主張した命題であるが、もっとも、これには若干の躊躇がないわけではなかった。じっさい、温和な気候と自殺の傾向のあいだにどんな関係がありうるのか、それは理解するのに容易ではない。それだけに、このような仮説をのべたてるには、よほど特別な符合がなければならないであろう。ところが、自殺とかくかくしかじかの気候のあいだに関係があるというにはほど遠く、あらゆる気候のもとで自殺が繁茂したことは疑いえない事実である。今日ではイタリアの自殺は比較的少ないが、ローマが文明ヨーロッパの中心であった帝国の時代には、これがひじょうに多かった。同様に、インドの炎熱の空の下でも、ある時期には自殺は大いに多発していた。[*1]

この地帯の呈する形をみても、気候が、そこで犯される数多くの自殺の原因ではないことがよくわかる。それが地図上に描きだす模様は同じ気候のもとにおかれたすべての国をふくむようなほぼ均等、均質の一地帯からなっていないで、ひとつはイル－ド－フランスとその周囲の県を中心とし、他はザクセンとプロイセンを中心とした二つの別々の模様からなっている。したがって、この二つは、はっきり特定された気候帯とではなく、むしろヨーロッパ文明の二つの中心と重なっている。とすれば、民族によってその自殺の傾向が異なる原因は、気候という不可思議な力にではなく、この文明の性質のなかに、またこの文明のそれぞれの国への分布の仕方のうちに探られなければならない。

同じようにして、すでにゲリ[†1]によって指摘された別の事実も説明されるし、モルセッリが最近の観察によって裏づけた、例外がないわけではないがかなり一般的な事実についても同様である。この中央部に属さない国々では、その北部あるいは南部でこれにいちばん接近している地域がまた、いちばん多く自殺に見舞われている。たとえばイタリアではとくに多いのは北部であり、それにたいしイギリスとベルギーではこれが南部である。だが、かといってこれらの事実を温和な気候への近接という事実に帰するのは、まったく根拠がない。あのような力をもって北フランスや北ドイツの住民を自殺へと追いやる思想や感情、いいかえれば社会的諸潮流（courants sociaux）が、それほど強力ではないがいくぶんとも同じような生活をいとなんでいるこれらの隣国にもみいだされるからだ、と考えるほうがより自然ではなかろうか。なお、自殺のこうした分布に社会的諸原因のおよぼす影響がいかに大きいかをしめす以下のような事実がある。すなわち、イタリアでは一八七〇年まで、いちばん自殺の多かったのは北部の諸州であり、中部がその次、南部が三番目であった。ところが、北部と中部の差は徐々にちぢまり、ついに両者の位置関係は入れ替わってしまった（第15表を参照）。だが、諸州の気候に変わりはない。変わったのは、一八七〇年のローマ征服の結果、イタリアの首都が国の中央部に移されたことである。科学、芸術、経済などの活動も、同じ方向に移動した。自殺もこれにつきしたがったというわけである。

とすれば、何ものによっても証明されず、多くの事実によって棄却されるような仮説に、これ以上こだわる理由もないわけである。

二

だが、季節ごとの気温の自殺への影響はこれよりも明瞭であるようにおもわれる。事実は多様な解釈をゆるすであろうが、しかしそれは一定性をしめしている。かりに事実の観察をせず、もっとも自殺の起こりやすい季節はいつでなければならないかと推測によって予想してみたなら、人はこのんで、空がもっとも暗くたちこめ、気温がもっとも低いか、湿気がもっともはなはだしいような季節だと考えるにちがいない。このときに自然のしめすこのうえなく荒涼とした光景は、人を夢想におちいりやすくし、悲哀の情をかきたて、憂鬱をもよおさせるという結果をもたらさないだろうか。なお、この季節は、自然の熱の不足をおぎなうために、より豊富な食物を摂《と》らなければならないし、これを得るのはより困難であるだけに、生活がこのうえなく厳しい時にもあたっている。以上

第15表　イタリアにおける自殺の地域的分布

	人口100万あたりの自殺者数			北部を100とした場合の各地方の自殺率		
	期間 1866－67	1864－76	1884－86	1866－67	1864－76	1884－86
北部	33.8	43.6	63	100	100	100
中部	25.6	40.8	88	75	93	139
南部	8.3	16.5	21	24	37	33

の理由から、すでにモンテスキューは、霧のふかい寒冷な国はとくに自殺のさかんに起こりやすい国だと考えたわけで、この見解は久しく法則とされていた。これを季節に適用し、人びとは、自殺がもっとも多いのは秋のはずだと考えるようになっている。エスキロルはすでにこの説の正確さに疑問をさしはさんでいるが、ファルレはなおこの原則を認めていた。[*2] 今日、これは統計によってはっきりと否定されている。自殺が最大値に達するのは冬でも秋でもなく、いちばん自然がはなやかで、気温もほどよいあのうるわしい季節なのだ。生活がもっとも容易な時に、人はこのんで生から訣別《けつべつ》するわけである。事実、一年を二つに分け、暑いほうの六ヵ月をふくむ部分（三月から八月まで）と寒いほうの残りの六ヵ月としてみると、自殺が多いのはきまって前者のほうである。この法則の例外をなす国はひとつもない。若干の端数を切り捨てると、比率はどこでも変わりがない。年間自殺数を一〇〇〇とすると、そのうちの五九〇から六〇〇はこのうるわしい季節に行なわれ、残りの半年間は四〇〇にすぎない。

自殺と気温の変化との関係はもっと正確に規定されることができる。

十二月から二月までの三ヵ月を冬、三月から五月までの三ヵ月を春、六月に始まって八月の終わりまでを夏、残り三ヵ月を秋とよんでよければ、この四つの季節を自殺死亡率の大きさによって分けると、ほとんどどこでも夏が一位をしめることがわかる。この観点からモルセッリは、ヨーロッパの一八ヵ国の異なった三四の期間を比較することができたが、その結果、自殺の最大値が夏に記録されるのが三〇回、すなわち八八％で、春はわずか三回、秋はただの一回ということが明らかになった。この最後の例外は唯一バーデン大公国にみとめられるもので、それもたんに歴史の一時期だけのことだから、意味はない。あまりにも短い期間についての計算から生じたものであり、後続する期間にはもう生じていないからである。その他の三つの例外も、ほとんど意味があるとはいえない。それはオランダ、アイルランド、スウェーデンにかんするものであるが、最初の二つの国についていえば、季節の平均を算出するための基礎となった実数があまりにも小さいので、なにも正確に結論づけることはできない。すなわち、オランダは三八七件、アイルランドは七五五件にすぎないからである。そのうえ、この両民族の統計は望ましい十分な権威をもっていない。最後にスウェーデンについていうと、この事実がみとめられたのはわずかに一八三一―五一年の期間だけであった。そこで、信頼できる数字があたえられている国家だけにしぼると、右の法則は絶対的かつ普遍的だということができる。

最小値のあらわれる期間も、これにおとらず規則性をしめしている。三四回のうち三〇回、すなわち八八％は冬であり、その他の四回は秋にあたっている。例外をなす四つの国は、アイルランド、オランダ（さきのばあいと同様）、ベルン州、ノルウェーである。最初のこの変則例がどれほどの意味をもっているかはわかっているし、三番目の意味はもっとかぎられている。全体で九七件の自殺についてなされた観察にすぎないからである。要するに、三四回中二六回、すなわち七六％においては、季節は、夏、春、秋、冬の順番に並べられる。この関係は、いかなる例外もなく、デンマーク、ベルギー、フランス、プロイセン、ザクセン、バイエルン、ヴュルテンベルク、オーストリア、スイス、イタリア、スペインにあてはまる。

季節が同じように分類されるばかりではない。各季節に生じる自殺の割合も、国ごとにほとんど差がない。この不変性をよりわかりやすくするため、第16表〔一三八ページ〕で、ヨーロッパの主な国の各季節の自殺の割合を、年間総数を一〇〇〇として、あらわしてみた。同じような一連の数字が各欄にほとんど判で押したようにあらわれてくるのがみとめられる。

フェルリ[†2]とモルセッリは、これらの明白な事実から、気温は自殺に直接に影響をおよぼす、と結論づけた。すなわち、暑熱は脳の機能に機械的な作用をおよぼし、人を自殺へとみちびくというわけである。フェルリは、暑熱がどのような仕方でこの結果を生じさせる

第16表　各国自殺の年間総数における各季節の比率

	デンマーク (1858－65)	ベルギー (1841－49)	フランス (1835－43)	ザクセン (1847－58)	バイエルン (1858－65)	オーストリア (1858－59)	プロイセン (1869－72)
夏	312	301	306	307	308	315	290
春	284	275	283	281	282	281	284
秋	227	229	210	217	218	219	227
冬	177	195	201	195	192	185	199
	1000	1000	1000	1000	1000	1000	1000

かを説明しようとさえこころみた。かれによれば、一方では暑さは神経系統を興奮しやすくし、他方では暑い季節のため身体は必要な体温をたもつのにそれほどの資料を費消する必要がないから、その結果、余分な力が蓄積され、当然にもそのはけ口をみいだそうとする。この二重の理由から夏季には余分な活動力、過剰な生命力が生じ、それらが消費されることをもとめ、もっぱら荒々しい行為となってあらわれるほかなくなる。これらの顕現のひとつが自殺であるならば、いまひとつの顕現は殺人である。まさにそのために、自殺はこの季節に血なまぐさい犯罪と時を同じくして増加をみるのである、と。なお、この時期、あらゆる形態の精神異常も増加するとみなされている。したがって、自殺と精神異常のあいだに維持される関係からして、自殺が同じように増加するのは当然だ、とされた。

単純明快なだけに魅力的なこの説は、一見したところ事実と合致しているようにみえる。事実の直接的な表現にほかならないようにさえみえる。だが実際には、これは事実を説明しているというにはほど遠い。

三

まず、この説は、自殺についての大いに異論の余地のある見方をふくんでいる。じっさい、これは、自殺は過度の興奮状態をつねにその心理的前件としていて、荒々しい行為からなり、もっぱら大きな力をふるうことによって可能となるものだということを想定している。ところが逆に、自殺はしばしば極度の鬱状態からも生じる。興奮に駆られた、ないし激昂による自殺が起こるならば、沈鬱な自殺もそれにおとらず頻繁に生じている。このことはのちに証明する機会があろう。ともあれ、暑熱が双方に同じように影響をおよぼすということはありえない。それが一方の自殺をうながすならば、他方の自殺についてはこれを少なくするはずである。暑熱がある種の者におよぼすかもしれない自殺促進の影響は、これが他の者たちにおよぼす抑制的な影響によって相殺され、いわば無効化されるのではなかろうか。とすれば、促進的影響が統計的データを通してとくにあれほど目だってあらわれてくることはありえまい。したがって、統計的データのしめす季節による自殺の増減は、別の原因によっているはずである。他方、この増減は同じ時点で精神異常についてみられる同じような増減のたんなるはね返りにすぎないという見方についてはどうか。この説明は、自殺と精神異常のあいだに現にある関係よりももっと直接的でもっと密接な関係があることを認めでもしないかぎり、同意しがたい。なお、季節がこの二つの現象に同じように作用をおよぼすということは、証明されてもいないし[*3]、またこの並行関係が明々白々であるときでさえ、精神異常のカーブを上下させるのははたして季節的な気温の変化なのかどうかはなお自明ではない。まったく別のたぐいの諸原因がこの結果を生じることができないのか、またそれに寄与することができないのか、は確かではない。

ともあれ、暑熱に帰せられているこの影響がどう説明されようとも、その影響が実際にそのとおりなのかどうか、みてみよう。

若干の観察によれば、あまりにもきびしい暑さはたしかに人を刺激して自殺に走らせるといえるように思われる。エジプト遠征中、フランスの軍隊では自殺が増加したといわれるが、この増加は気温の上昇に帰せられたのであった。熱帯の空の下では、太陽の光が真上から降りそそぐとき、突然人が海面に身を投げるのを目撃することはめずらしくない。ディートリック博士は、シャルル・ド・ゴルッ伯によって一八四四年から四七年にかけて行なわれた世界一周航海の際、乗組船員たちのなかに、かれが「ホラー」〔戦慄〕と名づけたあらがいがたいある衝動をみとめたと語り、こうのべている。「病は、一般に冬季、長い航海ののち船員たちが上陸し、うちとけて熱したストーブをかこみ、おきまりのあらゆる種類の放蕩《ほうとう》にふけるときに起こる。おそるべき『ホラー』の徴候は、帰船してからあらわれる。病におそわれた者は、マストのてっぺんで作業中めまいにおそわれたり、あるいは睡眠中に突然めまいが起こり、恐ろしい叫び声をあげてはね起きたりして、あらがいがたい力に押されて海にとびこむ」。また息づまるような暑さをもって吹きつけてくるシロッコ[†3]も、自殺に同様の影響をおよぼすことが観察されている[*4]。

けれどもこれは暑熱に特有のものではない。きびしい寒さも同じような作用をする。たとえばモスクワからの退却中フランス軍には多くの自殺が生じたといわれる。したがって、自殺は判で押したように秋よりも夏に、冬よりも秋に多く発生するのはなぜか、ということを説明するのに、これらの事実を援用するわけにはいかないだろう。およそここから結論されることは、寒暑をとわず極端な気温は、自殺を増加させる方向に作用するということだからである。なお、あらゆる種類の過剰、すなわち物理的環境に生じる突然の激しい変化が、有機体を攪乱し、諸機能の正常なはたらきをくるわせ、そうすることによってさまざまな種類の精神錯乱をひき起こし、そのなかで自殺という想念が湧きあがり、抑えるものがなければこれが実現されることもあるということは、理解できないことではない。しかしこの例外的で異常な攪乱と、一年をつうじて温度のしめす徐々の変化のあいだには、まったく類似したものはない。とすれば、問題はそっくり残されたままである。この問題の解決は、統計的データの分析にもとめなければならないのだ。

かりに気温がわれわれの確認した自殺の増減の基本的な原因であったならば、自殺は気

第17表　季節ごとの自殺と気温

	フランス		イタリア	
	年間自殺1000件あたりの季節ごとの分布	各季節の平均気温	年間自殺1000件あたりの季節ごとの分布	各季節の平均気温
春	284	10.2°	297	12.9°
秋	227	11.1°	196	13.1°

温に対応して規則的に増減していなければならないであろう。だが、まったくそうなっていない。春は秋よりやや寒いにもかかわらず、自殺は秋よりも春にはるかに多い〔第17表を参照〕。

このように温度計がフランスでは〇・九度、イタリアでは〇・二度の上昇を記録するとき、自殺の数は前者では二一％、後者では三五％減少している。また、イタリアでは冬の気温は秋の気温よりもはるかに低いが（一一・三度と一三・一度）、それでいて、二つの季節とも自殺死亡率はほとんど変わりがない（一九六件と一九四件）。春と夏の自殺の差はどこの国でもひじょうに小さいが、それにたいし温度差のほうはきわめて大きい。フランスでは、その差は、気温が七八％であるのにたいし、自殺については八％にすぎない。プロイセンでは、差はそれぞれ一二一％、四％となっている。

自殺の変化を季節ごとにではなく月ごとに観察してみると、自殺と気温のこの無関係性はもっとはっきりしてくる。じっさい、この月ごとの増減は、ヨーロッパのあらゆる国にあてはまる次のような法則にしたがっている。一月から六月ごろまで自殺は月々一貫して増加し、六月からその年の終わりまで一貫して減少する。もっと一般的にいえば、その最大値は六二％の割合で六月に、二五％の割合で五月に、一二％の割合で七月に記録されている。最小値は、六〇％の割合で十二月に、二二％の割合で一月に、一五％で十一月に、三％で十月に記録されている。なお、もっとも目につく若干の不規則性は、そのほとんどがあまりにも短い期間にもとづいて生じており、大して意味をもたない。フランスのように長い期間にわたって自殺の増減をたどることのできる所では、六月まで増加し、次いで一月まで減少していくことがわかるし、両極端の数字の差は平均して九〇ないし一〇〇％を下まわらない。ということは、自殺はもっとも暑い月の八月か七月に最大値に達するのでなく、反対に八月から、それも非常にめだって、減少しはじめるということである。同様にまた、ほとんどのばあい、いちばん寒い月である一月にではなく、十二月に最少を記録する。第18表〔一四五ページ〕は各月について、温度計の上昇、下降と自殺のそれとの対応にはなんら規則的なものも恒常的なものもないことをしめしている。

　同じ国のなかでも、気温のほとんど変わらない月々に、ひじょうに異なった割合で自殺が生じている（たとえば、フランスにおける五月と九月、四月と十月、イタリアにおける六月と九月、等々）。その逆もしばしばみられる。フランスでは一月と十月、二月と八月は、気温のはなはだしいちがいにもかかわらず、同じくらいの自殺をかぞえているし、イタリアとプロイセンの四月と七月についても同様である。そればかりではない。これらの国々では、月ごとの気温が国によっておそろしくちがうのに、各月の自殺の比率はほとんどまったく変わらないのである。たとえば、五月の気温はプロイセンでは一〇・四七度、フランスでは一四・二度、イタリアでは一八度であるが、この月の自殺はプロイセンでは一〇四、フランスでは一〇四、イタリアでは一〇三となっている。*5 その他のほとんどすべての月についても、同じ指摘をすることができる。十二月のケースは、とくに示唆的である。年間の自殺全体にしめるその割合は、比較されている三つの社会にかんしてまったく変わらない（千につき六一の割合）。それでいて、一年のこの時期、温度計は平均してローマで七・九度、ナポリでは九・五度を指している。それに反しプロイセンでは〇・六七度を上まわることはない。国によってそれぞれ月々の温度が異なるばかりでなく、気温の変動もそれぞれ異なった法則にしたがって生じている。たとえばフランスでは、温度計は四月から六月にかけてよりも一月から四月にかけてより大きな上昇をしめすが、これに対し、イタリアでは関係が逆になっている。ということは、気温の上昇下降と自殺の増減のあいだにはなんの関係もないということである。

なお、気温がかりに予想されるような影響をおよぼしているならば、この影響は自殺の地理的分布のうえにもひとしくあらわれてきてしかるべきだろう。もっとも暑い国はもっとも自殺の多い国でなければなるまい。明らかにこう推論しなければならないので、イタリア学派は、†4 殺人への傾向もまた暑熱とともに増加することを証明しようとして、みずか

第18表　国ごとの各月の気温と自殺

	フランス (1866－70)		イタリア (1883－88)			プロイセン (1876－78, 80－82, 85－89)	
	平均気温	年間自殺1000件あたりの月ごとの自殺件数	平均気温		年間自殺1000件あたりの月ごとの自殺件数	平均気温 (1848－77)	年間自殺1000件あたりの月ごとの自殺件数
			ローマ	ナポリ			
1月	2.4°	68	6.8°	8.4°	69	0.28°	61
2月	4.0°	80	8.2°	9.3°	80	0.73°	67
3月	6.4°	86	10.4°	10.7°	81	2.74°	78
4月	10.1°	102	13.5°	14.0°	98	6.79°	99
5月	14.2°	105	18.0°	17.9°	103	10.47°	104
6月	17.2°	107	21.9°	21.5°	105	14.05°	105
7月	18.9°	100	24.9°	24.3°	102	15.22°	99
8月	18.5°	82	24.3°	24.2°	93	14.60°	90
9月	15.7°	74	21.2°	21.5°	73	11.60°	83
10月	11.3°	70	16.3°	17.1°	65	7.79°	78
11月	6.5°	66	10.9°	12.2°	63	2.93°	70
12月	3.7°	61	7.9°	9.5°	61	0.60°	61

この表の各月は，すべて30日としてある。気温の数字は，フランスについては *l'Annuaire du bureau des longitudes* に，イタリアについては *Annali dell'Ufficio centrale de Meteorologia* によっている。

らこれにたよっているほどである。ロンブローゾ[†5]とフェルリは、殺人は冬より夏に多いことから、これが北部よりも南部に多いことを証明しようとつとめたのであった。だがあいにく、こと自殺となると、証拠はイタリアの犯罪学者たちの思惑どおりにいかない。なぜなら、自殺がもっとも少ないのは南欧の国々だからである。事実、イタリアの自殺はフランスの五分の一をかぞえるにすぎず、スペインとポルトガルでは自殺がほとんどないといってもよい。フランスの自殺分布図上では、いくらか拡がりをもっている白抜きの模様は、ロワール河以南の諸県からなっている。もちろんわれわれはこの状態が実際に気温の結果であるなどというつもりはない。が、その理由はどうであれ、この状態は、暑熱を自殺への刺激剤だとする説とは相容れない一事実をなしている。[*6]

これらの困難や矛盾に感じるところがあって、ロンブローゾとフェルリはその学派の説をいくらか修正しなければならなかったが、原則は依然として放棄していない。ロンブローゾによれば――モルセッリはその見解を踏襲しているのだが――自殺をひき起こすのは暑熱の激しさではなく、最初の暑熱の到来であり、去り行く寒気と始まった暑い季節とのコントラストであるという。この暑い季節が、身体がまだあたらしい気温に慣れていないときに突然にこれを襲うというわけである。だが、こうした説明がまったく根拠を欠いていることを納得するには、第18表に一瞥《べつ》をあたえるだけでよい。かりに説明があたっているならば、自殺の月ごとの増減をしめすカーブは、秋と冬のあいだは水平で、およそ悪の根源であるこの最初の暑熱がやってくるまさにその時点で突然上昇をしめし、次いで時間が経《た》って人びとの身体がそれに慣れると、同じく突然に下降に転じるということでなければならない。ところが、まったく逆に、その増減は完全に規則的であり、上昇は、これが持続するかぎり一つの月から他の月へとほとんど変わりがない。十二月から一月、一月から二月、二月から三月へと上昇をしめし、いいかえれば最初の暑熱がまだやってこない月々のあいだに上昇し、九月から十二月にかけてしだいに再下降をしめすのであるが、このとき最初の暑さはすでにずっと前に終わっているのだから、減少を暑さの消滅に帰するわけにはいかないだろう。なお、最初の暑熱はいつごろあらわれるのか。一般にそれは四月に始まるものと考えられている。じっさい、温度計は三月から四月にかけて、六・四度から一〇・一度へと五七%の上昇を記録する。が、他方、四月から五月にかけては四〇%、五月から六月にかけては二一%の上昇にすぎない。とすれば、四月にはある例外的な自殺の急上昇をみとめなければなるまい。実際は、この四月に生じる増加は一月から二月にかけて生じる増加（一八%）と差がない。そして、この増加はたんに維持されるだけでなく、より緩慢にではあるが六月まで、さらには七月までつづくのであるから、春という季節を夏の終わりまで引き延ばし、そこから八月だけを除くということでもしないかぎり、以上の増加を春の影響に帰することは至難であるようにおもわれる。

なお、最初の暑熱がこのような意味で災厄をもたらすものであれば、最初の寒気も同じような影響をもたらしてしかるべきだろう。後者もまた、それへの慣れを失っている身体を突然に襲い、再適応がなされるまで、生の諸機能を攪乱するからである。けれども、秋には、春に観察されたものにいくらかですら類似したような上昇の動きは生じていない。それだけに、モルセッリが自説にもとづいて、暑さから寒さへの移行は逆への移行と同じ結果をもたらすはずだと認めてのち、なぜ次のように付言できたのか、理解に苦しむところである。「この最初の寒気の影響は、わが国の統計表のなかでも検証されうるし、秋、すなわち十月と十一月、つまり暑い季節から寒い季節への移行が人体、およびとくに神経系統によっていちばん強く感じられるときにしめされるわが国の自殺カーブの第二の上昇をつうじ、なおいっそうよく検証されることができる」[*7]。この主張がまったく事実に反することを知るには、第18表を参照するだけで足りる。モルセッリの提示した数字からでさえ、十月から十二月にかけて自殺の数はほとんどどの国でも増加しておらず、かえって減少していることがいえる。例外は、デンマーク、アイルランドと、オーストリアの一期間（一八五一—五四年）だけで、しかも三つのケースでの増加もごくわずかである[*8]。すなわち、デンマークでは一〇〇〇につき六八から七一へ、アイルランドでは六二から六七へ、オーストリアでは六五から六八へ、となっている。同様に、十月には、観察された三一のケースのうち増加が生じているのは八回にすぎない。すなわち、ノルウェー、スウェーデン、ザクセン、バイエルン、オーストリア、バーデン大公国の各一回、ヴュルテンベルクの二回である。その他のケースはすべて減少がみられるか、さもなければ横ばいである。要するに、九月から十二月にかけては三一のケースのうち二一、つまり六七％については規則的な減少がみられるわけである。

上昇の局面でも下降の局面でもカーブが完全に連続していることは、自殺の月ごとの増減が、突然の一時的な均衡の破壊の結果年に一、二度生じるような有機体の一時的な危機からは起こりえないことを証明している。この月ごとの増減は、これまた同じように連続的に変化する諸原因にもとづくものでしかありえない。

四

さていまや、右の原因がどのような性質のものであるかを知ることも不可能ではない。ここで年間の自殺全体に占める各月の自殺の割合を、その同じ時期の昼間の長さの平均と対照してみよう。こうして得られる二組の一連の数字は、同じような仕方で増減をしめしている（第19表〔一五一ページ〕を参照）。

並行関係は完全なものである。いずれをとっても、最大値が記録されるのは同じ時期であり、最小値についても同様である。その中間でも、この二群の事実は歩調を合わせて、*pari passu* 増減をしめしている。日が急速に長くなると自殺も大いに増加する（一月から四月にかけて）。また、一方の増加がゆるむと、他方の増加もこれにならう（四月から六月にかけて）。同様の対応関係は、減少の時期にもみられる。昼間の長さがほぼ同じである別々の月についても、ほとんど同数の自殺が生じている（七月と五月、八月と三月）。

これほど規則的でこれほど正確な対応関係が偶然であるということはありえない。だから、昼間の長さの変化と自殺のそれのあいだには、ある関係があるはずである。この仮説は、第19表から直接みちびかれるばかりか、さきに指摘したある事実を説明することも可能にしてくれる。すなわち、すでにみたように、ヨーロッパの主な国々では、季節であれ月であれ、一年のそれぞれの部分への自殺の分布は、判で押したように同じ型を示している。[*9] この興味ぶかい一致を、フェルリの説もロンブローゾの説もまったく説明することができなかった。というのは、ヨーロッパ各国の気温は非常にちがうし、その変化もまちまちだからである。これに反し、昼間の長さは、比較されたすべてのヨーロッパの国についてほとんど変わりがない。

ところで、右の関係が実際に存在することを決定的に証明してくれるもの、それは、あらゆる季節をつうじ自殺の大部分は昼間に行なわれるという事実である。ブリエール・ド・ボワモンは、一八三四年から四三年までの間にパリで行なわれた四五九五件の自殺の調書を点検することができたが、時刻を確定できた三五一八件のうち、二〇九四件は昼、七六六件は夕方、六五八件が夜に行なわれていた。だから、昼と夕方の自殺が全体の五分

第19表　フランスにおける自殺の月別変化の昼間の長さの平均との比較

	昼間の長さ(1)	増加と減少	年間自殺1000件あたりの月ごとの自殺件数	増加と減少
		増　加		増　加
1　月	9h19′	1月－4月 55%	68	1月－4月 50%
2　月	10h56′		80	
3　月	12h47′		86	
4　月	14h29′		102	
5　月	15h48′	4月－6月 10%	105	4月－6月 5%
6　月	16h 3′		107	
		減　少		減　少
7　月	15h 4′	6月－8月 17%	100	6月－8月 24%
8　月	13h25′		82	
9　月	11h39′	8月－10月 27%	74	8月－10月 27%
10　月	9h51′		70	
11　月	8h31′	10月－12月 17%	66	10月－12月 13%
12　月	8h11′		61	

（1）ここにあげられている昼間の長さは，月の最後の日のものである。

の四に達し、昼だけですでに五分の三をしめることになる。

この点についてはプロイセンの統計がもっと多くの記録を集めている。それは一八六九―七二年に生じた一一八二二件におよぶものであるが、これらはもっぱらブリエール・ド・ボワモンの結論を裏づけている。各年をとっても比はほとんど変わらないから、簡略化して一八七一年と七二年の比だけをかかげておこう〔一五二ページ第20表を参照〕。昼咲き《ディユルヌ》の自殺の優位、これは疑う余地がない。自殺においては夜間より昼間がより多産的である以上、昼間が長くなるにつれて自殺がふえてくるのは当然である。

第20表　時間帯ごとの自殺の分布

	1日の自殺1000件あたりの各時間帯の自殺件数			
	1871		1872	
早朝(1)	35.9		35.9	
午前	158.3	375	159.7	391.9
正午前後	73.1		71.5	
午後	143.6		160.7	
夕方	53.5		61.0	
夜中	212.6		219.3	
不明	322		291.9	
	1000		1000	

（1）「早朝」の語は日の出の直後の時間帯をさす。

しかし、ぜんたい、この昼間の影響はなにによるのか。

もちろん、これを説明するのに、陽光や気温の作用をもちだすわけにはいくまい。事実、真昼、すなわちいちばん暑い時点に行なわれる自殺は、夕方や、朝方から午前中にかけての自殺よりはるかに少ない。のちにみるように、真昼にはめだって減少してさえいる。しかしこの説明をしりぞけると、考えられる説明は一つしか残らない。それは、昼間に自殺が起こりやすいのは、昼間が仕事がいちばん活発にいとなまれ、人間関係がしげくなり、錯綜し、社会生活がもっとも激しさをしめすときだからだ、というものである。

一日のそれぞれの時間、一週のそれぞれの曜日に自殺がどのように分布するかについて得られた若干の資料は、右の解釈を裏づけてくれる。パリについてブリエール・ド・ボワモンによって観察された一九九三件と、フランス全体についてゲリによって蒐集された五四八件にもとづいて、二四時間における自殺のおおよその変化がどうなっているかをしめしてみると、第21表のようになる。

第21表　時間ごとの自殺

パリ		フランス	
	時間ごとの自殺件数		時間ごとの自殺件数
0時－6時	55	0時－6時	30
6時－11時	*108*	6時－12時	*61*
11時－12時	81	12時－14時	32
12時－16時	*105*	14時－18時	*47*
16時－20時	81	18時－24時	38
20時－24時	61		

これでみると、自殺がたけなわとなる時が二つあることがわかる。それは、午前および午後の、仕事にかかわる動きがもっともめまぐるしい時である。この二つの時間の中間には活動全般がしばし停止される休憩があるが、その時には自殺のほうも一息つく。この小休止が生ずるのはパリでは十一時ごろ、地方では正午ごろであり、首都よりも地方諸県ではっきりあらわれ、より長びいている。それはたんに、地方の人間が正式の食事をとる時間にあたっているという理由のためにすぎない。だから、ここでは自殺の小休止もより顕著であり、より長くつづくわけである。少し前にあげたプロイセンの統計のデータにしても、同様の指摘をする機会をあたえてくれていたかもしれない。[*10]

他方、ゲリは、六五八七件について、それらがどの曜日に行なわれたかを確定し、第22表

〔一五五ページ〕にしめすような段階づけを得ている。自殺は金曜日から週末にかけて減少していくことが表からわかる。ところで、周知のように金曜日についてのさまざまな迷信は、公生活の弛緩《しかん》を生む結果をもたらしている。この日には、鉄道の運行も他の曜日にくらべはるかに少ない。この縁起のわるい日には、関係を取り結ぶこと、取引を企てることにも躊躇が生じる。土曜日は、午後から緊張が緩和しはじめ、休業がかなりひろがっている国もある。おそらくそれは、翌日が休日だという思いが前もって人びとの心をなごませる効果をおよぼすからだろう。最後に日曜日であるが、経済的活動は全面的に停止する。このとき、消滅する活動に別の種類の行事がとって代わることがなければ、また、工場、事務所、商店が空っぽのときに行楽、歓楽の場が人でにぎわうことがなければ、日曜日の自殺の減少はもっとはなはだしいものになると考えることができよう。なお、日曜日は女子の自殺の割合がもっとも高い曜日であることも注目されよう。ところが、この日は女子が、いわば週の残りの日々にはとじこもっている家庭から出て、いくぶんか共同生活に参加してくる日でもある。[*11]

　それゆえ、すべてがあげて次のことを証明している。一日のうちで昼間がもっとも自殺を生じさせやすい時間であるのは、昼間が社会生活がまさしく沸騰状態にある時間でもあるからである。またこのばあい、日が長くなるにつれてなぜ自殺の数が多くなるのかを説明してくれる理由もわかっている。それは、日が長くなるということだけで、いわば集合生活にたいしより広大な活動舞台がひらかれるからにほかならない。休止の時間はより遅く始まって、より早く終わってしまう。集合生活の展開される範囲はよりひろがるわけである。したがって、集合生活のもたらす結果も同時に拡大されるのは必然であり、自殺もその結果のひとつであるから、増大することになる。

けれどもこの最初の原因は唯一のものではない。たとえ公的活動が春より夏に、秋、冬よりも春により活発であるとしても、それはたんに、公的活動がそのなかで展開される枠組が一年のなかで先にすすむにつれて拡大されるからではない。それは、別の理由から公的活動が直接に刺激されるからにほかならない。

第22表　曜日ごとの自殺の分布

	1週間の自殺1000件あたりの各曜日の割合＊	性別による比率（%）	
		男子	女子
月曜日	15.20	69	31
火曜日	15.71	68	32
水曜日	14.90	68	32
木曜日	15.68	67	33
金曜日	13.74	67	33
土曜日	11.19	69	31
日曜日	13.57	64	36

＊　100件あたりの誤りであろう。

農村にとっては冬は、沈滞にまでいたるような休止の時期であり、あらゆる活動はいわば停止される。人と人の往き来もまれになるが、それは気象の状態のせいであり、また取引が間遠になるため人と人の往き来も必要ではなくなるからである。住民は、まったく眠りにおちている。しかし春からはすべてが目覚めはじめる。仕事がふたたび始まり、関係が取り結ばれ、取引がさかんとなり、農作業の必要を充たすため人口の移動も実際に生じる。ところで農村の生活のこれら独特の条件は、月々の自殺の分布に大きな影響をおよぼさないわけにはいかない。なぜなら、自殺の総数の半分以上は農村で発生し、フランスでは一八七三年から七八年にかけて三六三六五件のうち一八四七〇件が農村の分に属しているからである。それゆえ、悪い季節から遠ざかるにつれて自殺がふえるのは当然である。そして、最大値に達するのは六月か七月、すなわち農繁期である。八月にはすべてが落ち着きはじめ、自殺も減少をみる。ただし、減少が急速になるのは十月、とくに十一月であるが、おそらくこれは多くの収穫作業がもっぱら秋に行なわれるからであろう。

なお、程度はこれほどではないにせよ、同じ諸原因がフランス全土に作用している。都市生活もまた、うるわしい季節のあいだはより活発にいとなまれる。この季節には交通もより容易で、人びとはすすんで移動し、社会相互間の関係もより多様になる。事実、わが国の幹線鉄道の急行列車だけをとって、その季節ごとの収入をしめせば、次のとおりである（一八八七年）[*12]。

冬………　七一九〇万フラン
春………　八六七〇万フラン
夏………　一〇五一〇万フラン

第23表　いくつかの大都市における自殺の月ごとの変化と国全体のそれとの比較

	年間自殺1000件あたりの比率								
	パリ (1888－92)	ベルリン (1882－85 －87－89 －90)	ハンブルク (1887－91)	ウィーン (1871－72)	フランクフルト (1867－75)	ジュネーヴ (1838－47) (1852－54)	フランス (1835－43)	プロイセン (1869－72)	オーストリア (1858－59)
冬	218	231	239	234	239	232	201	199	185
春	262	287	289	302	245	288	283	284	281
夏	277	248	232	211	278	253	306	290	315
秋	241	232	258	253	238	227	210	227	219

	冬の自殺を100としたばあいの季節ごとの比率								
	パリ	ベルリン	ハンブルク	ウィーン	フランクフルト	ジュネーヴ	フランス	プロイセン	オーストリア
冬	100	100	100	100	100	100	100	100	100
春	120	*124*	*120*	*129*	102	*124*	140	142	151
夏	*127*	107	107	90	*112*	109	*152*	*145*	*168*
秋	100＊	100.3	103	108	99	97	104	114	118

＊　110の誤りとおもわれる。

秋……………　九八一〇万フラン

各都市の内部の動きも同じような経過をたどっている。この同じ一八八七年のあいだに、パリ市内の一地点から他地点へ輸送機関を利用した者の数は、一月（六五万五七九一人）から六月（八四万八八三二人）へと一貫して増加し、ここから十二月（六五万九九六〇人）までは同じく連続的に減少している。[*13]

最後のいまひとつの経験も、これらの事実の解釈を裏づけてくれよう。いまのべたような理由から、都市の生活も一年のそれ以外の季節よりも夏および春に活発であるはずである。ただし、それぞれの季節間の差は農村のばあいほど目だって大きくはないはずである。商工業上の取引、芸術や科学の活動、世間的な付き合いなどは、冬季の農作業ほどには停止されないからである。都市市民の職業は、一年中ほぼ同じように遂行されることができる。とりわけ大都市では、昼間の時間の長い短いは、ほとんど影響をおよぼさないはずである。なぜならここでは、人工的照明が他所よりも暗やみの時間を少なくしているからである。以上からして、自殺の月別ないし季節別の増減が集合生活の活発さの大小に規定されているとするならば、大都市の増減は国全体のそれよりもゆるやかであってしかるべきである。さて、事実はといえば、これはわれわれの推論と厳密に合致している。じっさい、第23表〔一五七ページ〕によれば、フランス、プロイセン、オーストリアでは最小値から最大値へ五二％、四五％、六八％という増加がみられるのに対し、パリ、ベルリン、ハンブルクなどではこの差が平均二〇―二五％程度となっていて、一二％まで落ちているケース（フランクフルト）もある。

さらに次のこともわかる。大都市では、社会のその他の部分で生じることとは逆に、自殺の最大値は一般に春にみとめられる。春より夏が多いような場合（パリとフランクフルト）でも、夏の上まわっている部分はわずかにすぎない。うるわしい季節には大都市では公生活のおもだった担い手の人びとが実際に都会を離れていて、したがって公生活がいくらか弛緩の傾向をしめすためである。[*14]

要約していおう。まず筆者は、宇宙的諸要因の直接の作用は、自殺の月ごと、季節ごとの増減を説明できないことを論証した。そしていま、その真の原因がどのような性質のものであるか、どのような方向に探究されるべきかがわかってきており、その積極的な結果は筆者の批判的検討からの結論を裏づけている。すなわち一月から七月まで自殺が増加するのは、暑熱が身体のうえに攪乱的作用をおよぼすからではなく、社会生活がより活発になるからである。おそらく、社会生活が活発になるのは、黄道上の太陽の位置、気圧の状態などが、冬季よりも社会生活の展開をより容易にするからであろうが、それでも社会生活に直接刺激をあたえるのは物理的環境ではないし、まして自殺の増減に影響するのはこれではない。自殺の増減は社会的諸条件にもとづいているのである。

たしかに、集合生活がどのようにこの作用をおよぼすことができるのか、まだわれわれは知らない。しかし、いますでに、集合生活が自殺率を上下させる諸原因を内にふくんでいるならば集合生活が活発であるかないかによって自殺率も上昇したり下降したりするはずだ、ということは了解される。これらの原因がなにかということをより厳密に規定すること、それは次編の主題となる。

＊1　第二編第四章、三四八、三四九、三五七ページを参照。

＊2　*De l'hypocondrie*, etc., p.28.

＊3　精神錯乱のケースの季節ごとの分布の仕方は、病院への入院者数によってしか判断できない。だが、こうした基準はきわめて不十分なものである。なぜなら、家族は、まさに発病したその時点ではなく、より遅れて患者を入院させるからである。そればかりではない。これらの報告をそのまま受けとるにしても、それは精神錯乱の季節的変化と自殺のそれとの完全な符合を証明しているとはとてもいえない。カゾーヴィエイユの一統計によれば、シャラントン〔有名な精神病院の所在地〕への年間入院者数を千とすると、各季節の割合は、冬二二二、春二八三、夏二六一、秋二三一となる。セーヌ県の精神病院の入院者全体について同じ計算をしてみても、冬二三四、春二六六、夏二四九、秋二四八と似たような結果があたえられる。だから次のことがわかる。（1）最大値は夏ではなく春である。もっとも、すでに指摘された理由から、実際の最大値はこれより以前でなければならないことを考慮にいれなければならないが。（2）各季節間の差は、ひじょうに小さい。この差は、自殺についてはちがったかたちであらわれている。

＊4　Briere de Boismont, *op. cit.*, pp.60-62 にしたがって、この事実を報じておく。

＊5　この比の不変性については、大いに注意すべきである。これについては後に（第三編第一章）立ち帰って論ずる。

＊6　じっさい、これらの論者によると、自殺は殺人の一変種にほかならないとされる。とすると、南欧諸国での自殺の少なさは、みかけだけということになる。なぜなら、自殺の少なさは、あまりにも多い殺人によって埋め合わせられるであろうから。この同一視をどう考えるべきかは、のちにふれよう。けれども、いますでにして、こうした議論が論者自身の考え方に反することは、容易にみてとれる。暑い国々にみられる殺人のいちじるしい多さが自殺の欠如を埋め合わせるというなら、なぜこの同じ現象が暑い季節のあいだにも生じないのか。暑い季節に、自己の殺人と他者の殺人が同時的に多発するのはどうしてなのか。

＊7　*Op. cit.*, p.148.

＊8　スイスについての数字は除外しよう。これらは、ひとつの年（一八七六年）だけについて計算されたもので、したがって、そこからはなんの結論もみちびけない。なお、十月から十一月にかけての上昇は、ひじょうに小さい。自殺は千につき八三から九〇になったにすぎない。

＊9　この一様性は、第19表を複雑なものにするという手間をはぶいてくれる。フランス以外の国々について月別の昼間の長さの変化と自殺の増減を比較するにはおよばない。なぜなら、あまり緯度のちがう国々は別として、両者はどこでもほとんど同じだからである。

＊10　休止と活動のリズムをもって社会生活が一日のそれぞれの時点を経過していくことのいまひとつ別の証拠が、時間による事件の増減の仕方の内にもみられる。プロイセンの統計局のしめすところにしたがって事故がどのように分布しているかをしめせば、次のようになる。

（一時間あたり平均）

六時から正午　……　一〇一一件
正午から一四時　……　六八六件

＊11 一四時から一八時……　一一九一件
一八時から一九時……　九七九件
週の前半と後半のこの対照が月の内部でもみられることは注目にあたいする。事実、Brierre de Boismont, *op. cit.*, p.424 にしたがって、パリ住民の四五九五件の自殺がどのように分布しているかをしめすと次のようになる。
月の上旬……　一七二七件
月の中旬……　一四八八件
月の下旬……　一三八〇件
下旬の自殺の少なさは、これらの数字からでてくるものよりもなおはなはだしい。というのも、三一日目があるため下旬はしばしば一〇日ではなく一一日をふくむからである。社会生活のリズムはまるで、暦の区分を再現しているかのようである。すなわち、あらたな期間に入るたびごとに活動の更新のようなものが生じ、期間が終わりに向かうにつれて一種の沈滞が生じるからである。

＊12 *Bulletin du Ministère des Travaux Publics* による。

＊13 *Ibid.* これらすべての事実は、夏季の自殺の増加を証明するたぐいのものであるが、これには次のことを付けくわえられよう。すなわち、事故は、他の季節よりも快適な季節により多いということである。イタリアでこれがどのように分布しているかをしめせば付表Iのようになる。
事故という面からみて、往々にして冬が夏に続いているのは、もっぱら、氷による転倒が多く、寒さというものがそれ自体で特殊な事故をひき起こすからである。この原因による事故をのぞくと、四つの季節は、自殺のそれと同じ順序に並べられる。

付表　I

	1886	1887	1888
春	1370	2582	2457
夏	1823	3290	3085
秋	1474	2560	2780
冬	1190	2748	3032

＊14 そのうえ、各季節の自殺の割合は、比較されている大都市の属する国々にかんするその割合とは差

があるにもかかわらず、これら大都市間ではほとんど変わりがないということは注目すべきである。こうして、同じような社会環境のもとでは、いずれを問わず自殺率はこのように一定していることがわかるのである。自殺の潮流は、ベルリンでも、ウィーンでも、ジュネーヴでも、パリでも、等々、一年各時期において同じように強まったり、弱まったりしている。とすれば、自殺の潮流（courant suicidogène）というものの実在性をなすものが予感される。

†1　André Michel Guerry（一八〇二―八六）。フランスの統計学者。道徳統計の英仏比較研究などがある。

†2　Enrico Ferri（一八五六―一九二九）。イタリアの犯罪学者、のち政治家。進化論的な社会学の立場から犯罪や自殺の研究を行なった。実証主義的ないし決定論的な色彩がつよい。

†3　北アフリカの砂漠から地中海を越えて吹きつけてくる熱風。

†4　イタリア犯罪学派ともいう。十九世紀の末にフェルリやシゲーレを中心にイタリアに起こった犯罪現象の研究であるが、かならずしも明確な学派を形成していたわけではない。社会的進化論の立場から犯罪の社会的原因を強調する立場（たとえばフェルリ）や、犯罪の遺伝的、生物学的な原因を重視する立場（たとえばジーニ）などがふくまれていた。

†5　Cesare Lombroso（一八三六―一九〇九）。イタリアの精神病学者、犯罪学者。犯罪人類学の創始者として著名。犯罪者の人体計測を行ない、特殊な身体的・精神的特徴をもつ生来性犯罪者の存在を主張した。

第四章　模倣

しかし、自殺の社会的諸原因を探究するに先だち、残されている最後のある心理的要因について、その影響力を明らかにしておかなければならない。この要因は、社会的事実一般、とくに自殺の発生においてきわめて重要な意味をもっているとされるからである。それは模倣（imitation）である。

模倣が純然たる心理的な現象であること、このことは、いかなる社会的絆によってもむすばれていない諸個人間にも生じることができるという事実から、明白に結論されてくる。たがいに連帯していなくとも、また、ともに依存する同一の集団に連帯していなくとも、ある者が別のある者を模倣することはありうる。そしてこの模倣によるものごとの伝播《でんぱ》は、それだけではかれらを連帯させることはできない。くしゃみ、舞踏の動作、殺人の衝動などは、その間に偶然の一時的接近しかなくとも一主体から他の主体へと伝わっていくことがある。かれらのあいだにはいかなる知的ないし道徳的共同性も、サービスの交換も、同一の言語を話すことさえも必要ではないし、模倣による伝播ののちかれらが以前よりも緊密にむすばれるというわけでもない。要するに、われわれが同類を模倣するそのやり方は、われわれが自然の物音、物の形、存在の運動を再現させるのに用いる方法と変わらないのだ。後者のばあいにはなんら社会的な要素はないから、前者のばあいについても同様である。それはわれわれの表象生活のある種の特性に起源をもつものであるが、それらの特性はいかなる集合的影響から結果しているものでもない。それゆえ、もしもそれが自殺率を規定することにあずかっていることが証明されたならば、自殺率は、全体的にせよ部分的にせよ、直接に個人的原因にもとづくということになろう。

一

けれども、事実の検討にはいる前に、言葉の意味を確定しておいたほうがよい。社会学者は言葉を定義しないで用いることを習慣としているので、すなわち、語ろうとおもう種類の事実を方法的に特定することも限定することもしないのを習慣としているので、同一の表現が、当初意図した、ないし意図したとおもわれる概念から、知らず知らずのうちに、いくらか近いが別の概念に拡張されるということがたえず起こってくる。こんな状態では、観念は曖昧《あいまい》なものとなり、議論もむずかしくなってしまう。観念というものは明確な輪郭をもたないと、立場のいかんによってほとんど意のままに変わり、批判しようにも、それのしめすことのできるあらゆる多様な側面を前もって予想することが不可能となるからである。これはとりわけ、模倣本能（instinct d'imitation）とよばれてきたもののばあいについていえる。

模倣の語は通常、以下のような三つの種類の事実を同時に指して用いられている。

一、同じ一つの社会集団の内部にあって、すべての者が同一の原因ないし類似した一群の原因の作用のもとにあるとき、諸意識のあいだに一種の水平化が生じ、それによってすべてが一致して考え、かつ感じるということが起こりうる。ところが、こうした一致を生じる行動全体にたいしてもしばしば模倣の名があたえられている。そのばあい、この言葉は、若干の異なった主体によって同時的に経験されている意識状態がたがいに作用しあい、その間で結合し、ひとつの新しい状態をつくりだすという特徴を指すことになる。こうした意味で模倣という言葉を使うならば、この結合は、全員による各人の、各人による全員の相互的模倣にもとづくものだということになる。[*1] このように理解された模倣がその本質をもっともよく顕現するのは、「わが国の都市の興奮にみちた集会や、わが国のもろもろの革命の著名な情景において」[*2]である、といわれた。結合した人間がたがいに作用をおよぼすことによっていかに相互に変わっていくかがいちばんよくわかるのも、ここにおいてであろう。

二、模倣という同じ名称が、われわれをわれわれの属する社会に調和するようにさせる欲求、またこの目的のためわれわれの周囲において一般的である思考様式や行為様式をわれわれに採用するようにさせる欲求にたいしてあたえられている。こうして、われわれは流行とか慣習とかに従うのであるが、また、法的、道徳的慣行は厳密に規定された、とくに根のふかい慣行にほかならないから、われわれが道徳的に行為するときにはたいていこのように行為する。われわれがみずからの従っている道徳的格率の根拠を知らないときは、つねに、当の格率がそれ自体で社会的な権威をおびているのでもっぱらこれに服しているにすぎない。この意味で、われわれが自分の祖先をモデルとするか、自分の同時代人をモデルとするかによって、慣習の模倣と流行の模倣が区別されたのである。

三、最後に、われわれが、われわれの目前で起こった行為、ないし起こったのを知っている行為を、目前で生じたから、あるいはその話をきいたからという理由だけで再現することがありうる。行為自体には、それをわれわれが再現すべき理由となるような、そうした内在的属性はない。これを敷き写すのは、なにもそれが有益だと判断しているためでもなければ、われわれのモデルに自分を一致させるためでもない。たんに敷き写すことが目的なのである。それについてわれわれのいだく表象が、自動的に作用して、これを再現する動作を起こさせるのだ。たとえば、ある者があくびをし、笑い、涙を流すのをみて、そのためにわれわれもあくびをし、笑い、涙を流すというわけである。さらにまた、殺人の観念がある者から他の者へと移行していくのもそうである。これは、それ自体猿真似にほかならない。

さて、以上の三種類の事実はたがいにひじょうに異なっている。

まず、第一の種類の事実は、第二の種類の事実とは混同されえないであろう。というのは、いわゆる再現という事実をなんらふくんでいず、異なった諸状態、ないしは少なくとも起源の異なる諸状態の一種独特の *sui generis* 綜合をふくんでいるからである。だから、およそ明瞭な意味を失うまいとすれば、これを指すのに模倣という言葉を用いることはできないだろう。

現象を実際に分析してみよう。集会した一定数の人びとが同一の環境から同じように影響をうけ、個々人のそれぞれの感情が同じ動作によって表現されるのをみて、かれらが、少なくとも部分的に生じている一致に気づいたとする。そのばあいなにが起こるか。各人はかれの置かれているその周囲の状態を、漠然と心に思いえがく。群集のいろいろな部分から多様な微妙な差異をもって発する種々の表現をあらわすイメージは、かれらの意識のなかで形成される。ここまでは、模倣の名をもってよばれるようなものはまだなにひとつ生じていない。生じたものといえば、たんに、外物がわれわれの内にひき起こすものとあらゆる点で変わらない感覚的印象、次いで感覚にすぎない。[*3] では、次になにが生じるか。これら多様な表象は、いったん私の意識のなかでよび起こされると、意識のなかでたがいに結合し、また私自身の感情を構成する表象とも結合するようになる。こうしてひとつの新しい状態が形成されるが、それはもはや先行した状態と同じような程度で私のものというわけではないし、個人的特殊性はより稀薄《きはく》になっている。また、さきと同様の一連の形成作用をくりかえすと、まだ残っているかもしれないあまりにも特殊な要素はいよいよとりのぞかれていく。このような結合は、なおさら模倣の事実とよぶことはできまい。もっとも、二者あるいはそれ以上の類似した意識状態が、その類似の結果としてたがいに呼応しあい、次いで融合し、混淆《こんこう》し、それらを吸収し、かつそれらと異質であるひとつの合力を形成するとき、このような知的操作すべてを模倣とよぶのがよいなら、話はまた別であるが……。もちろん、言葉にどんな定義をほどこそうとかまわない。しかし、右のような定義は特別に恣意《しい》的であり、混乱のもとでしかありえないことを認めねばならない。この語に、その慣用の意味がまったくあたえられていないからである。これは模倣というよりむしろ、諸力の結合から新しいなにものかが生じているのだから、創造というべきであろう。それは、精神が創造の力を獲得する唯一の力にほかならない。

それにたいし、この創造はけっきょく最初の状態の強度を増すだけのことだ、という反論がおそらくあるだろう。しかし、まずもっていえば、量的な変化もひとつの新しいものでないわけではない。そればかりか、物の量が変化すると、その質も変わらないわけにはいかない。たとえば、感情が二倍、三倍に強まると、その質もまったく変わってくる。じっさい、一堂に会した人びとが相互に影響をおよぼすその仕方が、おとなしい市民たちの集会を恐るべき怪物に一変させてしまうのはたしかによく起こることである。このような変貌をひき起こすとは、なんと奇妙な模倣だろうか。こうした現象を指すのにもこんな不適当な語が用いられることがあったとすれば、おそらくそれは、個人の感情はいずれも他者の感情を模したものであると漠然と考えられていたためであろう。だが、実際にはそこにはモデルもコピーもありはしない。ただあるのは、若干の状態のいまひとつ別の状態のなかへの浸透と融合である。この後者の状態が集合的状態にほかならない。

もしもこの状態がつねに指導者によって群集に鼓吹されているのだと考えるなら、この状態を生みだす原因を模倣とよぶのは、なるほど不適切とはいえないだろう。しかし、この主張は、かつて証明の端緒さえあたえられたためしはなく、指導者は、その指導力がいずれにせよ現実のものであるかぎり、群集の形成力となるというよりも、むしろ明らかに群集の所産であるという多くの事実によって反証をつきつけられている。そればかりでなく、これは相互的模倣とよばれてきたものとはなんの関係もない。なぜなら、それは一方向的なものだからである。とすれば、当面われわれはこれについて語るにはおよばない。われわれとしては、なによりも問題をわかりにくくしてしまうこうした混同におちいらぬよう注意しなければならない。また、自発的な動きからでなく強制されたために共通の意見に同調するような個人が集会のなかにはつねにいるものだ、といったなら、そのほうが明白な真理をのべることになる。筆者は、このようなばあい、いくぶんともそうした強制をこうむらないような個人意識などは存在しないとさえ考えている。しかし、この強制は、共同の慣行や信念が構成されるときそれらに付与される一種独特の力から生じたものであるから、筆者のすでに区別した事実の部類のうちでは、第二のそれに属する。そこで、これについて検討し、どのような意味でそれが模倣の名でよばれるにあたいするかみてみよう。

この部類の事実は、再現というものをふくんでいる点で、少なくとも第一のそれと異なっている。人がある流行に従ったり、ある慣行を守ったりするとき、かれは他人がすでにやったことやつねにやっていることを行なっているわけである。ただし、そのばあい、定義そのものからして次のようにいえる。この反復は、模倣の本能とよばれるようなものによるのではなく、一方では、仲間との交際を気持よく享受できるようその仲間の感情を傷つけまいとわれわれをうながすところの同情に、他方では、集合的な行動または思考の様式がわれわれの内によび起こす尊重の念に、また、分裂をふせぐために、そしてこの尊重の感情をわれわれの内に維持するために集合体がわれわれにおよぼす直接ないし間接の圧力にもとづいている、と。行為は、それがわれわれの眼前で起こったから、あるいはそれを知っているから、またわれわれが行為の再現そのものを好むから、といった理由で再現されるのではなく、むしろわれわれにそれが義務的であると感じられ、ある程度まで有益であると感じられるため、再現されるのである。われわれが行為を実行するのは、これがまったく単純にすでに実行されていたからではなく、むしろそれが社会的な証印をおびているからであり、またわれわれがこれに敬意をいだいているからなのだ。なお、われわれは、この敬意を欠けば、重大な不都合をこうむらずにはいない。一言をもってすれば、世論を尊重し、あるいは畏れて行動することは、模倣によって行動することではない。このような行為は、われわれが態度をあらためるごとにあらたにたよるような行為から本質的に区別されるものではない。じっさい、それらは、それ自体の特性のゆえに、またそれらが実践されねばならないとわれわれに判断させる特性のゆえに、とり行なわれる。しかし、われわれが慣習に従わずこれに背くときでも、別に以上と異なったかたちで決定づけられているわけではない。われわれが新しい思想や独創的な行動方式を採用するとすれば、それは、これらのものが採用されてしかるべきだと映るようなそれ自体の特性をもっているからにほかならない。なるほどこれら二つの場合では、われわれをうごかしている動機は性質を異にしている。しかし、心理的なメカニズムはまったく変わりがない。いずれの場合も、行為の表象とその実行とのあいだに、明瞭不明瞭、遅速の別はあれ、ともかくなんらかの決定特性をもったある評価からなる知的操作が介在している。それゆえ、われわれが自国の風習や流儀に同調するそのやり方は、まのあたりにした人の動作を再現する機械的な猿真似となんら共通するものではない。[*4]　この二つの行動の仕方のあいだには、道理にかなった故意の行為と自動的な反対行動とを分かつあらゆる距離が横たわっている。前者は、たとえ明示的な判断のかたちで表明されなくとも、もろもろの根拠をもっている。ところが後者はそうではなく、他のいかなる心的媒介要素もなく、行為の目撃ということだけで直接に生じるのだ。

さてこうみてくると、このように相違した二群の事実をただ一つの同じ名のもとに一括すると、どんな誤謬《ごびゅう》の危険にさらされるかがわかるというものである。じっさい、これには注意がかんじんである。模倣について語るとき、人は暗黙のうちに、伝染の現象を指しながら、これらの観念の第一のものから第二のものへと、まったく造作もなく移っていく。もっとも、それには理由がないわけではないが……。それにしても、ある道徳的準則を実行するとか、伝統の権威や世論を尊重するといった事実に、いったい伝染的なものがあるだろうか。というわけで、二つの実在のうち一方を他方に帰一させたと考えるようなときには、ひじょうに異なった観念をもっぱら混同していることがよく起こる。生物病理学では、病気が全面的にか、だいたいにおいてか、外部から有機体内にはいりこんだ病原菌の繁殖によるばあいに、これを伝染病といっている。しかし逆に、この菌のとりついた場の活発な作用が手伝ってはじめてこれが繁殖できたような場合には、伝染という言葉は不適切となる。これと同じことで、あるひとつの行為が精神的伝染に帰せられるためには、その観念が類似の行為によってよび起こされているだけでは十分ではなく、さらに、その観念がいったん心のなかにはいりこむとひとりでに自動的に運動に変わるということでなければならない。このばあいに正真正銘の伝染が起こることになる。というのは、表象のかたちでわれわれの内にはいりこんで、ひとりでに再現されるのは、外部の行為にほかならないからである。また、おなじく模倣が生じていることになる。その新しい行為は、敷き写されたモデルの力にもとづくところのものすべてだからである。しかし、このモデルがわれわれの内によび起こす印象が、もっぱらわれわれの同意と参加によってその効果を生じるならば、伝染の問題はもはや外形にすぎず、この外形も不正確となる。なぜなら、われわれの行為の決定因は、われわれを同意させた諸理由であって、われわれが眼前にした手本ではないからである。その行為を一から創りあげたわけではないにしても、われわれはやはりその創始者なのだ。[*5] したがって、模倣による伝播とか、伝染による波及とかのくりかえし用いられた表現も通用しないし、しりぞけられなければならない。こうした表現は、事実を説明するのではなく、かえってゆがめてしまい、問題に光をあてるのではなく、かえってこれを覆い隠してしまう。

要するに、もしも誤解を避けたければ、人びとの集会のなかである集合的感情が形成される過程と、行為の共同の、または伝統的な準則にわれわれが服するにいたる過程と、パニュルジュの羊[†1]の最初の一匹につづいて残りがつぎつぎと水に飛びこむようにうながす過程を、同じ名称で指し示すことはできないのだ。共通に感じること、世論の権威に従うこと、そして他者の行なったことを自動的にくりかえすこと、これらは別のことである。

第一の事実群では、およそ再現というものが欠けている。第二のそれでは、この再現が、現象の本質的な要素である論理的操作の帰結、[*6]すなわち明示的、黙示的な判断や推理の帰結であるにすぎず、したがってこの現象を定義するのに役だつものではない。そして第三の場合に、はじめて再現がまったきものとなる。ここでは、再現がそれこそすべてであり、あらたな行為は最初の行為のいわばこだまにすぎない。このあらたな行為は、最初の行為の再現であるだけでなく、この再現は再現であるということ以外に存在理由をもたないし、一定の状況のもとでわれわれを模倣者的存在とする一連の特性をもっぱら原因としている。とすれば、もし模倣という名称が明確な意味をもっていたほうがよいと考えるなら、この部類の事実だけにその名称をあてるようにすべきである。そこで次のようにいおう。ある行為が、それに先だって他者によってなされた同様の行為を直接の前件としていて、しかもその表象と実行のあいだに再現された行為の内在的諸特性についてのどのような明示的、黙示的な知的操作も介在しないようなばあい、そこに模倣が生じていることになる。

そこで、模倣が自殺率にどのような影響をおよぼすかを問うときには、その語は右の意味に用いなければならない。[*7]もしも意味をこのように確定しなければ、純然たる言葉のうえだけの表現を説明ととりちがえるおそれがある。じっさい、ある行動ないし思考の仕方が模倣の結果であるというとき、それは模倣によってこれが説明されるという意味であるが、それだけに、この魔力をおびた言葉を発すればすべてがいいつくされたと思ってしまう。だが、それが右のような特徴をおびるのは、自動的な再現の場合だけである。そのばあい、およそ生じることのすべては模倣による伝染の所産であるから、それだけで十分な説明をなすことができる。[*8] しかし、われわれがある慣習に従うとき、ある道徳的慣行に適合して行動するとき、このわれわれの従順さの理由は、その実践の性質、その慣習の固有の特性、それらがわれわれによび起こす感情のうちにある。それゆえ、この種の行為についての模倣を語るとすると、事実上、なにごとも理解させてくれないことになる。われわれによって再現された事実が新しい事実ではないこと、すなわち再現されたものだということだけは理解される。けれども、なぜこれが再現されたか、なぜわれわれがこれを再現するかは説明してくれないのだ。さらに、ましてやこの語をもって、集合的な諸感情の生じるきわめて複雑な過程の分析に置き換えることはできない。なお、筆者はこの過程についてはこれまで推測的で大ざっぱな記述をほどこしたにとどまっている。[*9] 模倣の語を不適切にもちいて、実際には問題にただ目をつぶっていただけなのに、問題を解決したかのように、あるいは解決へと前進させたかのようにおもいこむことができたのは、まさにそのためなのだ。

かりにもせよ模倣を自殺の心理的要因のひとつとみなすことができるとすれば、それはやはり模倣をこのように定義したばあいのことである。じっさい、相互的模倣とよばれるものは、すぐれて社会的なものである。というのは、これは共同の感情の共同の形成作用にほかならないからだ。これと同じことで、慣行や伝統の再現も社会的原因によっている。なぜなら、それは、集合的な信念や慣行がただたんに集合的であるということだけでおびる強制的な特徴や特別な権威にもとづいているからである。したがって、自殺がこれらの道のいずれかによって伝播していくことがみとめられてよいようなばあい、自殺は個人的な条件にではなく社会的な条件にもとづいていることになる。

問題の用語がこのように明確になったので、事実を検討してみることとしよう。

二

自殺の観念が伝染的に伝わっていくこと、これは疑いをいれない。一五人の傷痍《しょうい》軍人があいついで首をくくるにいたったあの廊下や、わずかのあいだに数々の自殺の舞台となってしまった名高いブーローニュの哨舎《しょうしゃ》についてはすでにのべた。軍隊のなかではこの種の事実はじつにたびたび観察されてきた。すなわち、一八六二年にはプロヴァンの第四猟騎兵隊で、一八六四年には第一五戦列部隊で、一八六八年にはまずモンペリエの第四一部隊で、次いでニームで、といったぐあいに。一八一三年にはサン゠ピエール゠モンジョーという寒村でひとりの女が木から首を吊って死んだところ、他の多くの者がわずかのあいだに同じ木で首をくくるにいたった。ピネル[†2]が物語るところでは、エタンプの近傍でひとりの僧が首をくくって死んだところ、数日して別の二人の僧が自殺し、数多くの一般人もこれに倣ったという。[*10] キャッスルレー卿[†3]がヴェスヴィアス山に身を投げて死んだときには、その仲間の数人がかれの例に倣っている。人間ぎらい《ミザントロープ》のティモン[†4]の木は歴史的に有名である。拘禁の施設などでこうした伝染のケースがよく起こることはやはり多くの観察者によってみとめられている。[*11]

しかしながら、他の原因によるとおもわれる若干の事実がこの主題に関連づけられ、模倣に帰せられるのが普通になっている。それは、とりわけ、攻囲的自殺（suicide obsidional）とよくよばれているものについてのケースである。〔フラウィウス・〕ヨセフス[†5]はその著『ローマ人対ユダヤ人の戦争史』のなかで、[*12] エルサレムの攻略中に若干の籠城者《ろうじょうしゃ》が手ずから自分の命を断ったと語っている。なかでも、地下にのがれた四〇名のユダヤ人は自殺を決意し、たがいに刺しちがえて死んでいった。モンテーニュの物語るところでは、ブルートゥスによって攻囲されたグザントゥス[†6]人は「男も女も子どもも、みながみなあまりに猛烈な死への欲求に駆り立てられていたので、生からのがれるためにというわけではないが、死からのがれるためのことはなにひとつしなかった。だからブルートゥスはかろうじてわずかの者を救うことができたにすぎない」[*13]。この集団自殺が、一～二の個別のケースに起源をもっていて、その反復にすぎないというようなものであるとはおもわれない。これらはむしろ、たんなる伝染的な波及からよりも、集合的な決意から、真の社会的な合意から生じているようにおもわれる。自殺の観念は、とくに一の主体のうちに生まれ、そこから他の諸主体のうちへと拡がっていくのではなく、まったく絶望の状態におかれ、集合的に死地におもむこうとしている集団全体によって形成されていく。なんであれ一社会集団が、同じ状況の作用を受けて共に反応をしめすときには、きまって物事はこのように生じる。相互理解は、これが情念の激発のなかで形成されたからといって、性質を変じるものではなく、またかりにより系統だった反省をくわえられたものであっても、根本から別ものになってしまうわけでもない。とすれば、模倣について語ることは適切を欠く。

同種の他のいくつもの事実についても同じことがいえるのではなかろうか。エスキロルがこんなことを報告している。「歴史家たちが証言しているところでは、自分たちの信仰を破壊され絶望におちいったペルーやメキシコの先住民は……そのひじょうに多くが自殺したので、野蛮な征服者の剣と火にかかって殺される者よりも、自分たちの手で命を断った者のほうが多かったくらいである」。より一般的にいうと、相当数の自殺が同じ時点に同じ場所で生じることを確認するだけで、これを模倣のせいにするわけにはいかない。なぜなら、これらの自殺は、社会的環境の一般的なある状態にもとづいていて、そこから集団のある集合的傾向が生じ、これが多様な自殺の形態をとって顕現しているのかもしれないからである。けっきょく、用語を明確にするためには、おそらく道徳的伝染病《エピデミー》と道徳的伝染《コンタジオン》を区別するのが有益だろう。この二つの言葉はたがいに区別されずにもちいられているが、実際には、ひじょうに異なった二種類のものを指している。伝染病は社会的諸原因から生じた一個の社会的事実であるが、伝染はただ、個人的事実が多少とも反復され波及していくものからなっているにすぎない。*14

この区別がいったん認められれば、模倣のせいにされる自殺のリストは、確実に削減されるという結果を生むにちがいない。とはいえ、それがひじょうに多いことは疑いえない。おそらく自殺ほど伝染しやすい現象もほかにないからである。殺人への衝動もこれほど波及する力をもってはいない。これが自動的に拡がっていくようなケースはより少なく、ことにそこでは、一般に模倣の役割はさほど支配的ではない。世論の感じるところに反して、自己保存の本能は、道徳の根本感情ほど強く意識に根ざしてはいないようである。というのも、前者は同じ原因の作用に対して、後者ほどよく抵抗しないからである。しかし、これらの事実が認められたとしても、本章の冒頭で提起したくだんの問題はそっくり残される。自殺は個人から個人へと伝達されること、このことから自明のこととして、自殺の伝染性は社会的な結果を生むこと、すなわちわれわれのもっぱら研究する対象である自殺の社会率に影響をおよぼすということが結論づけられるわけではない。この伝染性がいかに明白であれ、それが個別的で散発的な結果にすぎないことは大いにありうるのだ。したがって、いま右にみてきたような観察は、問題を解決するのではなく、むしろ問題の拡がりがどのようなものであるかをよくしめしてくれる。じっさい、すでにいわれたように模倣が社会諸現象の独特の、とくに多産な源泉であるならば、わけても自殺についてその力を証明してしかるべきである。自殺ほど模倣の作用が容易におよぶような事実もないからである。したがって、模倣に人びとの認めているあの驚嘆すべき力にたいし、その実在のいかんを決定的な一経験によって検証するひとつの手だてを、自殺がわれわれにあたえてくれよう。

三

もし模倣の影響があるならば、それがはっきりあらわれてくるのは、ことに自殺の地理的分布においてであるはずである。若干のケースでは一国または一地域に特有な自殺率が隣接する諸地域にいわば伝染していくのがみとめられなければならない。とすれば、自殺分布図を参照してみる必要がある。ただし、これは系統だてて調べなければならない。

ある著者たちは、二つまたはそれ以上の隣接県がある同じ強度の自殺傾向をしめしているばあいにはきまって、模倣を介在させることができると考えた。しかしながら、同一地域内でのこの波及が、自殺の増加に好都合なある種の原因がこれまたそこに拡がっているという事実や、また社会的環境がそこではどこでも同じであるという事実にもとづいていることも、大いにありうる。ある傾向なりある観念なりが模倣によって拡がっていると確かにいえるためには、それが形成された環境から脱して、単独ではそれを生じさせることのできなかったような他の環境にはいりこんでいくのが観察されなければならない。なぜなら、すでにしめしたように、模倣による伝播が起こるのは、模倣された事実が単独で、他の諸要因の同方向の作用なしで、これを再現する諸事実を自動的に決定していくばあいにかぎられるからである。とすれば、われわれのとりくんでいる現象における模倣の作用範囲を決定するには、これまでしばしば満足されてきたような基準ほど単純ではない、ひとつの基準が必要となる。

まず第一に、模倣すべきモデルがなければ、模倣もありえないだろう。つまり、伝染がそこから始まり、したがってそこで最大の強度に達しているようなひとつの中心がなければ、伝染もありえないということである。また同じことだが、自殺傾向が社会のある部分から他の部分へと伝達されていく、と根拠をもって認めることができるためには、放射の若干の中心点の存在が観察によって明らかにされなければなるまい。では、こうした中心点はどのような標識によって識別されるのか。

まず、それらは、より大きな自殺傾向によって周囲のあらゆる地点から区別されていなければならない。すなわち、自殺分布図上でいえば、それらはより濃い色合で周囲の地方からきわだっているのがみとめられなければならない。じっさい、当然ながらそこでは自殺を真に発生させる要因とならんで模倣も作用しているから、件数はより多くならざるをえないということである。第二に、これらの中心が人びとの認めるような役割を演じることができるためには、またその中心点をめぐって生じている事実をそれらの影響に関係づけることができるためには、中心点のおのおのが隣接する地方のいわば照準点をなしていなければならない。各中心点が注目されていなければ模倣などされえないことはいうまでもない。もし注視が他に向けられていれば、自殺がそこでどれほど多くとも、意味はないのであり、存在しないも同然となろう。というのは、それらは無視されてしまい、したがって再現されえないであろうからである。ところで、住民がその眼をこのようにしっかりと向けるのは、もっぱら、地域生活に重要な位置を占めているような地点にたいしてである。いいかえれば、伝染現象がいちばんきわだってしめされるのは首都と大都市の周囲のはずである。このばあい、模倣の波及作用が、他の諸要因、すなわち中心的大都市の精神的威光によって援《たす》けられ強められるだけに、またその威光はしばしば大都市の活動の仕方にきわめて大きな伝播力をつたえるだけに、そこでは伝染現象がよりよく観察されると期待されさえする。したがって、そこでこそ模倣は社会的諸結果を生じるはずである。もしそれがどこかで社会的結果を生じるとすれば。最後に、だれもが異口同音にいうように、〔模倣される〕手本の影響は、すべての事情がひとしければ、距離が大きくなるにつれて弱まり、隣接した地域は、主な中心から遠ざかれば遠ざかるほどそれだけこの影響からまぬがれるにちがいない。またその逆もいえる。自殺分布図のしめすかたちが部分的にせよ模倣に帰することができるためには、少なくとも右の三つの条件が自殺分布図によって充《み》たされなければならない。さらになお、この自殺の地理的配置が、自殺を規定している存在条件のそれと平行した配置にもとづくのではないかどうかを探ってみるのはつねに必要であろう。

以上の原則が立てられたので、こんどはそれを適用してみよう。

県別の自殺率しか記されていないフランスの普通の地図は、この研究にとっては用をなさないだろう。じっさい、こうした地図では、模倣の考えられる結果がいちばん目だってあらわれているはずの所で、すなわち同一県内の異なった諸部分のあいだで、これを観察することができない。そればかりではない。自殺のひじょうに多い郡とひじょうに少ない郡があるために県の平均が人工的に高められたり、低められたりすることがあり、そのため他の諸郡と隣接諸県のあいだに不連続をつくりだしたり、あるいは逆に真の不連続を覆い隠したりすることも起こりうる。こうして大都市の作用はあまりに目立たなくなり、たやすくそれとみとめることができなくなる。そこで、筆者は、とくにこの問題の研究のために、郡《アロンディスマン》ごとの自殺分布図をつくってみた。これは、一八八七年—一八九一年の五年間の時期にかんするものであるが、その読図からは、まったく意外な結果がでてきた。*15

そのなかでまず目につくことは、北部にむかって大きな濃い部分があることで、その主要な部分は旧イル－ド－フランス地方をしめている。しかし、かなり深くシャンパーニュにもはいりこみ、ロレーヌにまでおよんでいる。もしこれが模倣によるものであったならば、その中心点は、この地方一円の、それ以外にない中心地パリでなければならないだろう。じっさい、通常これが帰せられているのはパリの影響であり、ゲリは、国の周縁部のなんらかの一地点（マルセイユをのぞく）から出発して首都に向かうと、これに近づくにつれて自殺が増大するのがみられる、とさえのべていた。しかし、かりに県別の自殺地図がこの解釈をもっともらしくみせることができたとしても、郡別の自殺地図が、そのいっさいの根拠をうばってしまう。事実、セーヌ県の自殺率は、その周囲のすべての郡のそれよりも低い。前者のそれは人口百万あたりわずか四七一にすぎないが、それにたいしクーロミエは五〇〇、ヴェルサイユ五一四、ムラン五一八、モー五二五、コルベイユ五五九、ポントワーズ五六一、プロヴァン五六二となっている。シャンパーニュ地方の諸郡でさえ、セーヌ県にもっとも近い郡をはるかにこえている。すなわち、ランスの自殺は五〇一、エペルネー五三七、アルシ－シュル－オーブ五四八、シャトー－ティエリー六二三、といったぐあいである。ルロワ博士はその研究『セーヌ－エ－マルヌ県の自殺』のなかで、モー郡の自殺がセーヌ県のそれより相対的に多いことを、驚きをもって指摘していた。[*16] かれのあげている数字は次のとおりである。

	一八五一―六三年の期間	一八六五―六六年の期間
モー郡……	人口二四一八につき一件の自殺	二五四七につき一件の自殺
セーヌ県……	人口二七五〇につき一件の自殺	二八二二につき一件の自殺

こうしたケースは、なにもモーだけのことではない。この同じ著者は、同じ県内で、この時期にパリよりも自殺の多かった一六六の市町村の名をあげている。パリみずからがや

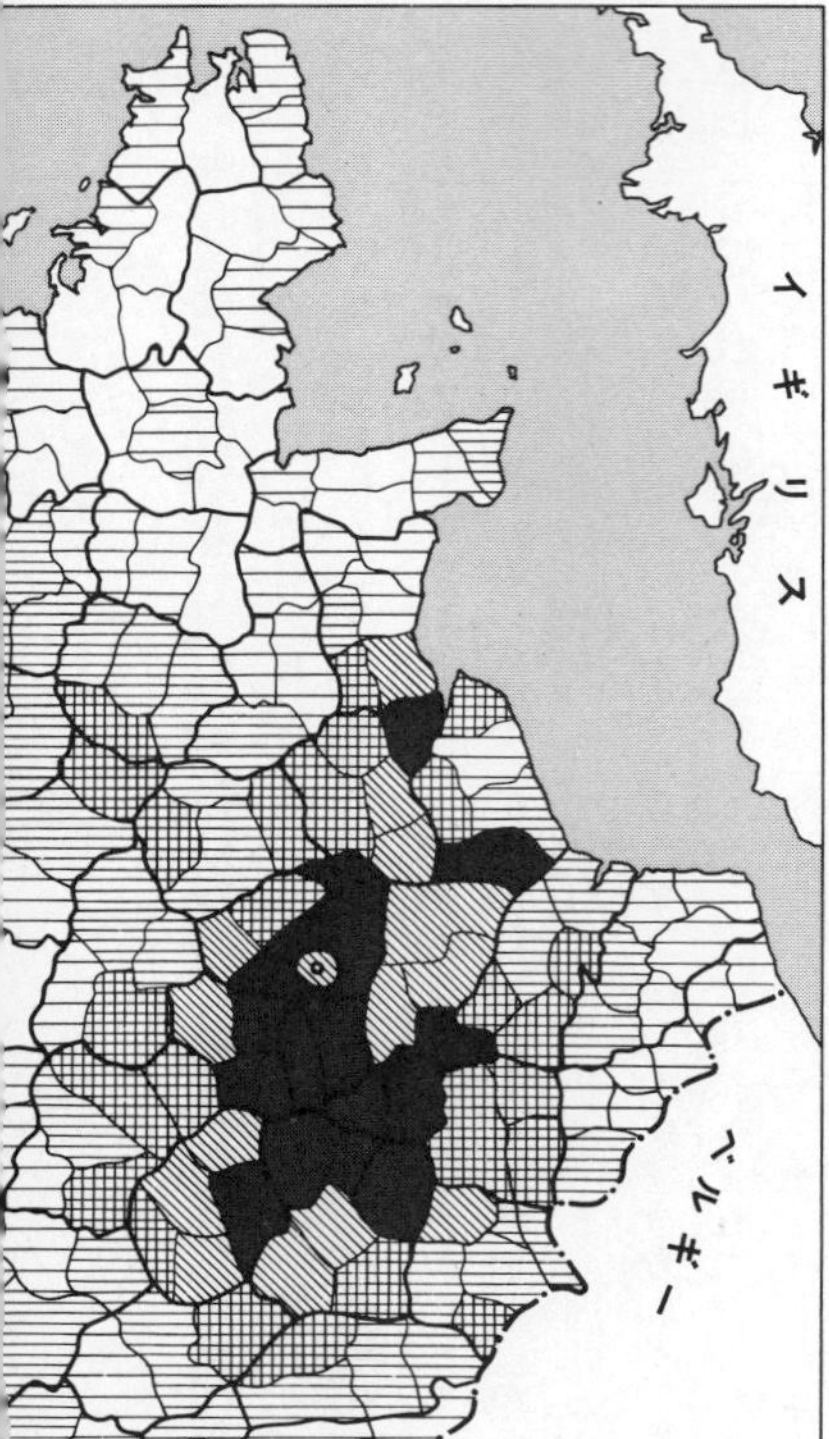

第2図　フランスの郡ごとの自殺

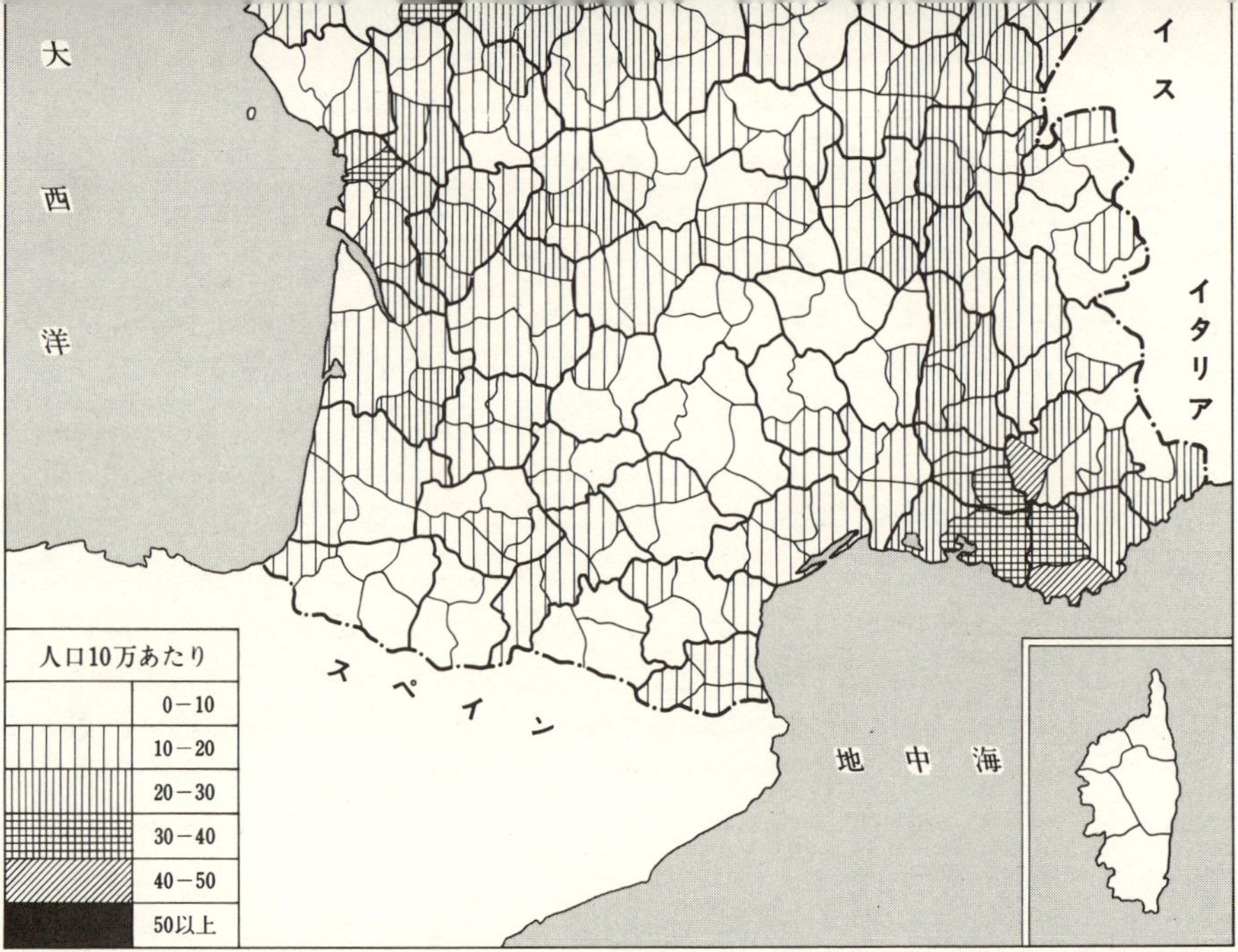
大西洋
スイス
イタリア
スペイン
地中海
人口10万あたり
0－10
10－20
20－30
30－40
40－50
50以上

しなったとみなされる二次的な中心よりもこの点で劣っているとは、なんと奇妙な中心であることか……。しかしながら、セーヌ県をのぞくと、放射の中心をこれ以外にみいだすことはできない。というのも、コルベイユやポントワーズを中心におき、パリをここに引き寄せるのは、さらにいっそう無理な話だからである。

もう少し北の方にいくと、いまひとつの濃い部分がみとめられる。それほど一様ではないが、しかし色合はなおいっそう濃く、ノルマンディ地方に対応している。だから、もしこれが伝染による波及活動によるものであれば、その出発点はこの地方の中心地で、とくに重要な町であるルーアンでなければならないだろう。ところが、同地方で自殺がもっとも猛威をふるっている二地点は、ヌフシャーテル（五〇九件）とポン－トードメル（人口百万につき五三七）の郡である。しかも両郡は隣接してさえいない。（ということは、むろん同地方の精神的な構造がそれらの影響によるものでないということである）。

一挙に南東部に眼を転じると、地中海岸に沿ってブーシュ－デュ－ローヌ県の端からイタリアとの国境までにかけて、おなじく自殺のひじょうに多い一帯が見うけられる。そこには、まぎれもない中心都市マルセイユと、他方の極に社交生活の一大中心地ニースがある。ところが、自殺のいちばん多い郡はトゥーロンとフォルカルキエなのだ。よもや、マルセイユが両郡に引きずられているなどという者はいまい。同様に、西部の海岸では、ロシュフォールだけがかなり濃い色をしめし、両シャラント〔シャラント県とシャラント－マリティーム県〕からなる連続した一帯から切り離されている。しかしこの一帯には、アングレームというはるかに大きな町がある。より一般的にいえば、県庁所在地のある郡が首位にきていない県はひじょうにたくさんある。ヴォージュ県では、それはエピナル〔県庁所在地以下同じ〕ではなくルミルモンであり、オート＝ソーヌ県ではヴスールではなく、死の町ないし瀕死の町であるグレイである。ドゥー県ではブザンソンではなくドルとポリニーであり、ジロンド県ではボルドーではなくラ・レオルとバザ、メーヌ＝エ＝ロワール県ではアンジェの代わりにソーミュール、サルト県ではル＝マンではなくサン＝カレ、ノール県ではリルの代わりにアヴェヌ、等々……。しかも、これらのケースのいずれにおいても、県庁所在地を上まわっている郡は、県のもっとも重要な町をふくんでいない。

この比較を、たんに郡と郡だけでなく、市町村《コミューヌ》と市町村のあいだについても行ないたい向きもあるかもしれない。ただ、あいにく市町村の自殺地図は、国全体についてつくることができない。それでも、ルロワ博士は、さきの興味ぶかいモノグラフィのなかで、セーヌ＝エ＝マルヌ県についてこの作業を行なっている。かれは、この県の全市町村を自殺率によって、もっとも高いものから始めて分類し、次のような結果を得たのであった。「ラ・フェルテ＝スー＝ジュアール（人口四四八二）は、リストのなかでは第一に重要な町であるが、一二四番目であり、モー（人口一〇七六二）は一三〇番目、プロヴァン（人口七五四七）は一三五番目、クーロミエ（人口四六二八）は一三八番目となっている。これらの

第3図　中央ヨーロッパの自殺（モルセッリによる）

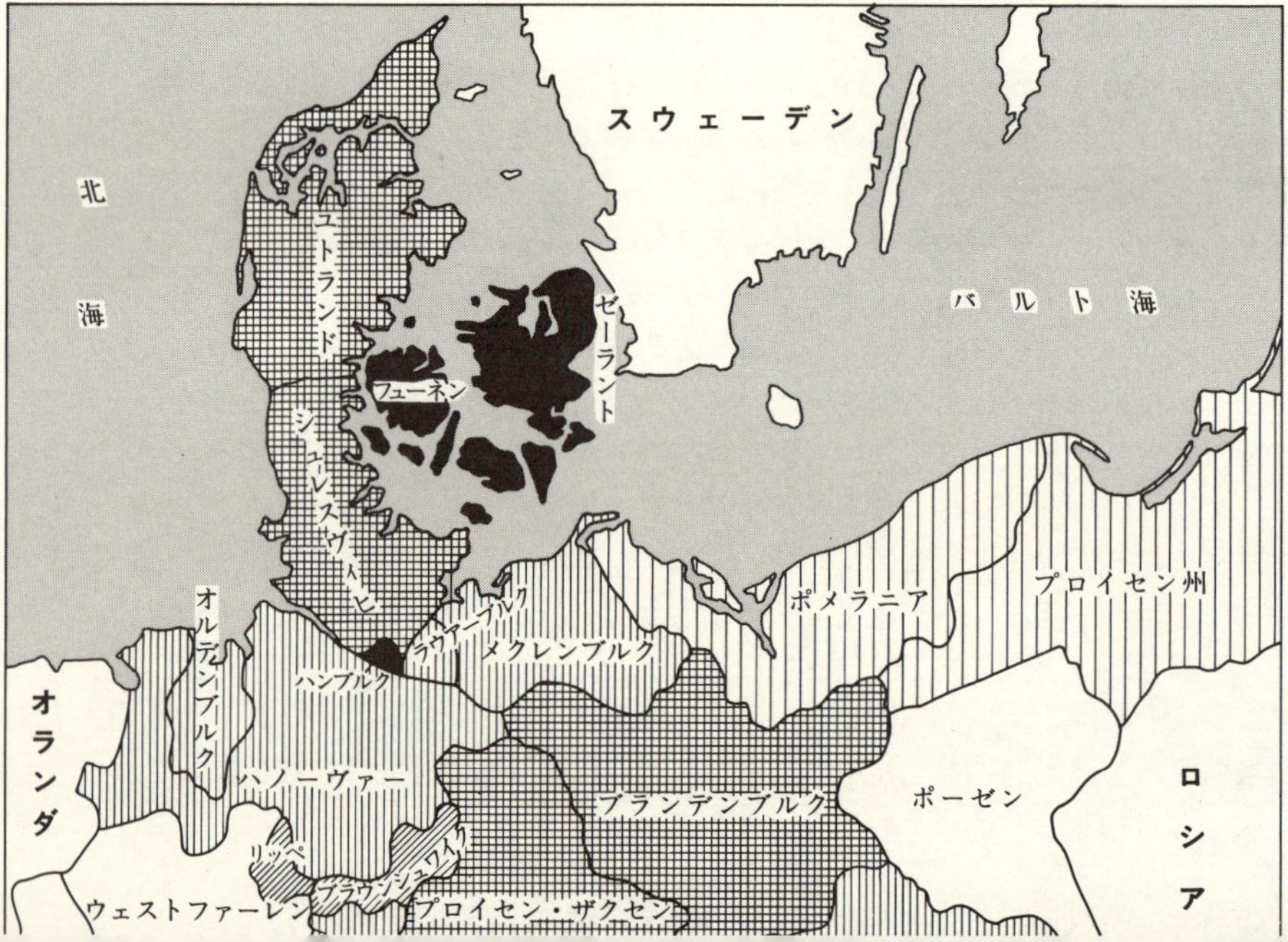

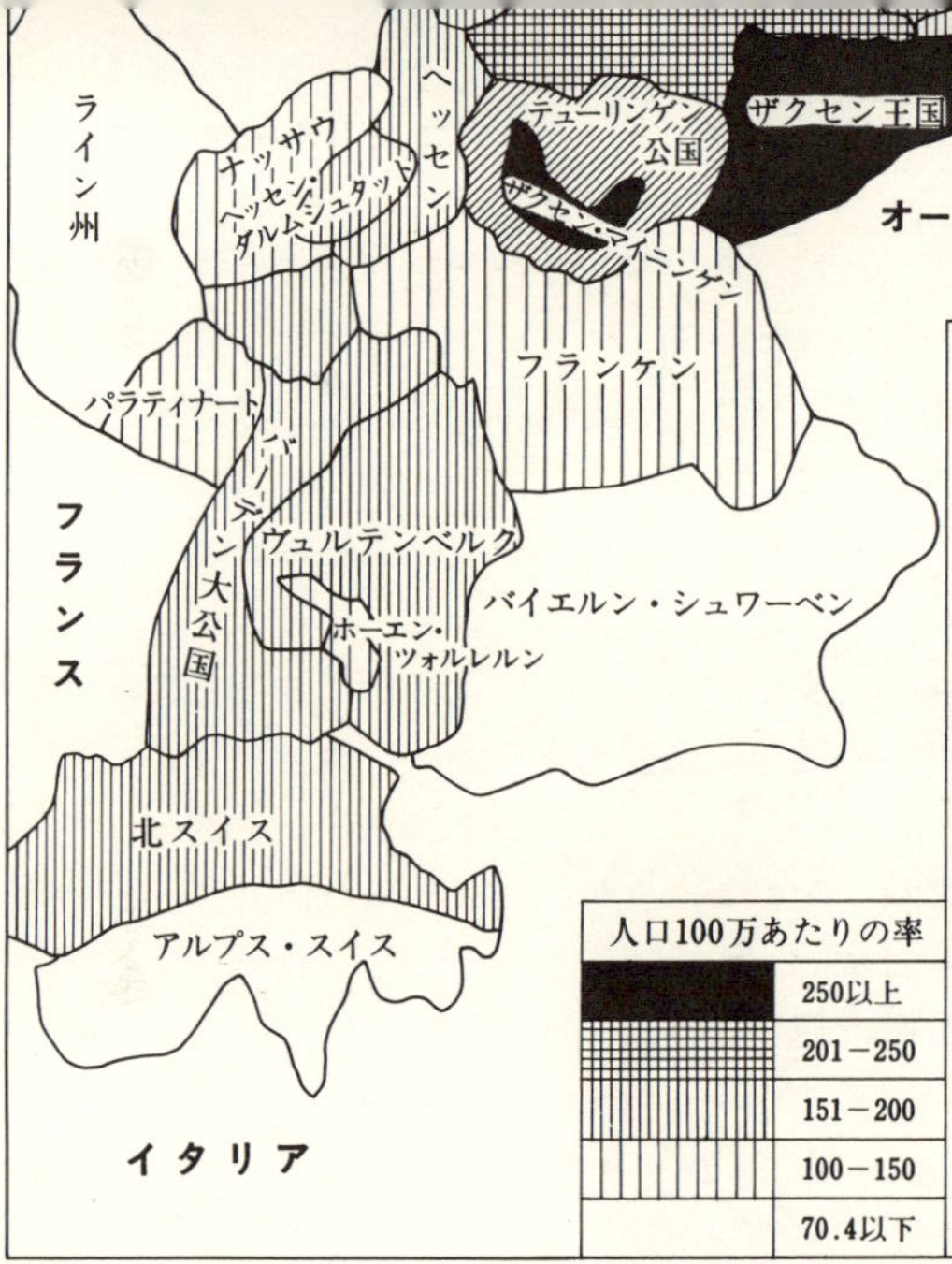

1. アルプス・スイス諸州	50	16. ヴュルテンベルク	170
2. バイエルン・シュワーベン	60	17. ラウアーブルク	173
3. ライン州	65.7	18. ヘッセン－ダルムシュタット	186.4
4. ウェストファーレン	69.7	19. 北スイス	196
5. ポーゼン	70.4	20. オルデンブルク	198
6. プロイセン州	107.5	21. ブランデンブルク	204.7
7. ホーエンツォルレルン	118.9	22. プロイセン・ザクセン	227.6
8. パラティナート	120	23. シュレスヴィヒ	228.3
9. ポメラニア	128.1	24. ユトランド	233
10. ナッサウ	147.5	25. ザクセン・マイニンゲン	264
11. ハノーファー	153.4	26. ハンブルク	300
12. バーデン大公国	156	27. ザクセン・アルテンブルク	303
13. プロイセン・シュレージエン	158.4	28. ゼーラント，フューネン	308
14. メクレンブルク	167	29. ザクセン王国	311
15. ヘッセン	167		

リッペ，テューリンゲン公国，ブラウンシュワイクについては，資料が欠けている。

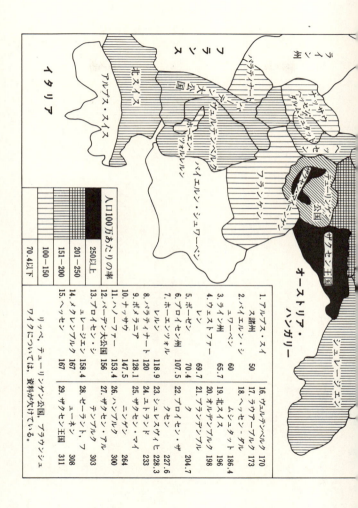

町の順番が接近していることは、ある影響がすべての市町村を同じように支配しているものと仮定されるという点からして、奇妙でさえある。*17 パリに至近のラニー（人口三四六八）は二一九番目にすぎず、モントロー＝フォー＝ヨンヌ（人口六二一七）は二四五番目、フォンテヌブロー（人口一一九三九）は二四七番目といったぐあいで、けっきょく県庁所在地ムラン（人口一一一七〇）は、二七九番目にとどまっている。これに反し、リストの上位を占める二五の市町村をしらべてみると、二つをのぞけば、さほど大きな人口をもたないものであることがわかろう」。*18

フランスから外にでてみても、同様の確認をすることができよう。ヨーロッパのなかでもっとも自殺の多いのは、デンマークと中央ドイツをふくんだ部分である。ところで、この広大な地帯のなかで他のすべてにぬきんでているのはザクセン王国であり、人口百万あたり三一一の自殺をかぞえる。ザクセン＝アルテンブルク公国がすぐにつづくが（三〇三件）、これに対しブランデンブルクは二〇四にすぎない。だが、この二つの小国はドイツ全体から注目を浴びるにはほど遠い。ハンブルクやベルリンの自殺にその色調をあたえているのは、ドレスデン〔ザクセン王国の首都〕でもアルテンブルクでもないのだ。イタリアの全地方についても同じことがいえる。ここでは比率からいって自殺がもっとも多いのはボローニャとリヴォルノであって（八八と八四）、モルセッリが一八六四―七六年について算出した平均によれば、ミラノ、ジェノヴァ、トリーノ、ローマははるか下位にすぎない。

けっきょく、すべての自殺分布図のしめしているところでは、自殺はある中心点をめぐって多少とも集中的に配されていて、そこから離れるにつれて漸減していく、というにはほど遠く、反対に、ほぼ同質的な（しかし、大ざっぱにすぎないが）いっさいの中心的な核を欠いた大きな集塊としてあらわれている。したがって、こうした形状からはまったく模倣の影響はうかがわれない。それはたんに、自殺は町々によって異なるような地域的な状況にもとづくものではないこと、自殺をひき起こす諸条件はつねにある種の一般性をもっていること、をものがたっているにすぎない。ここには模倣者もなければ模倣される者もなく、ただ、原因における相対的な同一性にもとづく結果における同一性があるだけである。すでにのべたことから予見されるように、もし自殺が本質的に社会的環境のある種の状態にもとづいているならば、それが右のようになることは容易に理解される。というのも、社会的環境は一般に相当広範な地域にわたって同じ構造をたもつからである。とすれば、社会的環境が同じであるかぎりどこでも、たとえ伝染作用がまったくはたらかなくとも、その環境が同じ結果をもたらすのは当然である。だから、同一地域では自殺率はほぼ同じ水準に維持される、ということがよく起こるのだ。しかし他方、自殺率を生じる原因が同一地域内にまったく均質的に分布することはまずありえないから、自殺率が往々にして、一地点から他の地点にかけて、ひとつの郡から隣接郡にかけて、すでにみたように多少とも大きな変動をしめすことは自然である。

この説明がただしいことは、社会的環境が急激に変わるときにはきまって自殺率もまったく変わってしまうのがみられるという事実から証明される。社会的環境がその当然の境界をこえて影響を拡大することはけっしてない。特定の条件のためにとくに自殺しやすく傾向づけられている国があるとしても、その国が、これら同じ諸条件ないし他の類似の諸条件が隣国に同じ程度においてみとめられないときに、模範としての威光だけで、隣国にその自殺傾向を押しつけるといったことはとうていありえない。というわけで、ドイツでは自殺は風土病的状態を呈し、どれほど猛威をふるっているかをすでにみることができたわけであるが、のちに、筆者はこの例外的な傾向の主要な原因がプロテスタンティズムにあることを論証することになろう。ただし、そこでは三つの地域がこの一般原則の例外をなしている。それは、ウェストファーレンをふくんだライン地方、バイエルン、とくにバイエルン・シュワーベン、そしてポーゼンである。そして、これらだけが全ドイツのなかで人口百万あたりの自殺が一〇〇以下の地域をなしている。自殺地図上、[*19] それらはあたかも三つの孤島のようであり、その明るい色の部分は、周囲の濃い部分と対照をなしている。というのも、この三者はすべてカトリックだからである。以上の地域をめぐって流れているきわめて強い自殺の潮流（courant suicidogène）も、このように、これらを侵すにいたってはいない。自殺の潮流は、それを強めるのに好都合な条件がそれらの地域の境界を越えると存在しなくなるという事実だけからも、その境界で押しとどめられるのだ。スイスでも同じことで、南部は完全にカトリックであり、プロテスタントはすべて北部に位置している。さて、この両地方が自殺地図上でたがいにいかに対照的であるかをみれば、[*20]それらは別々の社会に属しているようにおもわれるかもしれない。両地方は、全面的に境を接しており、たえず関係をとりむすんでいるが、それでも自殺という点ではおのおのの個性を維持している。平均値は一方で低ければ、他方ではそれだけ高い。これと同形的に、北部スイスの内部でも、カトリックの州《カントン》であるルツェルン、ウリ、ウンターヴァルト、シュウィツ、ツークは、それよりはるかに自殺の多いプロテスタントの州に囲まれているにもかかわらず、自殺はせいぜい人口百万あたり一〇〇どまりである。

もうひとつの実験をこころみることができ、それは前述の証拠を裏づけてくれるようにおもわれる。精神的なものの伝染の現象は、ほぼ二つにかぎられたかたちで生じる。ひとつは、モデルとなる事実が、世論とよばれるものを介して口づてにひろがっていくもので、他は、それが新聞によって伝えられていくものである。そして一般にはよく、伝染は新聞のせいにされている。じっさい、新聞が強力な伝播の手段であることは疑いをいれない。それゆえ、もしも模倣が自殺の増大になんらかの役割を果たしているならば、自殺は、新聞がどの程度公衆の関心を惹《ひ》いているかによって増減をしめすはずである。

しかしあいにく、どの程度公衆の関心を惹いているかを決定するのは容易ではない。新聞の影響の大きさを測ることができるのは、刊行点数ではなく、もっぱらその読者の数である。ところが、スイスのように集権化の度合の低い国では、各地域がそれぞれの新聞をもっているのでその点数は多いかもしれないが、読者の数は少ないから、新聞の伝播力はほどほどにとどまっている。ところが、『タイムス』、『ニューヨーク・ヘラルド』、『プティ・ジュルナル』などは、一紙で厖大《ぼうだい》な数の公衆にはたらきかける。いやむしろ、ある程度の中央集権化がなければ、新聞は人のいうような影響力をまずもちえないようにおもわれる。各地域が独自の生活をいとなんでいるような所では、人は、その視野をかぎってい る狭小な地平の外で起こることにはあまり関心をしめさないからである。遠方で起こる事実はそれだけ気づかれず、まさにその理由から、あまり注意ぶかく蒐集《しゅうしゅう》されることもない。したがって、模倣されるような手本もより少なくなる。それに反し、地域的環境が平準化し、共感と好奇心により大きな活動の場がひらかれていて、それらの求めに応じて、巨大な機関が日々国中および隣国の重要な出来事を集約してニュースをあらゆる方向に搬送しているような所では、事情はまったくちがってくる。このばあい、模範となるものは蓄積され、たがいに強めあう。けれども、ヨーロッパのいろいろな新聞の読者を比較したり、ことに、それらの報道がどれほど地方的であるかを評価したりすることはほとんど不可能であることはいうまでもない。ただし、この二つの点についてフランス、イギリスが、デンマークやザクセン、さらにドイツの他の諸国にさえも劣っているとみるのはむずかしいようにおもわれる。もっとも、この主張に筆者はきちんとした証明をあたえることはできないが……。しかしいずれにせよ、フランス、イギリスでは自殺ははるかに少ない。また、フランス内部についても、ロワール河以南では以北よりもはるかに新聞が読まれていないと想定してよいような根拠は、どこにもみあたらない。ところで、自殺にかんしこれら二つの地域のあいだにどれだけ対照があるかは周知のとおりである。筆者は、明確な事実にもとづいて証明することのできない議論を不当なまでに重視したいとはおもわないが、この議論は若干注目にあたいする、かなり真実性のある事実にもとづいていると考えている。

四

要するに、自殺が個人から個人へと伝染するのは確かであるとしても、自殺の社会率に影響をおよぼすようなかたちで模倣が自殺を伝播させるのはみられたためしがない。なるほど模倣が多少の自殺の個別的ケースを生じることはありうるが、しかし、種々の社会、ないし各社会内部のより特殊な諸集団をとらえる高低さまざまな自殺傾向を決定するのにあずかることはない。それから生じる放射状の波は、つねにかぎられたものであり、さらにいえば、不規則なものである。この波が一定の強さに達するときでも、きまってごく短い期間にすぎない。

しかし、模倣の結果が統計の数字を通してはなぜみとめられないかを説明してくれるより一般的なひとつの理由がある。それは、模倣はそれ単独の力に還元されてしまえば自殺になんの影響もおよぼすことができないということである。多少とも絶対的な単一観念偏執狂《モノイディスム》のきわめてまれなケースをのぞけば、成人においては、ある行為の観念はそれだけでは――ただし、それがみずからとくにそれに傾いているような主体をたまたまとらえるばあいは別だが――類似の行為を生みだすにはたらない。モレルはこう書いている。「私がつねに気づいてきたことには、いかに強い模倣の影響にせよ、また異常な犯罪の話をきいたり読んだりしてひき起こされた印象にせよ、それだけでは、精神的にまったく正常な諸個人に類似の行為をよび起こすにたるものではなかった」[*21]。また、ポール・モロー・ド・トゥール博士も、かれ個人の観察にもとづき、伝染的自殺は、自殺への強い先有傾向をもっている個人以外にはまず絶対にみられないことを証明できると考えていた[*22]。

博士からみればこうした先有傾向は本質的に身体的原因によるものであったから、この原因に帰することのできないような若干のケースに説明をあたえることは、まったくありそうもない奇想天外な原因の組み合わせを認めないかぎり、かなり困難であった。前述の例の一五人の傷痍軍人が、まさにそろいもそろって神経の病に冒されていたなどとどうして信じられようか。しかもそれでいて、軍隊や監獄のなかでは自殺の伝染という事実がじつに頻繁に起こっていることが指摘される。しかし、いったん、自殺への傾向は社会的環境によってつくられうるということを認めれば、これらの事実も容易に説明される。そのばあい、これらの事実は、そろって同じ精神的な病に冒されたかなり多数の個人がおそろしく多様な地点から同じひとつの兵営ないし監獄に集められるといった不可解な偶然にではなく、かれらの生活している共通の環境の影響に帰することができるからである。じっさい、監獄や連隊のなかには、もっとも激しい神経症と同じくらいに直接に兵士や囚人を自殺へと傾向づけるある集合的状態が存在するのであって、これはのちにみるとおりである。模範は、衝動を爆発させる偶然的原因であるが、しかしこの衝動を創造するのは模範ではない。だから、衝動がなければ、模範も無害にとどまることになろう。

そこで、ひじょうにまれな例外をのぞけば、模倣は自殺の根本的な要因ではないということができる。模倣は、行為の真の発生原因であるひとつの状態を顕在化するにすぎず、この状態は、たとえ模倣の介入してこないようなときでも、おそらくその自然の結果を生じる手段をつねにみいだしたことだろう。というのは、先有傾向がとくに強くなければ、〔模倣という〕とるにたらぬものをもってしては、この傾向を行為へと移行させるには十分でないからである。それゆえ、事実が模倣の刻印をおびていないとしても、おどろくにはあたらない。模倣はそれ固有の影響力をもたないし、それのおよぼす影響も、きわめてかぎられているからである。

実際的関心にもとづくひとつの指摘が、この結論の系となることができる。

新聞が実際にもってもいない力を模倣に帰して、自殺や犯罪を報じることを禁止すべきだ、と要求した論者もいる。*23 この禁止によって、自殺や犯罪の年間総計をいくらか減らすのには成功するかもしれない。しかし、自殺の社会率を変えることができるかどうかは、ひじょうに疑わしい。そんなことでは集合的な自殺傾向の強度は変わらないのではなかろうか。というのも、集団の精神的状態は、そうした禁止があったからとて変わるものではないだろうからである。それゆえ、この措置がもたらすかもしれぬ疑わしいきわめてわずかな利点と、司法上の事件の公表の禁止のもたらすであろう重大な不都合を秤《はかり》にかけてみれば、専門家たちのこの助言に従うのに立法者が若干の躊躇《ちゅうちょ》をしめしたのはうなずける。じっさい、自殺ないし殺人の増大にあずかって力があるとおもわれるのは、それらが語られるという事実ではなく、それらがどのように語られるかということである。これらの行為が嫌悪されている所では、行為のひき起こす感情は、それについて語られる話をつうじて表現され、したがって、行為は個人の先有傾向を刺激するよりも、むしろこれを緩和してしまう。ところが、社会が道徳的に混乱しているときには、反対に、社会のおかれている不安定な状態が背徳的行為にたいしてある種の寛大さを鼓吹し、この寛大さは背徳的行為が語られるたびごとに無意識のうちに表明され、行為の不道徳性をあまり目だたないものにしてしまう。このとき、模範は真に恐るべきものとなる。が、それは模範が模範であるからではなく、社会的な寛容や無関心が、それのひき起こすはずの反感を殺《そ》いでしまうためである。

いずれにせよ、本章がとくにしめしていることは、模倣をあらゆる集合生活の卓越した原因であるとする理論にいかに根拠がとぼしいか、ということである。自殺ほど容易に伝染という道を経て伝わっていく事実もないが、しかし、いまみてきたようにこの伝染性は社会的な結果を生じるものではない。この場合に、もしも模倣がこの点で社会的影響をおよぼさないならば、その他の場合にはなおさら社会的影響力をもちえないだろう。したがって、人びとが模倣にみとめている力は虚構にほかならない。なるほどかぎられた範囲でならば模倣は同一の思想や同一の行為の再現をうながすことができる。しかし、社会の精神《アーム》にまで到達し、これを変えるほどの広範で深い反響はかつて生じたためしはない。集合的状態は、ほとんど全員一致の、また一般に長年にわたる同意の対象であるだけに、大きな抵抗の力をもっており、これへの個人的な改革をやりぬくのは容易ではない。一個人以上のなにものでもない一個人が[*24]、いかにして社会を思うがままに仕立てあげるだけの力をもつことができよう。かりにわれわれが未開人が物理的世界についてそうするのとほとんど同じようになお社会的世界を粗雑に表象したり、また科学のあらゆる推測に反して、社会現象がその原因に照応しないことを少なくとも暗黙裡に、それと気づかずになお認めたりするならばともかく、そうでなければ、われわれは、聖書的単純さはあるにしても、同時に思考の根本原則と明らかに矛盾するような、そんな考え方に心をうばわれることはあるまい。今日ではもう、動物の種《しゅ》はもっぱら遺伝によって繁殖した個体の変異であるとは考えられていない。*25 おなじく、社会的事実は個人的事実の一般化されたものにすぎない、ということも認められていない。しかし、わけても支持しがたいのは、この一般化がなにかしら自動的な伝染現象に帰することができるという考え方である。いったい、重大な反論をよび起こしたばかりか、かつて初歩的な実験的証明さえあたえられたためしもないような一仮説についてなお論じなければならないとは、驚いてしかるべきである。というのも、一定種類の社会的事実について、模倣がそれを説明できるということや、まして模倣によってしか説明できないということは、一度として証明されたためしがないからである。人びとは、漠然と形而上学《けいじじょうがく》的な考察によって基礎づけて、アフォリズムのかたちでこの命題をのべることで満足してきた。しかしながら、社会学は、これを研究する者にとって、きちんとした証明の義務を右のように明らかにのがれてしまってこのように独断論を展開することがもはや許されなくなるときに、はじめて一個の科学とみなされるよう主張することができよう。

＊1　Bordier, *Vie des sociétés*, Paris, 1887, p.77; Tarde, *Philosophie pénale*, p.321.
＊2　Tarde, *ibid.*, pp.319-320.

＊3　これらのイメージを模倣の過程に帰することによって、それらが、それらの表現している状態のたんなる模写にすぎないといいたいのだろうか。しかし、まず、それは感覚対象についてのふるくさい容認しがたい説から借りてこられたひどく粗雑な比喩であろう。それればかりか、模倣という言葉をこうした意味に解するならば、これをわれわれの感覚や観念にまで無差別に拡大しなければならないだろう。というのは、どんな感覚も観念も、同じ比喩を用いて、それらの関係している対象を模写しているといえないものはないからである。こうなると、知的生活はすべて模倣の所産となってしまう。

＊4　もちろん、個々のケースでは、流行や伝統が純然たる猿真似によって再現されることはあろう。だが、そのばあいには、これは流行や伝統として再現されるのではない。

＊5　たしかに、およそ独創的な発明でないものを、模倣とよぶことがしばしば行なわれてきた。この伝で行くと、ほとんどすべての人間行為が模倣のなせるわざとなることは明らかである。厳密な意味での発明は、きわめてまれだからである。しかしそのばあい、まさしく模倣の語はほとんどすべてを指すがゆえに、もはや明確ななにものも指さないことになる。このような用語法は、混乱の源泉でしかありえない。

＊6　たしかに論理的模倣についてのべた者もいた（Tarde, *Lois de l'imitation*, 1re éd., p.158 を参照）。すなわち、ある行為が一定の目的に役だつからこれを再現しようとするというものである。だが、このような模倣は、明らかに模倣的性癖とはなんの共通点もない。それゆえ、前者から生じる事実は、後者から生じる事実から注意ぶかく区別されなければならない。両者はまったく、同じ仕方では説明されえない。その一方、いましめしたように、流行模倣も慣習模倣も、ある点でそれらの特殊な論理をもってはいるが、他におとらず論理的なのである。

＊7　モデルとなる個人的、集合的な主体が精神的ないし知的な威光をもっているために模倣されるというような事実は、むしろ第二の種類に入る。なぜなら、そうした模倣はなんら自動的なものではな

いからである。それはひとつの推測をふくんでいる。すなわち、人が自分の信頼している人物と同様の行為をとるのは、この人物にみとめる優越性がかれの行為に妥当性を保証してくれるからである、と。かれを尊敬する理由が、かれをまねる理由となるわけである。それゆえ、これらの行為は模倣されている、というだけでは、それらを説明するのになにもしなかったことになる。要は、こうした服従をひきおこした信頼ないし尊敬の由って来たる原因を知ることである。

＊8　さらになお、のちにみるように、模倣が単独で十分な説明となることはきわめてまれである。

＊9　なぜなら、それが何からなりたっているかをわれわれは漠然としか知らないことを白状しなければならないからである。厳密にいって、集合的状態を生みだすさまざまな結合はいかにして生ずるのか、そこにくわわってくる要素はなにか、支配的状態がどのように生ずるか、といったこれらの問題はあまりにも複雑で、たんなる内省によって解決されるわけにはいかない。そのためにはあらゆる種類の経験と観察が必要であろうが、それらはまだなされていない。孤立した個人の精神状態がいかに、どのような法則にもとづいてたがいに結合するのか、はまだよく知られていない。まして、集団生活から生じるよりはるかに複雑な結合の仕組については、とうてい知っているとはいえない。われわれの説明もしばしば比喩の域にとどまっている。それゆえ、筆者はさきにのべたことを現象の厳密な表現とみなそうとはおもわない。ただたんに、そこには模倣とはまったく別種のものがあることをしめそうとおもうだけである。

＊10　事実の詳細については、Legoyt, *op. cit.*, p.227 以下をみよ。

＊11　似たような事実については、Ebrard, *op. cit.*, p.376 を参照せよ。

＊12　III, 26.

＊13　*Essais*, II, 3.

＊14　のちにわかるように、あらゆる社会に、きまって、また常時、自殺という形をとってあらわれるある集合的な傾向が存在している。この傾向が、われわれが伝染病とよぶことを提案するものとちが

うのは、前者が慢性的なもので、かつ社会の道徳的気風の正常な一要素をなしているという点である。伝染病もまた集合的な一傾向にちがいないが、しかし例外的に発生し、異常な原因にもとづき、たいていは一時的なものにとどまっている。

＊15　第2図〔一八六―一八七ページ〕をみよ。

＊16　*Op. cit.*, p.213. この同じ著者によると、一八五六―六六年には、マルヌとセーヌ - エ - マルヌ両県の全体でさえ、セーヌ県をこえていたそうである。このとき、マルヌは住民二七九一人につき一件の自殺、セーヌ - エ - マルヌでは二七六八人に一件、セーヌでは二八二二人に一件であったという。

＊17　もちろん、これは伝染の問題ではありえないだろう。これら三つの郡役所所在地は、ほとんど同じ大きさをもち、その自殺率が千差万別である多数の市町村によってたがいにへだてられている。およそこの比較が証明しているのは、むしろ、規模がひとしく、かつ十分類似した存在条件におかれている社会集団は、とくにたがいに作用をおよぼさなくとも、同じような自殺率をしめすということである。

＊18　*Op. cit.*, pp.193-194. 首位を占めている小村（レシュ）の自殺は、人口六三〇につき一件、すなわち人口百万あたり一五八七となり、パリの四倍から五倍にのぼる。しかもそれは、セーヌ - エ - マルヌ県にかぎられたケースではない。筆者は、トルーヴィルのルグピ博士の厚意により、ポン - レヴェク郡の三つの小村、ヴィレルヴィル（人口九七八）、クリクブフ（人口一五〇）、ペヌドピ（人口三三三）についての資料を得た。ここでの一四歳から二五歳までの期間について算出された自殺率は、対人口百万比でいうと、それぞれ四二九、八〇〇、一〇八一である。

もちろん、一般的にいって、大都市は小都市や田舎よりも自殺が多いというのは依然として正しい。しかし、この命題も大ざっぱにしか妥当しないのであり、多くの例外をふくんでいる。もっとも、これを、これと矛盾するようにみえる前述の命題と両立させるひとつの方法がある。それは、大都市自体が自殺の増加をうながすのに力を貸すというよりは、大都市の形成と発展が、自殺の増加をうながすそれと同じ諸原因の影響のもとに生じるということを認めればよいのである。とすれば、自殺の多い地域に大都市が多く、しかしそれでいて大都市が自殺を独占するわけではないことは当然である。反対に、自殺が少なくて、その少なさが大都市の少なさにもとづいていない場合は、めったにない。以上から、大都市の平均自殺率は一般に郡部のそれよりも高くなるが、しかしある種のケースでは、それより低くなることがありうる。

＊19　第3図〔一九〇—一九一ページ〕を参照。

＊20　同図を参照。州ごとの細かい数字については、第二篇第五章の第58表〔四三二ページ〕を参照。

＊21　*Traité des maladies mentales*, p.243.

＊22　*De la contagion du suicide*, p.42.

＊23　とりわけ、Aubry, *Contagion du meurtre*, 1re éd., p.87 を参照。

＊24　ここでいう個人とは、およそ集合的な信頼や賞讃がこれに付与する力を差し引いたところの個人を意味している。じっさい、官吏とか有名人が、生まれながらにもっている個人的な力のほかに、かれらに向けられた集合的感情に由来する社会的諸力を体現していることは明らかである。この力のおかげでかれらは社会の動向に影響をおよぼすことができるのだ。しかしそれは、かれらが個人以外のものであるというかぎりで、この影響力をもっているということである。

＊25　V. Delage, *La structure du protoplasme et les théories de l'hérédité*, Paris, 1895, p.813 以下を参照。

†1　ラブレーの『パンタグリュエル物語』のなかの主人公パニュルジュ（Panurge）の物語に由来するもので、「付和雷同者」の意味で用いられる。

†2　Philippe Pinel（一七四五—一八二六）。フランスの精神病医。罪人同様に扱われていた患者を解放して医学的治療を行なった。

†3　Castlereagh（Robert Stewart）（一七六九—一八二二）。イギリスの政治家。外相等をつとめ、ウィ

ーン会議に活躍したが、晩年精神異常をきたし、自殺した。

†4　ティモン（Timon）は紀元前五世紀末のアテナイの哲学者で、祖国の不幸やみずからの急な貧窮から、徹底した厭世家となり、「人間ぎらい」として伝説化された。また、かれの庭の木では多くのアテナイ人が首を吊って自殺したといわれる。

†5　Flavius Josephus（三七—一〇〇ころ）。ユダヤの歴史家。ローマのフラウィウス家の皇帝に仕え、ユダヤ史にかんする著作をのこした。

†6　小アジア南西部、グザントゥス（Xanthus）河の河口に近いリキアの古都。のちローマ領となった。

第二編　社会的原因と社会的タイプ

第一章　社会的原因と社会的タイプを決定する方法

前編の結果は、まったく否定的なものにすぎなかったわけではない。事実、個人の身体的・心理的素質によっても物理的環境の性質によっても説明することのできない特有の自殺傾向が、それぞれの社会集団に存在することが明らかにされた。その結果、消去法により、自殺傾向が必然的に社会的原因に根ざすものでなければならず、それ自体がひとつの集合的現象をかたちづくるものでなければならないということになったが、これまで検討したいくつかの事実、とくに自殺の地理的、季節的な増減という事実でさえ、まぎれもなくこの結論に筆者をみちびいてくれた。いまやさらにくわしく研究しなければならないのは、この集合的現象としての自殺傾向である。

一

この研究を達成するためには、まず、自殺傾向というものが単一の、不可分のものであるのかどうか、それともむしろ、分析によって区別することができ、別々に研究するほうが好都合な複数の異なった傾向からなりたっていないかどうか、を追究してみるのが最良の方法であろう。そのさい、以下のような手順がふまれなければなるまい。自殺傾向は、それが独特なものであろうとなかろうと、それを顕現させる個々人の自殺をつうじてしか観察することができないから、まずそれら個々人の自殺から出発しなければならないであろう。そこで、できるだけ多くの自殺を観察し、記述することになろう。もちろん、精神病にもとづくような自殺はのぞいてのことである。かりにそれらの観察された自殺が、すべて基本的に等しい性格をもっていることがわかれば、まとめて一つの同じ種類のなかに入れなければなるまい。しかし、これと反対の仮説にしたがうならば、それらの自殺の類似点と差異点に応じていくつかの種類が構成されるであろうが、そのほうがはるかにありそうにおもわれる。というのは、自殺にはあまりに多様なものがあって、いくつかの変種がふくまれていると考えざるをえないからである。異なった自殺タイプがみいだされれば、それと同数の自殺の潮流をみとめ、ついでそれらの原因とそれぞれの重要性を規定するようにしなければならないだろう。これは、〔前編で〕精神病者の自殺を簡単に検討したときに用いた方法とほぼ同じである。

しかしあいにく、正気の自殺を、その形態学的な形式もしくはその特徴に照らして分類することはできない。必要な資料がほとんどまったくないからである。じっさい、この分類にとりかかるためには、多数の個別的事例についての正確な記録がなければならないであろう。自殺者が自殺への決意をしたときどんな心理状態であったのか、どのようにしてその決意への心がためをしたのか、決意の実行は最後的にどのようになされたのか、そのときかれは興奮していたのか沈鬱《ちんうつ》だったのか、冷静だったのか狂熱的だったのか、不安だったのか苛《いら》だっていたのか、などのことがわかっていなければならない。ところが、この種の記録がのこされているのは、ほとんど精神病者の自殺の事例にかぎられている。精神病を決定因とする自殺のおもないくつかのタイプを構成することができたのは、とりもなおさず、精神病医たちによって収集された観察例や記録のおかげなのである。その他の自殺については、まったくといってよいほど情報が欠けている。ただひとり、ブリエール・ド・ボワモンだけが、手紙や遺書をのこして死んだ自殺者一三二八件についてこの記述作業を試み、著書のなかにそれらの要約をのせている。しかし、まず、この要約はあまりにも簡単すぎる。次に、本人が自分自身の状態について語っている告白は、疑わしくはないまでも、たいていどこか不十分なところがある。本人は、自分自身とその心的傾向の性質についてあまりにも誤認しやすい。たとえば興奮の絶頂にあるときでも、みずからは冷静に行動しているつもりでいる。最後に、その告白が十分に客観的でないことはさておいても、それらの観察はあまりに少数の事実に向けられているため、そこから正確な結論を引きだすことがむずかしい。たしかに、きわめて曖昧《あいまい》な境界線〔自殺の分類のための〕はみとめられ、そこからでてくる示唆を役だてることはできそうである。だが、それもあまりに漠然としていて、系統的な分類の根拠としては使いものにならない。そのうえ、大部分の自殺の行なわれる方法を考えてみても、それに適した観察は至難に近い。

しかし、それとは別の方法によって目的を達することができる。研究の手順を逆にしてみればよいのだ。自殺のいろいろなタイプは、実際には、それを規定している原因そのものの多様性に応じた数だけしか存在しない。各タイプが固有の性格をもつためには、それぞれもそれぞれだけ特殊な存在条件に根ざしていなければならないということである。同一の先行与件あるいは同一種の先行与件が、あるときはある結果を生じ、他のときは別の結果を生じることはありえない。なぜなら、そのばあい、第一の結果と第二の結果のあいだの差異そのものが、原因なしには生まれえないからである。もしそんなことがあれば、因果律の否定ということになってしまおう。それゆえ、原因のあいだにみとめられるいっさいの特殊な差異は、結果における同様の差異をすでにふくんでいるのである。とすれば、われわれは、あらかじめ記述された自殺の特徴にしたがって直接に分類しなくとも、それらをひき起こした原因を分類することによって、自殺の社会的タイプを構成することができる。それらがなぜたがいに異なっているかという点はおいて、ただちに自殺タイプを基礎づけている社会的条件がどのようなものであるかをさぐってみよう。ついで、それらの諸条件を、類似点と差異点とに応じていくつかの別々の種類にふりわける。そうすれば、たしかに、それらの種類のおのおのには特定の自殺のタイプが対応するであろう。ひとくちにいえば、筆者の分類法は、形態学的《モルフォロジック》ではなく、はじめから原因論的《エティオロジック》なのだ。なお、それはこの方法が劣っているということではない。なぜなら、現象の原因を知っているときには、ただたんに現象の特徴――たとえそれが本質的なものであっても――を知っているだけのときよりも、いっそう鋭く現象の本質に迫ることができるからである。

だがたしかに、この方法には、自殺のタイプを直接的に把握せずに、それでいて自殺タイプの多様性を仮定してかかるという難点がある。それによるならば、タイプの存在やその数を明らかにすることはできても、タイプの特有の性格を明らかにすることはできない。もっとも、この弱点は、少なくともある程度まで避けることができる。ひとたび原因の性質が明らかになれば、そこから結果の性質の演繹《えんえき》を試みることができようし、その結果は、それがそれぞれの原因に根ざしているということだけからも同時に性格づけられ、分類されるであろう。そのさい、かりにこの演繹がなんの事実にもみちびかれずに行なわれれば、たしかに純粋な空想の綾《あや》に終わってしまうおそれがある。しかし、自殺の形態学についての利用可能な若干の資料の助けをかりて、この演繹のみちびきの灯《ひ》とすることができるであろう。その情報も、それだけではあまりにも不完全であり、不正確であるため、分類の原理をしめしてはくれないが、いったん分類の枠組が確立されれば、有効に利用することができるにちがいない。それらは、演繹がどの方向に向けられるべきかを示唆してくれようし、また、それらの提供してくれる事例によって、このように演繹的に構成された種《エスペス》が、頭のなかの想像物でないことを確認することもできるであろう。こうして、原因から結果へふたたび下降することになる。そして、この原因論的な分類は、形態学的な分類によって補完されるであろうが、形態学的分類は、原因論的分類の妥当性を立証するのに役だてることができよう。またその逆の関係もなりたつ。

あらゆる点からみて、この逆倒的な方法は、筆者の提起した特殊な問題を扱うのに適した唯一の方法である。じっさい、ここで研究するのは、社会的自殺率であるということを忘れてはならない。それゆえ、われわれの関心の対象となるべき自殺のタイプは、社会的自殺率の形成にあずかるタイプ、またその自殺率の増減をうながすタイプにかぎられる。ところが、自殺の個人的形態がすべてそのような属性をおびていることが証明されているわけではない。個人的形態のうちには、ある程度の一般性をもってはいても、その社会の精神的特質にむすびついていないか、あるいはむすびつきが弱いために、自殺について各民族のしめす特徴の固有の要素とはなりえないようなものもある。たとえば、すでにみたように、アルコール依存は、各社会固有の傾向を規定している要因ではないが、アルコール依存者の自殺はまぎれもなく存在し、その数も尋常のものではない。したがって、自殺の個々の事例を、たとえどれほど完全に記述してみたところで、どのみちどれが社会学的特性をもった自殺であるかを知ることはできない。集合的現象とみなされる自殺がいろいろな合流点のどこから流れでてくるかを知ろうとおもえば、まずはじめからそれを集合的な形態において、すなわち統計的データをつうじて考察していく必要がある。直接に分析の対象としなければならないのは、社会率である。要するに、全体から部分へすすんでいかなければならないのだ。しかし、いうまでもなく、社会率は、それを規定しているさまざまな原因との関連においてしか分析されえない。なぜなら、社会率を構成している単位は、それ自体では同質的なものであって、質的には区別されないからである。そこで、それらの原因が諸個人にどのように反映するかということを問うのは次にして、まずその原因を規定することに専心しなければならない。

二

しかし、どのようにしてこの原因を把握するか。

自殺の起こるたびに行なわれる検死のさいには、自殺の決定原因であったと考えられる動機（家庭の悩み、身体その他の苦患、後悔あるいは飲酒癖など）が記録にとどめられる。そして、大多数の国の統計報告には、一つの特別な表があって、「自殺の推定動機」という見出しのもとに、その調査の結果がしるされている。したがって、すでになされているこの作業を利用し、その資料の比較からこの研究を始めてしかるべきではなかろうか。事実、この調査結果は、さまざまな自殺の直接的な先行与件をしめしているようにみえる。しかも、研究しようとする現象を理解するためには、まずもっとも手近な原因にさかのぼる、ただし必要があれば次いで現象の連鎖をさらに遠くまでたぐっていく、というやり方がよいのではないだろうか。

しかし、すでにずいぶん前にワグナー†1がのべたように、自殺の動機の統計とよばれているものは、じつは、この報告事務を担当した役人、それも多くは下っ端の役人たちの、これらの動機についての所見の統計にすぎない。残念ながら、周知のごとく、役人たちの検証は、たんねんな観察者ならだれでも把握できる、またいささかも評価のはいりこむ余地のない物的な、まぎれもない事実についてすら、あまりにも誤りが多い。とすれば、かれらの検証がたんに実行された事実を記録するだけでなく、事実を解釈し、説明することを目的としているときには、なおさら疑わしいものとみなければなるまい。一つの現象の原因をつきとめることは、つねになまやさしいことではない。学者がこれらの問題のただ一つを解くにも、あらゆる種類の観察と経験が必要とされる。ところが、人間の意志のはたらきは、およそすべての現象のなかでもっとも複雑なものである。だから、にわかにかき集められたなにほどかの情報をもとにして個々のケースの自殺のおのおのの特定の原因を決定したといっても、その即席の判断にどれほどの価値がありうるかは、すでに自明であろう。自殺者の先行与件のなかに、一般に絶望をもたらすとおもわれるなんらかの事実をいったん発見したと信ずると、人はそれ以上の詮索《せんさく》は不要だと決めこんでしまう。そして、当人は最近金銭上の損害をこうむったとか、家庭のもめごとに悩んでいたとか、いくらか飲酒癖があったとかいうような噂《うわさ》にもとづいて、自殺の原因を、その飲酒癖や家庭の悩みや経済的打撃などに帰してしまうのである。このような疑わしい情報を自殺の説明の根拠とすることはできないだろう。

さらに、たとえそれらの情報が信ずるにたるものであっても、われわれにはたいして役にたつまい。なぜなら、このようなかたちにおいて自殺の原因とされる動機は、それ自体の当否は別としても、真の原因ではないからである。その証拠には、統計によってこれらの推定原因のそれぞれに帰せられる自殺数の割合は、絶対数がきわめて大きく変化するときでも、それに反しほとんど動くことがない。自殺数は、フランスでは一八五六年から七八年までに約四〇％ふえ、ザクセンでは一八五四年から八〇年までの期間に一〇〇％以上（五四七件から一一七一件に）ふえている。ところが、両国とも、二つの時期にかけて、自殺の動機の各カテゴリーのそれぞれの重みは変わっていないのである。第24表から、このことがうかがわれる。

この表の数字がたんなる概数でしかないこと、また概数でしかありえないことを考えるならば、したがってまたわずかの差にあまりこだわらなければ、それらがほとんど不変であることがみとめられよう。ところで、自殺が二倍に増加して、なおそれぞれの推定動機

第24表　男女の年間自殺100件あたりの各動機の割合

フランス(1)

	男子		女子	
	1856－60	1874－78	1856－60	1874－78
貧困，経済的失敗	13.30	11.79	5.38	5.77
家庭の悩み	11.68	12.53	12.79	16.00
恋愛，嫉妬，放蕩，不品行	15.48	16.98	13.16	12.20
種々の悩み	23.70	23.43	17.16	20.22
精神疾患	25.67	27.09	45.75	41.81
後悔，犯罪の処罰の恐怖	0.84	—	0.19	—
その他の原因，原因不明	9.33	8.18	5.51	4
合計	100.00	100.00	100.00	100.00

ザクセン(2)

	男子		女子	
	1854－78	1880	1854－78	1880
身体的苦痛	5.64	5.86	7.43	7.98
家庭の悩み	2.39	3.30	3.18	1.72
経済的失敗，貧困	9.52	11.28	2.80	4.42
放蕩，賭けごと	11.15	10.74	1.59	0.44
後悔，訴追の恐怖	10.41	8.51	10.44	6.21
失恋	1.79	1.50	3.74	6.20
精神障害，宗教的錯乱	27.94	30.27	50.64	54.43
怒り	2.00	3.29	3.04	3.09
厭世	9.58	6.67	5.37	5.76
原因不明	19.58	18.58	11.77	9.75
合計	100.00	100.00	100.00	100.00

（1）ルゴワの *Le suicide ancien et moderne*, p. 342 による。
（2）エッティンゲンの *Moralstatistik*, p. 110 の付表による。

の作用する割合が比率的に変わらないためには、各動機が二倍の効力をもつようになったと考えなければならない。そして、それらすべてが同時に人を殺《あや》める効果を倍加するにいたったのが、偶然の一致の結果であるということはありえない。とするならば、それらの動機がすべて、より一般的なある状態にもっぱら依存し[†2]、その一般的状態の多少とも忠実な反映をなしていると考えざるをえないのである。この状態が存在するからこそ、前述のような動機のもとにいくぶんとも自殺が起こるのであり、つまりは、自殺の真の決定原因もここにあるということである。したがって、われわれが追究しなければならないのも、その一般的状態であって、それが個々人の意識におよぼすかもしれない枝葉末節の影響にかかずらわっていてはならない。

ルゴワから引いたもう一つの事実は[*1]、それらの種々の動機の自殺をひき起こす作用がなにによるものかを、さらによくしめしている。農業と自由業ほどひどくかけ離れた職業はない。芸術家、学者、弁護士、将校、司法官の生活は、農民の生活といささかも類似したところがない。したがって、この両者にとっては自殺の社会的原因も同じではないとおもってまちがいない。ところが、じつは、この二種の職業の人びとの自殺は、同じような動機に帰せられるばかりではなく、さらにそれら種々の動機のそれぞれの重みもほとんどまったく変わらない。フランスで、一八七四—七八年に、この二つの職業の自殺の主要な動機の百分比が実際にどうなっていたかをしめすと、第25表のようになる。

酩酊《めいてい》および飲酒癖をのぞけば、とくに大きな数字は両方の欄のあいだにほとんどひらきがない。したがって、動機についてだけ考えてみれば、二つの職業の自殺の原因は、おそらく同じ強さではないが、たがいに同じような性質をもっているかのように感じられるかもしれない。だが実際には、農夫と洗練された都会人を自殺に追いやる力はそれぞれ非常に異質なものである。それというのも、人びとのあげるこうした自殺の動機、あるいは自殺者自身が自分の行為を説明するためにあげる動機などは、きわめて一般的傾向として、表面的な原因にすぎないからである。それらの理由は、ある一般的状態の個人的な反映にすぎないばかりでなく、またその状態をまったく不正確に表現したものでしかない。なぜなら、一般的状態が全然異なるときでも、あげられる理由は、いつもながらのものだからである。それらは、個人のもっている弱い点——個人に自己破壊をうながす外部からの流れ[†3]がもっとも容易に侵入できる点——をしるしづけているといえる。しかし、こうした自殺の動機は、その流れ自体の一部分をなしているわけではないので、その流れを理解する一助にもなりえない。

第25表　農業と自由業の自殺の動機（%）

	農　業	自由業
失業，経済的失敗，貧困	8.15	8.87
家庭の悩み	14.45	13.14
失恋および嫉妬	1.48	2.01
酩酊および飲酒癖	13.23	6.41
犯罪者の自殺	4.09	4.73
身体的苦痛	15.91	19.89
精神疾患	35.80	34.04
厭世感情，種々の失望	2.93	4.94
原因不明	3.96	5.97
	100.00	100.00

だから、イギリスやオーストリアのような若干の国が、自殺の原因なるものを収集記録することを断念したからといって、べつに残念がることもない。統計の努力は、まったく別の面に向けられるべきである。統計は、こうした道徳的な決疑論《カズイスティク》＊4の解決不能の問題を解こうなどとはせずに、自殺に随伴する社会現象をもっと細心入念に記録するようにつとめなければならない。いずれにせよ、筆者としては、真偽のほども知れず、また得るところのとぼしい、このような資料は研究のなかにもちこまないことに決めている。事実、自殺の研究家たちは、そこからなんら興味ある法則をみちびきだすことができなかった。したがって、それらの資料が特別な意義をもっていて、しかもとくに保証つきであるとおもわれる場合にかぎって、ときどき利用することになろう。自殺の原因がどのようなかたちで個々の自殺者にあらわれるかということはさておいて、直接に自殺の原因の決定につとめたいとおもう。そのために、いわゆる個人たるかぎりでの個人、およびその動機や観念などはひとまずおいて、自殺の増減をうながすさまざまの社会的環境（宗派、家族、政治社会、職業集団など）の状態がどうなっているかをただちにさぐっていきたい。個人にたちもどって、それらの一般的原因がどのように個人化され、そこにひそんでいる人を殺《あや》めるという効果を発揮するかを究明するのは、それがすんでからのことである。

＊1　*Op. cit.*, p.358.

†1　Hermann G. N. von Wagner（一八四〇―一九二九）。ドイツの地理学者、統計学者。

†2　「一般的状態」という言葉が以下しばしば使われるが、これは、自殺の動機にかかわる個人的諸事情にたいして、自殺を生じるより一般的、客観的な原因であるとされる社会的状態をさして用いられる。

†3　自殺の社会的原因をなす幾種類かの一般的状態のこと。

†4　社会的慣行や教会、聖典の律法に照らして道徳問題を解決する法。転じて、ここではいたずらに煩瑣な区別をたてる論議をいう。

第二章　自己本位的自殺

まず、宗教のちがいが、どのように自殺に影響をおよぼしているかをみてみよう。

一

ヨーロッパの自殺分布図を一瞥《べつ》すると、スペイン、ポルトガル、イタリアのような純粋のカトリックの国々では自殺はごく少なく、それにひきかえ、プロイセン、ザクセン、デンマークのようなプロテスタントの国々では最大に達していることが、一見してわかる。モルセッリの算出した次の平均値は、この第一の結果を裏づけている。

	人口百万あたりの自殺数の平均
プロテスタントの国家……	一九〇
プロテスタントとカト	

リック混成の国家…………　九六
カトリックの国家…………　五八
ギリシア正教の国家…………　四〇

ただし、ギリシア正教徒に自殺が少ないことは、確実に宗教に帰することはできない。というのは、かれらの文化が他のヨーロッパ諸国の文化と非常に異なっているので、この文化の相違が自殺傾向の小さい原因であるかもしれないからである。しかし、この文化の相違うんぬんは、大部分のカトリックおよびプロテスタントの社会にはあてはまらない。むろん、それらの社会も、まったく等しい知的・精神的水準にあるわけではないが、その類似性はかなり本質的なものなので、自殺について各社会のあいだにあらわれているきわだった対照は、多少とも宗教の相違に帰することができる。

もっとも、この最初の比較ではまだあまりにも簡単すぎる。それらの国々の住民の生活している社会的環境は明らかに似てはいるが、かといって、まったく同質のものではない。スペインやポルトガルの文化は、ドイツの文化にくらべればはるかに低い。だから、この文化の低いことが、あるいはすでにみてきた自殺の少ないことの原因であるかもしれない。そこで、こうした取り違えの因となるものを避けて、自殺傾向にたいするカトリシズムとプロテスタンティズムのそれぞれの影響をより正確に規定しようとおもえば、同じ社会の内部で二つの宗教を比較しなければならない。

ドイツのおもな国々のなかで、いちばん――それもかけ離れて――自殺が少ないのはバイエルンである。そこでは、一八七四年以来毎年人口百万につき九〇にすぎない。これにたいして、プロイセンでは一三三（一八七一―七五年）、バーデン公国では一五六、ヴュルテンベルクでは一六二、ザクセンでは三〇〇にのぼっている。さて、カトリック教徒がもっとも多いのも、そのバイエルンである。すなわち、人口千につき七一三・二人がカトリック教徒にあたる。他方、この国のそれぞれの州を比較してみると、そこでの自殺数は、プロテスタントの数と正比例し、カトリック教徒の数と反比例していることがわかる（第26表を参照）。この法則を裏づけているのは、たんに平均の比率だけではない。すなわち、第26表の第一列の数値は第二列の数値よりも、第二列の数値は第三列の数値よりも大きい。例外は、一つもない。

このことは、プロイセンについても変わりがない〔第27表を参照〕。くわしく調べてみても、そこに比較された一四州のうち、二州だけがわずかな例外である。すなわち、シュレージエンは、比較的自殺が多いので第二のカテゴリーに属すべきであるが、これだけは第三のカテゴリーにはいっている。他方ポメラニアは、反対に、第一列よりもむしろ第二列にあるべきであろう。

スイスは、この観点から検討してみると興味ぶかい。というのは、スイスには、フラン

第26表　バイエルンの諸州（1867-75）

カトリックの少ない州（50％以下）	人口100万あたりの自殺件数	カトリックの多い州（50－90％）	人口100万あたりの自殺件数	カトリックが90％以上の州	人口100万あたりの自殺件数
ライン・パラティナート	167	低フランケン	157	高パラティナート	64
中央フランケン	207	シュワーベン	118	高バイエルン	114
高フランケン	204			低バイエルン	49
平　　均	192	平　　均	135	平　　均	75

15歳以下の者は除外されている。

第27表　プロイセンの諸州（1883-90）

プロテスタントが90％以上の州	人口100万あたりの自殺件数	プロテスタントが89－68％の州	人口100万あたりの自殺件数	プロテスタントが50－40％の州	人口100万あたりの自殺件数	プロテスタントが32－28％の州	人口100万あたりの自殺件数
ザクセン	309.4	ハノーファー	212.3	西プロイセン	123.9	ポーゼン	96.4
シュレスヴィヒ	312.9	ヘッセン	200.3	シュレージエン	260.2	ラインラント	100.3
ポメラニア	171.5	ブランデンブルクとベルリン	296.3	ウェストファーレン	107.5	ホーエンツォルレルン	90.1
		東プロイセン	171.3				
平　均	264.6	平　均	220.0	平　均	163.6	平　均	95.6

第28表　スイス：宗教と各民族の自殺

	人口100万あたりの自殺数		
	フランス人の州	ドイツ人の州	各民族の州の全体
カトリック	83	87	86.7
両者の混成			212.0
プロテスタント	453	293	326.3

ス系とドイツ系の住民がいるので、宗教がこの二つの民族におよぼす影響を別々に観察することができるからである。ところが、その影響は、両民族にたいしてひとしくはたらいている。ドイツ系、フランス系のいかんにかかわらず、カトリックの州の自殺は、プロテスタントの州のそれの四分の一[†1]ないしは五分の一にすぎないのだ〔第28表を参照〕。

　したがって、宗教の作用は、他のすべての要因の作用を支配してしまうほど強力であることになる。

　さらに、かなり多くの場合について、各宗教人口百万あたりの自殺数を直接に決定することができた。第29表の数字は、いろいろな観察者によって明らかにされたものである。

　同表のように、まったく例外なしに、[*1]どこでもプロテスタントの自殺は他の宗教の信者のそれをはるかに上まわっている。その差は、最少二〇%から三〇%、最大三〇〇%で、そのあいだを上下している。このような一致した事実の符合にたいして、マイルのように、[*2]ノルウェーやスウェーデンの孤立した事例——これらの国はプロテスタントであるが、自殺数は中くらいにすぎない——をとりあげてみてもむだである。まず、本章のはじめに注意しておいたように、この種の国際的比較は、かなり多数の国々について行なうのでなけ

第29表　各宗教信者100万あたりの国別自殺数

		プロテスタント	カトリック	ユダヤ教	観察者名
オーストリア	(1852−59)	79.5	51.3	20.7	ワグナー
プロイセン	(1849−55)	159.9	49.6	46.4	同上
	(1869−72)	187	69	96	モルセッリ
	(1890)	240	100	180	プリンツィンク
バーデン	(1852−62)	139	117	87	ルゴワ
	(1870−74)	171	136.7	124	モルセッリ
	(1878−88)	242	170	210	プリンツィンク
バイエルン	(1844−56)	135.4	49.1	105.9	モルセッリ
	(1884−91)	224	94	193	プリンツィンク
ヴュルテンベルク	(1846−60)	113.5	77.9	65.6	ワグナー
	(1873−76)	190	120	60	デュルケーム
	(1881−90)	170	119	142	同上

れば、論証的な意味はなく、この場合も、それは決定的なものとはならない。スカンディナヴィア半島の住民と中央ヨーロッパの住民のあいだにはかなり大きな相違があるので、プロテスタンティズムが両者にまったくひとしい効果をおよぼさないことはいわば当然である。しかしさらにいえば、ノルウェーとスウェーデンの自殺率は、それ自体としてあまり高くなくとも、両国が、ヨーロッパの文化のすすんだ民族のあいだで中位にあることを考慮すれば、それは比較的高いようにおもわれる。それらがイタリアより高い知的水準に達していると信ずる理由はとうていないが、それでいて、その自殺数はイタリアの二、三倍に達している（人口百万あたり、イタリア四〇にたいして、九〇から一〇〇）。プロテスタンティズムが、この相対的な増加の原因

ではないだろうか。こう考えると、この事実は、あのように多くの観察によって確立された法則と矛盾しないばかりか、むしろそれを裏づけようとしている。*3

ユダヤ教徒についていえば、かれらの自殺傾向は、プロテスタントのそれをつねに下まわっている。のみならず、ごく一般的には、カトリック教徒のそれをも、わずかではあるが下まわっている。もっとも、ユダヤ教徒とカトリック教徒の関係は逆になることもあり、この逆の関係が生じるようになったのはとくに最近のことである。十九世紀の半ばころまでは、バイエルン以外のすべての国々で、*4ユダヤ教徒の自殺のほうが少なかった。かれらがその昔からの特権〔自殺への免疫〕を失いはじめたのは、ほんの一八七〇年ころからである。それでも、ユダヤ教徒の自殺率がカトリック教徒のそれを大きくこえることはめったにない。なお、ユダヤ教徒が、他の宗教の信者にくらべ、もっぱら都会に住み、知的職業に従事していることを忘れてはならない。この理由からするならば、かれらは、他の宗教信者よりも強い自殺傾向をもつのであるが、†2そのことは、かれらの信仰する宗教とは無縁の理由によるものである。したがって、このような促進的な影響がはたらくにもかかわらずユダヤ教徒の自殺率がこうも小さい以上、他の条件がひとしければ、もっとも自殺の少ない宗教はユダヤ教だと考えることができる。

事実はこのように明らかになった。では、それをどのように説明したらよいのであろうか。

二

ユダヤ教徒はどこの社会でもごく少数であること、および、これまでみてきたほとんどの社会でカトリック教徒は少数派をなしていることを考えるならば、この二つの宗教に自殺が比較的少ないことの理由は、おのずとその事実にもとめたくなるであろう。[*5] 事実、少数派の宗教は、周囲の人びとの敵意とたたかわなければならないから、みずからの存在を維持していくために、自己をきびしく統制し、とくに厳格な規律にしたがわせる必要のあることは察せられる。少数派に認められている信仰の自由はつねに不安定なものであるが、それを正当化するためにも、かれらはいっそう高い道徳性をしめさなければならない。こうした理由以外にも、その特殊な要因〔少数派宗教であること〕が多少の影響力をもっていることを実際に暗示するかのような若干の事実がある。プロイセンでは、カトリック教徒の少数性はきわだっている。全人口の三分の一にすぎない。それゆえ、かれらの自殺も〔人口比で〕プロテスタントの自殺の三分の一にすぎない。住民の三分の二がカトリックであるバイエルンでは、この差はちぢまって、カトリック教徒とプロテスタントの自殺の比は、すでに一〇〇対二七五、あるいは時期によっては一〇〇対二三八にとどまっている。最後に、オーストリア帝国は、国民のほとんどすべてがカトリックであるが、ここでは、カトリック教徒の自殺一〇〇にたいして、プロテスタントの自殺はたんに一五五にすぎない。したがって、プロテスタンティズムが少数派になるときは、プロテスタントの自殺傾向も低下するようにおもわれよう。

しかしまず、自殺というものは世間からはきわめて寛大な目で迎えられるものであるから、自殺にくわえられるごく軽い非難が少数派の上に重くのしかかり、その立場上少数派たることをよぎなくされたかれらが世人の感情を気づかわなければならなくなる、というようなことはありえない。自殺はだれを害する行為でもないから、他よりも自殺傾向の大きな集団が、それによって大いに非難をこうむるわけでもないし、また、犯罪の多いときのように激しい反感をまねくおそれもないのである。なおまた、宗教的不寛容がとくにはなはだしい場合には、かえって逆効果を生むことも少なくない。その不寛容のゆえに少数宗派の信者たちはいっそう世論をおもんぱかるようにはならずに、むしろ世論に無頓着《むとんじゃく》であることに慣れてしまう。人びとは、自分がいかんともしがたい敵意の的になっていると感じるときには、それを和らげることをあきらめ、激しい非難の対象となっている当の慣習にますます片意地にしがみつくばかりである。これは、ユダヤ教徒のばあいによく起こったことであった。したがって、自殺にたいするかれらの異常な免疫は、おそらくそれ〔少数派であること〕以外の原因によるものと考えられる。

だから、いずれにせよ、この説明ではプロテスタントとカトリック教徒のそれぞれのおかれている状況を解き明かすことはできないであろう。なぜなら、カトリシズムが多数を占めるオーストリアやバイエルンでは、その自殺抑止作用はより小さいとはいっても、まだかなり強力だからである。したがって、カトリシズムのもっている抑止作用は、ただたんにカトリックが少数状態にあることに由来するのではない。もっと一般的にいえば、全人口中に占めるこの二つの宗教の比率がどうあろうとも、自殺という観点から両宗教を比較できるところならばどこでも、プロテスタントの自殺はカトリック教徒のそれよりはるかに多いことが確認された。高パラティナートや高バイエルンのように、人口のほとんど(それぞれ九二%、九六%)がカトリック教徒でありながら、しかも、カトリック教徒の自殺一〇〇にたいし、プロテスタントの自殺が三〇〇および四二三にものぼるような国さえある。低バイエルンでは、プロテスタントは人口百あたりただの一人にも満たないが、右の自殺の比はなんと五二八%にも達している。したがって、二つの宗教のあいだにあらわれているこのようないちじるしい差にたいして、少数派に義務づけられた慎重さがいくらかかかわっているとしても、そのほとんどはかならずや別の原因にもとづいているのである。

その原因は、この二つの宗教体系の本質のなかにあろう。とはいえ、二つの宗教体系は、いずれも変わらずにはっきりと自殺を禁じている。両者とも、自殺をとくにきびしい道徳的な処罰の対象としているばかりではなく、ひとしく、来世では新しい生が始まり、そこでは人間は現世の悪業によって罰せられる、と説いている。そして、プロテスタンティズムも、カトリシズムとまったく同様、自殺をこの悪業の一つに数えているのである。そのうえ、どちらにおいても、この自殺の禁止はある種の神聖な性格をおびている。すなわち、それはなにかみごとに構成された推論からみちびかれる論理的な帰結として提示される禁止ではなく、禁止の権威が、そもそも神自身の権威なのである。それゆえ、プロテスタンティズムが自殺の増加を助長するにしても、それは、プロテスタンティズムがカトリシズムと異なったかたちで自殺を扱っているからではない。では、この特定の点にかぎって両者が同じ戒律をもっているのであれば、自殺におよぼす両者の作用の相違は、それらを分かっているなにかもっと一般的な原因にもとづいているはずであろう。

　さて、カトリシズムとプロテスタンティズムのあいだのただ一つの本質的な相違は、後者のほうが、前者より相当広範囲の自由検討《リーブル・エグザマン》[†3]を認めているという点にある。たしかに、カトリシズムも、理想主義的な宗教であるという一点においては、ギリシア－ラテンの多神教やユダヤの一神教よりも、はるかに重要な地位を思惟《しい》や反省に与えている。カトリシズムは、とうてい機械的な儀式だけに満足せず、まさに人びとの意識を支配しようとしている。だから、カトリシズムが語りかけるのも、人びとの意識にたいしてであり、たとえそれが理性にむやみな服従をしいるときでも、理性の言葉を用い、理性に語りかけたうえでそうするのだ。しかしまた、カトリック教徒たちが既成の信仰を無批判に受けいれていることも否定できない。信仰の根拠である原典〔聖書〕の解釈が禁じられているため、信仰を歴史的な検討に付することもできない。伝統を変わりなく維持するために、教権の階級組織《イエラルシー》の体制全体は、それもじつに巧妙に、組織されている。カトリックの思想においては、変化につながるものはすべてひどく嫌われる。プロテスタントは、それよりは、はるかにみずからの信仰の創造者である。聖書は、かれの手に与えられていて、それについてはどのような解釈も強制されない。改革された宗教の構造それ自体が、この宗教的個人主義の状態を強めたのである。イギリスを別にすれば、どこでもプロテスタントの聖職は階級化されていない。牧師は、信者と変わることなくみずからとみずからの良心に依拠するのみである。一般の信者にくらべればより教養に富んだ指導者ではあるが、教義を確定するという特別な権威はもたない。ところで、宗教改革の創始者たちによってとなえられたこの検討の自由は、純粋に精神的に是認されているだけにとどまらない。そのもっともよい証拠には、カトリック教会の不可分の一体性とじつにあざやかな対照をなして、プロテスタンティズムにはあらゆる種類の分派《セクト》がますます増加しつつある。

そこで、次のような第一の結論に達する。すなわち、プロテスタンティズムの自殺への傾向は、この宗教に生気を与えている自由検討の精神と関係があるはずである、と。この関係を正しく理解するようにつとめよう。自由検討そのものは、ある別の原因のもたらした結果にすぎない。自由検討というものが登場してきたのも、また伝統につちかわれた既成の信仰を長いあいだ受けいれてきたのちに、人びとが自分自身の信仰をうちたてる権利を要求したのも、信仰の自由な追求それ自体のもっている魅力のためではなかった。なぜなら、それは、喜びとともにそれだけ多くの苦痛をともなうからである。むしろその理由は、そののち、この自由が人びとにとっていやおうなしに必要となってきたということにある。ところが、自由検討の必要性それ自体は、もっぱらただ一つの原因に由来している。それはなにかといえば、伝統的な信仰の動揺である。かりに伝統的な信仰が相変わらずの強さで君臨していたならば、人びとはそれを批判しようなどとつゆおもわなかったであろう。また、もしもそれが相変わらずの権威をたもっていたならば、人びとはその権威の源泉がなんであるかを確かめようなどとはしなかったであろう。反省というものは、その発達が必要とされるときにだけ、つまり、それまで支障なく行為をみちびくことのできた無反省なある観念や感情がその効力を失ってしまったときに、はじめて成長してくる。このときその空隙《くうげき》を埋めるために反省が起こってくるのであるが、べつに反省がこの空隙をうがったわけではない。思考や行為が無意識な習慣のかたちをとるにつれて反省がしりぞいていくのと同様に、既成の習慣がくずれはじめると、はじめてそれに応じて反省がめざめてくる。反省は、通念がもはや従来どおりの力をもたなくなったとき、すなわち、もはや同程度の通用性をもたなくなったとき、通念にたいしてその権利を主張するようになる。したがって、この権利の主張が、しばしのあいだ一時的な危機のもとにのみ行なわれるのではなく、それが常態になって、個々人の意識が常時この反省の自律的作用を確立するようになるということは、とりもなおさず、個々人の意識がさまざまな方向にさまよいつづけていて、すでに崩壊してしまった世論に代わる新しい世論がまだ形成されていないことを意味している。もしもかつての信仰にも比すべき、だれにも異議のない新しい信仰の体系がふたたび確立されれば、人びとは、もはやそれについてことさら異をたてようとはおもわないであろう。それを論議の対象とすることさえ許されないにちがいない。なぜなら、社会全体によって共有されている観念は、そこにおける同意から、ある権威を引きだし、この権威がそれらの観念を神聖化し、あらゆる論議から超越したものとするからである。だから、それらの観念が異論にたいして寛容であるという背景には、その観念がもはや一般的な、また完全な同意の対象ではなくなり、前もって異論の挑戦を受けて脆弱《ぜいじゃく》なものになってしまっているという事情がなければならない。

したがって、ひとたび自由検討が公《おおやけ》に主張されれば、それが教会の分裂に拍車をかけることは確かであるが、自由検討が教会分裂を前提とし、教会分裂から生じてくることも忘れてはならない。つまり、自由検討というものはもっぱら、潜在的な、あるいはなかば公然たる教会分裂を自由に進展させるために、一つの原理として要求され、制度化されたものだからである。けっきょく、プロテスタンティズムが、カトリシズムよりも個人の思惟に大きな地位を与えているのは、プロテスタンティズムにはカトリシズムほど共通の信仰や儀式が多くそなわっていないからである。ところで、もともと宗教社会というものは、集合的な信条《クレド》がなければ存立できない。そして、この信条が広く共有されていればいるほど、その社会はより一体化され、強められたものになる。すなわち、宗教社会は、サービスの交換や相互性によって人間の結合をはかっているものではないからである。それらは、人びとの差異を容認し、それを前提とさえする世俗的な絆《きずな》であって、人びとをむすびつけるうえでは無力なのだ。宗教社会では、人びとは同一の教義体系にむすびつくことによってはじめて社会化されるのであり、この教義体系がより広汎《こうはん》でしかも強固であればあるほど、人びとはよりよく社会化される。宗教的性格をおびた、それだけにまた自由検討に反するような行動様式や思考様式が数多く存在すればするほど、いっそう神の観念は生活のすみずみまで行きわたり、それによって、個々人の意志もただ一つの同じ目的に集中するようになる。反対に、宗教団体が個人の判断にすべてをゆだねていればいるほど、それだけ個人の生活からそのかげがうすれ、集団としての凝集性も活気も失われてくる。そこで、次のような結論に達する。すなわち、プロテスタンティズムのほうに自殺の多い理由は、プロテスタントの教会がカトリック教会ほど強力に統合されていないためである、と。

ユダヤ教のおかれている状態も、これと同じように説明される。じっさい、長いあいだのキリスト教による排斥から、ユダヤ教徒たちのあいだには異常に強力な連帯感が生まれた。周囲一般の憎悪とたたかう必要性、かれら以外の民族との自由な接触の不可能性——

これらの理由から、かれらは、たがいに固く身を寄せあっていかなければならなかった。したがって、信者の各共同体は、みずからとその一体性についてじつに生き生きとした感情をもった、緊密な凝集力の強い一つの小社会となったのである。そのなかでは、すべての者が同じように考え、同じように生活していた。生活の共同と全員相互のきびしい絶えざる監視のもとでは、個々人のあいだの異質性もほとんど生まれる余地がなかった。こうして、ユダヤ教会は、他からの排斥の的となってみずからのみを頼りにせねばならなかったため、他の教会よりも強く集中化されたものになったのである。したがって、さきにプロテスタンティズムについてみてきたことから推して、ことごとくの事情が反対にユダヤ教徒の自殺を増加させるはずであるにもかかわらず、かれらの自殺傾向が弱いのは、このような原因によると考えるべきである。もちろん、ある意味では、この自殺の少なさは、かれらの周囲の敵意に原因している。しかし、かりに周囲の敵意がこうした影響をおよぼすにしても、それは、敵意が、かれらにいっそう高い道徳性をしいるからではなく、かれらに緊密に連帯して生きることをしいるからなのだ。要するに、ユダヤ教徒が自殺から引きとめられるわけは、かれらの属している宗教社会がしっかりと塗り固められているからにほかならない。なお、かれらにくわえられる排斥は、このような結果をもたらす種々の原因のうちの一つにすぎない。ここでは、ユダヤ教の信仰の本質そのものが、大きな原因をなしているはずである。じっさい、ユダヤ教は、すべての未発達の宗教と同じように、本質的には、生活の細部までをことこまかに規制し、個人の判断をほとんど容《い》れない一つの儀礼体系からなりたっている。

三

以上の説明を裏づけてくれる事実が、いくつかある。

まず、プロテスタントの主要な国々すべてのうちでは、イギリスがもっとも自殺の少ない国である。ドイツにおけるプロテスタント社会では人口百万につき自殺が一四〇から四〇〇もあるのにたいして、ここでかぞえられるのは八〇ほどにすぎない。しかし、イギリスでは思想や商取引などにおける一般的な活動が他の国よりも停滞しているとはいっこうにおもわれない。[*6] さて他方、同時に気づかれることは、英国国教会が他のプロテスタントの教会よりもはるかに強く統合されていることである。たしかに、イギリスは、典型的な個人の自由の地とみなされるのをつねとしてきた。しかし、じつはこの地では、共同の、義務的な、またそれだけに個人の自由検討をゆるさないような信仰や儀礼がドイツよりおびただしく存在していることがいろいろな事実からうかがわれる。まず、この国の法は、いまもって多くの宗教的な規定を定めている。たとえば、安息日の遵守にかんする法律、聖書中の人物を舞台で演じることをいっさい禁じる法律、最近までのこっていた全代議士にある種の信仰告白を要求する法律、†4などがそれである。次に、イギリスで、いかに伝統の尊重が支配的で、しかも根づよいものであるかは周知のとおりである。これが、他の事柄と同じように宗教的な事柄にもおよんでいないはずはない。そして、極端な伝統主義は、いつでも多かれ少なかれ個人の独自の行動を排斥するものである。最後に、すべてのプロテスタントの聖職者のうち、ただ一つ英国国教会のそれだけが階級化されている。この外部的な組織も、明らかに、とくに強い宗教的個人主義とは相容《あいい》れない内部の一体性を反映している。

さらにまた、イギリスは聖職者の数がもっとも多いプロテスタント国家である。一八七六年には、その一人あたりの信者数は九〇八人であったが、ハンガリーでは九三二人、オランダでは一一〇〇人、デンマークでは一三〇〇人、スイスでは一四四〇人、ドイツでは一六〇〇人というぐあいであった。*7さて、聖職者の数というものは、宗教の内的性格と関係のない無意味な瑣事《さじ》でもなければ、表面的な特徴でもない。その証拠には、どこでもカトリックの聖職者はプロテスタントのそれよりもはるかに多い。イタリアでは、司祭一人につきカトリック教徒二六七人、スペインでは四一九人、ポルトガルでは五三六人、スイスでは五四〇人、フランスでは八二三人、ベルギーでは一〇五〇人、となっている。つまり、聖職者は、信仰と伝統に仕える自然の器官であって、他の例にもれず、ここでも器官は、機能のはたらく範囲に応じて必然的に発達するからである。宗教生活が活発になればなるほど、それだけ宗教生活をみちびく人も必要になってくる。個々人の意識に解釈をゆだねることのできないような教義や戒律が多ければ多いほど、それだけその意味を語ることのできる権威者が必要になってくる。他方、その権威者が多くなればなるほど、かれらは、いっそう個人を密に取り囲み、個人に強い制約をおよぼすようになる。したがって、このイギリスの事例は、筆者の説の弱点をついているどころか、筆者の説の一つの検証となっている。イギリスのプロテスタンティズムが大陸諸国のプロテスタンティズムと同じ結果〔自殺の増加〕をもたらさないのは、この国の宗教社会がはるかに強固に組織されていて、そのために、むしろカトリック教会の姿に近づいているからなのだ。

だが、次に、もっとはるかに一般性に富んだ例証があげられる。

自由検討への志向がめざめれば、それと歩を合わせて知識欲もめざめてこざるをえない。じっさい、知識というものは、自由な反省がその目的を達するために用いる唯一の手段である。不合理な信仰や儀礼がその権威を失ったとき、それに代わるものを求めようとすれば、まさに啓《ひら》かれた意識――科学は、そのもっとも高度な形態にほかならない――にうったえなければならない。基本的には、この二つの傾向は一つのものであり、同じ原因から生まれてくる。一般的にいって、人間は、もっぱら伝統のくびきから解放されるのに応じて、知識を獲得したいと望むようになる。なぜなら、伝統が知性の上に君臨しているかぎりは、それで万事ことたりるわけで、それに対抗する力はおいそれとは受けいれられないからである。しかし反対に、蒙昧《もうまい》な慣習がもはや新しい必要に応じえなくなると、そのときから、人びとは、理性の光《リュミエール》をもとめるようになる。宗教がその支配権を失ったときに、しかもそのときにかぎって、知識の最初の綜合《そうごう》的な形態である哲学が登場してくる理由は、まさにここにある。ついで、哲学を生んだその必要性自体が高まるにつれて、しだいに多くの個別科学が生まれてくる。したがって、筆者に誤解がないとして、もしも集合的、因襲的な偏見がしだいに弱まることによって自殺が増大するならば、またここからプロテスタンティズムの特殊な自殺への傾向が生じてきたのであるならば、次の二つの事実が確認されるはずである。一、知識欲は、カトリック教徒よりもプロテスタントにおいて活発なはずである。二、知識欲が共同の信仰の動揺を反映しているかぎり、一般的にいって、それは自殺の増加と比例して発展するものでなければならない。この二つの仮説は、はたして事実によって立証されるだろうか。

カトリックのフランスとプロテスタントのドイツを、両方の頂点、すなわち両国の最高の階級だけをとって比較してみると、フランスはこの比較に耐えるかにみえる。フランスの大都会では、ドイツより知識が尊重されていないわけでもなければ、知識が普及していないわけでもない。この観点からすれば、フランスがいくつかのプロテスタント国家よりまさっていることさえ疑いを容れない。しかし、かりに両方の社会の上層で同じくらいの教育への要求がもたれているようにみえても、下層においてはそうではないし、両者のその要求の強度の最大値がほぼ等しいとしても、平均の強度はフランスのほうが低い。このことは、カトリックの国家全体をプロテスタントの諸国家と比較してみても同様であるといってよい。きわめて高度な文化については、カトリックの国家はプロテスタントの国家にひけをとるものではないが、こと民衆の教育にかんしては、事態はまったくちがう。プロテスタントの国民（ザクセン、ノルウェー、スウェーデン、バーデン、デンマーク、プロイセン）においては、一八七七―七八年には、学齢期の児童、すなわち六歳から一二歳の児童千人につき平均九五七人が就学していたのにたいして、カトリックの国民（フランス、オーストリア－ハンガリー、スペイン、イタリア）では、わずか六六七人で、三一％も少ないのである。この関係は、一八七四―七五年の期間と一八六〇―六一年の期間でも変わりがない。[*8] プロイセンは、プロテスタント国家のなかでこの数字がもっとも低い国であるが、それでもなおカトリック国家の首位にあるフランスよりずっとまさっている。プロイセンでは、学齢期児童千人あたりの就学児童は八九七人であるが、フランスは、わずか七六六人という状況である。[*9] 全ドイツのなかでカトリック教徒がもっとも多いのはバイエルンであるが、非識字者がいちばん多いのもまたここである。バイエルンの全州のうち、高パラティナートは生粋のカトリックの州の一つであるが、読み書きのできない徴兵適齢者がもっとも多いのも、ここにほかならない（一八七一年に一五％）。プロイセンでは、同じような符合がポーゼン公国とプロイセン州にみられる。[*10] 最後に、この国全体では、一八七一年に、非識字者は、プロテスタント千人につき六六人、カトリック教徒千人につき一五二人という数字が出ている。この比は、両宗教の女子についても変わりがない。[*11]

おそらく、初等教育は教育一般の状態を測るのには役だたない、という反対もでてくるであろう。国民の教育の高さは非識字者の多少によって決まるのではないとよくいわれる。この留保は認めておこう。とはいえ、実際には、さまざまな段階の教育はことのほか関連しあっているものであり、ある段階の教育が発達すれば、同時に他の段階の教育も発達せざるをえないのである。[*12]いずれにせよ、初等文化の水準の高低は、科学的文化の水準を忠実に反映しないとしても、それは、一つの国民が全体としてどのくらい知識への要求をいだいているかをある程度正確にしめしている。その国民がこの要求をきわめて強く感じていなければ、最下層の者にまで初歩の知識を普及させようとつとめるものではない。国民の知識をひろめ、啓発することが国民の存立のためにも不可欠であると感じていなければ、このようにすべての者に教育を受ける手段を与えたり、はては無知を法的に禁じたりすることができるものではない。事実、プロテスタント国家が初等教育を非常に重視してきたのも、すべての個人が聖書を理解できるようにならなければならないと考えてきたからである。さて、いまここでわれわれが把握しようとしているのは、この知識への要求の平均的な強さ、つまり各国民が知識というものにどのくらいの価値をみとめているかということであって、その国の学者の価値やかれらの行なった発見の価値を問おうとしているのではない。このかぎられた観点からすれば、高等教育の状態や、いわゆる科学的成果などは基準として適切を欠くといえよう。すなわち、それらは、社会のごくかぎられた部分にみられることをあらわしているにすぎないからである。その点、民衆教育、普通教育は、はるかに信頼できる指標である。

以上、筆者の第一の命題は立証された。こんどは第二の命題である。いったい、知識への要求というものは、自殺と軌を一にして、共同の信仰が弱まるにつれて増大するものであろうか。プロテスタントがカトリック教徒より教育程度が高く、自殺も多いことは、すでに最初の前提である。しかし、この法則は、ただ二つの宗教を比較したときにだけ検証されるのではない。それは、両方の宗教のそれぞれの内部にも、ひとしくみとめられる。

イタリアは、すみずみまでカトリックの国である。そして、ここでは民衆の教育と自殺の分布は正確に一致している（第30表を参照）。

平均値が正確に対応しているばかりでなく、こまかい点でも符合がみられる。例外はただ一つ、それはエミリアであるが、ここでは地方的な原因が影響して自殺数と教育程度のあいだに関係がない。フランスについても同じような傾向がうかがわれる。非識字の夫婦のもっとも多い（二〇％以上）県は、コレーズ、コルシカ、コート＝デュ＝ノール、ドルドーニュ、フィニステール、ランド、モルビアン、オート＝ヴィエンヌなどであるが、これらの県はいずれも自殺が比較的少ない。より一般的な事柄としては、非識字の夫婦が一

第30表　イタリアの諸州：自殺と教育の比較

第1群の州	結婚契約書に夫婦の署名のあるもの（%）	人口100万あたりの自殺件数	第2群の州	結婚契約書に夫婦の署名のあるもの（%）	人口100万あたりの自殺件数	第3群の州	結婚契約書に夫婦の署名のあるもの（%）	人口100万あたりの自殺件数
ピエモンテ	53.09	35.6	ヴェネツィア	19.56	32.0	シチリア	8.98	18.5
ロンバルディア	44.29	40.4	エミリア	19.31	62.9	アブルッツィ	6.35	15.7
リグリア	41.15	47.3	ウンブリア	15.46	30.7	アプリア	6.81	16.3
ローマ	32.61	41.7	マルカ	14.46	34.6	カラブリア	4.67	8.1
トスカーナ	24.33	40.6	カンパニア	12.45	21.6	バジリカータ	4.35	15.0
			サルデーニャ	10.14	13.3			
平　均	39.09	41.1	平　均	15.23	32.5	平　均	6.23	14.7

署名のある夫婦の数値は，エッティンゲンの *Moralstatistik* 付表85による。それは1872-78年にかんするものであるが，自殺は1864-76年のものである。

〇%以上もいる県のなかには、フランスの典型的な自殺地帯である東北地方に属する県は一つもふくまれていない。*13

プロテスタント国家どうしを比較してみても、これと同じ並行関係がみとめられる。ザクセンはプロイセンより自殺が多い。つまり、プロイセンのほうが非識字者が多いということである（一八六五年に、ザクセン一・三%にたいし、プロイセン五・五二%）。ザクセンでは、就学児童が法的な就学義務者の数よりも多いという奇妙な現象さえあらわれている。学齢期の児童千人にたいして、就学者は一八七七―七八年には一〇三一人にもおよんでいた。これは、すなわち、規定の年限を終了しても在学しつづける者が多いからである。こんな事実は、どこの国でもあったためしがない。*14 最後に、すべてのプロテスタント国家のうちでは、すでに明らかなとおり、イギリスがもっとも自殺の少ない国であるが、教育という点でもっともカトリック国に接近するのもこの国である。一八六五年には依然として、海軍兵士のうち文字を読むことのできない者が二三％、書くことのできない者が二七％にのぼっていた。なお、その他の事実を、これまでの事実と比較し、それらの論証に役だてることもできる。

自由業、もっと広義には余裕のある階級は、たしかに知識欲がもっとも旺盛《おうせい》で、もっとも知的な生活をいとなんでいる。さて、職業別や階級別の自殺統計はいつも不正確にしかできていないものであるが、社会の上層階級に自殺が法外に多いことは、もう疑いもない事実である。フランスでは、一八二六年から八〇年まで自殺の首位を占めていたのはこの自由業であった。すなわち、この職業集団の人びと百万あたりの自殺は五五〇であったが、それに比べて、すぐ次位の家事使用人は二九〇にすぎなかった。[*15] イタリアでは、モルセッリが、もっぱら学問研究に従事する職業をとくにとりだすことに成功したが、それによると、自殺に占めるかれらの割合は、他のすべての職業のそれを大幅に上まわっている。事実、一八六八―七六年の期間では、この同じ職業従事者百万あたりは四八二・六であり、それにつぐ軍人は四〇四・一であるが、この国の一般の平均は三二にすぎない。プロイセンでは（一八八三―九〇年）、きわめて厳選された知的エリートを構成している官吏の集団の自殺が八三二で、他のすべての職業をしのいでいる。医療と教育関係の職業ははるかに低いが、それでも数字はまだかなり高い（四三九および三〇一）。バイエルンでも同様である。ここでは、自殺について例外的な位置にある軍人を別とすれば――その理由はのちにのべる[†5]――、官吏は四五四で、第二位であり、ほとんど首位に接している。首位の商業従事者の四六五をわずかに下まわっているにすぎないからである。ついで、芸術家、文学者、記者の四一六がこれにつづく。[*16]ベルギーとヴュルテンベルクでは、たしかに知的な階級の自殺はとりたてていうほど多くないようだ。しかし、これらの国では職業分類の用語が正確ではないので、二つの例外もそれほど重視するわけにはいかない。

第二に、すべての国で、女子の自殺は男子の自殺よりよほど少ないことがわかった。ところで、女子の教育程度はまた男子よりはるかに低い。女子は、本質的に伝統に固執しがちな存在であり、既成の信仰によってみずからの行為を律するので、強い知的欲求をもつことがない。イタリアでは、一八七八―七九年の期間、結婚した男子一万人のうち婚姻契約書に署名できなかった者が四八〇八人、同じく女子一万人のうち署名できなかった者は七〇二九人であった。[*17]フランスでは、一八七九年には、婚姻千件あたり署名できなかった者が、男子一九九人、女子三一〇人であった。プロイセンでは、プロテスタントでも、カトリック教徒でも、男女のあいだに同じような差がみられた。[*18]イギリスは、他のヨーロッパ諸国よりこの男女差がずっと小さくなっている。一八七九年には、非識字の妻が千人につき一八五人であるのにたいして、非識字の夫は一三八人であり、しかも一八五一年以来この比率はほとんど変わっていない。[*19] ところが、イギリスはまた、女子の自殺数が男子の自殺数にもっとも接近している国である。女子の自殺数を千とすると、男子のそれは一八五八―六〇年には二五四六、一八六三―六七年には二七四五、一八七二―七六年には二八六一となったが、それにたいし、イギリス以外ではどこでも、[*20] 女子の自殺数は男子の四分の一、五分の一、六分の一ほどにすぎない。最後に、アメリカでは経験される事態がほとんど逆転している。このことは、それ自体とくに示唆に富んでいる。黒人の妻の教育程度は、その夫と同等か、またはそれ以上であるらしい。そして、若干の観察者の伝えているところでは、[*21] 彼女たちの自殺への傾向はきわめて強く、往々にして白人の妻のそれをこえることがあるという。あるところでは、その比率は三五〇％にもおよぶ。

ところが、この法則が証明されないかにみえる事例もある。

すべての宗教のなかで、ユダヤ教は自殺がもっとも少ないが、にもかかわらずこれ以上に教育の普及している宗教もない。すでに初等の知識にかんして、ユダヤ教徒はプロテスタントと今のところ同等の水準にある。事実、プロイセンでは（一八七一年）、ユダヤ教徒男女それぞれ千人につき、男子の非識字者は六六人、女子の非識字者は一二五人であったが、プロテスタントの側では男子六六人、女子一一四人で、ほとんど同等であった。しかし、とくに中等教育や高等教育となると、比率からいってユダヤ教徒は他の宗教信者より高い就学率をしめす。プロイセンの統計から借りてきた第31表の数字（一八七五—七六年）によってそのことが証明されている。[*22] 人口差を考慮に入れれば、高等中学校《ギムナジウム》や実業学校《レアルシューレ》などに通学しているユダヤ教徒は、カトリック教徒の約一四倍、プロテスタントの約七倍という計算になる。それは、高等教育についても変わりがない。初等教育から高等教育までのあらゆる種類の学校に就学している若いカトリック教徒千人あたりの大学生数はわずか一・三人、同じくプロテスタントでは二・五人であるが、ユダヤ教徒では一六人にも達している。[*23]

第31表　各信者の割合と就学率（プロイセン）

	カトリック	プロテスタント	ユダヤ教徒
一般人口 100 あたりの各宗教の割合	33.8	64.9	1.3
中等教育の生徒 100 人あたりの各宗教の割合	17.3	73.1	9.6

しかし、ユダヤ教徒が、大いに教養をもちながらしかもめったに自殺をしない、という生活を首尾よくやっていくことができるのは、かれらの知識欲がまったく特殊な原因から生まれているからなのだ。宗教の少数派が、かれらを対象として向けられる憎悪に抗して確信をもって生きていくために、あるいはたんに一種の対抗心から、周囲の人びとより知的に秀でようとつとめるのは通例の法則である。そういうわけで、プロテスタントも、全人口のなかで少数であれば、いっそう旺盛な知識欲をしめす。[*24] だから、ユダヤ教徒が教育を受けようとするのは、その集団的偏見を克服し、めざめた観念におきか

えようとするためではなく、たんに闘争にそなえてよりよく武装するためなのである。それは、かれらにとっては、世論や、ばあいによっては法によって定められた不利な立場を補償するための手段なのだ。そして、ひとり知識だけでは、強い活力を維持している伝統になんら影響をおよぼしえない以上、かれらが自分たちの習慣的活動の上に知的生活を積み重ねたところで、知的生活がその習慣的活動に動揺を起こさせるわけでもない。ユダヤ教徒の複雑な特徴はこうしたところから生まれた。かれらは、一面では未開人であるとともに、他面では思索家であり、また洗練された人びとでもある。かれらは、このように、昔ながらの小集団の特徴である強固な規律の利点と、今日の偉大な社会の特権である高い文化の恩恵とを、一つにむすびつけている。現代人の知性をすべてそなえながら、その絶望を共有していないのがユダヤ教徒である。

だから、この場合にかぎって知的な発達が自殺の数と無関係なのは、その知的発達の原因も、それのもつ意義も、一般のそれと異なっているからにほかならない。したがって、この例外はみかけだけであって、むしろ、もっぱらさきの法則を立証している。事実、このことからは次のことが証明されている。すなわち、教育程度の高い環境のもとで自殺傾向が促進されるのは、すでにのべたように、まさに伝統的信仰の衰退とそこから生じる道徳的個人主義が原因となっている。それというのも、教育が〔ユダヤ教徒の場合のように〕他の理由から普及し、他の要求に応じているときには、自殺傾向の促進はみとめられないからである。

四

この章からは、二つの重要な結論がでてくる。

第一に、一般になぜ知識の発達と歩を合わせて自殺が増大するのかという理由が明らかになった。自殺を増大させているのが知識なのではない。知識に罪はないのであって、それを責めることほど当を得ないものはない。ユダヤ教徒の例がそれを教えてくれる。むしろ、この二つのものは、同じ一つの一般的状態から同時的に生まれてきたのであって、両者はその一般的な状態を別々のかたちで反映しているのだ。人びとが知識を学んだり、自殺をはかったりするのは、かれらの属している宗教社会が凝集力を失ってしまったからであり、知識を学んだから自殺をしたということではない。人びとが知識を得たことが宗教を崩壊にみちびくのではなく、むしろ宗教の崩壊が人びとの知識への要求を目ざめさせる。その要求は、既存の通念を破壊するための手段として追求されたのではなく、その破壊が始まったからこそ追求されたのだ。ひとたび知識が存在するようになると、かならずそれは、その名においても、それ自身のためにもたたかうことができるし、伝統的感情に抗して起《た》つこともできる。しかし、伝統的感情がまだ活力を失っていないあいだは、その攻撃も効果がないだろう。というよりはむしろ、攻撃が行なわれることもないであろう。思弁的な証明によって信仰をくつがえすことはできないのであり、信仰がさまざまな論議のおよぼす衝撃に屈するようになるのは、その信仰が他の原因によってすでに根底から動揺をきたしているばあいにかぎられる。

知識は、悪の根源であるどころか、それをのぞく手段であり、しかもわれわれの用いることのできる唯一の手段である。一度確立された信仰が、事実のなりゆきのなかでくずれ去ってしまうと、もはやそれを人為的に再建することはできない。のこされるのはただ、生活のなかでわれわれの行為をみちびいてくれる反省作用だけとなる。ひとたび社会的本能が鈍ってしまうと、人びとにのこされる唯一の案内人は知性だけとなり、人はこれによって意識の再建をはからなければならないということである。この企てがどれほど冒険であろうと、躊躇《ちゅうちょ》は許されない。なぜなら、それは選択のきく問題ではないからである。だから、古きよき信仰の崩壊を不安と悲しみのなかで見まもらなければならない者も、この危機の時代のさまざまな困難に心わずらわせている者も、科学から生じたのではない病弊を、科学のせいにしてはならない。むしろその病弊をみずから克服するようにつとめるべきなのだ。科学を敵視することのないようにしなければならない。科学は、一般にいわれているような破壊的影響をおよぼすどころか、むしろ科学の誕生の原因となった当の破壊とたたかうことのできる唯一の武器である。科学を禁じてみたところでなんの解決にもならない。科学に沈黙をしいてみたところで、失われた伝統に権威を回復させることはできないであろう。せいぜい伝統をおきかえる力を弱めるだけだ。たしかに、一手段にすぎない知識の追求を、自己充足的な目的と考えたりすることのないように同じく注意する必要はある。たとえ人びとを人為的に束縛してみても、かれらの独立への欲求を忘れさせることはできないが、また人びとをたんに自由にしてみても、かれらを平衡のとれた状態におくことはできない。さらに、人びとがこの自由を適切に利用することができなければならないのである。

第二に、なぜ一般に宗教が自殺にたいして抑止作用をおよぼすのかという点も明らかになった。それは、よくいわれるように宗教が世俗道徳よりも仮借なく自殺を非難するからでもなく、また神の観念がその戒律《おきて》に絶大な権威を与えて、自殺への意志をくじいてしまうからでもなく、あるいは来世の生および来世で罪人《つみびと》に科せられる罰の恐ろしさへの予感が、この神の禁止を、現世の法の規定する制裁より効き目のあるものにしているからでもない。プロテスタントも、カトリック教徒と同じく、神を信じ、霊魂の不滅を信じている。それればかりではない、自殺傾向がもっとも小さい宗教、すなわちユダヤ教は、自殺を公に禁じていないまさしく唯一の宗教であるが、これがまた霊魂不滅の思想がほとんどなんの役割も演じていない宗教なのである。じっさい、旧約聖書は自殺を禁じるような規定をなにひとつふくんでいないし、*25 また来世にかんする信仰も、そこではあるかなしかじつに曖《あい》味《まい》である。たしかに、ユダヤ教の律法学者《ラビ》の教えがつぎつぎとすこしずつ聖典に欠けている部分を埋めていったが、しかしそれは聖典のような権威はもたない。したがって、宗教のこの恩恵にとんだ作用〔自殺を抑止する作用〕は、宗教思想の独特の性質に由来するのではない。宗教が人びとを自己破壊への欲求から守ってくれるのは、宗教が一種独特の論理で人格尊重を説くからではなく、宗教がひとつの社会[†6]だからなのである。その社会を構成しているのが、すべての信者に共通の、伝統的な、またそれだけに強制的な、一定の信仰と儀礼の存在にほかならない。そのような集合的状態が多ければ多いほど、また強ければ強いほど、宗教的共同体は緊密に統合されているわけで、それだけ自殺を抑止する力も強いことになる。教義や儀式についての区々たる事柄は、さしあたり重要ではない。肝心なことは、もともと教義や儀式は、自殺を抑止するにたりる強力な集合的生活をはぐくむような性質をもっているということである。そして、プロテスタントの教会が、他の教会ほど自殺の抑止作用をもたない理由は、それが他の教会ほどこの緊密性をもっていないことにもとめられる。

＊1　フランスについては、宗教の影響にかんする資料はない。しかし、ルロワがセーヌ－エ－マルヌ県にかんする研究のなかでのべているところによれば、カンシー、ナントゥイユ－レ－モー、マルイユの町では、プロテスタントの自殺は三一〇人につき一、カトリックの自殺は六七八人につき一で

＊2　ある（*op. cit.*, p.203）。
＊3　*Handwörterbuch der Staatswissenschaften*, Supplément, t. I, p.702.
＊4　イギリスのばあいがのこっている。この国はカトリックではないが、自殺はさほど多くない。その説明については、一〇四—一〇七ページを参照。
＊5　バイエルンがここでも唯一の例外である。すなわち、ここではユダヤ教徒の自殺がカトリック教徒の自殺の二倍におよんでいる。この国におけるユダヤ教の地位はなにか例外的なものなのだろうか。筆者にはなんともいえない。
＊6　Legoyt, *op. cit.*, p.205; Oettingen, *Moralstatistik*, p.654.
＊7　たしかにイギリスの自殺統計はそれほど正確ではない。自殺にたいしては刑罰がくわえられるために、多くのばあい、自殺は事故死として届け出される。この不正確さのゆえに、イギリスとドイツのあいだのこのように大きな差異を、十分説明することができないのであるが。
＊8　Oettingen, *Moralstatistik*, p.626.
＊9　*Ibid.*, p.586.
＊10　この期間の一つにおいて（一八七七—七八年）、バイエルンはわずかながらプロイセンをこえている。ただし、このようなことは一回かぎりであった。
＊11　Oettingen, *ibid.*, p.582.
＊12　Morselli, *op. cit.*, p.223.
＊13　さらに、中等教育や高等教育も、同じくカトリック教徒よりもプロテスタントにおいて高くなっている〔二五一ページを参照〕。
＊14　*Annuaire statistique de la France*, 1892-94, pp.50-51 を参照。
＊15　Oettingen, *ibid.*, p.586.
一八八二年の刑事裁判一般報告、一一五ページ。

＊16 Prinzing, *op. cit.*, pp.28-31を参照。プロイセンで記者と芸術家がごく平凡な数字（二七九）をしめしていることは興味ぶかい。

＊17 Oettingen, *ibid.*, annexes, tableau 83.

＊18 Morselli, p.223.

＊19 Oettingen, *ibid.*, p.577.

＊20 スペインはのぞく。スペインの統計の正確さが疑わしいことのほか、そもそもこの国と中央ないし北ヨーロッパの大国を比較することは不可能である。

＊21 Baly と Boudin. Morselli, p.225により引用した。

＊22 Alwin Petersilie, Zur Statistik der höheren Lehranstalten in Preussen, in *Zeitschr. d. preus. stat. Büro*, 1877, p.109以下による。

＊23 *Zeitschr. d. pres. stat. Bureau*, 1889, p. xx.

＊24 中等教育機関に通学するプロテスタントが、プロイセンの諸州においてどれほど不均等であるかをしめすと、付表Ⅱのようになる。

このように、プロテスタンティズムが大多数を占めているところでは、就学人口は、プロテスタントの人口全体と比例しない。少数派のカトリック教徒がふえてくると、二つの人口の差はマイナスからプラスとなり、このプラスの差は、プロテスタントが少なくなるにつれていっそう大きくなる。カトリック教徒もまた、少数派をなしているときには、とくに強い知識欲をしめすというわけである（Oettingen, *Moralstatistik*, p.650を参照）。

＊25 われわれに知られているただ一つの罰則規定は、フラウィウス・

付表 II

	総人口にたいするプロテスタントの比率(%)（A）		生徒総数にたいするプロテスタントの生徒の平均比率（%）（B）	B－A
第1群	98.7－87.2	平均94.6	90.8	－ 3.8
第2群	80－50	70.3	75.3	＋ 5
第3群	50－40	46.4	56.0	＋10.4＊
第4群	それ以下	29.2	61.0	＋31.8

＊ 9.6の誤りである。

ヨセフスがその著『ローマ人対ユダヤ人の戦争史』（III, 25）のなかでのべているものであるが、そこでは、たんにこう語られているにすぎない。「戦死をとげた者は日没前に埋葬することを許されたが、自殺した者は日没までのあいだ埋葬もされずにほうっておかれた」。これがいったい罰則の処置にあたるかどうかも疑わしい。

†1　三分の一の誤りとおもわれる。

†2　都会人や知的職業に従事している者の自殺率が一般に高いことは、以下本文中で明らかにされる（二四八―二四九ページ、その他を参照）。

†3　信者自身が聖書を読み、その教えを解釈し、主体的にみずからの内面的信仰をうちたてるべく与えられた自由であり、聖書を信仰の唯一の根拠とするプロテスタンティズムの中心思想の一つである。

†4　議会開会直後、議員に、聖書に手をおいて宣誓（oath）をすることを義務づける法律で、一八八八年まで存続した。

†5　第二編第四章二を参照。

†6　ここでいわれる「社会」とは、あらゆる機能をそなえた全体社会ではなく、宗教社会という用語法からも察せられるように、実際には社会関係を意味する。すなわち、宗教社会は宗教的社会関係の意であり、後出の家族社会、政治社会も同様である。

第三章　自己本位的自殺（つづき）

だが、宗教が、もっぱらそれがひとつの社会であるという理由で、社会をなしている度合に応じて、自殺を抑止するということであれば、おそらくその他のいろいろな社会も、同じ結果をもたらしているにちがいない。そこで、この観点から家族と政治社会をみてみよう。

一

絶対数だけをとってみると、未婚者の自殺は既婚者より少ないようにみえる。たとえばフランスでは、一八七三―七八年の期間、既婚者の自殺は一万六二六四件であったが、他方、未婚者のそれは一万一七〇九件にすぎなかった。後者を一〇〇とした前者の比は一三二〔一三九〕にあたる。これと等しい比率が、他の期間でも、他の国々でもみとめられるので、かつて、結婚と家族生活が自殺の機会の増大をまねくのだ、と説いた著者もある。

通俗的な考え方にしたがって、自殺を、もっぱら生活苦から生じる絶望の行為とみるならば、たしかにこの考え方からして、右の意見はきわめてもっともらしくおもわれる。事実、未婚者の生活は既婚者の生活より楽なものである。結婚生活は、あらゆる種類の負担と責任をともなうものではないだろうか。家族の現在と将来の生活を保証するためには、独り身の人間の要求を弁じるときよりも、はなはだしい窮乏や骨折りをしいられるのではあるまいか。[*1] しかし、この頭のなかでの推量は、どんなにもっともらしくとも、まったく誤っている。いろいろな事実がこれを正しいかのようにみせているのは、じつは事実の分析が適切でなかったからなのだ。それは、大ベルティヨン[†1]が巧みな計算によってはじめて明らかにしたことであり、[*2] それについてはこれからのべよう。

じつは、さきほど引用した数字を正しく解釈するためには、未婚者のきわめて多数が一六歳未満であるのにたいして、既婚者はすべてそれより年長であるという点を考慮にいれなければならない。さて、一六歳に達するまでは、年齢のせいだけで自殺傾向はひじょうに小さい。フランスでは、この範囲の年齢においては、自殺は人口百万あたり一～二がかぞえられるにすぎない。しかし、その次の年齢範囲になると〔第32表を参照〕、すでにその二〇倍にもおよんでいる。このように自殺傾向の低さが、未婚であることによるのではなく、年齢によるもので

第32表　年齢別の自殺数

年　齢	人口100万あたりの自殺件数
16－21	45.9
21－30	97.9
31－40	114.5
41－50	164.4

ある以上、未婚者のなかにおびただしい数の一六歳未満の少年がふくまれていることが、その自殺傾向の平均を法外に押し下げていることになる。みたところかれらの自殺がきわめて少なくても、それはかれらが結婚していないからではなく、その多くがまだ少年期から脱しきっていないからである。だから、法律上の身分[†2]のそれぞれの影響を区別しながらその二種類の人びとを比較しようとおもえば、この攪乱《こうらん》要素〔独身者にふくまれている年少者〕をとりのぞき、既婚者と、その他を差し引いた一六歳以上の未婚者だけとを比較するようにしなければならない。その引き算の結果、一八六三—六八年では、一六歳以上の未婚者百万あたりの自殺は、平均して一七三、既婚者百万あたりのそれは一五四・五となった。前者と後者の比は一一二対一〇〇である。

　したがって、未婚であることによる自殺の増加がみられるわけである。しかし、それは、右の数字がしめしているよりもはるかにいちじるしいものである。じつはここでは、一六歳以上のすべての未婚者とすべての既婚者が同じ平均年齢であると推定していた。ところが、まったくそうではない。フランスでは、未婚男子の大半——正確には五八%——は一五歳から二〇歳の層に属し、未婚女子の大半——正確には五七%——は二五歳以下に属する。前者の平均年齢は二六・八歳、後者の平均年齢は二八・四歳である。これにたいして、既婚者の平均年齢は四〇歳から四五歳のあいだであった。他方、自殺が年齢に応じてどのように増加していくかを男女合算してあらわせば第32表のようになる。

それらの数字は、一八四八―五七年のものである。そこで、もしも年齢だけが〔自殺に〕作用すると考えれば、未婚者の自殺傾向は九七・九以上には上昇しえないであろうし、既婚者の自殺傾向は一一四・五と一六四・四のあいだにはさまれ、一四〇あたりに落ち着くであろう。既婚者の自殺と未婚者の自殺の比は一〇〇対六九ほどになろう。後者は、前者の三分の二にすぎない。ところで、実際には未婚者の自殺のほうが多いことがわかっている。したがって、家族生活が、この関係を逆転させていることになる。かりに家族的結合が影響をおよぼさないとすれば、既婚者は年齢が高いから、未婚者より五〇％かた自殺が多いはずであるが、これに反して実際にはかなり少ない。だから、けっきょく、結婚していることが自殺の危機を半分ほど減じているといえる。あるいはもっと厳密にいえば、未婚であることによって、112/69 = 1.6 倍も自殺が促進されているわけである。したがって、既婚者の自殺傾向を一とするのがよければ、同じ平均年齢の未婚者のそれは一・六とあらわされなければならないだろう。

イタリアでも、この関係にほとんど変わりがない。年齢だけからすれば、既婚者（一八七三―七七年）の自殺は百万につき一〇二、一六歳以上の未婚者の自殺はわずか七七となるはずであろう。この前者と後者の比は一〇〇対七五となる。[*3] ところが、実際は、自殺が少ないのは既婚者のほうである。かれらの自殺は、未婚者の自殺八六件にたいして七一件しかなく、この比は一二一対一〇〇となる。したがって、未婚者と既婚者の自殺傾向の比は一二一対七五、つまりフランスのばあいと等しく一・六となる。このように、別々の国でも相通ずる事実を確認することができよう。どこの国でも、既婚者の自殺率は、年齢だけからすれば未婚者よりも高くなければならないはずであろうが、それより多少低いのである。[*4]ヴュルテンベルクでは、一八四六年から六〇年のあいだ、その比は一〇〇対一四三、プロイセンでは、一八七三年から七五年のあいだ、一〇〇対一一一というぐあいであった。

しかし、資料の現状からすれば、この計算方法がほとんどすべての事例に適用できる唯一のものであり、それだけに、事実の一般性を明らかにするには、どうしてもこの方法を用いなければならないが、とすれば、得られる結果はきわめて大ざっぱなものでしかない。もちろん、それは、未婚であることが自殺傾向を促進していることをしめすのに不足はない。だが、この促進の度合がどのようなものであるかについては、きわめて不正確にしか教えてくれない。じつは、筆者は、年齢のおよぼす影響と法律上の身分のおよぼす影響を区別するため、その手がかりとして、三〇歳の自殺率と四五歳の自殺率との比をとってみた。だがあいにく、法律上の身分がすでにこの比そのものに刻印をとどめていた。というのは、この二つの年齢のそれぞれの自殺数が、未婚者と既婚者をひとまとめにして計算されていたからである。この両年齢の範囲において、かりに既婚男子と未婚男子の比率、および既婚女子と未婚女子との比率がそれぞれ等しければ、たしかに相殺が起こり、年齢の影響だけがあらわれるかもしれない。しかし、実際はまったくちがっている。三〇歳では、未婚男子が既婚男子よりわずかに多いが（一八九一年の人口調査では、前者が七四万六一一一人、後者が七一万四二七八人）、これとは反対に、四五歳になると、未婚男子はごく少数になってしまう（既婚一八六万四四〇一人にたいして三三万三〇三三人）。女子においてもまたしかりである。このように分布が等しくないため、未婚者の自殺傾向が大きいという事実は、両年齢の者に等しい効果としてあらわれてこないのである。そのことが、三〇歳の自殺率を四五歳の自殺率よりはるかに高めている。だから、四五歳の自殺率は相対的にきわめて低くなり、年齢だけが作用するとしたときに四五歳の自殺率が三〇歳の自殺率をこえるはずの分は、人為的に減らされてしまったことになる。いいかえれば、年齢という事実だけによって、二五歳から三〇歳までの者の自殺数と四〇歳から四五歳までの者の自殺数のあいだに生まれる差は、まちがいなくこの計算方法からでている差よりも大きいのだ。さて、この差の有利さが、既婚者にとって幸いな自殺への免疫をほとんどすべてかたちづくっているのであるが、右の理由で、じつはこの免疫も実際よりは小さなものとしてあらわされている。

以上の方法は、もっと重大な誤謬《ごびゅう》さえ生んだ。たとえば、やもめ暮らしが自殺にどのような影響をおよぼすかを決定するさい、しばしばやもめだけの自殺率と六五歳前後の同じ平均年齢のすべての身分を合した自殺率とを比較することですまされてきた。さて、一八六三―六八年には、男やもめ百万あたりの自殺は六二八にのぼった。また六五歳の男子

（すべての身分を合わせて）の自殺は百万あたり約四六一であった。したがって、この数字から、やもめの自殺は、同年齢においてさえ人口の他のどの部分よりもきわだって多い、と結論することができた。こうして、やもめ暮らしは自殺についてはもっとも不幸な条件をなしている、という偏見がまことしやかに流布されてしまった。*5 じつのところ、六五歳の自殺がそれほど多くないのは、かれらのほとんどすべてが既婚だからである（未婚者一三万四二三八人にたいして九九万七一九八人）。だから、この比較では、やもめの自殺が同年齢の既婚男子の自殺より多いことを証明するには足りても、未婚者の自殺傾向に比べてやもめのそれはどうかという点については、なんの結論をもくだすことはできない。

最後に、平均値を比較しただけでは事実と事実相互の関係を厳密に明らかにすることはできない。たとえば、既婚者の自殺はふつう未婚者の自殺よりも少ないが、ある年齢ではこの関係が例外的に逆転するというようなことがよく起こる。こうした事例が現に存在することがやがてわかってくるだろう。ところで、このような例外は、現象の説明に示唆をあたえることができるが、平均値の比較の方法によってはそれを浮き彫りにするわけにはいかないであろう。さらに、ある年齢からある年齢にかけて、正反対とまではいかなくとも、それ自身重要な――したがって明らかにしたほうがよい――変化が生じることもありうる。

以上の難点を避けるただ一つの方法は、それぞれの年齢に応じたそれぞれの集団の自殺率を、個々に規定していくことである。このようにすれば、たとえば、二五歳から三〇歳までの未婚者を、同年齢の既婚者ややもめと比較することができるし、他の年齢範囲についても、同様に比較することができるはずである。そして、法律上の身分から生じる影響はその他のすべての影響から区別されるであろうし、その影響のしめすあらゆる変化も明らかにされるであろう。なお、これは、ベルティヨンがはじめて死亡率と婚姻率にたいして適用した方法である。ただ、あいにく、政府刊行資料はこの比較に必要な要素を提供してくれない。[*6] それらの資料は、じつは、全身分を一括して、年齢別の自殺数をかかげているからである。筆者の知るかぎり、ただ一つ別の方法をとっているのはオルデンブルク大公国（そこにはリューベックおよびビルケンフェルト公国がふくまれている）の資料である。[*7] これは、一八七一―八五年の年齢別および各身分別の自殺の分布を、別個にしめしている。ただし、この小国では、その一五年間に一三六九件の自殺が発生したにすぎなかった。このように件数が少ないと、確かな結論はなにもいえない。そこで、フランスについて、司法省所有の未発表の記録をもとにして、筆者自身、この作業を行なってみた。この検討は、一八八九年、九〇年、九一年について行なわれている。こうして約二万五〇〇〇件の自殺が分類された。この件数はそれ自体かなり大きいので、十分推論の基礎となることができるが、さらに、観察をより長期に拡大して行なうことも、これによってたしかに省くことができる。事実、各年齢ごとの自殺数は、どの集団をとっても、年々変動がほと

第33表　オルデンブルク大公国：年齢・性・身分別の人口１万あたりの自殺数
（1871-85の期間全体）(1)

	年　齢	未婚者	既婚者	やもめ	抑　止　率		
					既　婚　者		やもめ
					未婚者にたいする	やもめにたいする	未婚者にたいする
	0－20	7.2	769.2		0.09		
	20－30	70.6	49.0	285.7	1.40	5.8	0.24
男	30－40	130.4	73.6	76.9	1.77	1.04	1.69
	40－50	188.8	95.0	285.7	1.97	3.01	0.66
子	50－60	263.6	137.8	271.4	1.90	1.90	0.97
	60－70	242.8	148.3	304.7	1.63	2.05	0.79
	70以上	266.6	114.2	259.0	2.30	2.26	1.02
	0－20	3.9	95.2		0.04		
	20－30	39.0	17.4		2.24		
女	30－40	32.3	16.8	30.0	1.92	1.78	1.07
	40－50	52.9	18.6	68.1	2.85	3.66	0.77
子	50－60	66.6	31.1	50.0	2.14	1.60	1.33
	60－70	62.5	37.2	55.8	1.68	1.50	1.12
	70以上		120	91.4		1.31 *	

（1）したがって，これらの数字は年平均ではなく15年間に生じた自殺の総数である。

＊　0.76の誤りとおもわれる。

第34表　フランス：年齢・性・身分別の人口100万あたりの自殺件数（1889-91，年平均）

	年　齢	未婚者	既婚者	やもめ	抑止率 既婚者 未婚者にたいする	抑止率 既婚者 やもめにたいする	抑止率 やもめ 未婚者にたいする
男子	15－20	113	500		0.22		
	20－25	237	97	142	2.40	1.45	1.66
	25－30	394	122	412	3.20	3.37	0.95
	30－40	627	226	560	2.77	2.47	1.12
	40－50	975	340	721	2.86	2.12	1.35
	50－60	1434	520	979	2.75	1.88	1.46
	60－70	1768	635	1166	2.78	1.83	1.51
	70－80	1983	704	1288	2.81	1.82	1.54
	80以上	1571	770	1154	2.04	1.49	1.36
女子	15－20	79.4	33	333	2.39	10	0.23
	20－25	106	53	66	2.00	1.05*	1.60
	25－30	151	68	178	2.22	2.61	0.84
	30－40	126	82	205	1.53	2.50	0.61
	40－50	171	106	168	1.61	1.58	1.01
	50－60	204	151	199	1.35	1.31	1.02
	60－70	189	158	257	1.19	1.62	0.77
	70－80	206	209	248	0.98	1.18	0.83
	80以上	176	110	240	1.60	2.18	0.79

＊　1.25の誤りとおもわれる。

んどみられない。それゆえ、もっと多くの年度をとって平均をもとめるという必要もないわけである。

第33表〔二六八ページ〕と第34表〔二六九ページ〕は、そのさまざまの結果を表わしている。その意味をわかりやすくするために、やもめの自殺率と既婚者の自殺率をしめす数字のほかに、やもめにたいする既婚者の、あるいは未婚者にたいするやもめおよび既婚者の抑止率というものを年齢ごとに付記しておいた。この用語がしめしている数字は、ある集団の自殺が、考察中の同年齢の他の集団の自殺の何分の一くらいにあたるかをあらわしている。たとえば、未婚男子にたいする二五歳の既婚男子の抑止率が三であるということは、この年齢の既婚男子の自殺傾向が一とあらわされるならば、同年齢の未婚男子の自殺傾向は三とあらわされなければならない、という意味である。したがって当然、抑止率が一以下に下がるときには、それは実際には促進率に転じることになる。

第33表からみちびきだされる法則は、次のように定式化することができる。

一、極端な早婚は、自殺に促進的な影響を与える。これは、とくに男子のばあいにいちじるしい。もっとも、この結果はごくわずかな自殺数から算出されているので、たしかに検証を要するといえよう。フランスでは、一五歳から二〇歳までの既婚男子の自殺は年平均わずか一、正確には一・三三にすぎない。しかし、この事実はオルデンブルク大公国にもみとめられ、女子にさえみとめられるので、偶然の結果とは考えられない。すでにのべたスウェーデンの統計でも[*8]、少なくとも男子については、同様の増加がみられる。さて、前述のような理由から〔原注*7を参照〕、この統計が老齢者については正確を欠くと考えられるにしても、まだやもめなどをふくまないこの最初の年齢範囲については、疑問をさしはさむ理由はない。なお、ごく若い既婚男女の死亡率が、同年齢の未婚男女の死亡率よりはるかに高いことが知られている。一五歳から二〇歳までの未婚男子は千人あたり八・九の死亡をかぞえるが、同年齢の既婚男子では、これが五一、つまり四七三％増となっている。女子のばあいにはこの差は小さく、既婚女子九・九にたいして未婚女子八・三であって、その比は一一九対一〇〇にすぎない。[*9]若い夫婦の死亡率のこの高さは、明らかに社会的な理由による。なぜなら、これがかりにかれらの身体的な未成熟に原因していたならば、出産にともなう固有の危険のために女子の死亡率のほうが高くなっていたはずだからである。したがって、以上すべては、早婚が、とくに男子に有害な作用をおよぼす精神的状態をひき起こすことを証拠だてている。

二、二〇歳をこえると、既婚男女は、未婚者にたいして抑止率を享有するようになる。その率は、ベルティヨンの計算したものより高い。この観察者の指摘した一・六という数字は、平均値ではなく、むしろ最小値である。[*10]

　この抑止率は、年齢がすすむにつれて大きくなる。フランスでは二五歳から三〇歳のあいだに、またオルデンブルクでは四〇歳から五〇歳のあいだに急に最大値に達し、以後は最後の年齢範囲までずっと低下していくが、この最後には、ときにわずかの上昇がみられる。

三、未婚者にたいする既婚者の抑止率には、性別の差がみられる。フランスでは、有利な地位にあるのは男子のほうで、男女の差はかなり大きい。既婚男子においては、平均抑止率は二・七三であるが、それにひきかえ、既婚女子の抑止率はわずか一・五六で、四三％も低い。しかし、オルデンブルクでは反対のことが起こっている。すなわち、平均が女子で二・一六、男子でわずか一・八三なのである。と同時に、両者の差が小さいことも注意されねばならない。後者は、前者よりもわずか一六％低いだけである。そこで、次のようにいっておこう。すなわち、既婚の状態にあるとき男女のどちらが高い抑止率を享有するかは、社会によって異なり、また男女の抑止率の差の大きさそのものも、抑止率の高い性がどちらであるかによって変わる。いずれ、この法則を裏づけてくれるような事実に出会うことになる。

四、やもめ状態は、それにたいする既婚男女の抑止率を低下させるが、たいてい一まではは押し下げない。やもめの自殺は既婚者よりも多いが、ふつう未婚者ほどではない。かれらの〔未婚者にたいする〕抑止率は、ばあいによっては一・六〇、一・六六までにも達する。それも、既婚者のばあいと同じく年齢に応じて上下するのであるが、動きが不規則なので、その法則をみいだすことはできない。

既婚者にたいしてとまったく同様に、未婚者にたいするやもめの抑止率にも、性別の差がある。フランスでは、有利なのは男子のほうで、その平均の抑止率は一・三二であるが、一方寡婦においては、一以下の〇・八四に下がり、三七％も低くなっている。ただし、オルデンブルクでは、既婚のばあいと同じく、高い抑止率を享有しているのは女子のほうである。すなわち、その平均の率は一・〇七であり、これにたいする男やもめのそれは一に満たず〇・八九と、一七％低くなっている。ここでも、既婚のばあいと同様、女子の自殺がよりよく抑止されているときには、男女の率の差は、その反対のときよりも小さくなっている。したがって、さきほどと同じような言葉で、次のようにいうことができる。すなわち、やもめの状態にあるとき男女のどちらが高い抑止率を享有するかは、社会によって異なり、また男女の抑止率の差の大きさそのものも、抑止率の高い性がどちらであるかによって変わる、と。

事実がこのようにはっきりしたので、次にその説明につとめなければならない。

二

既婚者のもっているこの自殺への免疫は、次の二つの原因のいずれかによるものと考えられる。

それは、家族という環境によるものかもしれない。もしそうならば、自殺傾向を緩和し、その発現を抑えているのは家族のはたらきであろう。

あるいは、それは、結婚淘汰《とうた》とでもよびうる事実によるものかもしれない。じっさい、結婚というものは、機械的にすべての人間を一種のふるいにかける。望んでいる者がすべて結婚するわけではなく、健康、財産、品行などについて一定の資格をあわせもっていなければ、まず家庭をもつ機会もかぎられる。だから、それらの資格を欠く者は、とくに好都合な事情でも重ならないかぎり、いやおうなしにその国のあらゆる落伍者をふくんでいる未婚者群のなかに投げこまれてしまう。病弱者、廃疾者、極貧者、札つきの無頼漢などの属しているのが、ここである。そこで、この種の人間が、他の者たちよりその資格において劣っているとすれば、高い死亡率、いちじるしい犯罪行為、そして高い自殺傾向などをもってその劣等性の証《あかし》としたところで、べつに不思議はない。だから、結婚淘汰の仮説によれば、自殺、犯罪、疾病などを防止するのは家族ではないことになる。つまりは、既婚者の享有する特権〔自殺傾向が小であること〕は、たんにかれらだけが家族生活をいとなむことを許されたという事実そのものから生じるのであって、そのことが、すでに身体的および精神的な健全さの確固たる保証となっているというのである。

ベルティヨンは、この二つの説明方法のどちらをとるか迷ったあげく、両方とも容《い》れたようである。その後、ルトゥルノー氏[†3]は『結婚の進化と家族の進化』[*11]のなかで、はっきりと後者の説明方法をとった。かれは、既婚者のまぎれもない優位性は結婚生活から生じる結果であり、またそのあらわれであるという見方をしりぞけている。だが、かれが、もうすこし周到にいろいろな事実を観察していたならば、そのように判断をいそぐことはなかったであろう。

たしかに、一般的に既婚者のほうが未婚者よりもすぐれた身体的・精神的構造をもっていると考えるのにも、もっともな点がある。しかし、結婚淘汰のために、人びとのなかのエリートだけが結婚を許されるなどということはありえない。財産や地位のない者の婚姻がそうでない者にくらべてひどく少ない、ということはとりわけ疑わしい。ある指摘によれば、*12 ふつう、かれらは、富裕な階級よりも子だくさんであるという。このように、将来のことを考えて家族のむやみな膨脹《ぼうちょう》を制限しようという気持もないかれらにとって、家庭をもうけることをひかえる意志のあろうはずはない。そのうえ、以下では、貧困が社会的自殺率を規定する要因にはいらないことを証明するいろいろな事実がくりかえしあらわれてこよう。また病弱者についていえば、多くの理由から疾病は重視されないばかりでなく、さらに病弱者にとくに自殺が多いということも、まったく証明されてはいない。もっとも自殺をひき起こしやすい身体的・心理的素質は、あらゆる形態の神経衰弱である。しかし、今日ではすでに、神経衰弱は、欠陥というよりはむしろ卓越性のしるしとみなされている。知的なものに傾倒している現代の洗練された社会においては、神経質な者はほとんど貴族なのだ。ただ、明らかな徴候をしめす狂者だけが結婚をこばまれているにすぎない。このかぎられた除外例のみでは、なお既婚者の強い免疫を説明するには不十分である。*13

多少先験的なこれらの考察を別にしても、多くの事実の証明するところによって、既婚者、未婚者のそれぞれのおかれているこの状態がまったく別の原因にもとづいていることは明らかである。

それらの状態がかりに結婚淘汰の結果であったならば、淘汰が始まったときから、いいかえれば未婚男女が結婚しはじめる年齢から、その作用が目だってくるはずであろう。このときに最初の差がみとめられ、ついでしだいにふるいにかけられていくにしたがって、つまり結婚できる者は結婚し、その性質上宿命的にどうしようもなく独身者群を形成しなければならない者たちから区別されていくにしたがって、その差はひらいていくにちがいない。そして、よい者と悪い者が完全に分離されてしまう年齢、結婚できる者がすべて実際に結婚してしまう年齢、身体的・精神的劣等性のために宿命的にそうした状態に身をささげている者だけが未婚者としてのこされる年齢において、差が最大にならなければならない。その時点は、三〇歳から四〇歳までのあいだでなければならない。これ以上では、婚姻はもうあまり行なわれなくなるからである。

だが、実際には、自殺の抑止率は、まったく別の法則にしたがって動いている。出発点では、それは促進率におきかえられていることが少なくない。ごく若い既婚者は、未婚者よりも自殺傾向が大きいが、もしもかれらがその内部に、しかも生まれながらにして、免疫をもっていたならば、こんなことは起こらないだろう。次に、前述の最大値は、ほとんど一挙に生じてしまう。既婚者のめぐまれた状態が確立されはじめる最初の年齢（二〇歳から二五歳のあいだ）から、抑止率は以後ほとんどこえられることのない高い数字に達するのである。ところが、この年齢範囲に属するのは、未婚男子一四三万人にたいして既婚男子は一四万八〇〇〇人、未婚女子一〇四万九〇〇〇人にたいして既婚女子は六二万六〇〇〇人にすぎない（概数）[*14]。したがってこのとき、未婚者のなかには、やがてその生来の資質によってえらばれて既婚者のなかの特権階級をかたちづくるとされている多数のエリートもふくまれていることになる。だからこの二群の自殺の差は少ないはずであるにもかかわらず、実際は、すでにかなり大きいのである。同様に、次の年齢（二五歳から三〇歳まで）でも、三〇歳から四〇歳のあいだに既婚者としてあらわれてくるはずの二百万人のうち、未婚の者が百万人以上もふくまれている。にもかかわらず、未婚であることは、そのことによって有利さをあたえられるどころか、かえってこのときにもっともみじめな状態を呈している。自殺にかんして、既婚者、未婚者の差がこれほど大きなひらきをみせるときはない。これに反して三〇歳から四〇歳までになると、この分離が終わり、既婚者もふえるだけふえてしまうので、抑止率は最高に達しないし、したがって結婚淘汰そのものも終止符をうたれるわけではなく、突然大きく低下してしまう。男子については三・二〇から二・七七へ、女子についてはさらにはげしく、二・二二から一・五三へと三二％の低下が起こっている。

ところで他方、このふるいわけがどのように行なわれるにせよ、それは、未婚の男子にも女子にもひとしく作用しなければおかしい。なぜなら、妻も夫と同じようにして〔結婚淘汰を〈て〕既婚者にくりいれられてくるからである。だから、もしも既婚男子の道徳的な優越性がもっぱらこの淘汰の所産であるならば、それは両性にひとしくあてはまるはずであり、したがって自殺への免疫についても同様でなければならない。だが現実には、フランスでは、既婚男子の自殺は既婚女子より目だって抑えられているのだ。男子においては、抑止率は三・二〇まで上がり、ただ一度だけ二・〇四以下に落ちただけで、ふつうは二・八〇前後を上下しているが、一方女子においては、最大値が二・二二（あるいは、せいぜい二・三九）[15]をこえず、最小値は一以下（〇・九八）にも下がっている。したがって、フランスでは、自殺にかんして女子が男子にもっとも接近するのは結婚生活にはいってからということになる。事実、一八八七―九一年に、法律上の身分のカテゴリー別の自殺が男女別にどういう割合を占めていたかをあらわすと、第35表のようになる。

第35表のように、各年齢を通じて、[16]既婚女子の自殺が全既婚者のそれにたいして占める割合は、未婚女子の自殺が全未婚者のそれにたいして占める割合よりはるかに大きい。それは、既婚女子のほうが未婚女子よりも自殺の危険にさらされているためではないことは確かである。その証拠に第33表〔二六八ページ〕と第34表〔二六九ページ〕では逆のことがしめされている。理由はただ、女子は結婚すると、それによって不利をこうむることはないまでも、夫ほどその恩恵を受けることがないというだけのことである。とすれば、自殺への免疫が既婚男女のあいだで差があるのは、家族生活が、男女の精神構造にそれぞれちがった影響をおよぼすからにほかならない。自殺への免疫が家族環境の影響のなかで生まれ、発展するということから、免疫のこの相違がそれ以外の原因から生じようのないことがはっきり証明される。事実、第34表は、男女の抑止率が出発点においてほとんどひらきのないことをものがたっている（女子の二・三九あるいは二にたいして男子二・四〇）。その後、差はすこしずつひらいていくのであるが、それは、まず最大値の年齢に達するまでの抑止率のふえ方が夫よりも妻に少なく、ついで、妻の減り方が夫より急激ではなはだしいということによる[*17]。このように家族の影響がつづいていくにつれ、抑止率が変化するのは、とりもなおさず、抑止率が家族の影響によって左右されているからである。

第35表　年齢別，未婚・既婚別による男女の自殺の割合

年　齢	男女の自殺の割合			
	年齢別の未婚者の自殺100件あたり		年齢別の既婚者の自殺100件あたり	
20－25	男子 70	女子 30	男子 65	女子 35
25－30	73	27	65	35
30－40	84	16	74	26
40－50	86	14	77	23
50－60	88	12	78	22
60－70	91	9	81	19
70－80	91	9	78	22
それ以上	90	10	88	12

このことをなおいっそうはっきり証明しているのは、既婚者の抑止率の男女別の高低が国によってまちまちだという事実である。オルデンブルク大公国では、抑止率が高いのは女子のほうであり、同じような逆の例はこの後にもまたあらわれてこよう。ところが、だいたいにおいて結婚淘汰は、どこの国でも同じように行なわれるものである。それだけに、結婚による免疫を生む本質的な要因がこれにあるとすることにはむりがある。というのは、もし結婚淘汰が本質的要因であるならば、国によってなぜ反対の結果が生まれたりするのかがわからなくなるからである。それにひきかえ、家族が、異なる二つの社会において、男女それぞれにちがった影響を与えるように構成されているということは、大いにありうることである。とすれば、われわれの研究している現象の主要な原因は、家族集団の構造のなかにひそんでいるにちがいない。

しかし、この結論がいかに魅力的なものであっても、それを厳密に確かめる労を怠ってはならない。家族環境というものが種々の要素からできあがっていればこそ、である。おのおのの既婚者にとって、家族とは、第一に相手の配偶者をふくみ、第二に子どもたちをふくむ存在である。では、家族が自殺傾向にたいして感謝すべき影響をおよぼしてくれるのは、相手の配偶者のおかげであろうか、それとも子どもたちのおかげなのであろうか。別の言い方をすれば、家族は、二つの異なった人間結合からなっている。すなわち、一方に夫婦集団があり、他方にいわゆる家族集団がある。これら二つの結合は、その起源もちがえば、性質もちがい、したがってそれがおよぼす影響もまったくといってよいほどちがっている。一方は契約と選択的な姻戚《いんせき》関係から生まれるが、他方は自然現象、つまり血縁関係から生まれる。前者は同じ世代の二人をむすびつけるが、後者は一つの世代を次の世代へむすびつける。後者は人類とその歴史を共にしているが、前者が組織されたのは比較的新しいことにすぎない。このような点にちがいがあるからには、前もって、夫婦集団と家族集団が一致して作用して、当面われわれの理解しようとしている事実〔既婚者の免疫が高いこと〕を生じさせたのであろうと考えてしまうわけにはいかない。いずれにせよ、それぞこの両者がともに既婚者の自殺への免疫を高めることにあずかっているにしても、それぞれがひとしなみにこれに関与しているとはおもえない。またおそらく、関与の程度もちがうであろう。したがって、夫婦集団と家族集団がともにこれに関与しているのか否か、もし関与しているならば、それぞれの割合はどうなのか、といった問題を明らかにすることが必要である。

十九世紀初頭以来、婚姻率がほとんど横ばいであるのに、自殺は三倍もふえている。この事実はすでに、結婚生活がたいした効果をもたないことをしめす一つの証拠となっている。一八二一年から三〇年まで、人口千人につき年間七・八件の婚姻があり、一八三一年から五〇年までは八、一八五一年から六〇年までは七・九、一八六一年から七〇年までは七・八、一八七一年から八〇年までは八と、それぞれ婚姻件数が数えられた。この間、人口百万あたりの自殺率は五四から一八〇になっている。一八八〇年から八八年にかけては婚姻率はやや低下したが（八から七・四）、これは、自殺のはなはだしい増加――一八八〇年から八七年にかけて一六％以上の増加――とは関係がない。[*18]なお、一八六五―八八年の期間におけるフランスの平均の婚姻率（七・七）は、デンマーク（七・八）やイタリア（七・六）とだいたい肩をならべるものであったが、にもかかわらず、これらの国の自殺数はフランスのそれとおよそかけ離れたものとなっている。[*19]

しかし、夫婦の結合が自殺におよぼす固有の影響を正確に測るいっそう確実な方法がある。それは、この影響だけのはたらくところ、すなわち子どものない家庭についてそれを観察してみることである。

一八八七―九一年のあいだ、子どものない既婚男子百万あたりの年間の自殺は六四四であった。[*20]結婚しているという状態が、単独で、家族〔の影響〕をのぞいてどれほど自殺を抑止しているかをみるためには、この数字を同じ平均年齢の未婚者の数字と比較してみるほかはない。第34表でその比較ができるのであり、これは、この表のなかなか大きな貢献の一つである。ここでの既婚男子の平均年齢は、現在と同様四六歳八ヵ月三分の一であった。これと同年齢の未婚者百万あたりの自殺は約九七五。さて、六四四対九七五は一〇〇対一五〇となり、いいかえれば、子どものない既婚男子の抑止率はわずか一・五ということになる。かれらの自殺は、同年齢の未婚者のそれより三分の一少ないだけである。しかし、子どもがいると事情は一変する。この同期間、子どものある既婚男子の自殺は、年間百万あたりわずか三三六にとどまった。この数と九七五との比は一〇〇対二九〇。ということは、つまり、結婚して子どもがいれば、抑止率がおよそ二倍（一・五から二・九〇）になることを意味している。

したがって、夫婦の結合が既婚男子の免疫に寄与している割合はたいしたものではない。しかもなお、いまの計算では、この割合は実際よりもいくらか水増しされている。じつは、ここでは子どものない既婚者の平均年齢は既婚者全体の平均年齢と等しいと仮定したが、かれらの年齢は、いうまでもなくそれよりも若い。そのなかには、どうしても子どもができないからではなく、結婚して間もないためにまだ子どものいないごく若い夫も、すべてふくまれているからである。男子が第一子をもうけるのは、平均して、ようやく三四歳になってからであるが、[*21]かれらが結婚するのは二八ないし二九歳くらいである。このように、二八歳から三四歳までの既婚人口は、そのほとんどすべてが子どものない既婚者のカテゴリーにふくまれるので、子どものない既婚者の平均年齢は押し下げられる。したがって、それを四六歳と見つもれば、明らかに大きすぎる。とすれば、四六歳ではなく、もっと若く、それよりも自殺の少ない未婚者がその比較の対象とされるべきであった。そう考えると、一・五という抑止率はやや高すぎるにちがいない。もし子どものない夫の平均年齢が正確につかめれば、かれらの自殺傾向が、さきほどの数字がしめしているよりもさらにいっそう未婚者の自殺傾向に接近していることがわかるだろう。

また、子どものある男やもめのほうが、子どものない夫よりもなお自殺についてはめぐまれた条件にあるが、このことは、結婚生活のおよぼす影響がかぎられたものでしかないことをよく証明している。前者の自殺は、百万あたり九三七件、そしてかれらの平均年齢は、六一歳八ヵ月三分の一である。同年齢の未婚者の率（第34表〔二六九ページ〕を参照）は、一四三四と一七六八のあいだで、だいたい一五〇四くらいになる。この数と九三七との比は一六〇対一〇〇である。だから、妻をなくした男も、子どもをもっていれば、その抑止率は、少なくとも一・六くらいには達し、けっきょく子どものない夫より高くなるわけである。しかも、この計算では、抑止率は高く算定されているどころか、むしろ実際より低く算定されている。なぜなら、家族のあるやもめは、やもめ一般よりも確実に年長だからである。事実、やもめ一般のなかには、ただ早ばやと結婚生活が断たれてしまったために子どもがないという、ごく年若いやもめもすべてふくまれている。だから、子どものある男やもめは、六二歳以上の未婚男子（かれらは、年齢のせいでより強い自殺傾向をもっている）と比較されるべきであっただろう。その比較から算出されるかれらの免疫がさらに高くなることはいうまでもない。[*22]

一・六という抑止率は、子どものある既婚男子の二・九にくらべれば、たしかにかなり低い。その差は、少なくとも四五％はある。だから、これだけをみると、結婚による結合が、筆者のみとめた以上に強力な作用をおよぼしているようにもおもわれよう。というのは、結婚による結合に終止符がうたれると、その瞬間から、以後生きながらえたほうの配偶者の免疫が低下するからである。しかし、この低下は、そのほんの一部が結婚生活の解消に起因しているにすぎない。その証拠に、もともと子どものいないばあいは、やもめ暮らしは〔自殺の増加にたいし〕ごくわずかの効果しかおよぼさない。子どものない男やもめの自殺は、百万につき一二五八であるが、これと六二歳の未婚者の自殺数一五〇四との比は一〇〇対一一九となる。したがって、その抑止率は、依然一・二くらいであり、同じく子どものない既婚男子の抑止率一・五をそれほど下まわっていない。両者の差は二〇％にすぎない。こうみてくると、配偶者の死が、夫婦の絆《きずな》を断つという結果をもたらすだけのときには〔もともと子どものないばあいには〕、その結果は、やもめの自殺傾向にあまり強い影響は与えないことになる。このように結婚生活が解消しても自殺傾向がとくに増大しない以上、結婚生活は、ただそれが存続するだけでは、自殺傾向を抑えるうえでたいして役だたないといわざるをえない。

子どもがあるとやもめ暮らしも比較的災いの多いものとなるが、その原因は、子どもの存在にもとめなければならない。もちろん、ある意味では、子どもの存在がかれを生に執着させるのであるが、と同時に、子どもはまた、かれをおそう危機をいっそう深刻なものにもする。というのは、このばあいのやもめ暮らしにおいては、たんに夫婦関係が破壊されたというほど事態は単純ではなく、家族の結合がまだ依然として残存しているので、まさにそれゆえに、後者の機能にも枷《かせ》がはめられてしまうからである。中心の歯車が欠ければ、そのすべての機制はくるってしまう。この乱された均衡を回復させるには、男子は二重の負担を負い、ほんらい男子のものでないような機能までも果たさなければならないだろう。結婚生活を送っているあいだかれの享有していた大きな有利さがなぜ失われてしまうのかという理由は、ここにある。それは、かれがもはや夫でなくなったからではなく、かれを首長とする家族が解体したからである。この混乱をひき起こしたのは、妻の死ではなく、母の死なのだ。

しかし、結婚生活の自然の完成としての子どもをもうけることができないばあい、とくに女子において結婚生活の効果がいちじるしく減少する。子どものない既婚女子の自殺は百万につき二二一にのぼるが、同じ年齢（四二歳から四三歳）の未婚女子の自殺は百万につきわずか一五〇にすぎない。前者と後者の比は一〇〇対六七にあたる。つまり、抑止率は〇・六七と、一以下に落ち、実際には促進率に転じている。このように、フランスでは、子どものない既婚女子の自殺は、同性、同年齢の未婚者の自殺より五〇%かた多い。一般に妻は、夫ほど自殺の面で家族生活の恩恵に浴していないことがすでに確認された。いまやその原因もわかっている。それは、夫婦の結合そのものが女子をそこない、女子の自殺傾向を促進するということである。

ただし、みたところ、たいていの既婚女子はある程度の抑止率を享有している。それは、子どものない夫婦は例外であって、けっきょく、ほとんどの夫婦に子どもがあるため、結婚生活の悪しき影響は和らげられ、弱められるからなのだ。しかし、これはたんに弱められるだけにすぎない。子どものある妻の自殺は、百万あたり七九となっている。これを、四二歳の未婚女子——百万あたり一五〇——と比較すれば、妻は、同時に母親であったにしても、一・八九の抑止率しか享有しえないことがわかる。けっきょく、この数字は、同じ子どものある夫のそれを、三五％も下まわっている。[*23] こうみてくると、自殺について「結婚すると、女子は男子以上にその結合から恩恵を享《う》けるが、結婚生活から離れたときには、かならず男子よりも不利におちいる」[*24] というベルティヨンの命題に同意するわけにもいくまい。

三

このように、既婚者一般がしめす免疫は、ある性においては全面的に、もう一方の性においては大部分、家族の結合の影響にもとづいているのであって、夫婦の結合によるものではない。とはいえ、すでにみてきたように、男子は子どものない場合でさえ、少なくとも一対一・五の割合でその自殺が抑えられている。一五〇件にたいして五〇件、つまり三三％の少なさは、家族が完全であるときに生じる差よりずっと小さいにしても、無視できない量であり、その原因がなんであるかは理解する必要がある。それは、結婚生活が男子に与える特別な恩恵によるのであろうか。あるいは、むしろ結婚淘汰の一つの結果ではないだろうか。というのは、結婚淘汰が一般にみとめられているほど大きな役割を演じないことはすでに立証ずみであるが、それがいささかの影響もおよぼさないとはまだ証明されていないからである。

ある事実は、一見したところ、結婚淘汰の仮説をとらなければならないかのような印象を与える。子どものない既婚男子の自殺率が、結婚生活解消後もある程度持続することはすでにわかっている。それは一・五から一・二に落ちるにすぎない。だが、いうまでもなく、子どものない男やもめの免疫を、やもめ暮らしのせいにすることはできまい。やもめ暮らしというものは、それだけでは自殺傾向を弱める性質をもたないばかりか、むしろ反対に、これを強めるばかりである。とすれば、この免疫はかれらがやもめになる以前のなんらかの原因から生じることになるが、しかし、それはかならずしも結婚生活によるものとはおもわれない。なぜなら、妻の死によって結婚生活が解消したときでも、かれらの免疫は依然としてはたらきつづけるからである。では、それは結婚淘汰をつうじて顕在化されたた——ただし、創造されたのではない——夫の生まれながらのある資質のなかにひそんでいたのではなかろうか。そのような資質は、結婚以前から、それとかかわりなく存在していたのだろうから、結婚生活の解消後にも存続したからといって、なんの不思議もない。そもそも結婚生活を送っている者がエリートであるなら、やもめの男子もおのずからエリートである。しかしかれらの自殺の抑止される度合が低いことからすると、実際は、この生来の優位性は、かれらにわずかな効果を与えるにとどまっている。ただし、やもめ暮らしの荒波がこの抑止的影響を一部相殺し、そのすべての効果が実現されることをはばんでいると理解することはできる。

けれども、この説明が承認されるためには、それが男女両方にあてはまることが必要である。したがって、事情がまったく等しければ、未婚者よりも自殺を抑止しうるとされるこの先天的な素質が、既婚女子にも、少なくともなにか刻印されていなければならないであろう。ところが、子どものない場合、既婚女子の自殺が同年齢の未婚女子を上まわるという事実は、彼女たちに生まれつき固有の抑止率が与えられていると想定する結婚淘汰の仮説とすでにほとんど両立しえない。しかし、それでもなお次のようなことは考えられる。すなわち、この生来の抑止率は男子と同じく女子にも享有されているが、ただ、結婚生活のつづいているあいだに、この生活が妻の精神的構造にいたましい作用をおよぼし、その抑止率をすっかり帳消しにしてしまうのではないか、と。それにしても、かりに生来の抑止率の効果が、女子が夫婦の結合のなかに身をおくようになることによってこうむる一種の精神的な失効によって抑えられ、おおい隠されていたにすぎなければ、夫婦の結合が解消したとき、つまり寡婦になったとき、その効果はもう一度あらわれてきてしかるべきであろう。そのとき、彼女は苛《さいな》まれていた結婚生活のくびきから解放され、かつての有利さをすべてとりもどし、結婚できなかった同性にたいする生まれながらの優越性を最後に証明する、ということがなければならない。いいかえれば、子どものない寡婦は未婚者にたいして、少なくとも子どものない男やもめの抑止率に近いそれをもっていなければならないということである。ところが、まったくそうなっていない。子どものない寡婦の自殺は年々百万につき三二二で、六〇歳（寡婦の平均年齢）の未婚女子の自殺は、一八九から二〇四のあいだ、すなわち一九六前後である。前者と後者の比は一〇〇対六〇になり、けっきょく、子どものない寡婦の抑止率は一以下、つまりは促進率に変じ、その数値〇・六は、子どものない妻の抑止率（〇・六七）をも多少下まわることになる。したがって、子どものない妻の、生まれながらの——と人びとの考える——弱い自殺傾向が顕在化することをさまたげているのは、結婚生活ではないのだ。

だが、たぶんこういう反論が待ちかまえていよう。結婚生活にさまたげられて実現されなかったすぐれた資質の完全な回復がはばまれている理由は、やもめ暮らしが、女子にとっては一段とみじめな状態であるからなのだ、と。事実、寡婦は男やもめより危機的な状態におかれているとだれしもが考えている。彼女たちが、自分の生存と、ことに家族全体の要求に応じなければならないときに直面する経済的・精神的苦難はたいへんなものであることが強調されている。こうした考え方が、事実によって証明されているとさえおもっている者もいる。モルセッリによれば、[*25] 既婚男女の自殺傾向よりやもめ男女の自殺傾向のほうが接近していることが、統計によって確認されるという。また、未婚男女の自殺傾向より既婚男女の自殺傾向のほうがすでに接近していることからして、女子にとっては、やもめ暮らし以上にいとわしい状態はないということである。この説の根拠として、モルセッリは第36表のような数字を引いている。それはフランスだけの数字であるが、同じ現象は、多少の差はあれヨーロッパのすべての国民にみられる。

第36表　既婚者，やもめの性別の自殺の割合

年	既婚者の自殺のうちの男女の割合（%）		やもめの自殺のうちの男女の割合（%）	
	男　子	女　子	男　子	女　子
1871	79	21	71	29
1872	78	22	68	32
1873	79	21	69	31
1874	74	26	57	43
1875	81	19	77	23
1876	82	18	78	22

じっさい、やもめの男女の自殺数のなかで女子の自殺の占める割合は、既婚男女の自殺数のなかで女子の自殺の占める割合よりも、相当に高いようである。これは、女子にとって、やもめ暮らしが、結婚生活よりはるかに苦しみにみちていることの証拠ではないだろうか。とすれば、いったん寡婦になると、生まれながらの本性のすぐれた効果の出現が前よりさらに抑えられてしまうことは、すこしも不思議ではない。

だがあいにく、この法則とよばれるものは、誤った事実認識の上にたてられている。どこでも寡婦は男やもめの二倍はいるものだということをモルセッリは忘れている。フランスでは、概数で男やもめ百万にたいして寡婦は二百万にものぼっている。プロイセンでは、一八九〇年の調査によると、男やもめ四五万人、寡婦一三一万九〇〇〇人となっている。イタリアでも、五七万一〇〇〇人と一三二万二〇〇〇人である。このような条件のもとでは、寡婦の自殺の割合が、夫の数というまでもなく同数である妻の割合よりも高くなるのは当然というほかない。その比較をいくらかでも意味のあるものにするためには、この二種類の者を同数にそろえなければならない。ところが、そうした準備をすると、モルセッリの得たものとは反対の結果が得られる。やもめの平均年齢、すなわち六〇歳にあたる既婚女子の自殺は百万につき一五四、一方既婚男子の自殺は百万につき五七七であり、したがって女子の割合は二一％となる。これが、やもめの状態になると、はるかに低下する。事実、寡婦の自殺は百万につき二一〇件、男やもめの自殺は百万につき一〇一七件となっていて、ここでは、男女のやもめの自殺一〇〇のうち、寡婦のそれは一七にすぎないという結果が出てくる。反対に、男やもめの割合は七九％から八三％にふえている。このように、結婚生活からやもめ暮らしにうつると、男子は女子より失うものが大きいのであるが、その理由は、男子が夫婦の生活に負っていたある種の有利さをここで手ばなしたということにある。したがって、この状態の変化が、男子にとっては女子ほど難儀でもなく、悩み多いものでもないと考えることはできない。むしろ事実は反対である。なお、すでに明らかなように、男やもめの死亡率は、寡婦よりはるかに高い。婚姻率についても同様である。男やもめの婚姻率は各年齢をつうじて未婚男子のそれの三倍ないし四倍に達するが、それに反して、寡婦の婚姻率は、未婚女子のそれをわずかに上まわっているにすぎない。ということは、再婚にはそれだけ、女子は冷淡で、男子は熱意をしめしていることになる。*26 かりにやもめ暮らしが、この意味で、男子にとって辛《つら》くなく、反対に女子にとって人のいうように忍苦すべきものであったならば、おそらく右のような結果にはなるまい。*27

ところで、女子の生まれながらの才能——それのみによってえらばれて結婚が許される——をとくに台なしにするようなものがやもめ暮らしのなかになく、またそのさい、この才能の存在がなんらそれとわかる目印によってあらわされないならば、このような才能が存在すると考える理由もまったくなくなってしまう。ということは、結婚淘汰の仮説は女子には全然あてはまらないということにほかならない。えらばれて結婚することのできる女子は、ある程度自殺から免れることのできるような特別の素質をもっている、と考えるべき根拠はないのである。したがって、この同じ推測は、やはり男子についてもほとんど妥当しえない。子どものない夫の一・五という抑止率は、かれらがもっとも健全な人びとに属しているためのものではない。こう考えるならば、それは結婚生活の結果でしかないのである。夫婦の結合というものは、女子にとってどれほど災いであれ、反対に、男子にとっては、たとえ子どもがなくとも有利に作用することを認めないわけにはいかない。結婚する者は、生まれながらの特権階級を形成しているわけではない。かれらは、自殺をおもいとどまるような出来合いの気質をそなえて結婚するのではなく、夫婦の生活のなかで、そのような気質を身につけていく。ともかく、かりになにかしら生まれながらの特権があったにしても、それはひじょうに漠然とした、曖昧《あいまい》なものでしかない。その証拠に、なにか別の条件が与えられるまで、その特権は効果をあらわしてこないからである。自殺が、個人の生まれつきの資質によってではなく、おもに個人の外部にあって個人を支配している原因によってひき起こされていることは、じつに明らかなのだ。

しかし、未解決のむずかしい問題が最後に一つのこる。家族とは無関係なこの一・五という抑止率が、なるほど結婚生活に由来しているとしても、それはいったいなぜ結婚生活が解消したのちも子どものない男やもめのなかに存続するのか。あるいはともかく弱められてではあるが（一・二）、存続するのか。抑止率のこの存続を説明した例の結婚淘汰の説を否定してしまったら、その代わりにどんな説明をもちだしたらよいであろうか。

だがこれは、結婚生活を送っているあいだに身についた習慣、嗜好《しこう》、性癖はひとたび結婚生活が解消したからといってすぐに捨て去られるものではない、と考えれば解決される。しかも、これほどあたりまえな仮説もない。すなわち、既婚男子にたとえ子どもがなくとも、自殺をいとう気持が比較的強ければ、この感情のいくぶんかはかれがやもめになってもかならず持続するということである。ただ、やもめ暮らしは、ある種の精神的動揺をきたすことが避けがたく、のちにのべるように、すべての均衡の破壊は自殺をうながすから、この自殺をいとう傾向は弱められたかたちで存続するにとどまる。反対に――だが同じ理由から――、子どものない妻の自殺は未婚時代より増大するので、彼女たちは寡婦になってもこの強い自殺傾向を保持しつづけるが、寡婦の暮らしにつきものの不安や不適応のために、かえってその自殺傾向はいくらか強められもする。ただし、すでに結婚生活がいまわしい影響をおよぼしているので、この状況変化は彼女たちにとっては比較的耐えうるものであり、自殺傾向の促進もわずかですむ。抑止率の低下もほんの数%にすぎない[*28]（〇・六七から〇・六〇へ）。

以上の説明は、ある一つのより普遍的な命題のなかに包括される説明の特殊ケースにすぎないが、そのことは、この説明の妥当性を裏づけるものである。その普遍的な命題とは、次のようにいいあらわすことができる。すなわち、同一の社会においては、やもめ暮らしの男女の自殺傾向は、同性の既婚者の自殺傾向に応じて決まる。もしも既婚男子の自殺が強く抑止されていれば、男やもめにおいても、もちろん程度こそ低くなるが、同じような抑止作用がはたらく。また、前者の自殺があまり抑止されていなければ、後者の自殺も抑止されないか、または抑止されてもごくわずかにすぎない。この定理の正しさを確かめるためには、第33表と第34表およびそこから引きだされる結論を参照すればよい〔二七三ページ参照〕。

それらの表では、男女のいずれか一方は、結婚生活においても、やもめ暮らしにおいても、自殺についてつねにめぐまれた状態にあることがわかった。結婚生活においてこの特権を享有していたほうの性は、やもめ暮らしにおちいっても、その特権を保持しつづけるのである。フランスでは、既婚男子は既婚女子より高い抑止率をしめしているが、男やもめの抑止率も、同じく寡婦のそれより高い。オルデンブルクでは、既婚者のあいだで反対のことが起こっていて、女子が男子より強い免疫をもっている。そして、男やもめと寡婦のあいだにも同じく反対の関係が生まれている。

ただし、この二つの例だけでは十分な証拠として納得するわけにはいかないであろうし、また統計書なども、この命題を他の国々について検証するための必要な材料を提示してくれないので、ここでは比較の範囲をひろげるために、次のような方法をとった。すなわち、一方では、セーヌ県の自殺率を各年齢集団別、法律上の身分別に計算し、他方では、その他の県全部をひとまとめにして同様の計算をした。このようにして分離された二つの社会集団はたがいにかなり異質であるため、[†4]両者の比較からなにか示唆が得られるものと期待することができる。事実、そこでは家族生活がまるでちがったかたちで自殺に影響をあたえている（第37表を参照）。

地方の県では、既婚男子の自殺は、既婚女子よりはるかに抑えられている。男子の抑止率が三以下に落ちるのは四ヵ所のみであるが、[*29]女子のそれは、一ヵ所も二に達していない。

第37表　セーヌ県と地方の，年齢・身分別の自殺率の比較
（人口100万あたり，1889-91）

	年齢	男子			未婚者にたいする抑止率		女子			未婚者にたいする抑止率	
		未婚者	既婚者	やもめ	既婚者	やもめ	未婚者	既婚者	やもめ	既婚者	やもめ
地方	15－20	100	400		0.25		67	36	375	1.86	0.17
	20－25	214	95	153	2.25	1.39	95	52	76	1.82	1.25
	25－30	365	103	373	3.54	0.97	122	64	156	1.90	0.78
	30－40	590	202	511	2.92	1.15	101	74	174	1.36	0.58
	40－50	976	295	633	3.30	1.54	147	95	149	1.54	0.98
	50－60	1445	470	852	3.07	1.69	178	136	174	1.30	1.02
	60－70	1790	582	1047	3.07	1.70	163	142	221	1.14	0.73
	70－80	2000	664	1253	3.01	1.59	200	191	233	1.04	0.85
	80以上	1458	762	1129	1.91	1.29	160	108	221	1.48	0.72
					(平均) 2.88	(平均) 1.45				(平均) 1.49	(平均) 0.78
セーヌ県	15－20	280	2000		0.14		224				
	20－25	487	128		3.80		196	64		3.06	
	25－30	599	298	714	2.01	0.83	328	103	296	3.18	1.10
	30－40	869	436	912	1.99	0.95	281	156	373	1.80	0.75
	40－50	985	808	1459	1.21	0.67	357	217	289	1.64	1.23
	50－60	1367	1152	2321	1.18	0.58	456	353	410	1.29	1.11
	60－70	1500	1559	2902	0.96	0.51	515	471	637	1.09	0.80
	70－80	1783	1741	2082	1.02	0.85	326	677	464	0.48	0.70
	80以上	1923	1111	2089	1.73	0.92	508	277	591	1.83	0.85
					(平均) 1.56	(平均) 0.75				(平均) 1.79	(平均) 0.93

平均値は、男子が二・八八、女子が一・四九である。ところが、セーヌ県ではこれが反対になっている。すなわち、抑止率は平均して既婚男子ではわずか一・五六であり、女子のばあいには、一・七九である。[*30] また、まったく同じ逆の関係が男やもめと寡婦のあいだにもみとめられる。地方では、男やもめの平均の率は高く（一・四五）、寡婦のそれはとくに低いのであるが（〇・七八）、セーヌ県では反対に、上まわっているのは寡婦のほうで、〇・九三と、ほとんど一に接しているのにたいし、男やもめのほうは、〇・七五に落ちている。したがって、男女どちらの性がより有利であっても、やもめ状態における自殺は、かならず結婚生活におけるそれに応じて決まるのである。

　さらに、既婚者の抑止率が、セーヌ県とその他の県のあいだでどのような比で大小がみられるかを調べ、ついでやもめについても同じように調べてみると、次のようなおどろくべき結果が出てくる。

$$\frac{\text{地方の既婚男子の抑止率}}{\text{セーヌ県の既婚男子の抑止率}} = \frac{2.88}{1.56} = 1.84$$

$$\frac{\text{地方の男やもめの抑止率}}{\text{セーヌ県の男やもめの抑止率}} = \frac{1.45}{0.75} = 1.93$$

　そして、女子については、

$$\frac{\text{セーヌ県の既婚女子の抑止率}}{\text{地方の既婚女子の抑止率}} = \frac{1.79}{1.49} = 1.20$$

$$\frac{\text{セーヌ県の寡婦の抑止率}}{\text{地方の寡婦の抑止率}} = \frac{0.93}{0.78} = 1.19$$

これらの比の値は、男女それぞれにおいてわずか数％の差があるにすぎない。女子については、ほとんど等しいといってもよい。このように、既婚者の抑止率が上下すると、やもめのそれも、ただ同じように上下するだけではなく、まさに等しい増減幅で上下するのである。これらの関係は、さきほどのべた法則をもっとよく論証するようなかたちで表現することもできる。じつは、それらの関係は、どこでも、男女のいかんをとわず、やもめ暮らしにおちいると結婚生活を送っていたころの免疫は一定した比率で低下していく、ということを意味しているのである。すなわち、

$$\frac{\text{地方の既婚男子}}{\text{地方の男やもめ}} = \frac{2.88}{1.45} = 1.98$$

$$\frac{\text{セーヌ県の既婚男子}}{\text{セーヌ県の男やもめ}} = \frac{1.56}{0.75} = 2.08$$

$$\frac{\text{地方の既婚女子}}{\text{地方の寡婦}}=\frac{1.49}{0.78}=1.91$$

$$\frac{\text{セーヌ県の既婚女子}}{\text{セーヌ県の寡婦}}=\frac{1.79}{0.93}=1.92$$

やもめの抑止率は、既婚者のそれのほぼ二分の一である。したがって、やもめの自殺傾向は、それに対応した既婚者の自殺傾向に応じて決まる、といってもけっして過言ではあるまい。いいかえれば、やもめの自殺傾向は、いくぶんか既婚者の自殺傾向の結果なのである。そうだとすれば、結婚すると、子どもがなくとも夫の自殺は抑止されるくらいだから、男やもめがこのようなめぐまれた傾向をなにほどか保持しつづけたとしても、さして不思議はない。

以上の結果は、筆者の提出した問題を解決してくれると同時に、やもめの生活とはなにかということについて若干の示唆を与えてくれる。それによれば、じつは、やもめ暮らしそのものは、いかんともしがたい悪条件というわけではない。それが未婚の状態よりも〔自殺にかんして〕めぐまれているばあいも少なくないのだ。本当のところ、やもめ男女の精神的構造にはなんら特異なものはなく、むしろそれは同じ国の同性の既婚者の精神的構造に準じていて、たんにその延長をなしているにすぎない。どんな社会でもよい、そこで結婚生活と家族生活が男女にどのような影響を与えているかをいってくれれば、筆者は、そこでやもめ暮らしが男女にどのような影響を与えているかをいいあててみせよう。すなわち、幸いな埋め合わせで、結婚生活および家族社会がしっかりしているところでは、やもめ暮らしのひき起こす危機がこれよりいたましいものであっても、人びとは危機に立ち向かう抵抗力を与えられている。反対に、結婚生活と家族の構成が不十分なものであれば、たとえかれらをおそう危機がそれほど深刻でなくとも、人びとはそれに耐えられるだけあらかじめ十分にきたえられてはいない。そこで、男子が女子よりも家族の恩恵に浴しているような社会では、男子は独りになると女子よりも悩み苦しむことになるが、と同時に、かれはこの苦悩によりよく耐えうる状態にもある。なぜなら、かつてのめぐまれた影響のおかげで、絶望的な決断にはしるのを思いとどまることができるからである。

四

第38表〔三〇三ページ〕は、これまで明らかにしてきたいろいろな事実を、ひとまとめにして要約したものである。[*31]

この表とさきほどの考察から、結婚生活は固有の自殺抑止の作用をたしかにもっている、という結論がみちびかれる。しかし、その作用は、ごくかぎられているばかりでなく、男女のいずれか一方にだけ有利にはたらく。たしかに、そのような作用のあることを明らかにすることは有益であろうが――その有益性が、のちの章でよく理解されるにちがいない[*32]――、既婚者の免疫を規定しているもっとも重要な要因は、依然として家族にあることに変わりはない。すなわち、両親と子どもたちからなる完全な集団がそれである。もちろん、夫婦もその一員である以上、それなりに自殺抑止という効果を生むのにあずかっている。ただし、それは、夫あるいは妻としてではなく、父あるいは母として、いいかえれば家族結合の一員として、その力となっているにすぎない。夫婦のうち一方が欠ければ、もう一方が自殺をはかる機会がふえるのであるが、それは、かれらをたがいに個人的にむすびつけていた絆《きずな》が断ち切られたからではなく、家族そのものが混乱におちいり、のこされた者がその衝撃をこうむるからなのだ。そこで、結婚生活そのものの特別な作用はいずれ研究することとして、ここでは、家族という社会が、宗教社会とまったく同じように強力な自殺の予防剤であることをいっておきたい。

この抑止作用は、家族が密であればあるほど、つまり家族がたくさんの成員をふくんでいればいるほど完璧《かんぺき》なものになる。

筆者は、すでに一八八八年十一月の『哲学雑誌』の一論文のなかで[†5]、この命題を公にし、それを立証しておいた。しかし、そのとき用いることのできた統計データは不十分なものだったので、命題を望みどおりごく厳密に証明することはできなかった。じつは筆者は、

第38表　男女の自殺にたいする家族の影響（100万あたり）

男	子		女	子	
	自殺率	未婚者にたいする抑止率		自殺率	未婚者にたいする抑止率
45歳の未婚者	975		42歳の未婚者	150	
子もちの既婚者	336	2.9	子もちの既婚者	79	1.89
子どものない既婚者	644	1.5	子どものない既婚者	221	0.67
60歳の未婚者	1504		60歳の未婚者	196	
子もちのやもめ	937	1.6	子もちのやもめ	186	1.06
子どものないやもめ	1258	1.2	子どものないやもめ	322	0.60

フランス全国についても各県についても、家族の平均成員数がどのくらいであるかを正確に把握することができなかったのである。だからそのときは、家族の密度はもっぱら子どもの数によって規定されると仮定せざるをえなかったが、なお子どもの数そのものも人口調査からは明らかにならなかったので、人口統計において生理学的増加とよばれているもの——すなわち、死亡千にたいする年間の出生超過数——から、その数を間接的なかたちで推計しなければならなかった。もちろん、そうした代用も筋の通らぬものではなかった。この増加のいちじるしいところでは、ふつう家族の密度もまちがいなく高くなるからである。ただ、その結果は必然的ではなく、そうならないこともある。移民、親から離れて身を固めること、あるいはその他の原因から、子どもが早ばやと親もとを離れるのを習わしとしているようなところでは、家族の密度は子どもの数に比例しな

い。じっさい、このようなばあい、夫婦がいくら子どもをもうけても、家には人気《ひとけ》がとぼしいかもしれない。これは、子どもが幼くして教育を受けるため、あるいは教育を完成させるために、外に送りだされる教養に富んだ階級や、生活の苦しさのためやむなく若いときからちりぢりにならなければならない貧しい地方によくみられる現象である。反対に、ふつうなみの出生率であっても、成人した未婚者や結婚した子どもたちまでが親と同居し、ひきつづき同じ一つだけの家族社会をかたちづくっていれば、家族は十分な、あるいはそれ以上の成員をふくむことさえある。以上のような理由すべてから、家族構成が実際にどうなっているかがわからなければ、家族集団の相対的な密度を多少正確に測ることもできない。

一八八八年末にようやく公表された一八八六年の人口調査は、この家族構成を明らかにしてくれた。その報告にしたがって、フランスの諸県で自殺と家族の平均成員数とのあいだにどのような関係があるかを調べてみると、第39表のようになる。

自殺が少なくなるにつれて、家族の密度は規則的に増大していく。

平均値の比較を行なう代わりに、それぞれの群の内容を分析してみると、この結論と矛盾する事実が一つもないことがわかる。事実、フランス全国については、平均成員数は十家族あたり三九人である。そこで、この平均値より多い県と少ない県がどれほどあるかを、六つの各群について調べてみると、第40表のような構成になる。

自殺のもっとも多い群にふくまれているのは、家族成員数が平均を下まわっている県だけである。そして、順次きわめて規則的にこの関係は逆転していき、最後にはまったく反対の関係になってしまう。自殺の少ない最後の群では、すべての県が平均を上まわる家族の密度をしめしている。

なお、次の二つの地図〔三〇七ページ、第4図〕は、同じような一般的分布を表現している〔六一七ページの地図をあわせて参照〕。家族の密度の低い地方は、自殺の多発地帯とだいたい境を同じくしている。それはまた北部と東部を占めていて、一方はブルターニュ地方まで、他方はロワール河まで、

第39表　自殺と家族の平均成員数との関係

	人口100万あたりの自殺件数（1878－87）	100世帯あたりの平均成員数（1886）
第1群（11県）	430－380	347
第2群（6県）	300－240	360
第3群（15県）	230－180	376
第4群（18県）	170－130	393
第5群（26県）	120－ 80	418
第6群（10県）	70－ 30	434

第40表　平均以上または平均以下の成員数を有する県の割合（％）

	平均成員数以下	平均成員数以上
第1群	100	0
第2群	84	16
第3群	60	30
第4群	33	63
第5群	19	81
第6群	0	100

それぞれひろがっている。これに反して、西部と南部では、自殺数は少なく、一般に家族成員数は多い。ある程度こまかく調べてみても、こうした関係はなりたっている。北部のなかでは、二つの県がふつうなみの自殺傾向によってきわだっていることが注目される。それは、ノール県とパ-ド-カレー県であるが、ノール県は工業化の大いにすすんだ県であって、大工業の存在は自殺の増大をうながすだけに、[†6]この事実は意外の感をいだかせる。ところが、同じような特異な事実がもう一方の地図にもあらわれている。すなわち、この両県は家族の密度が高いが、隣接するすべての県は、それに比していちじるしく密度が低いのである。両図とも、南部では、ブーシュ-デュ-ローヌ県、ヴァール県、アルプ-マリティーム県が同じ濃色で埋められていて、西部では、ブルターニュ地方が同じ白色でのこされている。それらからはずれているものは例外であり、それも、けっして目だつほどではない。この複雑な現象〔自殺〕に影響をおよぼす要因がおびただしく存在していることがわかっているだけに、以上のような普遍的な符合がみられることは示唆的である。

その同じ反比例関係は、自殺と家族の密度の時間的な変化の仕方のなかにもみてとれる。一八二六年以来、自殺はたえずふえつづけ、出生率は減りつづけた。一八二一年から三〇年までは出生率は人口一万にたいしてなお三〇八であったが、一八八一—八八年には、二四〇にすぎなかったし、そのあいだも一貫して減少はつづいていた。これとともに、家族がしだいに小さく細分化されていく傾向がみとめられる。一八五六年から八六年までに、

第4図　自殺と家族の密度

自殺(1878－1887)

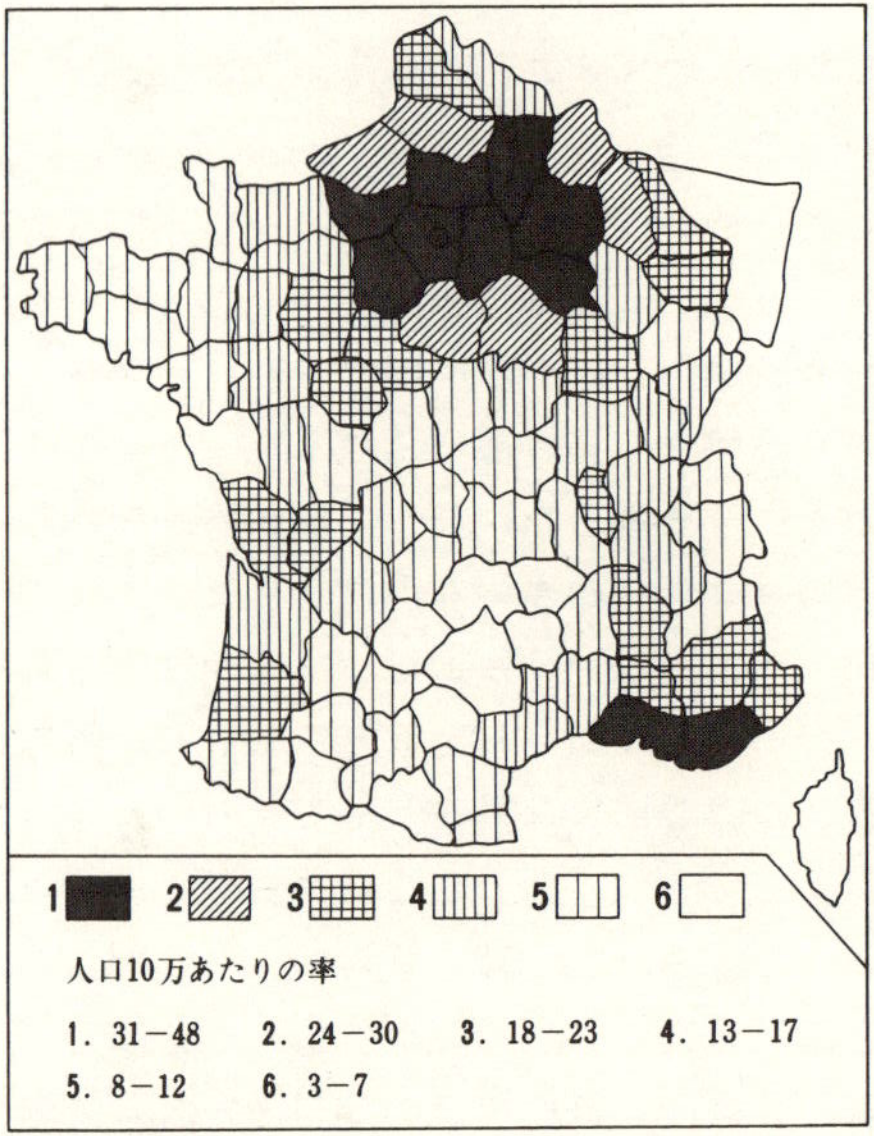

家族の平均密度

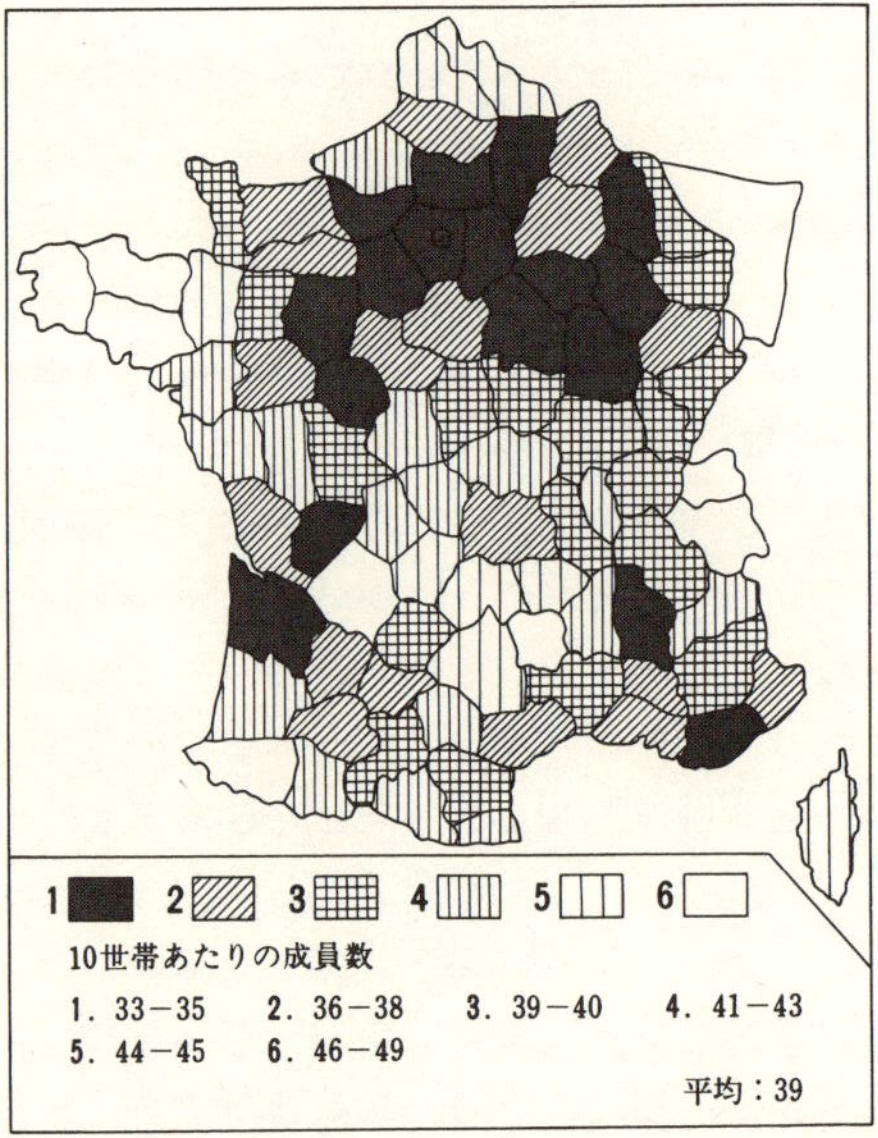

世帯数はおよそ二百万増加した。それは、規則的、連続的に増加しつづけ、八七九万六二七六世帯から一〇六六万二四二三世帯になった。ところが、この同じ期間、人口増加はわずか二百万にすぎなかった。したがって、以上のことは、各家族の成員が少なくなったということを意味している。*33

このように、以上の事実は、自殺はなににもまして生活の負担からひき起こされるとする通説を裏づけるにはおよそほど遠い。なぜなら、生活の負担がつのるにしたがって、かえって自殺が減少してしまうからである。これは、マルサス人口論からの、その創始者の予想だにしなかった帰結である。かれが家族の大きさを制限することを説きすすめたのは、少なくともある場合には、この制限が、一般的な快適な生活のために不可欠であると考えたからであった。だが実際には、家族の大きさを制限することは、まさに不幸の源となるものであって、人の生きることへの希望を失わせてしまう。密度の高い家族というものは、なくてもすむ、また富んだ者だけがもつべき一種の贅沢《ぜいたく》品であるどころか、むしろ、それなしには人びとの生きていくこともかなわないような日々の糧なのである。いかに生活に窮したといっても、またもっぱら個人的利益をはかってのことであろうとも、自分の子孫の一部を資本に替えようとするのは、もっともまずい投資の仕方なのだ。

この結果は、さきに到達した結果と一致している。ではいったい、家族の密度が自殺にこのような影響をおよぼすのはなぜであろうか。この問題に答えるのに、身体的な要因をもちだすわけにはいくまい。なぜなら、まったくの不妊がとくに生理的な原因によるとしても、よく任意的に、ある一定の世論の状態に関連して起こる出生の少なさには、この原因はあてはまらないからである。しかも、これまで算定してきた家族の密度も、たんに出生率だけによって規定されているのではない。すでにみたように、子どもの数が少ない家族では、他の成員がその代わりになることもできるし、反対に子どもがいても、実際にしじゅう家族の集団生活に参加していなければ、その数がいくら多くても意味がない。ましてやこの自殺抑止の力を、子どもにたいする親の一種独特の感情に帰することはできない。そればかりか、この感情自体が効果を発揮するためには、家族社会がある一定の状態におかれていることが前提となる。家族が統合を欠いた状態にあれば、親子の感情も無力なのだ。家族の密度が高いか低いかによって、その感情の作用の仕方も変わり、したがって家族成員の多少によって自殺傾向も左右されるからである。

じつはこの理由は、集団の密度が低下すると、それにともなって集団の活力もおとろえないわけにはいかないという点にもとめられる。集合的感情が一種異常なエネルギーをもっているのは、それぞれの個人意識がそれに感応するときの力が、他のあらゆる個人意識に、それも相互的に、反作用をおよぼしているからにほかならない。だから、集合的感情の達する強度は、この感情を共有している個人の数にかかっている。というわけで、群集の数が多ければ多いほど、そこに爆発する熱狂も激しさをおびやすいわけである。したがって、けっきょく、小家族のなかでは、共通の感情や記憶を表象し、分有することによってそれを強めるだけの人数がいないため、その感情や記憶もとくに強力なものになることができない。そこでは、同一の集団に属する人びとの絆なり、かつかれらより生きながらえて世代と世代を相互にむすびつける、力づよい伝統のはぐくまれる可能性もとぼしいであろう。そのうえ、小家族というものはどうしても持続性にとぼしい。この持続性のないかぎり、どんな社会も強固なものになることはできない。だから、小家族においては、ただたんに集合的状態が活気を呈していないというだけでなく、その集合的状態も少ないのである。それがどのくらい多く生じうるかは、人びとのいだく意見や心象がどれほど活発にたがいに交換され、人から人へ伝えられていくかにかかっており、また、この交換そのものは、そこに参加する人数が多くなればなるほど、それだけ円滑にすすめられるからである。十分に密度の高い社会においては、この交換の流れはとぎれることがない。つまり、そのばあいには、社会を構成している諸単位がつねに接触をたもっているからであるが、もしかりにこの単位が少なければ、それらのむすびつきはとだえることがあり、共同生活の中断も起こる。これと同じで、家族が小規模であれば、つねに起居をともにする身内全体も少ないわけで、したがって家族生活の活気も失《う》せ、ときには家庭のなかに空白ができてしまう。

ところで、ある集団の共同生活が、他の集団の共同生活よりも弱いということは、とりもなおさず、それが、他の集団ほど強く統合されていないことを意味している。一つの社会的集合体の統合の状態は、そのなかをめぐり流れている集合的生命の強度の反映にほかならないからである。成員相互の交渉が活発で、絶え間なく行なわれれば行なわれるほど、集合体はいっそうよく統一され、堅固なものとなる。そこで、さきほど到達した結論は、こう補足することができる。すなわち、家族は、自殺の強力な予防剤であるが、家族がさらに強固に構成されていればいるほど、いっそうよく自殺を抑止することができる、[*34]と。

五

統計がもっと昔からあったならば、右と同じ方法によって、さきほどの法則が政治社会にもあてはまることを証明するのは容易だったであろう。じっさい、歴史の教えるところでは、発展と集中の途上にある若々しい社会[*35]では自殺は少ないが、他方、社会が崩壊に向かうときにはそれにつれて自殺がふえていく。ギリシアやローマでは、都市国家の古い機構が揺らぎはじめてから、自殺があらわれてきたが、その自殺の増加は社会の凋落《ちょうらく》の足どりを刻んでいた。それと同じ事実は、オスマン帝国にもみられる。フランスでは、大革命の前夜、旧社会組織の崩壊の結果おそってきた社会的混乱が、自殺のにわかな増大となってあらわれた。このことについては、当時の著者たちが書きのこしている。[*36]

しかし、それらの歴史的資料を別とすれば、自殺統計は過去七〇年ほど〔一八三〇年ころまで〕しかさかのぼれないのであるが、それでも統計は、この命題を支持する若干の証拠を提供してくれる。それらの証拠は、右の歴史的資料よりはるかに正確であるという利点をそなえている。

大きな政変が起こると自殺も増大するということがたびたび説かれてきた。だが、モルセッリはいみじくも、この考え方が事実に反していることを明らかにした。十九世紀のフランスに起こったすべての革命は、その時点では自殺数の減少をうながしたのだ。一八三〇年〔七月革命の起こった年〕には、前年の総数一九〇四から一七五六に、ほとんど一〇〔八〕%も急に減少している。一八四八年〔二月革命の起こった年〕のばあいも、減少はこれにおとらず大きく、年間総数は三六四七から三三〇一に低下している。そして、一八四八―四九年には、フランスを動揺におとしいれたこの危機が、ヨーロッパ中に飛び火した。どこの国でも自殺は減少したが、危機が深くまた長びいた所ほど、減少ははなはだしかった。これは、第41表のしめすとおりである。

ドイツでは、この動揺がデンマークよりもはるかに激しく、その抗争は、ただちに新政府が樹立されたフランスのばあいより長期にわたった。[†7] そのため、ドイツ諸国では、自殺の減少もまた一八四九年までつづいた。この年については、バイエルンでは一三%、プロイセンでは一八%の減少であったが、ザクセンでも、一八四八年から四九年までのわずか

第41表　二月革命の自殺におよぼした影響

	デンマーク	プロイセン	バイエルン	ザクセン王国	オーストリア
1847	345	1852	217		611（1846年）
1848	305	1649	215	398	
1849	337	1527	189	328	452

一年間に、やはり一八％の減少がみられた。

一八五一年[†8]のフランスには、同じ現象は起こらなかった。一八五二年[†9]もそうである。自殺数は横ばい状態であった。だがパリでは、クーデタがいつもながらの結果をひき起こしていた。すなわち、クーデタが十二月に起こったにもかかわらず、自殺数は、一八五一年の四八三から、五二年には四四六（八％減）に下がり、そして五三年には、また四六三まで回復している[*37]。以上の事実は、この政変がパリをいっそう激しく震撼《しんかん》させ、地方はほとんどその影響をこうむらないままでいたことを立証しているようである。なお一般的にいって、こうした危機は、きまって地方の県よりも、首都において激しさをくわえるものである。一八三〇年には、パリの自殺の減少は一三％（前年の三〇七件および翌年の三五九件にたいして二六九件）を記録し、四八年には、三二％（六九八件にたいして四八一件）の減少におよんだ[*38]。

たんなる選挙の危機でさえ、すこしでも熱をおびればこれと同じ結果を生むことが少なくない。たとえばフランスでは、その自殺の暦に、一八七七年五月十六日の議会のクーデタ[†10]と、それによってわ

第42表　政変の自殺におよぼした影響

	1876	1877	1878	1888	1889	1890
5月	604	649	717	924	919	819
6月	662	692	682	851	829	822
7月	625	*540*	693	825	818	888
8月	482	496	547	786	*694*	734
9月	394	378	512	673	*597*	720
10月	464	423	468	603	648	675
11月	400	413	415	589	618	571
12月	389	386	335	574	482	475

きたった興奮が明瞭《めいりょう》に書きこまれている。ブーランジスト運動に終止符をうった一八八九年の選挙[†11]のときもそうであった。以上を証拠だてるには、問題の両年の月別自殺分布を、前後数年のそれと比較してみればよい〔第42表を参照〕。

一八七七年のはじめの数ヵ月間、自殺は一八七六年のそれより上まわり（一月から四月まで一七八四件であったのにたいして一九四五件）、この高さは五月から六月へつづいた。下院が解散され、法的にはともかく、実質上選挙期間が始まったのはようやく六月の末であったが、おそらく、それは、政治的情熱がもっとも激しくかきたてられた瞬間であったにちがいない。なぜなら、その情熱は、その後、時がたって倦《う》み疲れると、いくらか下火になっていくからである。このため七月には、自殺は、前年を上まわるどころか、一四％も減少した。減少は、八月にやや足踏みしたが、わずかずつながら十月までつづいた。それは、この危機に終止符がうたれた時期である。これが終わるや否や、一時中断していた自殺の増加がすぐにまた始まった。一八八九年には、この現象がもっと明瞭にあらわれている。下院が解散されたのは八月のはじめで、それからすぐに選挙運動が始まって、九月末までつづき、そこで選挙が実施された。その八月には、八八年の同月にくらべて、にわかに一二%もの減少がみられた。それは九月までつづいたが、十月になると、すなわち選挙戦が終わりをつげると、やはり突然にこの減少はやんでしまった。

政変ばかりでなく、国家間の大戦も同じような影響をおよぼす。一八六六年にはオーストリアとイタリアのあいだに戦端がひらかれたが[†12]、この年には、両国で自殺が一四%も減少をみた〔第43表を参照〕。

第43表　戦争の自殺におよぼした影響

	1865	1866	1867
イタリア	678	588	657
オーストリア	1464	1265	1407

第44表　普仏戦争の自殺におよぼした影響

	1869	1870	1871	1872
プロイセン	3186	2963	2723	2950
ザクセン	710	657	653	687
フランス	5114	4157	4490	5275

一八六四年[†13]には、デンマークとザクセンがそうであった。ザクセンでは、一八六三年に自殺が六四三であったが、六四年には五四五（一六%減）に落ち、六五年には六一九まで回復した。デンマークについては、一八六三年の自殺数がつかめなかったので、それと六四年とを比較することはできないが、一八六四年の総数（四一一件）が、一八五二年以来のもっとも低い数字であることだけはわかっている。しかも、六五年には四五一までふえているところをみると、この四一一という数字は、ただならぬ減少といえそうである。

一八七〇―七二年の戦争〔普仏戦争〕は、フランス、ドイツ両国に同じような結果をもたらした〔三一五ページ第44表を参照〕。

その減少の理由は、戦時中は一部の市民が召集されること、そして戦場にある軍隊では自殺を数えあげるのがたいへんむずかしいこと、によるものとおもわれるかもしれない。しかし、男子となんら変わるところなく、女子もこの減少にあずかっているのだ。イタリアでは、女子の自殺は、一八六四年の一三〇から六六年の一一七へと推移をしめしているし、ザクセンでは、一八六三年の一三三から六四年の一二〇、六五年の一一四（一五％減）へと変化が生じている。同じザクセンで、一八七〇年にはやはり減少がいちじるしかった。六九年には一三〇であったのが、七〇年には一一四に下がり、七一年にも同じ水準にあった。すなわち、これは一三％の減少であり、同年における男子の自殺の減少を上まわっていた。プロイセンの女子の自殺は、一八六九年に六一六件であったが、これにたいして、七一年にはわずか五四〇（一三％減）にすぎなかった。なお、応召するくらいの年ごろの青年の自殺率が低いことはすでにわかっている。一八七〇年のうち戦時にかかったのはわずか六ヵ月であるが、この期間は、平時であれば、二五歳から三〇歳までのフランス人百万あたりの自殺は多くて一〇〇くらいのはずであるが、[*39]それに反して、この年の自殺数は、六九年より一〇五七〔九五七〕件も少なかった。

危機のさいのこの一時的減少は、行政当局の活動が麻痺《まひ》して、自殺の検証が正確に行なわれなくなるためではないかと考えた者もある。しかし、そうした偶発的な原因によっては、この現象を十分に説明することはできない。多くの事実がそのことをしめしている。まず第一に、この現象は非常に広く一般にみとめられる。敗戦国にも戦勝国にも、そしてまた被侵略国にも侵略国にも、この現象が起こっている。そのうえ、衝撃がひじょうに強いと、動揺がしずまったのちにもその効果はかなり長く持続する。つまり、だいぶ時間が経過して、はじめて自殺はふえてくるのである。自殺数がはじめの出発点の数にまで回復するには数年もかかるのであって、このことは、平時には毎年規則的に自殺のふえていくような国についても変わらない。なお、このような混乱した時期には、一部分統計から脱落する自殺もありえようし、それはまた大いにありそうなことであるが、にもかかわらず、統計上にあらわれる自殺の減少はきわめて一貫しているので、そのおもな原因を当局の一時的な不注意にもとめることはむずかしい。

記録の手落ちではなくて、そこに社会心理にかかわる一つの現象が起こっているのである。そのもっともよい証拠に、政変ないし国家的危機がすべてこのような影響をおよぼすとはかぎらない。それは、人びとの激情をかきたてるような危機だけにかぎられている。すでに指摘したように、フランスのもろもろの革命は、つねに地方よりもパリで自殺に強い影響をおよぼしてきたが、にもかかわらず、行政上の混乱は、地方でも首都でもべつに変わりがなかった。ただ、この種の事件にたいする地方の住民の関心は、パリ市民に比べてはるかに低いというだけのことにすぎない。パリ市民たちはそれらの事件の主役でもあり、もっともまぢかの目撃者でもあるからである。これと同じく、一八七〇―七一年の戦争のような国家間の大戦は、フランスでもドイツでも自殺の動きに強い作用をおよぼしたが、それにひきかえ、クリミア戦争やイタリア戦争のような純然たる王朝間の戦争は[†14]、民衆の心をそれほど強くゆさぶることもなく、これといった効果をもたらすこともなかった。一八五四年には、むしろ相当な増加（一八五三年の三四一五件にたいして三七〇〇件）がみられたほどである。一八六四年と一八六六年の戦争のさいのプロイセンにも同じ事実がみられた。一八六四年には数字は横ばいであり、一八六六年にはわずかに上昇があった。これは、二つの戦争がまったく政治家たちの専断に負うものであって、一八七〇年の戦争のときのような民衆の情熱の高揚がなかったためである。

この同じ観点からするとき、一八七〇年のバイエルンに、ドイツの他の国々――とりわけ北ドイツの――に生じたような効果がみとめられなかったことは興味ぶかいし、また注目にあたいする。ここでは、一八七〇年の自殺のほうが六九年の自殺よりも多かったのである（四二五にたいして四五二）。やや減少かげんになってきたのは、ようやく七一年になってからであり、七二年には減少が若干強まったが、それでも四一二件で、六九年の三％減、七〇年の九％減にすぎない。だが、バイエルンは、プロイセンと同じように軍事行動に物的に参加し、同じくその全軍を動員した。だから、そこでは行政上の混乱が少なかったとは考えられない。ただ、バイエルンは、この軍事行動にプロイセンほど精神的な加担をしていなかったのだ。じっさい、周知のように、カトリックのバイエルンは、全ドイツのなかでも、つねにもっともお国からの生活をいとなみ、自治にもっとも強く執着をしめしてきた国である。この国は、国王みずからの意志によって参戦したのであるが、それはむしろ不承不承の参戦であった。それだけにバイエルンは、当時ドイツを揺るがしていたあの大きな社会運動にも、他の同盟国民よりはるかに強く抵抗した。[†15] その運動の余波が、バイエルンにはおくれて、しかも微弱にしかあらわれなかった理由はここにある。のちになってはじめてここに熱狂がおとずれたが、それもほどほどのものであった。冷淡で反抗的であったこのバイエルンがすこしでも熱をおびるためには、一八七〇年の勝利の直後にドイツを風靡《ふうび》したあの栄光の嵐《あらし》が必要であったのだ。[*40][†16]

第45表　都市・地方住民の自殺の比較

	人口100万あたりの自殺件数	
	都市住民	地方住民
1866－69	202	104
1870－72	161	110

　この事実を、同じような意味をもつ次の事実と比較することができる。すなわち、フランスでは、一八七〇―七二年に自殺が減少したのは、都市部だけにかぎられている〔第45表を参照〕。

　だが自殺の検証は、都市よりも地方でいっそう困難だったにちがいない。だから両者に差が生じた真の理由は、検証の難易以外のもっと別のところにある。それは、戦争のもたらすあらゆる精神的影響が、地方住民より敏感で、感受性に富み、また出来事に明るい都市住民にもっぱらおよんでくるという理由によるのである。

けっきょく、これらの事実にたいする説明は、ただ一つにつきる。国民的大戦のような社会的激動が生じると、それによって集合的感情は生気をおび、党派精神や祖国愛、あるいは政治的信念や国家的信念は鼓吹され、種々の活動は同じ一つの目標にむかって集中し、少なくとも一時的には、より強固な社会的統合を実現させる。以上がその説明である。ここで明らかにしてきた以上の有利な〔自殺抑止〕の影響は、危機そのものからではなく、危機が原因で生じる闘争からもたらされるのだ。闘争は、共通の危険に立ち向かうために人びとをたがいに結束させるから、個人は自分自身のことについてはあまり意を用いず、それ以上に共通の事柄に関心をいだく。なお、こうして生じる統合が、たんにそのときかぎりのものではなく、往々にしてそれを直接に生みだした原因が消失したのちも持続するということも了解される。統合が強固であれば、なおさらそうである。

六

けっきょく、筆者は、次の三つの命題を順次立証してきたことになる。

自殺は、宗教社会の統合の強さに反比例して増減する。

自殺は、家族社会の統合の強さに反比例して増減する。

自殺は、政治社会の統合の強さに反比例して増減する。

以上を比較することにより、次のことが明らかになる。すなわち、それらの種々の社会が自殺の抑制作用をもっているのは、それぞれの社会の特殊な性格によるのではなく、それらすべての社会に共通するある原因による、ということである。宗教がその効果をもつのは、宗教感情に特有の性質のためではない。なぜなら、家族社会も政治社会も強く統合されていれば、それと変わらない効果を生むからである。なお、この点は、いろいろな宗教が自殺に作用する仕方を直接に検討したさいにすでに証明したとおりである。[*41] 他方、家族的関係や政治的関係の与えてくれる自殺への免疫も、それらの関係に特有の要素からは説明されえない。宗教社会も、これらと変わらない特権をもっているからである。その原因は、程度の差はあろうが、これらすべての社会集団が共有している同一の特性にもとめるよりほかはない。ところで、その条件を充たす唯一の特性とは、ほかでもない、それらがすべて強固に統合された社会集団をなしているということである。そこで、次のような一般的結論に達する。すなわち、自殺は、個人の属している社会集団の統合の強さに反比例して増減する、と。

ところで、社会の統合が弱まると、それに応じて、個人も社会生活からひき離されざるをえないし、個人に特有の目的がもっぱら共同の目的にたいして優越せざるをえなくなり、要するに、個人の個性が集合体の個性以上のものとならざるをえない。個人の属している集団が弱まれば弱まるほど、個人はそれに依存しなくなり、したがってますます自己自身のみに依拠し、私的関心にもとづく行為準則以外の準則を認めなくなる。そこで、社会的自我にさからい、それを犠牲にして個人的自我が過度に主張されるようなこの状態を、自己本位主義《エゴイスム》とよんでよければ、常軌を逸した個人化から生じるこの特殊なタイプの自殺は自己本位的とよぶことができよう。[†17]

しかし、どうしてこのような原因から自殺が生じるのであろうか。

まず第一に、集合的な力というものは、自殺をもっともよく抑制しうるひとつの障壁であるから、集合的な力が弱まれば自殺も増大せざるをえない、という点を指摘することができよう。社会が強く統合されているときには、社会は、個人をその懐に依存させつづけ、個人が社会の命ずるがままに行動すると考え、したがって個人が気ままに自分自身を扱うことを許さない。それゆえ、そのような社会は、個人が死をえらぶことによって社会にたいする義務からのがれることを許さないのである。しかし、もしも個人がこうした服従を正当なものとして受けいれることをこばむならば、社会は、その権威を個人に強制することもできようはずがない。個人が社会の任務からのがれようとするときには、もはや社会は、個人をその任務に引きとめておくだけの権威をもっていないのであり、さらにはみずからの弱さを意識して、もはや禁止しつづけることのできないその行動について自由にふるまう権利を個人に認めるまでになる。こうして個人が自分自身の運命の支配者となることが許されれば、それだけ、みずからの運命に終止符をうつこともかれ自身の権利となる。だから個人にしてみれば、生きることの悲惨を我慢づよく耐えしのぶ理由もなくなるわけである。というのは、個人は集団にむすびつき、それに愛着をいだいているときには、自己の利益よりも不断に優先させてきたその集団の利益をそこなうまいとして、不撓不屈《ふとうふくつ》の意志をもって生きぬいていくものだからである。個人を共通の大義にむすびつけている紐帯《ちゅうたい》は、同時にかれらを生にむすびつけるし、またとくに自分自身をこえる高い目標にたえず目を向けていることは、個人的不満感がつのることを抑えてくれる。要するに、凝集度の高い活気にみちた社会では、全体から各個人へ、また各個人から全体へと観念や感情のたえざる交流があり、これがいわば精神的な相互のささえとなって、個人を自分ひとりの力に還元してしまわず、集合的なエネルギーに参加させ、自分一個の力がつきたときにもその集合的エネルギーのなかで活力を回復させることができる。

しかし、それらの理由はなお副次的なものにすぎない。常軌を逸した個人主義というものは、たんに〔なにか別の〕自殺の原因についてその作用を促進するというだけではなく、それ自体が自殺の原因である。この個人主義はたんに人間を自殺へ追いやる傾向を効果的に抑制している障壁をとりのぞくだけではなく、自殺への傾向をまったくあらたに創造し、この個人主義の刻印をおびた独特の自殺を生じさせる。この点が重要であり、この点こそ十分理解されなければならない。というのは、さきほど区別しておいた自殺タイプの特有の性質はじつはここから生じるのであり、それに「自己本位的自殺」という名称を与えることの正当性も、この点にこそ根拠をもっている。では、その結果〔自己本位的自殺〕は、個人主義のどんな要素から説明されうるであろうか。

人間は、その固有の心理構造のために、かれの自我をこえ、死後も存続するようななんらかの対象にむすびつかないかぎり生きていくことができないとよくいわれた。そして、そうならざるをえない理由としては、まったくの非業の死はとげたくない、というわれわれの欲求があげられてきた。生というものは、それになんらかの存在理由がみとめられるときに、あるいは労苦にあたいする目標があるときに、はじめて耐えていけるものだといわれる。ところが、個人は、個人自身だけでは自分の活動の十分な目標となることができない。個人はあまりにもとるにたらぬ存在であり、その存在は空間的にのみか、時間的にもまったく限定されている。したがって、自分以外に志向すべき対象をもたないときには、われわれの努力もけっきょくは無に帰してしまうにちがいない、という観念からのがれられなくなる。じっさい、無に帰さざるをえないからである。だが、この無への消滅は恐怖をいだかせる。こうした状態のもとでは、いかに労苦を重ねてものこるものとてないから、人びとは、生きる勇気、すなわち、行動し、たたかう勇気をくじかれてしまうであろう。要するに、自己本位的状態は、人間の本性と矛盾するものであり、したがってあまりに不安定で、それだけで持続することはできないであろう。

しかし、右のような命題は、こうした絶対的な形式で主張されるとなると、大いに異論をさしはさむ余地がある。じっさい、自分の生もいつかは終わらなければならないという観念がこれほどいとうべきものであるならば、われわれは、みずからにたいして目を閉じ、ことさらに生の価値をいつわりでもしないかぎり、生きることを肯定しえないはずである。なぜなら、たとえ自分自身をあざむいて、無に帰してしまうということの観念をある程度意識せずにいることはできても、無の到来を実際になくしてしまうことはできず、どんなことをしても、避けようがないからである。もっとも、人はたしかに、世代の限界を幾代かにわたって延長することはでき、したがって、肉体が滅んだのちも、何年かあるいは何世紀かにわたって、その名をのこすことはできる。しかし、一般の人間にとっては、すべてが無に帰する時が、いつもまたたくまにやってくる。というのは、われわれがかくも愛着している集団――その媒介によってわれわれの存在はより永続することができる――も、それ自身有限な存在であり、われわれがその集団に付加したすべてのものとともに、やがては消滅すべき運命にあるからである。集団の記憶が人類の歴史そのものととくに強くむすびついていて、人類が存続するかぎり忘れられずにのこっていく、というようなことはまったくまれである。だから、実際にわれわれがあれほど強い不死への渇望をいだいていても、このような短い生の見通しをもってしては、けっしてその渇をいやすことはできないだろう。そのうえ、人びとの死後も存続するものとしていったいなにがあろうか。一片の言葉、一つの声音《こわね》、そして、かすかなほとんど名づけることもできない。[*42] したがってわれわれの努力の大きさとも無関係でわれわれの目に明らかにされることもない、一つの痕《こん》跡《せき》がのこるだけである。じつは、子どもというものは、自然のままの自己本位主義者であり、生存への要求をほとんどもっていないし、また老人はこの点については、その他の点と同じく往々にして子ども同然であるが、にもかかわらず両者とも、壮年者と同様、あるいはそれ以上に生きることに執着せずにはいない。一五歳までの自殺はきわめて少ないこと、そして高齢に達するとまた自殺は減少していくことが、実際に明らかにされている。人間の心理構造とほとんど程度の差しかないような心理構造をそなえている動物のばあいにも、それはあてはまる。[†18] したがって、人はみずからの生の外部に存在理由をもたないかぎり生きることができない、というのはあたらない。

そして事実、個人にだけかかわりをもつ一群の機能がある。それは、肉体的生命の維持に必要な諸機能である。この機能はもっぱら肉体的生命の維持という目的に仕えるものであり、この目的が達せられるさいには、つねにしかるべきはたらきをしている。けっきょく、肉体的生命維持の機能にかんするかぎり、およそ人間は自分をこえる目的を設定しなくとも、理にかなって行動することができる。それらの機能は、人間に役だつというそれだけのことで一定の役目を果たしているのである。だから、人間は、他の欲求をいだかないかぎりは自分自身で満ちたりているわけで、生きること以外のなにか別の目的をもっていなくとも幸福でいられる。ただし以上のことは、成年に達した文明人にあてはまることではない。かれらには、肉体の要求からかけ離れたおびただしい観念、感情、慣行などが存在している。芸術、道徳、宗教、政治的信念、科学などは、それ自体として器官の消耗をつぐなう役目をするわけでもなく、またその機能をうまく維持するのに役だつわけでもない。それらすべての超肉体的な生活を目ざめさせ、発展させてきたのは、宇宙的環境の刺激ではなく、社会的環境による刺激である。他者にたいする共感や連帯感をわれわれに目ざめさせたのは社会のはたらきにほかならない。人間を意のままに型どり、人間の行為を支配するあの宗教的・政治的・道徳的信念をわれわれのなかに植えつけたのも、社会なのだ。人がみずからの知性を豊かにしようとつとめたのも、その社会的役割を果たすことができるようになるためであり、また、蓄積してきた知識をわれわれに伝達し、これを発展させる手段を提供してくれたのも、やはり社会である。

人間活動のこの高度な形態がまさに集合的な起源をもっていることに関連して、その活動の目的は同じく集合的な性質をおびている。それが生じてきたのは社会のなかからであるから、またそれは社会とむすびついている。というよりはむしろ、この高度な形態が、われわれ各人に体現され、個人化されている社会そのものなのだ。ところで、この活動がわれわれの目に存在理由をもって映ずるためには、それの目ざしている目的がわれわれに無縁のものであってはならない。それゆえ、人びとは社会とむすびついているかぎりにおいて、はじめてその高度な形態の活動に参加することができる。これに反して、人びとが社会から切り離されていると感じれば感じるほどそれだけ、その社会を根拠にも目的にもしている生からも切り離されていくことになる。人びとにありとあらゆる犠牲をしいる道徳的規律、法の定め、人びとを拘束する宗教的教義、これらは、もしもわれわれ個人以外になんら仕えるべき存在——われわれもそこにむすびついているような——をもたなかったならば、どうして存在しえよう。どうして知識が、それ自身のために存在しえようか。もしも知識の効用が、もっぱら人びとの生存の機会を増大させることにつきるならば、労苦を費やしてそれをきわめるにはあたいしない。本能のほうが、まだしもこの役割をうまく果たしてくれる。その証拠には動物をみればよい。ではいったい、本能よりもよほど逡巡《しゅんじゅん》しがちで、しかも誤謬《ごびゅう》におちいりやすい反省をどうしてそれにおきかえる必要があるというのか。しかも、とくにその反省にともなう呻吟《しんぎん》はなんになるというのか。もしも物事の価値が個人本位に評価されるならば、この呻吟は明らかに悪であり、それをつぐなうものがないだけに理解に苦しむ。しかしながら、信仰をかたく奉じている信者や、家族社会や政治社会の諸関係に強くむすばれている者にとっては、そのような問題は存在しない。かれらはおのずから、反省にたよることなく、自分の存在とその行為を、それぞれ教会やその生きた象徴である神に、あるいは自分の家族に、その祖国または党派に一体化する。かれらは、みずからの苦悩すらも、もっぱら自分の属する集団の栄光に仕える手段とみなし、その苦悩を集団のためにささげる。キリスト教徒が、肉体蔑視《べっし》の心の証《あかし》をたてるため、またその聖なる模範にいっそう近づくため、苦痛を悦《よろこ》んで求めるにいたったのも、こういう理由からである。しかし、信者に疑問が芽ばえるようになると、すなわち、属している宗派への連帯感が弱まって、それから離れるようになると、また自分の属していた家族や都市がよそよそしいものになってくると、それだけ、かれらは自分自身がよくわからなくなり、苛《いら》だち、苦悶《くもん》し、自問せざるをえなくなる、「いったい、なんのために……」と。

これを別の言葉でいいかえてみよう。よく人間は二重の存在であるといわれる。それは、物理的人間の上に、社会的人間が重ねられているからである。ところで、社会的人間はかならず社会の存在を前提とする。かれが表現し、役だとうとする社会を。ところが、社会の統合が弱まり、われわれの周囲やわれわれの上に、もはや生き生きとした活動的な社会の姿を感ずることができなくなると、われわれの内部にひそむ社会的なものも、客観的根拠をすっかり失ってしまう。それは、もはや空虚な心象《イマージュ》の人為的な結合物、あるいはいささかの反省によっても容易に霧散してしまうような一個の幻影にすぎなくなる。すなわち、われわれの行為の目的となりうるようなものは消滅してしまうのである。ところが、この社会的人間とは、じつは文明人にほかならない。社会的人間であることが、まさにかれらの生を価値あるものにしていたのである。このことからして当然、「社会の統合が弱まると」

かれらの生きる理由も失われることになる。つまり、かれらのいとなむことのできる唯一の生活〔社会的人間としての生活〕に対応するものは、現実のなかにはすでに皆無であり、現実のなかにまだ根拠をもつ唯一の生活〔物理的人間としての生活〕は、もはやかれらの欲求にこたえてくれないからである。人びとは高度な生活によって慣らされてきたので、いまさら子どもや動物の甘んじているような生活には満足できない。だが、いまやこの高度な生活そのものがかれらの手からすり抜け、かれらは途方にくれている。その努力をひきつけるような対象はなにひとつなく、自分の努力が無に帰してしまうという感覚がかれらの心をとらえる。人間の活動には、それをこえたひとつの対象が必要であるということの真の意味は、ここにあるのだ。それは、この対象が不可能な不死についての幻想をいだきつづけるうえになくてはならないから、という意味ではなく、この対象がわれわれの精神的構造のなかにふくまれていて、それが一部分でも崩壊すると、それにともなって精神的構造もその存在理由を失わざるをえないという意味なのである。こうした動揺状態におかれるとき、わずかでも人びとを落胆させるような原因があると、かれらは容易に絶望的な決断をくだしてしまう。それは証明するまでもないことだ。生がもはやそれに耐えるだけの労苦にあたいしないとなれば、生を放棄する口実にはこと欠かない。

それればかりではない、この生からの訣別《けつべつ》は、孤立した個々人だけに起こるとはかぎらない。生の価値を評価するある特定の様式は、国民的気質の一構成要素をなしている。個人的気質というものがあるように、集合的な気質もあって、それが国民を悲しみに沈ませたり、快活にしたり、また物事を楽観的にも悲観的にもながめさせたりする。じつは、人の生がどのような価値をもっているかについて全体的な判断をくだしうる地位にあるのは、社会だけであり、個人にはその能力はない。なぜなら、個人は自分自身とそのせまい地平の内側だけしか知らず、したがって、その経験はあまりに限定されていて、一般的評価の根拠としては役だたないからである。個人は、なるほどみずからの生が目標を欠いていることは判断できる。しかし、こと他人にかんしては、なにもいうことができない。それにひきかえ、社会は掛け値なしに、みずからについての感覚と、みずからの正常性と病理性についての感覚を一般化する力をもっている。個人はあまりにも深く社会生活のなかに参加しているため、社会が病態におちいれば、個人もまたそれに冒されないわけにはいかないからである。社会をおそう苦しみは、必然的に個々人の苦しみになる。社会は全体であるから、社会のこうむる病弊は、社会を構成する各部分にも伝わっていくのだ。ところで、社会の統合が失われてくると、社会は、それにつれて全般の生活の正常な条件がかきみだされていくことを意識せずにはいられない。社会はわれわれ自身のなかのもっともすぐれた部分が懸けられている目的であるから、われわれが社会から逸脱したと感じると、社会は同時に、われわれの活動の目的がなくなってしまったことをさとらずにはいない。われわれは社会の所産なので、社会は権威を失墜したと感じると、そのときからその所産であるわれわれがなんの役にもたたないと感じないではいられない。こうして、銷沈《しょうちん》と幻滅の潮流がかたちづくられる。だがそれは、どの特定の個人から発するのでもなく、社会のおちいっている不統合状態を表現しているのだ。個人の悲しみもそれが慢性化しているときには、それなりにかれの肉体の異常を表現しているように、これもまた、社会的な絆《きずな》の弛緩《しかん》、つまりは一種の集合的な衰弱現象、あるいは社会的不安を表現しているわけである。こうした時期に、右のような漠然たる感情を定式化して表現する哲学や宗教の体系が出現し、人びとに向かって、生きることは無意味だ、生に意味を付与するのは自己欺瞞《ぎまん》だ、などと説きつけようとする。こうしたなかで、事実を規範のかたちに転化して自殺を奨励したり、また、少なくとも生の不可能性を説いて自殺へと向かわせるような新しい道徳が形成される。こうした道徳が生まれてくるときには、そのすべてが当の主唱者によって一から創造されたかのように感じられるもので、人びとは、かれらの説きすすめる絶望を、しばしばかれら個人の責めに帰する。だがじつは、それらの道徳は、ひとつの結果であって、原因ではない。それは、社会という肉体の生理的苦痛を、抽象的な言葉をもちいて体系的に表現しているにすぎないのである。[*43] そして、このような潮流は集合的なものであるだけに、すでにそれの由来する源泉にもとづいて一個の権威をおびている。この権威は、その潮流を個人に押しおよぼし、道徳的退廃の状態——社会の不統合が直接に個人のなかにひき起こした——がすでに個人をかたむけさせていたその方向にますます強く追いやるのである。個人は、社会的環境からあまりにも自由になりすぎるこの瞬間ですら、なおこのように社会的環境の影響のもとにある。各人がいかに個人化されようとも、依然かれらのなかには集合的ななにものかがのこっていて、それが、この常軌を逸した個人化から生じる銷沈あるいは憂鬱《ゆううつ》としてあらわれる。要するに、人びとはほかに共有するものがなくなると、最後に悲しみの心を共有するようになる。

したがって、自殺のこのタイプは、まさに筆者の与えた名称にふさわしい。自己本位主義は、たんなる自殺の副次的な要因ではなく、その発生原因である。このばあい、人びとを生にむすびつけていた絆が弛緩するのは、かれらを社会にむすびつけていた絆そのものが弛緩してしまったためである。では、直接に自殺を思いたたせる、決定的条件のようにみえる私生活上の出来事はどうかといえば、それらは、じつは偶然的な原因にすぎない。個人が環境の与えるごく軽微な打撃にも負けてしまうとすれば、それは、社会の状態が個人を自殺のまったく恰好《かっこう》の餌食《えじき》に仕立てあげていたからにほかならない。

それ以外にも若干の事実から、以上の説明方法の妥当性は裏づけられる。自殺は子どもには例外的であること、最高齢の老人の自殺が減少することはすでに明らかにされているが、その理由は、子どもにおいても老人においても、物理的人間がふたたびそれぞれの全体を占める傾向にあるということによる。子どもはまだ社会によって型どおりに形成されていないため、そのなかには社会がいまだ不在である。また、老人においては社会が後退しはじめる。あるいは同じことだが、老人が社会から後退していくともいえる。その結果、子どもや老人はいっそう自己充足的存在となっている。かれらは、自分以外のなにか他の存在によって充《み》たされたいという欲求をもたないから、それだけ、生きるために必要なものを欠くおそれもないわけである。動物に自殺の免疫がある理由も、これとまったく変わらない。また、次章で明らかにされるように、未開社会には未開社会に固有の自殺があっても、ここでのべたような自殺はまずほとんど起こらない。それは、未開社会の社会生活がきわめて単純で、個人の社会的欲求傾向も同じような特徴をもっているので、それを充たすにはわずかのものでたりるからである。未開人は自分のむすびつきうる対象をたやすく外部にみいだす。どこに行くにせよ、自分の神と家族をともなうことができれば、未開人はかれの社会的本性が要求するものをすべて保持している。

最後に、女子が男子よりも容易に孤独に耐えて生きることのできる理由もこの点にもとめられる。寡婦が男やもめに比べ、はるかによくその生活条件に耐えることができ、男やもめほど再婚に熱意をしめさないことを考えると、家族なしでも生きられるその傾向は、女子の優越性をものがたるしると考えたくなる。女子の感情のはたらきはとくに活発で、家族の外部にもたやすくその発揮の場をみいだすといわれ、他方、人びとが生に耐えていくうえで、女子の献身的な行為は欠くべからざるものだともいわれている。しかし、実際には、女子がこの特権を享有しているのは、その感受性が大いに発達しているためではなく、むしろ未発達なままにとどまっているためである。女子は男子よりも共同生活の圏外にいることが多いので、彼女たちのなかには共同生活がそれほど深く浸透していないわけで、この社会性の浸透度の低さゆえに、女子にとっては社会の必要性も少ないということである。社会の必要性という点については、女子はほとんど欲求をもたず、〔かりに欲求をもったにしても〕また難なくその欲求を充たしてしまう。老嬢の生活は、少々の信仰上の務めを果たし、数匹の動物を愛玩《あいがん》するだけでみちたりるのだ。彼女たちが、宗教的伝統をあのように忠実に遵守するのは――したがって、そこに自殺の有効な避難所を求めるのは――、こうした単純このうえもない社会的形式によって、彼女たちのすべての要求が充足されるからである。ところが、男子にとっては、それだけではいまやあまりに窮屈すぎる。かれらの思考や活動は、発達するにしたがって、しだいに以前の枠からあふれでていく。そうなると、別の枠が必要となる。男子は、より複雑な社会的存在であるだけに、外部にいっそう多くの支持点をもたないかぎり、釣り合いのとれた生活を維持することができない。また、かれらの道徳的平衡がより多くの条件によってささえられていればこそ、その平衡はそれだけ乱されやすくもなるのである。

＊1　Wagner, *Die Gesetzmässigkeit*, etc., p.177 を参照。
＊2　*Dictionnaire encyclopédique des sciences médicales*, 2e série, p.50 以下の《Mariage》の項を参照。――この

問題については、J. Bertillon fils, Les célibataires, les veufs et les divorcés au point de vue du mariage, in *Revue scientifique*, février 1879 と比較対照せよ。――同じく、*Bulletin de la Société d'Anthropologie*, 1880, p.280 以下の一論文、また Durkheim, Suicide et natalité, in *Revue Philosophique*, novembre 1888 などを対照せよ。

＊3　二つの集団の平均年齢は、フランスのばあいと等しいと仮定しよう。この仮定から生じるかもしれない誤差は、まったく微々たるものである。

＊4　男女を合算して考えるという条件のもとでである。この指摘の重要性はのちにわかるであろう（第二編第五章四を参照）。

＊5　*Dict. encycl.*, 2ᵉ série, p.52 におけるベルティヨンの《Mariage》の項、Morselli, p.348, Corre, *Crime et suicide*, p.472 を参照。

＊6　これらの情報収集の作業は、一人の個人がやるとなるとたいへんだが、統計局がやれば、それほどの苦労もいらない。興味をひかない資料ならうんざりするほどあるが、やがてわかるように、ヨーロッパの社会の家族の状態を把握することのできるような資料は、なにひとつ与えられてはいない。

＊7　*Bulletin de démographie internationale*, 1878, p.195 に再録されたスウェーデンの統計も、これと同じ資料を提供してくれる。しかし、この資料は利用することができない。まず第一に、そこではやもめが未婚者といっしょになっている。このために比較の意義がとぼしい。これほどに条件の異なっているものは、相互に区別されていてしかるべきだからである。しかし、そればかりではない。筆者は、それが誤りであると考えている。どのような数字がそこにならんでいるかをしめせば、付表Ⅲのとおりである。

一見して、この結果のしめす老齢既婚男子の大きな抑止率は、疑わしくみえる。われわれの知っているあらゆる事実から、それはあまりにもかけ離れているからである。筆者にとっては不可欠のことともおもわれる検証手続を行なうために、このスウェーデンについて同じ期間に各年齢集団に生じた自殺の絶対数を調べてみた。それは男子については付表Ⅳのようになる。

この数字を付表Ⅲの比率と比較してみると、一つ誤りのあったことが確認される。じつは、六六―七五歳の既婚男子と非既婚者の自殺の絶対数はほぼ等しいが、他方、十万あたりの前者の自殺は、後者のそれの一一分の一にすぎない。とすると、この年齢における既婚男子数は、そうでない者、すなわち、やもめと未婚男子の数の約一〇倍（正確には九・二倍）を数えるはずである。同じ理由で、七五歳以上においても、前者は後者のまさに一〇倍以上でなければならないであろう。ところが、それはありえないことである。そのように高齢になると、やもめは急に多くなり、未婚男子と合算すると、既婚男子と等しくなるか、あるいはそれを上まわってしまう。以上から、およそどのような誤りが犯されていたかは見当がつく。それは、未婚男子とやもめの自殺を一括して合算し、その和を未婚男子の数で割ってしまったという誤りにちがい

付表 Ⅲ

年　　齢	16－25	26－35	36－45	46－55	56－65	66－75	76以上
〈同身分，同年齢の男女10万人あたりの自殺件数〉							
既婚男子	10.51	10.58	18.77	24.08	26.29	20.76	9.48
非既婚男子（やもめ，独身）	5.69	25.73	66.95	90.72	150.08	229.97	333.35
既婚女子	2.63	2.76	4.15	5.55	7.09	4.67	7.64
非既婚女子	2.99	6.14	13.23	17.05	25.98	51.93	34.69
〈非既婚者の自殺件数は，同性，同年齢の既婚者の自殺件数の何倍か〉							
男　　子	0.5	2.4	3.5	3.7	5.7	11	37
女　　子	1.13	2.22	3.18	3.04	3.66	11.12	4.5

付表 Ⅳ

年　　齢	16－25	26－35	36－45	46－55	56－65	66－75	76以上
既婚男子	16	220	567	640	383	140	15
非既婚男子	283	519	410	269	217	156	56

ない。じつは既婚男子の自殺のほうは、やもめと既婚男子を合算した数で割られているのである。そうすべきだと信じさせるにいたった理由は、既婚男子の自殺の抑止される度合が老年になってはじめて異常に高くなり、すなわち、計算の結果をはなはだしく誤らせるほどやもめがふえるときに、とくに高くなるということである。したがって、誤りは、やもめがひじょうにふえる七五歳以上でもっともはなはだしくなる。

＊8　付表Ⅲを参照。——たしかに一五歳から二〇歳までの既婚男子のこの不幸な状態は、かれらの平均年齢が同じ年齢範囲の未婚者の平均年齢より上まわっているところから生じたとおもわれるであろう。だが、実際に自殺の増加が起こっていることを証明しているのは、ほかでもない、これにつづく年齢（二〇歳から二五歳まで）の既婚男子の自殺率がその五分の一にすぎないという事実である。

＊9　Bertillon,《Mariage》の項 p.43 以下を参照。

＊10　例外はただ一つしかない。それは七〇歳から八〇歳までの既婚女子であり、その抑止率は一をわずかに下まわっている。この低下の因をなすのはセーヌ県の作用である。その他の県では（第37表〔二九七ページ〕を参照）、この年齢の既婚女子の抑止率は一を上まわっている。しかしなお、地方も、他の年齢の率よりも低くなっているということは注目にあたいする。

＊11　Letourneau, *Évolution du mariage et de la famille*, Paris, 1888, p.436.

＊12　*Revue scientifique* より引用の J. Bertillon fils の論文。

＊13　既婚者のめぐまれた状態を結婚淘汰のせいにしようとする仮説を否定するために、いわゆるやもめ暮らしに原因する自殺増加がよく引合いにだされてきた。しかし、この増加が、未婚者に比較したばあいには存在しないことはいまみてきたばかりである。やもめの自殺はむしろ未婚者の自殺よりも少ない。以上から考えても、この議論は根拠にとぼしい。

＊14　これらの数字はフランスについてのものであり、一八九一年の調査による。

＊15　この留保をしておきたい。というのは、この二・三九という率は、一五歳から二〇歳までについて

のものであり、またこの年齢における既婚女子の自殺は極度に少ないから、そのわずかな件数が計算の根拠として用いられたことによって、正確さがいくらか疑われるためである。

＊16　このように、男女の相互の地位関係を既婚、未婚の条件に即して比較するとき、年齢の影響をとりのぞいておくという配慮がよく忘れられる。このばあい、得られる結果は不正確なものとなる。だから、このふつう行なわれている方法にしたがえば、一八八七―九一年のあいだ、夫の自殺七九にたいして妻のそれは二一、全年齢の未婚者の自殺一〇〇にたいして未婚女子のそれは一九となるであろう。この数字は、現状について誤った観念を与えるにちがいない。第35表〔二七九ページ〕は、既婚女子と未婚女子の割合の差が全年齢をつうじてそれよりもひじょうに大きいことをものがたっている。その理由は、既婚、未婚の男女間の自殺の差が年齢とともに変化するからである。七〇歳から八〇歳のあいだになると、その差は二〇歳のときの差のほとんど二倍に達する。ところで、未婚者人口はほとんどすべて三〇歳以下の個人からなっている。だから、もしもこの年齢を考慮にいれないならば、算出される差は、実際には三〇歳の未婚の男女のあいだの差であるということになる。とすると、その差と年齢別を考慮しない夫婦間の差とを比較するならば、後者の平均年齢は五〇歳であるから、じつはこの年齢の夫婦にたいして比較がなされていることになる。したがって、この比較は誤りであるが、この誤りは、既婚、未婚における男女の差が年齢の影響でちがった変化をしめすという事実のために、いっそうはなはだしいものとなる。さらに既婚者のばあいよりも未婚者のばあいに、その差はなおいっそうはなはだしいものとなる。

＊17　同じく第35表から、既婚者全体の自殺にたいする既婚女子の自殺の割合が、年齢がすすむにつれて、未婚者全体の自殺にたいする未婚女子の自殺の割合を上まわっていくことがわかる。

＊18　しかし、ルゴワ（*op. cit.*, p.175）とコール（*Crime et suicide*, p.475）は、自殺の増減と婚姻率の増減とのあいだに、一定の関係をみいだすことができると考えた。だが、この誤りは、まず、かれらがごく短期間しか考察の対象におかなかったことに原因し、ついでかれらが、最近の数年を一八七二

年という特別な年と比較したことに由来している。一八七二年は、一八七〇年の戦争によって生じた結婚人口の空白を埋める必要から、婚姻率が一八一三年以来絶えてなかった法外な率に達した年であった。このような時点と比較したところで、婚姻率の動きを測ることはできない。これと同じことは、ドイツにあてはまるし、ヨーロッパのほとんどすべての国にさえあてはまる。この時点では、婚姻率は、あたかも御者の一鞭をあてられたかのような観を呈している。イタリア、スイス、ベルギー、イギリス、オランダにおいて、突然大きな増加が起こり、多くは一八七三年までもつづいた。ヨーロッパ全体が、二国のこうむった戦禍をつぐなうために力添えをさせられたといってもよいであろう。しばらくして、当然はなはだしい低下が起こったが、それは、一般に考えられているような意義をもつものではない（Oettingen, *Moralstatistik*, annexes, tableaux 1, 2, 3 を参照）。

＊19　Levasseur, *Population française*, t. II, p.208 による。

＊20　一八八六年〔本文の記述からみて誤りとおもわれる〕の調査による。*Dénombrement*. p.123.

＊21　*Annuaire statistique de la France*, 15e vol., p.43 を参照。

＊22　同じ理由から、子どものある既婚男子の年齢は、既婚男子一般の年齢よりも高いが、それだけに、二・九という抑止率は、実際よりも低くあらわれてきているとみなすべきである。

＊23　これと似た差は、子どものない既婚男子の率と、子どものない既婚女子の率とのあいだにもみられる。後者（〇・六七）は、前者（一・五）より六六〔五五〕％低い。したがって、子どもがあることによって、女子が結婚によって失う地盤の半分は回復されることになる。すなわち、女子は結婚することによって男子ほどの恩恵は受けないとしても、反対に、家族、すなわち子どもから男子以上に恩恵を受けることになる。女子は、子どもの与える好ましい影響には男子よりも敏感である。

＊24　*Dict. encycl.*, 2e série, t. V, p.36 におけるベルティヨンの《Mariage》の項。

＊25　*Op. cit.*, p.342.

＊26　Bertillon, *Les célibataires, les veufs*, etc., *Rev. scient.*, 1879 を参照。

＊27　モルセッリもまたその説の根拠として、戦争直後寡婦の自殺が、未婚女子や既婚女子の自殺よりも目だって増加するという事実をあげている。しかし、それは、たんにこのときに寡婦の数が異常な割合で増大するまでのことである。寡婦の自殺がふえることも、また、この増加が、均衡が回復されるまで、そして法律上の身分の各カテゴリーの割合が正常な水準に回復されるまで持続することも、まったくあたりまえのことである。

＊28　子どもがあるときには、既婚男女がやもめになることによってこうむる抑止率の低下は、ほぼ等しい。子どものある夫の率は二・九であるが、それが一・六となる。同じ条件の妻のばあい、一・八九から一・〇六となる。その減少は、前者にとって四五％、後者にとって四四％にあたる。この理由は前述のように、やもめ暮らしが二つの結果を生むからである。すなわち、これは、第一に夫婦の結合を、第二に家族の結合を、それぞれ破綻におとしいれる。第一の破綻は、女子には男子ほど深刻ではない。それというのも、まさに女子が結婚生活からあまり恩恵を受けていないからである。しかしそのかわり、第二の破綻はより強く女子にうったえる。なぜなら、夫が妻に代わって家庭内の機能をいとなむことよりも、妻が夫に代わって家族を統率することのほうが、多くのばあいはるかに困難だからである。したがって、子どもがあると、一種の相殺が起こり、やもめとなったばあい、男女の自殺傾向は等しい割合で変化する。すなわち、寡婦が結婚生活のなかで失っていた地盤の一部をもう一度取り返すのは、とくに子どものないばあいである。

＊29　第37表については、パリにおいても、地方と同じく、二〇歳以下の既婚者の抑止率が一以下であること、すなわち、既婚者の自殺に促進の生じていることが読みとれる。これは、前述の法則を裏づけている。

＊30　女子が結婚生活から恩恵を受けるときには、男女のあいだの差は、男子が恩恵を受けるときよりもはるかに小さいことがわかる。これも、さきほどの指摘の新たな裏付けをなしている。

＊31　すでにベルティヨン氏は、各身分カテゴリーの自殺率を子どもの有無とかかわらせて提示している

〔*Revue scientifique* の前掲論文〕。かれの得た結果は、次のとおりである〔百万あたりの自殺数〕。

子どものある既婚男子	二〇五	子どものあるやもめ	五二六
子どものない既婚男子	四七八	子どものないやもめ	一〇〇四
子どものある既婚女子	四五	子どものある寡婦	一〇四
子どものない既婚女子	一五八	子どものない寡婦	二三八

これらの数字は、一八六一―六八年についてのものである。自殺の一般的な増加のありさまはわかっているので、これらの数字は、筆者のみいだした数字にも確証を与えてくれる。しかし、第34表〔二六九ページ〕と同じような表がないために既婚者およびやもめを同じ年齢の未婚者と比較することはできないので、抑止率についてはなんら正確な結論を引きだすことができない。他方、これらが全国にかんするものであるかどうかも疑わしい。実際、フランス統計局においては、一八五五年にセーヌ県以外の諸県でなされた例をのぞけば、一八八六年以前の人口調査では、子どものある既婚者と子どものない既婚者の区別はなされたためしがない。

＊32　第二編第五章四を参照。

＊33　*Dénombrement*, 1886, p.106 を参照。

＊34　筆者は、密度 densité という言葉を、ふつう社会学のなかで与えられている意味とは少々ちがった意味に用いた。一般にわれわれは、ある集団の密度というものを、結合している個人の絶対数によってではなく（それは、むしろ容積とよぶ）、この容積を等しいとしたばあいの、実際に関係しあっている個人の数によって定義している（*Règles de la Méth. sociol.*, p.139〔『社会学的方法の規準』宮島喬訳、岩波文庫、二二三ページ〕を参照）。しかし、家族のばあいには、集団の規模が小さく、結合している個々人はたがいに実質的に関係しあっているので、容積と密度に区別をつけることはあまり意味がない。

＊35　発展途上にある若々しい社会と未開社会とを混同してはならない。次章でみるように、未開社会で

はむしろ自殺がひんぴんと生じているのである。

＊36 エルヴェシウスは、一七八一年にその著書のなかでこう書いている。「財政の破綻と国家組織の変化は、人びと一般のあいだに狼狽をひろめた。首都に起こったおびただしい自殺は、その悲しむべき証拠なのだ」。筆者は、Legoyt, p.30 から引用した。メルシエは、その *Tableau de Paris*, 1782 のなかで、パリでは二五年間に自殺は三倍になった、とのべている。

＊37 Legoyt, p.252 による。

＊38 Masaryck, *Der Selbstmord*, p.137 による。

＊39 事実、一八八九―九一年には、年々の率は、この年齢においてはわずか三九六にすぎなかった。半年間の率は約二〇〇である。ところで、一八七〇年から九〇年までのあいだに、各年齢の自殺数は二倍になっている。

＊40 なお、一八七二年のこの減少が一八七〇年の事件に起因することは、まったく疑いの余地がない。じっさい、プロイセン以外では、この自殺の減少は戦後ほとんどみられなくなってしまった。ザクセンでは、一八七〇年の減少は八％にすぎなかったが、七一年にはそれ以上すすまず、七二年にはほとんどまったく止まってしまった。バーデン公国では、減少は一八七〇年にかぎられた。七一年には二四四件で、六九年のそれを一〇％もしのいでいる。以上からみても、プロイセンだけが、戦勝直後、一種の集合的な愉悦感にひたっていたようである。その他の国々は、栄光の獲得、戦争による勢力の伸長などに敏感ではなかったし、いったん国家的な大きな苦悩が過ぎ去れば、社会的情熱はしりぞいていったのである。

＊41 二五五―二五六ページを参照。

＊42 筆者は、霊魂不滅の信仰にともなうあの存在の観念的な延長について語っているのではない。なぜなら、第一に、それは、家族あるいは政治社会へのむすびつきが自殺を抑止する理由を説明してはくれないし、第二に、宗教の抑止作用を生むのも、それではないからである。そのことはすでにの

べた。

＊43　そして、個人的印象を一般化したからといって、それらの悲観的な理論家たちを責めることが当をえない理由はここにある。彼らは一般的状態の反映なのである。

†1　Adolphe Bertillon（一八二一―八三）。フランスの医師、統計学者。アルフォンス・ベルティヨン（訳注四三〇ページ†9を参照）の父。

†2　既婚、未婚、やもめなど、いわば戸籍上の身分に相当するもの。

†3　Charles Letourneau（一八三一―一九〇二）。フランスの人類学者。徹底した進化論の立場から、さまざまな社会現象を研究した。

†4　セーヌ県はパリ市をふくむ都市的性格の強いところで、他の諸県とはこの点でひじょうに異なっている。

†5　それは、Suicide et Natalité, *Revue philosophique*, 26, 1888, pp.446-463 をさす。このなかで、デュルケームは、出生率の大小が家族の密度の大小を表現していると考え、フランス各県で出生率と自殺率が逆相関をしめしているという統計的事実から、家族的連帯が自殺抑止の力になっていると結論している。

†6　アノミー的自殺についての説明（四二三ページ以下）を参照。

†7　一八四八年のドイツでは、二月革命の影響下に自由と国家的統一を目ざす革命が起こり、フランクフルトに国民議会が開かれ、プロイセン王フリードリヒ・ヴィルヘルム四世が皇帝に推された。しかし、大ドイツ党と小ドイツ党の対立、オーストリアの処遇の問題をめぐる内紛などがあり、国家的統一は一頓挫することになった。これらの諸事件がドイツの政情を不安定なものにしていた。

†8　ルイ・ナポレオンによるクーデタの起こった年。

†9　人民投票でナポレオンが皇帝となった年。

†10　一八七五年の選挙において多数を占めた共和派にたいして、マクマオン元帥を中心とする王党派が反撃を策し、共和派内閣を辞職させた。そして、ド・ブロイ公による王党派内閣を組織し、下院を休会させた事件（五月十六日政変）。

†11　当時（一八八六―八七年）、陸相の地位にあったブーランジェ将軍は対独強硬と軍備強化の主張をもち、その政治的野望とともに、共和制に危機をまねくものと警戒されていた。そのため政府はかれを予備役に編入したが、かれは極右王党派とむすんで代議士となり、当時の社会各層の不満や不安をバックとして一種の独裁制をねらう「ブーランジスム」運動を展開し、一八八九年のパリ補欠選挙に大勝した。しかし、政府はクーデタの危険を感じて逮捕状を発したので、かれは亡命した。

†12　普墺戦争のさい、イタリアがプロイセン側につき、オーストリアと戦ったこと。

†13　プロイセン・オーストリア対デンマークの第二次シュレスヴィヒ・ホルスタイン戦争の起こった年。

†14　クリミア戦争（一八五三―五六）は、エルサレムの管理権の問題をきっかけに、ロシア、イギリス、フランスなどが、それぞれの利害関心のもとに出兵した戦争。また、イタリア戦争（一八五八―五九）は、オーストリアと、イタリア統一を目ざすサルデーニャ軍およびナポレオン三世の率いるフランス軍とのあいだの戦争。「王朝間」の戦争とみるのは当をえないが、ナポレオン三世の外交的野望や、（前者において）ロシアのツァーの南下の意図などがとくにはたらいていたこと、（後者において）サルデーニャ軍がまだかならずしも全イタリアの統一的な国民意識を背景としていなかったこと、などをこれらの戦争の特徴として指摘することができる。

†15　当時ドイツの国家的統一の運動は、プロイセンを中心にすすめられており、オーストリアの連邦脱退ののちに、一八六七年には北ドイツ連邦が結成されたが、バイエルンなど南ドイツの諸国は、この運動に終始消極的な態度をしめしつづけていた。

†16　バイエルンなど南ドイツの諸国は、この普仏戦争を機にドイツ連邦に加入した。

†17　自己本位主義、自己本位的自殺にあたる原語は、それぞれ égoïsme, suicide égoïste。なお égoïsme

のもっとも慣用化された訳語に「利己主義」があるが、ここでは、行為準則を個人のみに求めて個人的自我を過度に主張するという意味が主で、個人の利益を追求するという意味は稀薄なので、「利己（主義）的自殺」と訳すのはやや適切を欠くとおもわれる。

†18　生存への要求をもっていないにもかかわらず、生きることに執着をしめすこと。

第四章　集団本位的自殺

生の世界においては、過度におよぶものはすべてよくない。生物の能力にしても、一定限界をこえないという条件のもとで、はじめて決められた目的を果たすことができる。社会現象についても同じことである。いまみてきたように、過度に個人化がすすめば自殺がひき起こされるが、個人化が十分でないと、これまた同じ結果が生まれる。人は社会から切り離されるとき自殺をしやすくなるが、あまりに強く社会のなかに統合されていると、おなじく自殺をはかるものである。

一

未開社会では自殺は起こらなかった、とはよくいわれたことである。[*1] だが、こうした言い方をするならば、この断言は正確さを欠く。さきほど筆者が設定した自己本位的自殺なら、なるほど未開社会に多くはないようだ。しかし、そこにも風土病のような状況を呈して、別の形式の自殺がみとめられる。

バルトリン[†1]は、その著『デンマークにおいて死を蔑視《べっし》する原因について』のなかで、こう書いている。デンマークの戦士たちは、老衰や病でベッドのなかで死ぬことを恥辱とし、この不名誉をのがれるためにみずから命を断った、と。同じくゴート族[†2]も、自然死をとげた者は毒をふくんだ動物のうようよしている洞穴に永久に閉じこめられる運命にある、と信じていた。[*2] 西ゴートの領土[†3]の境には、「祖先たちの岩」とよばれるそそりたつ岩があって、年老いた者は生に疲れるとここから身を投げた。同じ風習は、トラキア族[†4]やヘルリ族[†5]などのあいだにもみられる。シルウィウス・イタリクスは、イスパニア・ケルト族[†6]について、次のように書いている。「これは自分の血を惜しげもなく浪費する、なんとも死を急ぐことの好きな民族である。ケルト人は、壮年期を過ぎると、もう時がたつのにも耐えられなくなり、老年を迎えることをいさぎよしとしない。かれらは、自分の意のままに生涯《しょうがい》に終止符をうつ」[*3]。こうしてかれらは、みずからに死を課した者には美しい終《つい》のすみかを、病や老衰で死んだ者には陰惨な地の底を、それぞれ割りあてた。これと同じ慣習はインドにも長くつづいていた。おそらく自殺のこの礼遇はヴェーダにはなかったであろうが、しかし、その歴史にはたしかにひじょうに古いものがある。バラモン教徒カラーノス[†7]の自殺についてプルタルコスは、「この国の賢者たちの習いにしたがって、かれもみずから命を断った」[*4]とのべている。またクイントゥス・クルティウス[†8]はこうもいっている。

「バラモン教徒のなかには、賢者と名づけられている野蛮で粗野な人種がいる。かれらには死の時を予見するのが光栄なのであり、老衰や病がかれらを苛《さいな》みはじめると、生きながらにして身を焼いてもらう。死を待っているときには、それは生の恥辱なのだという。だから、かれらは老衰で滅びる肉体にはいささかの礼もはらわない。炎は、まだ命脈をたもっている人間をその内につつむのでなければ汚れるというものだ」[*5]。これと似た事実は、フィジー[*6][†9]、ニュー[†10]ヘブリデス、マンガイア[†11]などにもみられた[*7]。キオス[†12]では、一定の年齢を過ぎた面々は集まっておごそかな宴をもよおし、頭を花冠でかざって、喜々として毒をかたむけた[*8]。この同じ慣行が、とくに道徳的で知られたトログロディテス族[*9][†13]やセレース人[†14]のあいだにも行なわれていた[*10]。

それらの民族においては、老人のみならず、夫が死ぬと妻もしばしばあとを追わなければならなかったことはよく知られている。この野蛮な慣行は、インドの風習のなかにひじょうに強く根をはっており、イギリス人の努力のかいもなく長く生きつづけている。一八一七年には、ベンガルの一州だけで七〇六件の寡婦の自殺があり、一八二一年には、それがインド全体で二三六六件にのぼった。ほかにも、王や首長が死ぬと、家来たちは生きのびることを許されないようなところもある。ゴール[†15]のばあいがそれだ。アンリ・マルタン[†16]によれば、ゴールの首長の葬式は、とりもなおさず血なまぐさい大殺戮《さつりく》であって、かれの衣服、武器、馬、寵愛《ちょうあい》の奴隷などが荘厳に炎につつまれたが、それには最後の戦闘に生きのこった忠臣までがくわえられた。[*11] かれらは、首長よりも生きながらえることはけっして許されなかったのである。アシャンティ族[†17]でも王が死んだときは、かれに仕える臣下たちがこれにつづくことをよぎなくされていた。[*12] 多くの観察者が、ハワイでも同じ慣行に出会っている。[*13]

こうみてくると、自殺はたしかに未開民族にもきわめてひんぴんと起こっていることになる。しかし、そこにはいかにも独特な性格がある。じっさい、これまでのべてきた事実はすべて、次の三つのカテゴリーのいずれかに分類されるのである。

一、老年の域に達した者、あるいは病に冒された者の自殺

二、夫の死のあとを追う妻の自殺

三、首長の死にともなう臣下や家来の自殺

さて、以上のすべての場合をつうじて、自殺が行なわれるのは、当人がみずから自殺をする権利をもっているからではなく、それどころか、自殺をする義務が課せられているからである。かりにこの義務を怠ると、恥辱をもって罰せられるか、あるいはより一般的なケースとしては宗教的な懲罰をもって罰せられる。たしかに、われわれは、自殺をした老人の話を耳にすると、まず老齢によくありがちな疲労や病苦がその原因であろう、と考えがちである。だが、かりにそうした自殺の原因がもっぱら疲労や病苦のみにあって、個人がひたすら耐えがたい生からのがれるために自殺をはかるのであれば、義務として自殺が

なされるなどということは起こるまい。特権を享受することが義務づけられることはありえない。ところが、当人が生に執着していると、世間の尊敬がかれから去ってしまうことはすでにみたとおりである。すなわち、あるところでは、ふつう葬儀にはらわれる礼がかれには拒絶され、またあるところでは、あの世で恐ろしい生活が待ちかまえているとおどかされたりする。つまり、社会がかれの上に重くのしかかり、自殺へはしらせてしまうのだ。自己本位的自殺にも、むろん社会は関係している。しかし、両者へのその介入の仕方は同じではない。一方においては、社会は、人を生から離脱させるような言葉を語りかけるだけであるが、他方では、社会は、正面きって人に生を放棄するように命令をくだす。前者では、せいぜい暗示したり、忠告したりするだけであるが、後者では、それが強制に変わる。そして、この義務を要求しうる条件や環境を決定するのも社会である。

したがって、こうした犠牲を社会が強制するのも、当然その社会の目的に照らしてのことなのである。家来が首長よりも、臣下が王よりも生きのびてならない理由は、当の社会の構造が、家来と主人、臣下と王のあいだにきわめて緊密な従属関係をふくんでいて、双方を区別するという観念を排しているからにほかならない。一方の運命は、他方の運命でもなければならない。家来は、主人のおもむくところならどこへでも、たとえあの世へでも、主人の衣服や武器といっしょに供をしなければならないのだ。もしそうでなかったならば、社会的従属関係もそのままではありえなかったはずである。*14 夫にたいする妻の関係も、これと変わるところはない。また老人のばあいは、少なくともそのほとんどが宗教的理由から、手をつかねて死のおとずれを待つことが許されなかったものとおもわれる。事実、家族の長には、家族を守護する精霊《エスプリ》がやどっているとされていた。そしてまた、他人の肉体にやどっている神は、かれの肉体の生命にもあずかり、同じ健康、病、老衰という相を同時的にたどるのだと信じられていた。したがって、年老いて肉体の力が弱まると、それと軌を一にして肉体にやどる神も力を失い、けっきょくはその集団も存在をおびやかされざるをえない。なぜなら、もはや集団は、その無力な神によって守護されるほかないからである。こういうわけで、父親は共同の利益の名のもとに、保持してきた尊い依託物〔家族を守護する精霊〕を後継者にゆずりわたすために、老いはてるまえに死をえらばなければならなかった。[*15]

以上の記述から、これらの自殺の原因がどこにあるかが十分明らかになったとおもう。社会がこのようにある成員に圧力をくわえて自殺をさせることができるためには、個人の人格が無にひとしいとされる当時の状況がなければならない。というのは、個人的人格が形成されはじめるや、生きる権利というものはまっさきに承認されるものであり、戦時のような極端な例外的状況をのぞいては、この権利はまず停止されえないものとなるからである。しかし、この個人化の微弱さも、もっぱら一つの原因の生む結果にすぎない。集合生活のなかに個人のしめる地位がこのように微弱であるということは、個人が集団のなかにほとんど完全に埋没していて、それゆえ、集団がきわめて強固に統合されているということでなければならない。また、集団の各部分〔個々人〕がこのように、ほとんど固有の存在の姿をしめしていないということは、集団全体が密度の高い、一様性をもった一つの集塊をなしていることを意味するものでなければならない。じつは、筆者は他の著書のなかで、この緊密な凝集力が、まさしく右のような慣行の守られている社会の凝集力にほかならないことをしめしておいた。[*16][†18] これらの社会はかぎられた成員からなっているので、そこでは全員が同質的な生活をいとなみ、観念も感情も生業も、すべて全員に共通するものをもっている。と同時につねに、集団の規模が小さいため、集団は各個人にとって身近であり、各個人はすべて集団の視野のなかにおかれている。こうして、集合的な監視の目はつねに光り、ひろがって、個人間に異質性が生じることをきわめて容易にさまたげる。したがって、自分だけの特殊な世界をつくりあげ、そのもとでみずからの本性を発達させ、比類のない個性を生みだすというすべは個人には与えられていない。個人はその仲間といわば同質的であるので、それ自身では価値のない、全体の割り切れる部分[†19]の一つのようなものである。個人の人格はほとんど尊重されないため、人格にたいして各個人からくわえられる侵害も、比較的大目にみられ、ほとんど抑制されることがない。とすれば、集合的要求から個人がさらに守られず、また社会が生命を軽視し、たいした理由もなく平気で個人に死をもとめるのも当然といえよう。

そこで、前に明らかにした自殺タイプ〔自己本位的自殺〕とはきわだった特徴によって区別されるいま一つの自殺タイプが、ここに浮かびあがってくる。前者は過度の個人化から生じるものであったが、それにひきかえ、後者はあまりにも未発達な個人化を原因とする。すなわち、一方は、一部分あるいは全体的に解体にひんした社会が、個人をそこから逸脱するにまかせているために起こる。他方は、社会が個人をあまりにも強くその従属下においているところから起こる。自我がただ自分自身のみの生をいとなみ、自己以外のなにものにも従属しないでいる状態を自己本位主義と名づけたうえは、集団本位主義という言葉[†20]が、その反対の状態をあらわすのに適切であるといえよう。すなわち、自我が自由でなく、それ以外のものと合一している状態、その行為の基軸が自我の外部、すなわち所属している集団におかれているような状態がそれである。それゆえ、この強い集団本位主義の結果生じる自殺を、集団本位的自殺とよぶことにする。しかし、そのほかに、この自殺は義務としてなされるという特徴をもしめしているため、ここに採用した用語は、この特殊な性格をも表現している必要がある。そこで、このようにして構成されるタイプは、義務的集団本位的自殺と名づけることにしよう。

このタイプを定義するには、これら二つの形容詞〔集団本位的、義務的〕を組みあわせなければならない。というのは、集団本位的自殺がすべて義務的になされるとはかぎらないからである。社会からこのような表向きの強制は受けないで、むしろより随意的な性格をもっている自殺もある。いいかえれば、集団本位的自殺は、いくつかの変種をふくんだ自殺の一種なのだ。いま、そのうちの一つを規定してきたにすぎない。その他の種類にも目を向けてみよう。

これまでのべてきた同じ社会のなかに、あるいは同じ部類に属する別の社会のなかに、直接の表向きの動機がじつにくだらない自殺がひんぱんに起こっている。ティトゥス・リウィウス、[†21]カエサル、ワレリウス・マクシムスら[†22]は、いささか讃嘆《さんたん》の入りまじった驚きで、ゴールやゲルマンの蛮族が平然として死におもむいたさまを語っている。[*17]酒や金銭とひきかえに生命を与えることを約束したケルト人もいた。[*18]その他、火事の炎や海の大波にも身を引くそぶりをみせない者もあった。[*19]現代の旅行者たちは、多くの未開社会のなかにこれと似た慣行をみいだしている。ポリネシアでは、ほんのわずかな侮辱が、ひんぱんに自殺をひき起こす。[*20]北アメリカの先住民のばあいも同様であり、夫婦げんかや嫉妬《しっと》の衝動だけで、男女は簡単に自殺をしてしまう。[*21]ダコタ族やクリーク族においては、どんな小さな落胆もしばしば絶望的な決断をまねく。[*22]日本人がまったくつまらない理由のためにも簡単に切腹をすることは有名である。伝えられるところによれば、日本では、かたきどうしが、たがいを倒す術を競いあうのではなく、みずからの手で腹をさく術の巧みさを競いあうというじつに奇妙な果たし合いの習わしさえ行なわれているという。[*23]中国、コーチシナ、チベット、シャム王国などでも、似たような事実が人びとの注意をひいている。

これらのばあい、いずれも、人は表向き自殺をしいられていないにもかかわらず自殺をする。しかし、それらの自殺も、義務的自殺と本質的に異なるところはない。世論はたとえ公に自殺を強制しなくとも、自殺に与《くみ》しないわけではないのである。生に執着しないということは、当時にあっては一つの徳であったから、しかも偉大なる徳であったから、ほんのささいな事情から生を断つ者、あるいはたんなる体面の問題から生を断つ者には賞讃がおくられた。自殺には社会的な褒賞《ほうしょう》がつき、そのために自殺が奨励されさえした。その褒賞をこばもうとすれば、たいしたことはないにしても、いわゆる懲罰とひとしい結果が人びとをみまったのである。人は、一方では不名誉を免れるために行なう行為を、他方では、いっそうの尊敬をかちえるために行なうのだ。子どものときから生を重んじないことに慣れ、あまりに生に恋々とする者をさげすむことを習わしとしていると、いきおいまったくささいな理由からも生を放棄してしまう。かれらは、ほとんど得にならない犠牲を平気で引きうける決心をする。だから、それらの慣行も、義務的自殺とまったく同じように未開社会の道徳の根底にあるものに根ざしている。この道徳は、個人が独自の利害関心をもたないかぎりにおいてはじめて維持されるものであるから、個人は、二心のなき断念や献身をしめすように訓練されなければならない。こうして、ある程度の自発性をおびたそれらの自殺が生まれる。社会が明白なかたちで命じている自殺とまったく同じく、この自殺も、未開人の道徳の特徴とみられる没個人性《アンペルソナリテ》の状態、あるいは筆者のいう集団本位主義の状態に起因している。集団本位的という名称をそれにも冠するのはこうした理由によ る。そして、その特殊性をもっと浮き彫りにするためには、随意的《ファキュルタティフ》といいそえるべきである。この言葉は、厳密な意味で義務的であるばあいほど社会によって明らかに要求されてはいない、というくらいの意味に理解されなければならない。以上の二種類の自殺はとくに類似性をもっているので、ここが両者の境目であるという点をはっきりしめすことはできない。

最後に、もっと別のケースで、集団本位主義が、とくに直接的に、激しく自殺をひき起こすこともある。これまでのいろいろな例においては、それが他の事情と同時的に作用して、はじめて人びとに自殺をひき起こさせることができた。死が社会によって義務として強制されていること、あるいは名誉に関係したなにものかがそこに賭《か》けられていること、そして少なくともなにか不愉快な出来事のために本人の目に生が無価値なものと映じていること、などがその要件であった。しかし、生を断つことそれ自体が、これといった理由もなく賞讃されるために、個人がひたすら犠牲の喜びをもとめて自殺することも起こるのだ。

インドが、この種の自殺の典型の地である。すでにバラモン教の影響下においても、インド人はたやすく自殺をしていた。ところが、実際はマヌ法典†23は、ある制限のもとに自殺を奨励しているにすぎない。一定の年齢に達し、すでに男子を一人はのこした者でなければば、自殺をしてはならなかった。しかし、この条件が充たされれば、人はすでに生きていてもしかたがなかった。「偉大な聖人たちの行なった行《ぎょう》のひとつによって肉体を解脱したバラモン教徒は、苦悩や恐怖からのがれて、名誉をもってバラモンのすみかに迎えられる」。[*24] 仏教はこの原則をもっとも極端な結論にまでおしすすめて、自殺を宗教的慣行にまで仕立てあげたとよく非難されるが、実際は、仏教はむしろ自殺を非としたのである。なるほど、仏教は、人間の無上の望みは涅槃《ねはん》に達することであると説いてはいた。しかし、この〔涅槃という〕存在の停止は、生きているあいだに得ることができるし、また得なければならない、そして、これを得るためには荒々しい行動は必要ではないとされた。にもかかわらず、人は生からのがれなければならないという考え方はたしかにその教義の精神のなかにあったし、それがインド人の心にひそむ願望にふさわしく呼応したことから、仏教から派生したか、または仏教と時を同じくして生まれたおもな宗派にはこの考え方がさまざまなかたちでみとめられる。ジャイナ教[†24]もその例である。ジャイナ教のある経典は、生命はのびさかえるべきものであるから、自殺をしてはならないとのべ、自殺を非としているが、しかし、諸所の多くの聖殿から収集された記録によれば、とりわけ南方のジャイナ教徒においては、宗教的自殺がきわめてひんぱんに行なわれていたことが明らかになった。[*25] 教徒は、絶食して死んでいったのである。[*26] ヒンドゥ教にはガンジス河その他の聖なる河に身を投じて死ぬ習わしがあって、ひろく行なわれていた。このようにして死を迎えた王侯や大臣のことを伝えている記録は多いが、[*27]その迷信的慣習は十九世紀初頭になってもまだ完全にすたれてはいなかったという。[*28]ビル族[†25]のところには、一つの岩があって、シヴァ[†26]に身をささげるという信心にしたがい、人びとはその上から身を投げた。[*29]一八二二年にも一人の将校がこの供犠のひとつを目撃している。また、狂信者たちが一団となってジャガノート[†27]の像の車輪に押しつぶされて死んでいったという話は、あまりにも有名である。[*30]シャルルヴォア[†28]はすでに、同じたぐいの習わしを日本にもみいだしていた。すなわち、「狂信者たちを乗せた小舟が小石を満載し水中に没するのや、乗っている小舟に穴をあけ、かれらの偶像の讃歌をうたいながらだんだんと沈んでいくのを、海岸沿いにながめるのは日常のことである。黒山のような見物人たちは、水中に消えてしまうまでそれを目で見送り、天にむけてかれらの勇気を賞讃し、祝福されることを祈る。阿弥陀《あみだ》の宗徒たちは岩穴にとじこもり、壁を塗りこめてもらう。そこにはわずかに座れるだけの空間と、呼吸《いき》のできる空気孔があって、ここでかれらは静かに餓死のおとずれをまつ。ほかに、ときおり火炎の吹きだす硫黄孔のひらいているそそりたつ岩の頂に登る者もある。かれらはそこで神に祈願しつづけ、自分の生命の供犠を享《う》けるように祈り、炎をさらに燃えたたせるよう懇願する。炎の一つが噴きあげるや、かれらはそれを神の同意のしるしとみて、まっさかさまに深淵《しんえん》の底へ身を投げる。これらのいわゆる殉教者の追憶は、深い尊敬でかざられている」。[*31]

これほど集団本位的な性格のきわだっている自殺もない。じっさい、右にあげた例のすべてにおいて、個人は、みずからの真の存在はそこにあると感じられる他の存在と合一することを渇望し、個人的な存在から脱しようとつとめるのがみられる。個人がその存在をどう名づけようとたいした問題ではないが、ともかく、かれが自分が実在すると信じているのは、その存在のなかにであり、ただそのなかのみであり、その存在を求めて、かれはあれほどひたむきにそれと合一しようとつとめるのである。ということは、個人がみずからの固有の実在を認めていないからにほかならない。ここにおいて、没個人性は頂点に達し、すなわち、集団本位主義はもっとも激しい状態にある。しかし、それらの自殺は、ただたんに人が生の悲哀を感じていることの結果にすぎないのではないか、とみる人もあるかもしれない。なるほどたしかに、このように自発的に自殺をはかるとき、人は、多少でも憂鬱《ゆううつ》な表象をいだかせるような生にはそれほど強い執着をしめしていないものである。だが、この点については、すべての自殺が大同小異なのだ。ただ、それらのあいだになんの区別ももうけないのは大きな誤りであろう。なぜなら、この憂鬱な表象は、つねに同じ原因から生まれるとはかぎらないし、それゆえ、見かけはともかく、それぞれの場合に応じて内容は異なっているからである。自己本位主義者の悲哀は、かれがこの世に個人以外なんら現実的なものを認めないところから生まれるが、常軌を逸した集団本位主義者の悲哀は、反対に、個人にまったく実在性が欠けていると感じられるところから生まれてくる。

一方は、確実に把握することのできる目標をなにひとつみとめることができず、自己を存在理由のない無用の者と感じて生を放棄する。ところが他方は、ひとつの目標を所有してはいるが、しかしそれが生の外部におかれてあり、以来、生はその目標にとって障壁であると感じられるので生を放棄する。このように、原因のちがいはその結果にもちがいとしてあらわれ、憂鬱の性質も前者と後者ではまったく異なってくる。前者における憂鬱は、いやしがたい疲労と陰鬱な意気沮《そ》喪《そう》とからなっていて、活動力の完全な衰弱をしめしている。活動力は、もはや有効に用いられず、すっかり衰えてしまうのである。それに反して、後者の憂鬱は希望からなっている。すなわちそれは、この世の生の彼岸にはるかにうるわしい前途がのぞまれるということに由来する憂鬱だからである。この感情は、霊感と、満たされるのをまつのももどかしいような信仰の飛躍をもふくんでいて、それがすさまじいエネルギーをもった行為としてあらわれる。

さらにいえば、ある民族が多少とも陰鬱な心で生を考えることがあっても、その考え方だけからその民族の自殺傾向の強度を説明することはできない。キリスト教徒は、この世の生を、ジャイナ教徒ほど明るい面において表象してはいない。キリスト教徒は、それをもっぱら苦悩にみちた試練の時とみている。また、かれらの真の祖国は現世ではないと考えている。にもかかわらず、いかにキリスト教が自殺にたいして嫌悪をあらわし、嫌悪をあおりたてているかは、周知のとおりである。それは、とりもなおさず、キリスト教社会がそれ以前の社会よりもはるかに重要な地位を個人に与えているからにほかならない。キリスト教社会は、個人にその果たすべき個人的義務を割り当て、これを怠ることを禁じている。個人があの世で悦楽を得ることを許されるか否かは、かれがこの世で与えられる務めをどのように果たしたかにかかっているが、しかもこの悦楽自体が、それにあずかることのできる行為と同じく個人的なものなのだ。このように、キリスト教精神のなかにある適度の個人主義が、その人間観および運命観にもかかわらず、人が自殺にかたむくのを引きとめている。

以上の道徳的慣行〔集団本位的自殺〕をなりたたせる倫理的枠組となっている哲学や宗教の体系に照らしてみても、その慣行の起源と意義が右にのべたようなものであることが証明される。じっさい、この慣行が一般に汎神論《はんしんろん》的信仰とともに並存していることは、昔から注意されてきた。たしかに、ジャイナ教は、仏教と同じく無神論である。だが、汎神論はかならずしも有神論であるとはかぎらない。汎神論の本質的な特徴は、個人のなかに実在するものは個人の本性となんのかかわりもないという観念、個人に生を与えている霊魂は個人の霊魂ではないという観念、したがって個人は固有の存在はもたないという観念、などにある。そして、このような教義は、ヒンドゥ教の基礎をなし、すでにバラモン教のなかにみいだされる。反対に、存在者の本質がこうした教義のなかに解消されないで、それ自体が個人的な形態において理解されているようなばあい、すなわちユダヤ教徒、キリスト教徒、回教徒などの一神教民族や、ギリシア、ラテンなどの多神教民族のばあいには、この形式の自殺はめったに起こらない。〔宗教的〕儀礼としてはまず存在したためしがない。ということは、おそらくこの形式の自殺と汎神論のあいだに、ある種の関係があるからであろう。では、それはどのような関係なのか。

汎神論が自殺をひき起こす、と考えるわけにはいかない。人間の行為をみちびくのは抽象的な観念ではありえないし、純粋に形而上学《けいじじょうがく》的な概念の作用だけでは、歴史の発展を説明することはできないだろう。民族においても、個人におけると同じく、表象というものは、表象がつくったものではない実在を表現することをもっぱらの役目としている。表象が実在をつくりだすのではなく、反対に実在から表象が生まれる。そして、いったん生まれた表象が実在を変化させることができるにしても、それはごくかぎられた範囲の変化でしかない。宗教思想は社会的環境をつくるどころか、まさに社会的環境の所産であり、ひとたびそれが形成されたのち、たとえその形成の原因となったもの〔社会的環境〕に反作用をおよぼすことがあっても、その反作用はさほど強力なものとはなりえないであろう。それゆえ、汎神論が多少とも極端な個人の否定からなっているとすれば、このような宗教が成立しうるのは、実際に個人が無にひとしいとみなされている社会、いいかえれば、個人が全面的に集団のなかに埋没している社会の内部においてでしかない。というのは、人間は、自分の生きている小さな社会にかたどってしか世界を表象することができないからである。したがって宗教的汎神論は、社会の汎神論的組織のひとつの結果であり、いわば、ひとつの反映にすぎない。けっきょく、汎神論と結びついていたるところにあらわれているこの特殊な自殺は、社会の汎神論的組織に起因していることになる。

以上によって、自殺の第二のタイプが構成されたのであるが、それ自体は三つの変種をふくんでいる。すなわち、義務的集団本位的自殺、随意的集団本位的自殺、激しい集団本位的自殺――その完全なモデルは神秘的自殺である――の三つである。それらのさまざまな形態をつうじて、このタイプは、自己本位的自殺とひじょうにきわだった対照をみせている。一方は、こと個人にかんするものはいっさい尊重しないという、あの仮借のない道徳に根ざしており、他方は、人間の人格はなにものにも従属させられるべきでないとして、それに高い価値をおく洗練された倫理とむすびついている。したがって、両者のあいだには、およそ未開の民族ともっとも文化の発達した民族のあいだの隔たりにもひとしい距離がある。

しかしながら、未開社会が集団本位的自殺の生まれる好個の地盤であるといっても、この自殺はより最近の文化のなかにもみることができる。とりわけ若干のキリスト教の殉教者の死は、この名称のもとに一括することができる。事実、自分の手で命を断ったのではないにせよ、みずからすすんで殺されていった新洗礼者[†29]たちはすべて自殺者である。かれらは、みずから手をくだして自殺をはからなかったにせよ、全身全霊をかけて死を追求し、死を避けがたいものとするようにあえてふるまった。そもそも、これが自殺である、といいうるためには、本人が、必然的に死をひき起こすような行為を、その理由を意識して実行しているという事実があればそれでよい。ところで、新しい宗教〔ローマ時代に登場したキリスト教〕の信者を極刑にまでみちびいていったこの憑《つ》かれた情熱は、当時、かれらが一身をささげていた思想のために自分の人格を完全に没却していたことをものがたっている。中世において、いくたびも僧院を荒廃におとしいれ、あまりにも激しい宗教的熱情から発していたとおもわれる自殺の流行病も、おそらく同じ性格をもっていたにちがいない。[*32]

現代の社会では、個人的人格が集合的人格からしだいに解放されてきているので、この種の自殺はそれほどひろがることはできないとおもわれる。なるほど、ボールペール少佐[†30]やヴィルヌーヴ提督[†31]のように敗戦の屈辱に面するよりも死をえらんだ軍人や、家族に恥をおよぼすのを恐れて自殺する不幸者などは、集団本位的動機にしたがったということができる。つまり、前者も後者も、生を放棄したのは、かれらが自分の一身よりも強い愛着をおぼえているなにものかをもっていたからだ、といえるからである。しかし、それらは、例外的に起こる孤立した事例にすぎない。[*33] ただし、いまだになお、われわれの社会には、集団本位的自殺が慢性化しているような特殊な世界がある。それは軍隊である。

二

軍人の自殺傾向が同年齢の一般市民の自殺傾向よりもひじょうに大きいという事実が、ヨーロッパのすべての国をつうじて一般的にみとめられる。その差は、二五%から九〇〇%にもおよぶ（第46表を参照）。

デンマークは、軍人と市民がほぼ等しい自殺率をしめしている唯一の国であり、一八四五―五六年のあいだ、市民百万あたりの自殺は三八八、兵士百万あたりの自殺は三八二であった。なお、将校の自殺はこの数字のなかにふくまれていない。[*34]

ちょっと考えると多くの原因が軍隊の自殺を少なくしているはずだとおもわれるだけに、この事実は意外にも感じられる。まず、軍隊を構成している個々人は、身体という点からみれば、その国の精華をしめすものである。かれらは選りすぐりの者であるだけに、身体上の由々しい欠陥はもっていない。[*35] そのうえ、団体精神《エスプリ・ド・コール》や共同生活が、ここでもその例にもれず、同じような自殺の抑止作用をおよぼしているはずであろう。ではいったい、このようにいちじるしい自殺の促進は、どこから生まれてくるのであろうか。

兵卒のばあい、まず結婚していないので、独身生活がその自殺の原因とされてきた。しかし、まず、軍隊においては、未婚であることが市民生活のばあいほどいまわしい結果を

第46表　ヨーロッパの主要国の軍人の自殺と市民の自殺の比較

	兵士100万人あたりの自殺件数	同年齢市民100万人あたりの自殺件数	兵士の市民にたいする促進率
オーストリア(1876−90)	1253	122	10
アメリカ(1870−84)	680	80	8.5
イタリア(1876−90)	407	77	5.2
イギリス(1876−90)	209	79	2.6
ヴュルテンベルク(1846−58)	320	170	1.92
ザクセン(1847−58)	640	369	1.77
プロイセン(1876−90)	607	394	1.50
フランス(1876−90)	333	265	1.25

生むはずはないだろう。すでにのべたように、兵士は孤立した存在ではないからである。かれは、ある程度家族にもとって代わりうるほどの性質をそなえた強固に構成された社会の一員である。しかし、こうした仮説はさておいて、その要因〔未婚であるということ〕だけを分離してとりだす一つの方法がある。兵士の自殺数を同年齢の未婚者の自殺数と比較してみればよい。第34表〔二六九ページ〕からこの比較ができるのであり、ここでまた、この表のもう一つの意義がわかってくる。一八八九―九一年のあいだ、フランスでは、実兵員百万あたりの自殺は三八〇であったが、同期間、二〇歳から二五歳までの未婚男子の自殺は二三七にすぎなかった。それゆえ、未婚の市民の自殺を一〇〇とすれば、兵士の自殺は一六〇にも達する。これは、未婚であるということとまったくかかわりなく、一・六の促進率となる。

下士官の自殺を別に計算してみると、この率はさらに高くなる。一八六七―七四年のあいだ、下士官百万あたりの自殺数は年平均九九三をかぞえ、一八六六年に行なわれた調査によれば、かれらの平均年齢は三一歳強であった。じつは、三〇歳の未婚者の自殺が当時どのくらいの数字に達していたかはわからない。筆者の作成した表は、ごく最近（一八八九―九一年）の期間についてのものであって、これが、現存する唯一のものである。しかし、この表の数字を目安にして考えてみても、犯しそうな誤りは、せいぜいのところ実際より下士官の促進率を低く見つもるくらいのものであろう。事実、この二つの期間のあいだに自殺はおよそ二倍にふえたから、問題の年齢の未婚者の自殺数も増大したことはまちがいない。したがって、一八六七―七四年の期間の下士官の自殺を、一八八九―九一年の期間の未婚男子の自殺と対比すれば、軍職のもたらす悪影響を〔実際より〕低く見つもることはたしかにありえても、高く見つもることはありえまい。だから、こうした誤りを犯したところで、もし促進率のあることがわかれば、それが実際にそのとおりであることが確かめられるばかりでなく、促進率が、計算から出てくる数字よりかなり大きいはずだということも確かめられよう。さて、一八八九―九一年のあいだ、三一歳の未婚男子の自殺数は、百万あたり三九四と六二七のあいだの数、すなわち約五一〇ほどであった。この数と九九三との比は一〇〇対一九四となる。これは促進率にして一・九四となるが、たとえこれを四くらいと見つもっても、〔右にのべたような理由から〕実際より過大視したと考えるにはおよばない。[*36]
最後に、将校団の自殺は、一八六二年から七八年まで、平均して百万あたり四三〇であいなかった。将校の平均年齢は、一八六六年には三七歳九ヵ月であったが、あまり変わっていないはずである。かれらの多くは既婚者であるから、比較の対象には、これと同年齢の、未婚者ではなく、未婚、既婚をふくめた男子人口全体をとらなければならない。ところで、一八六三―六八年には、三七歳の全市民男子百万あたりの自殺は二〇〇強にすぎなかった。この数と四三〇との比は一〇〇対二一五、すなわち、二・一五の促進率となる。この数字は、結婚生活の影響にも家族生活の影響にもなんら左右されていない。

軍隊内の階級の高さに応じて一・六からおよそ四までにおよぶこのさまざまな率は、いうまでもなく、軍隊のおかれている状態に固有の原因からしか説明することができない。じつは、筆者は、この率をフランスについて直接に明らかにしたにとどまっている。その他の国については、未婚であることの影響をそれだけ分離してとりだすのに必要な資料がない。しかし、フランスの軍隊は、デンマークだけをのぞけば、ヨーロッパのなかでまさにもっとも自殺の少ない軍隊なので、前述の結果はまちがいなく一般的な妥当性をもつであろうし、ヨーロッパの他の国々ではなおいっそう促進率がいちじるしいものとなっているにちがいない。では、その原因はどこにあるのか。

アルコール依存が市民のなかよりも軍隊のなかで猛威をふるっていることに考えおよんだ者もいる。しかし、まず、すでに明らかにしたように、アルコール依存が自殺率一般にそれとわかるような影響を与えないものである以上〔第一編第一章、七九ページを参照〕、ことさら軍人の自殺率だけにより以上の影響をおよぼすことはできないだろう。さらに数年という兵役年限――フランスでは三年、プロイセンでは二年半――は、多量の慢性アルコール依存症者を生むにしてはあまりにも短いから、軍人が大きな自殺率をしめす理由をこの原因から説明するのはむりではなかろうか。最後に、その自殺をもっとも大きくアルコール依存の影響に帰している観察者のばあいでも、この影響にむすびつけているのは十分の一の事例だけなのだ。だから、けっきょく、アルコール依存による自殺が、たとえ兵士たちに同年齢の市民の二、三倍はあっても――それは証明されていることではないが――、なお別の原因の追究を要する軍人の自殺がかなりのこっていることになる。

もっともよくあげられる原因は、兵役にたいする忌避感である。この説明は、自殺を生活苦に帰する通俗的な考え方と通じるものがある。なぜなら、訓練のきびしさ、自由の欠如、いっさいの心地よい生活の剝奪《はくだつ》――それらが、兵営生活をとくに耐えがたいものにしていると、とかく思わせがちだからである。だが実際には、もっと辛《つら》くとも自殺傾向の大きくない職業がほかにいくらもあるようだ。兵士は、少なくとも宿舎と十分な食糧だけはいつも確実に保証されている。こうした考察にどれほど意味があるにせよ、ともかく、次のいくつかの事実は、そのような単純な説明だけではたりないことをしめしている。

一、兵役の忌避感は、入隊後数年間はひじょうに強くても、兵士が兵営生活に慣れるにしたがって、しだいに弱まっていくはずだと当然考えられる。一定期間ののちには、兵営生活に慣れてしまうためか、あるいはもっとも適応しにくい者が排除されるか、または自殺してしまうためか、ともかく一種の順応が生じるはずである。この順応は、軍旗のもとに送る日々が長くなればなるほどもうしぶんのないものとなるにちがいない。したがって、かりに習慣の変化や新しい生活に慣れることの困難さからこの兵士特有の自殺傾向が生まれるとすれば、兵役に就いてからの期間が長くなればなるほど促進率も低下の一途をたどるはずであろう。ところが、第47表のしめすように、そうはならないのだ。

第47表　兵役年数・年齢別の自殺数

フランス軍		イギリス軍		
兵　役	下士官および兵卒10万人あたりの年間自殺件数(1862－69)	年　齢	10万人あたりの自殺件数	
			本　国	インド
1年未満	28	20－25	20	13
1－3年	27	25－30	39	39
3－5年	40	30－35	51	84
5－7年	48	35－40	71	103
7－10年	76			

フランスでは、兵士の自殺率は、兵役期間が一〇年に満たないうちにほとんど三倍に達している。これにたいして、未婚の市民においては、同期間に二三七から三九四にふえたにすぎない。インド駐留のイギリス軍では、兵役期間が二〇年になるまでに自殺率が八倍にはねあがっているが、市民の自殺率はこれほど急激には上昇することはけっしてない。軍隊特有のこのはなはだしい状態が最初の数年間にかぎられていないことの証拠が、ここにしめされている。

この点は、イタリアについても変わりがないようである。じつは、イタリアについては各兵役年数ごとの兵員数とかれらの自殺数との比はわかっていない。しかし、兵役三年目までの各年の自殺の総数はほとんど等しく、一年目一五・一、二年目一四・八、三年目一四・三となっている。ところが、それに対応する兵員数のほうは、死亡、退役、帰休などにより、兵役年数がすすむにつれて確実に減少する。それゆえ、絶対数は、自殺の比率がかなり増大しないかぎり、同じ水準にとどまっていることはできないはずである。もっとも、ある国々ではどうやら、入隊早々、実際に生活の変化に原因する自殺がいくらか起こっているらしい。事実、伝えられるところによれば、プロイセンでは最初の六ヵ月間に異常に自殺が多いということである。オーストリアでも同様で、自殺千件あたり一五六件は入隊後三ヵ月以内の者に生じているが、[*37]これはたしかにひじょうに大きな数字である。しかし、以上の事実も、前述の事実となんら矛盾するものではない。というのは、この動揺期間に起こる一時的な自殺の増加以外に、まったく別の原因から、フランスやイギリスにみられたものと類似した法則にしたがって起こる増加もたしかにありうるからである。なお、フランスにおいてさえ、兵役の二年目、三年目の自殺率は、一年目の自殺率よりわずかに低くなっている。だが、それもその後の増加のさまたげとはなっていない。[*38]

二、兵卒にくらべて、将校や下士官にとっては、軍隊生活ははるかに楽で、軍紀もそれほどきびしくはない。とすれば、かれらの促進率は、兵卒のそれより低くてしかるべきではなかろうか。だが、事実は反対である。このことはすでにフランスについては明らかにしたが、同じ事実は、他の国々にも起こっている。イタリアでは、一八七一—七五年には、将校の百万あたりの自殺は、年平均五六五であったが、これにたいして兵卒の自殺は二三〇にすぎなかった（モルセッリ）。下士官については、この率はなおいっそう高く、百万あたり一〇〇〇をこえている。プロイセンでは、兵卒の自殺は百万あたり五六〇にすぎないが、これにたいして下士官のそれは一一四〇におよんでいる。オーストリアでは、兵卒の自殺にたいする将校のそれは九対一の割合であるが、ここでは、兵卒の数の将校のそれにたいする割合は明らかに九倍以上にのぼる。同じく、兵卒二にたいして下士官は一に満たないにもかかわらず、後者の自殺は前者のそれの二・五倍にも達している。

三、軍隊生活への忌避感は、適性によって自由に軍隊生活をえらんだ者にはあまり強くないはずであろう。したがって、志願兵や再役者においては当然自殺傾向も低くなっていなければなるまい。ところがまったく逆で、そこでは自殺傾向が法外に強くなっている〔第48表を参照〕。

第48表　志願兵，再役兵と同年齢の未婚市民の自殺率

1875－78	100万あたりの自殺率	平均推定年齢	同年齢の未婚市民の自殺率（1889－91）	促進率
志願兵	670	25	237と394のあいだ，315見当	2.12
再役兵	1300	30	394と627のあいだ，510見当	2.54

さきほどのべたような理由から、一八八九—九一年の未婚者と比

較して算出したこれらの率は、たしかに実際よりも低く見つもられている。再役者とは、すでに一度は軍隊生活を送ってきたのち軍隊にとどまっている者であるだけに、この自殺傾向の強さはとくに注目にあたいする。

このように、自殺の災いがもっとも多くふりかかるのは、じつにこの職業にもっとも適性をしめし、職業の要求にもっともかない、またこの職業のもたらす苦しみや不自由をもっとも感じることのない軍隊成員にたいしてなのだ。以上からみて、この軍職に特有の促進率の原因となっているのは、それがひき起こす嫌悪ではなく、むしろ軍隊精神をつくりあげている全体的状態、いいかえれば獲得された習慣、あるいは〔軍隊精神の〕本来的傾向だということになる。さて、兵士たるものの第一の資質は、市民生活にはどこにもこれほどいちじるしくあらわれないような一種の没個人性である。兵士は、命令を受けるや否や、時をうつさず身を犠牲にするだけの覚悟をしていなければならないから、自分の人格の価値をあまり主張しないように訓練されなければならない。たとえ非常事態でなくとも、つまり平時の日常の訓練のときでも、そこでの規律には文句をいわずに、ときには納得がいかなくとも服従することが要求される。しかし、そのためには、個人主義とほとんど相《あい》容《い》れないような、知性の犠牲が必要になってくる。自分の個人的人格にあまり固執していては、外的な力にこのように従順であることはできない。一言にしていえば、兵士は自分の行為の準則を、自分の外側にもっているということなのだ。そして、それは集団本位主義特有の状態にほかならない。近代社会を構成しているすべての部分のなかで、この軍隊が、他にまさって、未開社会の構造をもっともよく連想させる。軍隊もまた、緊密な大集団からなっていて、個人を強く掌握し、個人が独自の行動をとることをゆるさない。そして、この道徳的構造こそ、集団本位的自殺の発生の本来の基盤であるから、軍人の自殺もこれと同じ性格をもち、また、同じ原因に由来していると考えてさしつかえない。

これで、なぜ兵役期間が長びくにつれて自殺の促進率が増大するかもわかるであろう。すなわち、それは、この自己犠牲への傾向、没個人性への傾向が、軍隊における訓練を長く受けた結果として発達するからである。同じ理由で、再役者や下士官においては、兵卒より軍隊精神が必然的に強烈になるので、当然後者よりもとくに自殺への傾向が強くなる。以上の仮説にしたがえば、自殺傾向にかんして、将校より下士官のほうがまさっているという一見奇異な現象も理解することができる。かれらに自殺が多いのは、この下士官ほど強い服従と受身の習慣を要求されるような職務もほかにないという理由による。将校は、いかに規律に服しているといっても、ある程度自発的に行動することができるにちがいないし、より広い行動範囲と、したがってより発達した個性をもっている。それゆえ、かれらにおいては、集団本位的自殺の生まれやすい条件が、下士官のばあいほど完全なかたちで実現されることはない。自分の生命を価値のあるものと感じるより生き生きとした感情があるだけに、生命を捨てようという気持は起こりにくいのである。

第49表　兵士の促進率と市民の自殺率

	20－30歳の市民にたいする兵士の促進率	市民人口100万あたりの自殺率
フランス	1.3	150(1871－75)
プロイセン	1.8	133(1871－75)
イギリス	2.2	73(1876)
イタリア	3－4	37(1874－77)
オーストリア	8	72(1864－72)

この説明は、ただたんに前述の事実を解明するだけにとどまらない。さらに、次のような事実によっても、この説明の妥当性は確かめられる。

一、第46表〔三六七ページ〕によれば、軍人の促進率は一般市民全体の自殺傾向が小さくなればなるほど増大するということが結論される。また、その逆の場合には減少をしめす。デンマークは、自殺では典型的な地であるが、ここでは兵士の自殺はその他の住民のそれを上まわっていない。それについでとくに自殺の多い国はザクセン、プロイセン、フランスであるが、ここでも軍隊はそれほど自殺の災いを受けていず、促進率は一・二五から一・七七のあいだあたりを上下している。これとは反対に、市民の自殺が非常に少ないオーストリア、イタリア、アメリカ、イギリスなどでは、この率がきわだって高い。ローゼンフェルトはすでに前に引用した論文のなかで、軍人の自殺という観点からヨーロッパの主要な国々を分類しているが、とくにそこから理論的結論を引きだそうという意図もないままに、筆者のそれと同じ結果に到達している。かれがみずから算出した率にしたがって各国を配列した順序をしめすと、第49表のとおりである。

第50表　オーストリア・ハンガリー帝国における兵士の促進率と市民の自殺率

軍管区	20歳以上の市民にたいする兵士の促進率		20歳以上の市民100万人あたりの自殺件数	
ウィーン（上・下オーストリア，ザルツブルク）	1.42		660	
ブルン（モラヴィア，シュレージエン）	2.41		580	
プラハ（ボヘミア）	2.58	平均 2.46	620	平均 480
インスブルック（ティロル，フォルアールベルク）	2.41		240	
ツァラ（ダルマツィア）	3.48		250	
グラーツ（シュタイエルマルク，ケルンテン，カルニオレ）	3.58	平均 3.82	290	平均 283
クラカウ（ガリツィア，ブコヴィナ）	4.41		310	

オーストリアがイタリアの前にくるべきであったという点をのぞけば、〔兵士の促進率と市民の自殺率のあいだの〕逆相関はまったく規則的である。[*39]

この関係は、オーストリア－ハンガリー帝国のなかにもっとも明瞭《めいりょう》にあらわれている。促進率のもっとも高い部隊は、自殺への免疫のもっとも大きな市民の住んでいる地域に駐屯している部隊である。またその逆も真である〔第50表を参照〕。

すなわち、例外はただ一つ、それはインスブルック軍管区で、そこでは市民の自殺率は小さいが、軍隊の促進率は中くらいにすぎない。

おなじくイタリアでも、ボローニャが兵士の自殺のもっとも少ない（百万につき一八〇）軍管区であるが、また市民の自殺がもっとも多い（八九・五）地区でもある。それと反対に、アプリアとアブルッツィにおいては、軍人の自殺がきわめて多い（百万あたり三七〇と四〇〇）が、市民の自殺は一五～六程度にすぎない。

フランスについても、同様の事実を指摘することができる。パリ軍管区の自殺は百万あたり二六〇で、ブルターニュ軍団の四四〇をはるかに下まわっている。そして、セーヌ県の二〇歳から二五歳までの未婚者の自殺は百万あたり二一四であるから、パリでの促進率はわずかなものとなるはずである。

以上の事実は、軍人の自殺の原因が、ただたんに市民の自殺を生じさせるのにもっとも大きくあずかっている要因と異なっているばかりか、むしろ反対の性質のものであることを証明している。ところで、ヨーロッパの主要な社会においては、市民の自殺は、とくに文化の発達にともなって生じる例の過度の個人化に起因している。とすると、軍人の自殺は当然、それと反対の傾向、すなわち微弱な個人化、あるいは筆者が集団本位的状態とよんだものに原因しているはずである。事実、自殺傾向のとくに強い軍隊を有している民族は、またきわめて文化がおくれていて、そこでの風習は未開社会にみられる風習ととくに近いものがある。個人主義的精神へのとくにきわだった対立物である伝統主義は、ザクセン、プロイセン、フランスよりイタリア、オーストリア、イギリスにおいてはるかに根づよい。またそれは、グラーツやウィーンよりツァラやクラカウにおいて、ローマやボローニャよりアプリアにおいて、セーヌよりブルターニュにおいて、より強固である。この伝統主義は自己本位的自殺の発生を抑止するので、伝統主義のまだ根づよい所では市民の自殺が少ないことの理由もたやすく納得されよう。ただし、伝統主義は、それが中庸にとどまっているかぎりにおいて、この抑止作用を発揮できるにすぎない。もしもその強度がある点をこえると、こんどはそれ自体が自殺の独特の一原因に転化してしまう。ところが、軍隊は、すでにみたように、どうしてもこの伝統主義の行き過ぎをひき起こすきらいがあり、しかも軍隊固有の活動が周囲の環境によって助長され、強められると、なおさら過度にはしってしまうおそれがある。軍隊のなかで行なわれる教育は、市民自身の思想や感情と一致する面が多ければ多いほど、いっそう強烈な効果を生む。というのは、そのばあいには軍隊の教育の妨げになるものがないからである。反対に、軍隊精神が市民の精神と不断に激しく対立しているようなところでは、それは、若い兵士たちをすべて一致した方向にすすませている所ほど大きな効果をもつことはできないだろう。したがって、集団本位主義の状態が住民全体の自殺をある程度抑止することのできるほど強いところでは、軍隊もこの状態を容易に強化するので、それが自殺のいちじるしい増加の原因にまでなることが理解される[*40]。

二、軍隊全体のなかでは、精鋭部隊の自殺の促進率がもっとも高い〔三八一ページ第51表を参照〕。その最後の数字は、一八八九―九一年の未婚者にたいして計算されたのでひじょうに低くなっているが、それでも一般の部隊の数字よりはるかに高い。同様に、武徳の学校としてほまれの高いアルジェリアの軍隊においても、一八七二―七八年の自殺率は、同期間の国内駐屯部隊のそれの二倍におよんでいた（百万あたり二八〇にたいして五七〇）。それにひきかえ、自殺が少ないのは架橋兵、工兵、衛生兵、そして経理部の者など、いわば軍人的性格のもっとも稀薄《きはく》な兵種である。イタリアでもまた、一八七八―八一年の軍隊全体の自殺は百万あたり四三〇件にすぎなかったが、狙撃《そげき》兵では五八〇、憲兵では八〇〇、士官学校と訓練部隊では一〇一〇となっていた。

ところで、精鋭部隊を特徴づけるものは、ほかならぬ軍人的な献身と犠牲の精神の強烈さにある。こう考えると、軍隊における自殺の数は、この精神的状態の強弱に応じて増減をしめすことになる。

三、以上の法則を裏づける最後の証拠は、軍人の自殺がどの国でも減少の一途をたどっているという事実である。フランスでは、一八六二年に百万あたり六三〇件あったこの自殺が、九〇年にはすでに二八〇件にすぎなくなっている。ある意見では、この減少は、兵役年限短縮の法〔原注＊38を参照〕がしかれたことによるという。しかし、新徴兵令のしかれるかなり以前から、すでにこの減少の動きは始まっていた。それは、一八八二年から八八年にかけてのかなりの増加[*41]を別とすれば、一八六二年以来つづいている。なお、同じことがどの国でも起こっている。プロイセンでは、一八七七年の百万あたり七一六から九三年には四五七となり、ドイツ全体では、一八七七年の七〇七から九〇年には五五〇へ推移している。またベルギーでは、一八八五年の三九一から九一年には一八五へ、イタリアでは、一八七六年の四三一から九二年には三八九へ、それぞれ減少している。オーストリアとイギ

第51表　特殊な兵種における自殺

	実際のあるいは推定の平均年齢	100万人あたりの自殺件数	促進率	
パリの特殊部隊	30－35	570（1862－78）	2.45	法律上の全身分を合わせた35歳の市民にたいして(1)
憲兵隊	30－35	570（1873）	2.45	
老練兵（1872年に廃止）	45－55	2860	2.37	同年齢の未婚者にたいして（1889－91）

（1）なぜなら，憲兵やパリ憲兵隊の者は多く既婚者だからである。

リスでは減少はあまりいちじるしくないが、それでも増加だけは起こっていない（オーストリアでは、一八七六年の一二七七から九二年には一二〇九。イギリスでは、一八七六年の二一七から九〇年には二一〇）。

　さて、以上の筆者の説明に根拠があるとすれば、それは、事実がそのように起こらねばならなかったからである。じっさい、この期間において、旧態依然たる軍隊精神は、それらすべての国で衰えていく一方であった。その是非は別としても、ともかく、この受動的服従あるいは絶対的従属の習慣、ひとくちにいえば没個人主義《アンペルソナリスム》——こんな不純正語法が許されるならば——は、しだいに世人の意識の要求するものと相容れなくなってきている。要するに、それらの習慣はその基盤を失ったのである。訓練は新たな要求にこたえるべく、そのきびしさを減じ、個人にたいする束縛をゆるめるようになった。[*42] なお、その同じ期間内に、これらの同じ社会では、市民の自殺がもっぱら増加する一方であったことは注目すべきことである。このことは、市民の自殺の原因が、兵士特有の自殺傾向をきわめて一般的に生みだしている原因と相反する性質のものであることをしめす、もう一つ別の証拠となる。

したがって、以上のすべてのことから、軍人の自殺が集団本位的自殺の一形態にほかならないことが証明される。もちろん、それは、軍隊のなかで起こった個々の自殺が、すべてそのような性格をおび、そのような原因に根ざしていることを意味するものではない。軍服をつけたからといって、兵士たちがすっかり別人に変わってしまうことはないのだ。かつてかれのうけた教育の効果や、それまで送ってきた生活の影響などが、まさかここで魔法のように消えうせてしまうわけでもない。しかも、兵士は、市民的な共同生活と交渉のなくなるほどには社会の他の部分から遮断されていない。だから、かれらの自殺は、その原因と性質においていくぶんかは市民的なものをまじえていることも考えられる。しかし、相互につながりのないこれら散発的な事例をのぞくと、のこるのはまとまった同質的な一群をなす自殺であり、そこには軍隊という舞台の上で集団本位的状態――軍隊精神にとって不可欠な――を原因として演じられる大部分の自殺がふくまれる。軍隊の道徳そのものがある面では未開人のそれの遺物であるから、[*43]右の自殺こそ、まさに現代にも生きながらえている未開社会の自殺である。こうした潜在的傾向がはたらくので、兵士は、わずかの不満、まったく他愛もない理由、許可の拒絶、叱責《しっせき》、不当な処罰、昇進の停止、名誉にかかわる問題、一時的な嫉妬《しっと》の爆発、あるいはまったく単純に、他人の自殺の目撃やその風聞を耳にしたこと、などの理由から自殺にはしってしまう。軍隊にたびたび起こる自殺の伝染現象——その例はすでにあげた〔第一編第二章、一一六ページを参照〕——は、じつはそうしたところから生じるのだ。かりに自殺が本質的に個人的原因によるものであるならば、それらの現象は説明がつかない。自殺の潜在的傾向を身体的素質としてそなえた個人が、たまたまこれほど大量にかくかくしかじかの連隊や軍管区に集まっていた、などという偶然を認めることはできない。かといって他方、なんの潜在的傾向もなくてそのように自殺が模倣的に伝播《でんぱ》していくとは、なおさら考えがたい。しかし、軍職が人を大いに自殺しやすくするような精神的構造を発達させるということをいったん承認すれば、容易にすべての説明がつく。というのは、その構造が、程度の差こそあれ、軍旗のもとにいる者、あるいはかつていたことのある者の大部分にみとめられるのは理の当然であり、それが、自殺にとってとくに好個の地盤であるからには、そこにひそんでいた自殺傾向が行為にうつされるのは容易だからである。それは、例をしめせば十分である。このようにして、自殺は、あらかじめ自殺しやすい傾向をそなえている個々人の上に、粉末が点々とまかれるようにひろがっていく。

三

さて、自殺に客観的な定義を与え、それに忠実にしたがってすすむことにどのような利点があったかが、以上によってよく理解される。

集団本位的自殺はすべて、自殺の特徴をあらわしているが、そのもっとも生彩ある表現においてはとりわけ、われわれがつねづね尊敬し、賞讃さえしてきたある種の行為に似かよってくるので、世間は、しばしばそれを自殺とみなすことをこばんできた。そういえば、エスキロルやファルレが、カトー[†32]の死やジロンド党員の死[†33]を自殺と認めなかったことが想い起こされる。しかしながら、自己放棄と自己犠牲の精神をまぎれもない直接の原因とする自殺がその名にあたいしないというならば、それほど見かけは明らかではなくとも、同じ精神的傾向から生じるような自殺は、なおさらその名にふさわしくないことになろう。後者と前者のあいだには、いくらかのニュアンスのちがいしかないからである。神をたたえるために渦巻《うずま》く深淵に身を投じるカナリア島の住民が自殺者でないというならば、無に帰一するためにみずから命を断つジャイナ教徒にどうしてその名を与えるのであろう。また、同じ精神的状態の影響のもとに、ささいな侮辱をこうむったからといって、あるいはたんに生命に恋々としていないことを誇示するためといって生を放棄してしまう未開人や、不名誉をせおってまで生きながらえようとしない破産者や、年々自殺率を上昇させることにあずかってきた例の多数の兵士たちに、どうして自殺者の名を与えるのであろう。というのも、それらの例はすべて、英雄的自殺とでもよびうるあの自殺と同じ原因、つまり集団本位的状態に根ざしているからである。後者の場合だけを自殺とよび、とくに純粋な動機による場合だけを除外するというのであろうか。だが、そもそもどのような基準に照らして、そうした区別を行なおうとするのか。動機が十分に賞讃にあたいするために、それによってひき起こされる行為が自殺とよばれうるということであれば、どのようなばあいに動機が賞讃にあたいしなくなるというのであろうか。そのうえ、この二種の事実を極端に分離してしまえば、その真の性質を見誤るおそれもある。なぜなら、このタイプの本質的な特徴は、それが義務的集団本位的自殺であるという点にもっともよくあらわれているからである。その他の変種は、それから派生した形態にすぎない。そうなると、人びとは、あるときには、示唆に富む重要な一群の自殺現象を、あたかも存在しないかのように考えるであろうし、またあるときには、それらの現象をすべて除外しないまでも、そのなかから恣意《しい》的に選択することしかできず、さらにはその選択した現象の共通に根ざしている原因をみいだすことができないことも起こりえよう。自殺を、それからよびおこされる主観的感情によって定義するならば、こうした危険にさらされる。

なお、そのような除外をいかにもっともと感じさせる感情のうえでの理由でさえ、あやふやなものである。人びとは、次のような事実をその根拠としてあげる。すなわち、だれしもが道徳的であるとみなす行為の基底にも、ある種の集団本位的自殺をひき起こすような動機がほとんど変わらないかたちでひそんでいるのだ、と。だが、その点ならば、自己本位的自殺についても同じではないだろうか。個人的自律性の感情は、その反対の感情〔集団本位的な感情〕と同じく、それなりの道徳性をもっていないだろうか。後者の感情がある種の勇気をふるい起こさせるための条件となり、またそれが心を堅固にし、冷酷なまでにさせるとすれば、前者の感情は、心をやさしくし、あわれみぶかくする。集団本位的自殺の支配的なところでは、人はいつでも生命を放棄する用意をしているが、そのかわり他人の生命をそれ以上に尊重しようとしない。反対に個人的人格にとくに高い価値を与え、それにまさるどのような目的も認めないところでは、他者の人格も尊重される。このように人格が尊重されていると、同胞の人格を傷つけるものでさえ、すべて苦悩の源となる。人間的苦悩へのこの惜しみなき共感は、あの未開時代の熱狂的な献身にとってかわってあらわれる。こうみてくると、各種類の自殺は、美徳のゆきすぎた形態、あるいは美徳のゆがめられた形態のいずれかにほかならない。しかしそのばあい、各種類の自殺が道徳意識にうったえる仕方から自殺のちがいが生まれてくるわけではないから、そのうったえ方からそれだけ別々の自殺の形式を構成することはできない。

＊1　Oettingen, *Moralstatistik*, p.762.
＊2　Brierre de Boismont, p.23 より引用。
＊3　Silvius Italicus, *Punica*, I, 225 以下。
＊4　Plutarque, *Vie d'Alexandre*, CXIII.
＊5　Quinte-Curce, VIII, 9.
＊6　Wyatt Gill, *Myths and songs of the south pacific*, p.163 を参照。
＊7　Frazer, *Golden Bough*, t. I, p.216 以下。
＊8　Strabon, §486. — Elien, V. H. 337.
＊9　Diodore de Sicilie, III, 33, §§5 et 6.
＊10　Pomponius Mela, III, 7.
＊11　Henri Martin, *Histoire de France*, I, 81. César, *De Bello Gallico*, VI, 19 を比較せよ。
＊12　Spencer, *Sociologie*, t. II, p.146 を参照。
＊13　Jarves, *History of the Sandwich Islands*, 1843, p.108 を参照。
＊14　それらの慣行の基礎には、死者の霊が、それと近しい関係にある事物や人間を求めてこの世に立ち帰ってくることをさまたげようという配慮があるにちがいない。しかし、この配慮ですら、家来や従者は主人に密接に従属し、主人から離れてはならないこと、のみならず、精霊がこの世にとどまっていることから生じる災厄を避けるために、かれらが共同の利益の名のもとに犠牲とならなければならないことを暗に意味している。
＊15　Frazer, *Golden Bough* の引用箇所その他諸所を参照。
＊16　『社会分業論』の諸所を参照。
＊17　César, *De Bello Gallico*, VI, 14. — Valère-Maxime, VI, 11 et 12. — Pline, *Hist. nat.*, IV, 12.
＊18　Posidonius, XXIII, *ap.* Athen. Deipno, IV, 154.

*19 Elien, XII, 23.

*20 Waitz, *Anthropologie der Naturvölker*. t. VI, p.115.

*21 *Ibid.*, t. III, 1e Hefte, p.102.

*22 Mary Eastman, *Dacotah*, p.89, 169. —Lombroso, *L'Uomo delinquente*, 1884, p.51.

*23 Lisle, *Du Suicide*, Paris, 1856, p.333.

*24 *Lois de Manou*, VI, 32（trad. Loiseleur）.

*25 Barth, *The religions of India*, London, 1891, p.146.

*26 Bühler, *Ueber die Indische Secte der Jaïna*, Wien, 1887, p.10, 19 et 37.

*27 Barth, *op. cit.*, p.279.

*28 Heber, *Narrative of a Journey through the Upper Provinces of India*, 1824-25, chap. XII.

*29 Forsyth, *The Highlands of Central India*, London, 1871, pp.172-175.

*30 Burnell, *Glossary*, 1886 の"Jagarnnath"という言葉を参照。その慣行はほとんどすたれてしまった。しかし、今日でも、個々ばらばらの事例としてはまだみられる。Stirling, *Asiat. Resch.*, t. XV, p.324 を参照。

*31 Charlevoix, *Histoire du Japon*, t. II.

*32 これらの自殺をひき起こした精神的状態は、acedia とよばれた。Bourquelot, *Recherches sur les opinions et la législation en matière de mort volontaire pendant le Moyen Âge*. を参照。

*33 フランス革命当時の人びとに、自殺が非常に多かった理由は、少なくとも一部分、集団本位的な精神状態によるものであることはまちがいない。この内乱の時代、集合的熱狂の時代にあっては、個人の個性は価値を失い、祖国や党派の利益がすべてに優先した。おびただしい死刑も、おそらくはこの同じ原因から生まれたのである。自殺と同じく殺人も簡単に行なわれた。

*34 軍人の自殺についての数字は、官庁資料およびワグナー（Wagner, *op. cit.*, p.229 以下）から引用し

た。市民の自殺についての数字は、官庁資料、ワグナーの報告、あるいはモルセッリなどから借りた。アメリカについては、軍隊の平均年齢は、ヨーロッパと同じく二〇—三〇歳程度であろうと仮定した。

＊35　それは、一般に身体的な要因、とりわけ結婚淘汰が自殺にたいして効力をもたないことの新たな証拠である。

＊36　一八六七—七四年のあいだ、自殺率は一四〇前後であった。一八八九—九一年においては、それは二一〇から二二〇に達し、六〇%近い上昇をしめした。かりに未婚者の自殺率が同じ歩調で上昇していたならば——そうでないと考える理由はないが——、これは、前者の期間には三一九にすぎなかったであろう。とすると、これは、下士官の促進率を三・一一にまで高めることになる。なお、一八七四年以降の下士官について言及しないのは、このころから職業軍人である下士官がますます減ってきたからにすぎない。

＊37　*Stat. Monatschrift*, 1892 の Roth の論文、p.200 を参照。

＊38　プロイセンとオーストリアについては、兵役年数ごとの兵員数がわからない。そのため比率を明らかにすることができない。フランスでは、戦争〔普仏戦争〕後に軍人の自殺が減ったのは、兵役年限が短縮された（七年から五年に）ためであるといわれた。だが、この減少は持続しなかったし、一八八二年から数字は目だって上昇をしめした。一八八二年から八九年までのあいだに、兵役年限があらたに五年から三年に短縮されたにもかかわらず、自殺は戦争前の水準にまでもどり、百万あたり三二二と四二四のあいだを上下していた。

＊39　オーストリアの軍人の促進率が異常に高いのは、軍隊の自殺が、一般市民の自殺よりずっとたんねんに調査されているためではないだろうか。

＊40　集団本位的状態が地方に特有のものだということが気づかれるであろう。ブルターニュの軍団は、ブルターニュ出身者だけからなっているわけではないが、それでもその周囲の精神的状態の影響を

受けている。

＊41 この増加は、偶然というにしてはあまりにも大きい。増加の起こったのが、おりしも植民地経営の開始された時期にあたっていることに注目するならば、それによって惹起された戦争が軍隊精神を目ざめさせたためであろうと考えることができる。

＊42 個人がその束縛によって苦しみ、そして苦しんだがために自殺をはかった、という意味ではない。かれらは、なによりもまず個人化されていなかったがために自殺をはかったのである。

＊43 このことは、未開人の道徳が今後清算されなければならないという意味ではない。それらの遺物も、それなりの存在理由をもっているのであって、過去の一部が現在のなかにも生きのびることは当然である。生活というものは、そうした矛盾した要素からなっている。

†1 Thomas Bartholin（一六一六—八〇）。デンマークの解剖学者で、哲学、言語学などにも造詣が深かった。

†2 ゲルマン民族の一部族。一般にゲルマン民族は戦争を神聖視し、その神話においては、戦場に倒れた者は永遠の生命を約束されるワルハラ宮におもむくことができると伝えている。

†3 ゲルマン民族の一部族西ゴート族が五世紀以降、南フランスからスペインにまたがって建設した王国をさすものとおもわれる。

†4 バルカン半島の東南地域に古くから住んでいた部族。のちギリシア世界と接するようになるが、その文化をほとんど受けいれることなく、異邦人とされた。

†5 ゲルマン民族の一つ。三世紀ころ黒海沿岸にあらわれたが、オドアケルの指揮のもとに四七六年西ローマ帝国を滅ぼした。

†6 古代ヨーロッパの中部、西部に住み、前九〇〇年ころに各地に移動を開始したケルト人のうち、スペイン方面にはいったもの。

†7　プルタルコス『英雄伝』によると、前四世紀ころのバラモン教徒の哲人。病をわずらい、アレクサンドロス大王の臨席する前でみずから炎につつまれて焼死をとげた。

†8　一世紀ころのローマの歴史家。著書『アレクサンドロスの生涯』（十巻）。

†9　南太平洋のフィジー諸島（現在、イギリス領）。

†10　メラネシアに属する一群島。先住民はメラネシア族。

†11　ポリネシアに属する島。先住民はマンガイア族。

†12　ギリシアのエーゲ海上にある同名の島にある都市。アテナイと同じくイオニア族からなる。

†13　古代エジプトのアラビア湾に面した地方に住んでいたとつたえられる民族。

†14　古代スキティアの東方に住んでいたとつたえられる民族。

†15　古代ローマにおいてガリアとよばれていた地域。北イタリア、フランス、ベルギーからドイツ、スイスの一部などをふくむ広大な地域からなるが、ここでのべられているのは、現在のフランスにあたる地域に定住していたゴール人の風習である。

†16　Henri Martin（一八一〇―八三）。フランスの歴史家、ソルボンヌ教授、のち政界に進出。主著『フランス史』（十五巻）。

†17　アフリカ西部の黄金海岸の中央部に住み、多数の種族からなっている。

†18　『社会分業論』においては、このような連帯は「機械的連帯」と名づけられている。すなわち、個人間、集団間の個性的異質性がいまだ芽ばえていないので相互の有機的なむすびつきが起こらず、ただ同質のものが機械的に連接しあっているにすぎないという意味である。

†19　それぞれの個人が均等な部分として、すなわち均質的、無個性的な存在として社会の形成にあずかっていること。

†20　原語は altruisme。この語は、一般的な意味においては「愛他主義」という訳語があてられる。しかし、ここで著者がさしているのは、自己の外部にある自己以外の対象（集団）に行為の基準をお

き、その基準の命ずるところにより自殺をはかるという事実であり、「愛他主義」という言葉は、この種の自殺の一部の直接的動機への連想をまねきやすいので、適切な意味をとって「集団本位主義」とした。

†21 Titus Livius（前五九―後一七）。ローマの歴史家。著書『ローマ史』。

†22 Valerius Maximus. 一世紀初頭のローマの修辞家、歴史家。著書『著名言行録』など。

†23 三世紀ころ完成したインド最古の法典。各種の儀式、行政法、民法、刑法、哲学などにおよんで叙述している。

†24 マハーヴィーラによって前六世紀に始められたインドの宗教。無神論で、苦行を重視する。

†25 インド中央部に住むドラヴィダ族。現在は絶滅に瀕している。

†26 ヒンドゥ教における三大神格の一つで、破壊を象徴する。

†27 ジャガノートは、インド神話におけるクリシュナ神の像である。プーリ市では、毎年の例祭にこの像を巨大なだしにのせて市中を引きまわす習わしがあったが、これにひき殺されると極楽往生ができるという迷信から、すすんでその車輪の下敷きになる者が多かったという。

†28 Pierre Charlevoix（一六八二―一七六一）。フランス人宣教師、歴史家。イエズス会士となり、新大陸各地を布教、かたわら関係資料を編み、日本についても『総説日本史』（本書に引用）などを著わした。

†29 原始キリスト教会の時代（ローマ時代）に、異端の非難をおしてキリスト教に改宗した信者たち。

†30 Beaurepaire（一七四〇―九二）。フランス革命のさい、プロイセン、オーストリアの軍事介入が起こったとき、ヴェルダン要塞の司令官として奮戦し、最後に自殺をとげた。

†31 Pierre Villeneuve（一七六三―一八〇六）。ナポレオンの信任あつく、トゥーロン艦隊の司令官となったが、トラファルガーの海戦でイギリスに撃破され、捕えられた。その後釈放されたが、帰国後、自殺した。

†32　Cato Uticensis（前九五—四六）。小カトー。ローマの政治家。ストア思想に造詣が深く、高潔な人物として知られた。護民官にえらばれ、カエサルの擡頭には元老院を支持してこれに抗したが、意を得ず、アフリカ北岸のウティカにおもむき、カエサル軍の侵攻におよんで自殺した。

†33　フランス革命の立法議会および国民公会において、おもに商工業者やブルジョワジーを代表した党派がジロンド党である。かれらはジャコバン党との抗争にやぶれ、一七九三年五—六月の人民蜂起で政権の座を追われて、幹部は処刑されたりしたが、自殺をとげた者も少なくなかった。

第五章 アノミー的自殺

しかし、社会は、ただたんにさまざまの強さで個人の感情や活動をひきつけるだけのものにはとどまらない。それはまた、個人を規制する一つの力でもある。社会の行使するその規制作用の様式と、社会的自殺率のあいだには、ある種の関係がみとめられる。

一

経済的危機が自殺傾向に促進的な影響をおよぼすことはよく知られている。

ウィーンでは、一八七三年に金融危機が起こり、七四年にはそれが頂点に達した。と同時に、ただちに自殺の数がはねあがった。一八七二年に一四一であったのが、七三年には一五三となり、七四年には二一六にまで達した。これは、一八七二年にくらべて五一〔五三〕％増、七三年にくらべて四一％増にあたる。その破局がもっぱらこの増加の原因であることは、危機がもっとも尖鋭な様相を呈していたとき、すなわち一八七四年の最初の四ヵ月間に自殺の増加がとくにいちじるしかったという事実によって明白に証明されている。一月一日から四月三十日までの自殺をとってみると、一八七一年には四八、七二年には四四、七三年には四三であったが、七四年には七三にのぼった。これは、〔前年にくらべると〕七〇％の増加である。同じころフランクフルト－アム－マインで勃発《ぼっぱつ》した同様の危機もまた、同じ結果をもたらした。一八七四年以前の数年においては、そこでの自殺は年間平均二二ほどであったのが、この七四年には三二となり、四五％もふえている。

一八八二年の冬にパリ株式市場をおそったあの有名な破局は[†2]、いまだに人びとの記憶に新しい。その波紋は、パリだけでなくフランス全土におよんだ。一八七四年から八六年にかけて年平均の自殺数の増加は二％であったのが、八二年にはじつに七％にのぼっている。そればかりではない、増加は、その一年間の各時点に平均して生じているのではなく、最初の三ヵ月間、つまり、破局のおとずれたまさにその時点にきわだって現われている。わずか三ヵ月間に、年全体の増加の五九％が起こっているというありさまである。この増加は、まさしく例外的な事情から生じたものであって、一八八一年にはみられなかったばかりか、翌八三年には跡形もなくなっていた〔第52表を参照〕。――この年の自殺は全体として前年よりやや多かったが――

第52表　経済的危機と自殺の関係

	1881	1882	1883
年間総数	6741	7213（＋7％）	7267
最初の３ヵ月	1589	1770（＋11％）	1604

右のような関係は、たんに若干の例外的な事例だけにみとめられるわけではなく、一つの法則となっている。破産の件数は、経済生活の変化をじゅうぶん敏感に反映するバロメーターである。ある年から翌年にかけて破産が急にふえるときには、なにか重大な経済的混乱が起こったものと考えてまずまちがいない。一八四五年から六九年のあいだ、危機の徴候であるこの急激な増加が、三度ほど起こった。他方、右の期間の破産件数の年間の増加は〔平均〕三・二％であったのが、一八四七年には二六％増、五四年には三七％増、そして六一年には二〇％増に達した。ところで、この三つの年には、いずれも自殺数のまれにみる急上昇が起こっている。右の二四年間における年平均の自殺の増加率はわずか二％にすぎなかったが、一八四七年をとってみると、これが一七％、五四年が八％、六一年が九％となっている。

だが、それらの危機は、なにゆえに影響力をふるうのであろうか。危機が人びとの富を荒廃させて、困窮を増すからであろうか。人びとがみずからすすんで生命を放棄するほど生活が苦しくなるからであろうか。そうした説明は、単純明快であるだけに魅力的である。そのうえ、人口に膾炙《かいしゃ》している自殺についての考え方とも一致する。しかし、この説明は事実と矛盾するのだ。

じっさい、もしも生活が苦しくなるために自殺が増大するならば、生活が楽になるときには、自殺が減少するはずであろう。ところが、いちばんの必需品である食糧の値が騰貴するとき、一般に自殺は変わらないが、反対にその値が下落するときには、自殺の平均以下への減少はみられない。プロイセンでは一八五〇年に、小麦相場が一八四八—八一年の全期間をつうじて、ほかに例のないほどの暴落ぶりをしめし、五〇キログラムあたり六マルク九一にまで下がった。ところがこのときでさえ、自殺は一八四九年の一五二七から一七三六にふえ、一三％増をしめしている。しかもそれは、小麦の安値がつづいたにもかかわらず、一八五一、五二、五三年のあいだは、ふえる一方であった。一八五八—五九年にかけては、いま一つの新たな下落が起こった。しかし、自殺は依然一八五七年の二〇三八から、五八年には二一二六、そして五九年には二一四六に増加している。一八六一年に一一マルク〇四であった値は、六三年から六六年にかけて徐々に下がり、六四年には七マルク九五となり、同期間全体をつうじても、ごく手ごろな値を維持していた。だが、その期間、自殺は一七％増加している（一八六二年には二一一二、六六年には二四八五）[*1]。バイエルンにも、似たような事実がうかがわれる。一八三五—六一年の期間についてマイルのつくった曲線によると[*2]、ライ麦の値がもっとも低かったのは、一八五七—五八年と一八五八—五九年である。ところが、自殺のほうはといえば、一八五七年にわずか二八六であったのが、五八年には三二九にのぼり、ついで五九年には三八七にまで達している。このような現象は、一八四八—五〇年にもすでに起こったことがあり、その時点では、小麦は、ヨーロッパ全土と同じく非常な安値を記録していた。にもかかわらず、自殺は前にのべたような政治的諸事件〔三二ページを参照〕によってわずかに一時的に減少したものの、同じような水準にとどまっていた。一八四七年には二一七、四八年にはまだ二一五で、四九年に一時一八九まで下がったが、五〇年以降はふたたび上向きとなり、二五〇にまで達した。

貧困のいささかの増加もなしに、自殺の増加が起こる。したがって、一国の繁栄を急激にもたらすような歓迎すべき危機でさえ、経済的破綻《はたん》とまったく変わりのない影響を自殺におよぼすことになる。

一八七〇年のヴィットーリョ・エマヌエレによるローマ征服は、イタリア統一の確固たる基礎をきずいたが、それはまた、この国の改革運動の出発点を画するものであった。これによって、イタリアは、ヨーロッパの強国の一つとなりつつある。商工業は強い刺激を受け、異常な速さで変貌をとげた。一八七六年には、総計五万四〇〇〇馬力四四五九台のボイラーで工業上の必要を十分充たしていたのが、八七年には、機械台数が九九八三となり、その動力は一六万七〇〇〇馬力、すなわち三倍となった。当然、この期間には生産量も同じ割合で増大した。[*3] 貿易も増大した。たんに海運、交通・運輸路が発達したばかりでなく、輸送された物資や人員も倍加した。[*4] この一般的な活況は賃金の上昇（一八七三年から八九年までに三五％増と算定される）をもたらし、と同時にパンの値も下がっていたので、それだけ労働者の物質的条件は改善された。[*5] なお、ボディオの算出したところによると、民間の富は、一八七五—八〇年の期間の年平均四五五億フランから、一八八〇—八五年には五一〇億フラン、一八八五―九〇年には五四五億フランと、それぞれ増加している。[*6]
ところが、このイタリアの集合的な再生と並行して、自殺数のただならぬ増加がみられる。一八六六年から七〇年にかけてはその数はほとんど横ばいであったが、一八七一年から七七年にかけて、一躍三六〔三一〕%の増加がしめされた。すなわち、第53表のとおりである。

それ以来、増加の動きはつづいた。一八七七年に一一三九であった総数は、八九年には一四六三となり、二八%の新たな増加となった。

プロイセンでは、同じような現象が二度生じた。一八六六年にこの王国はまず最初の自殺の増加にみまわれた。〔この年〕プロイセンは北ドイツ連邦の盟主となると同時に、いくつかの大きな州を併合した。その栄光と権力の獲得は、ただちに自殺の突然の増加をともなったわけである。自殺は、一八五六―六〇年には人口百万あたり年平均一二三、一八六一―六五年にもわずか一二二にすぎなかった。それが、一八六六―七〇年の五年間には、七〇年に減少があったにもかかわらず、年平均は一三三にふえている。戦勝〔普墺戦争の勝利〕直後の一八六七年は、一八一六年以来もっとも自殺の多かった年にあたる（人口五四三二につき自殺一件。それに

第53表　自殺の増加

年	人口100万あたりの自殺件数
1864－70	29
1871	31
1872	33
1873	36
1874	37
1875	34
1876	36.5
1877	40.6

たいして、一八六四年には八七三九につき一件にすぎなかった）。一八七〇年の戦争〔普仏戦争〕の直後、新たな好ましい変化が起こった。ドイツが統一され、完全にプロイセンの覇権のもとにおかれるようになったのである。巨額の戦争賠償金が社会の富をふくれあがらせた。商工業も一大飛躍をとげた。ところが、そこにかつてない急激な自殺の増加が起こった。一八七五年から八六年にかけて、三三七八件から六二一二件へと、九〇％も増加をみたのである。

万国博覧会は、それが成功をおさめるときには、社会の生活における歓迎すべき出来事とみなされる。それは取引を刺激し、その国に莫大《ばくだい》な金銭をもたらし、社会の繁栄を増すとされている。とりわけ、博覧会の開催された都市においてそうである。しかし、自殺数のいちじるしい増加によって、その成功がけっきょくは帳消しにされてしまうこともないとはかぎらない。それは、とくに一八七八年の博覧会のさいに起こったようにみえたことである。[†3]この年の自殺の増加は、一八七四年から八六年までに生じた増加のうち、最高であった。それは八％であったから、けっきょく一八八二年のあの破局から生じた増加をなお上まわっていたことになる。そして、この増加が博覧会以外の原因によるのではないかと想定することは、ほとんど不可能なのだ。というのは、この増加の八六％が、ほかならぬこの博覧会開催期間中の六ヵ月間に起こっていたからである。

一八八九年には、[†4]同様の事実がフランス全土に生じたわけではなかった。それはきっと、

第54表　博覧会開催期間中の自殺増加

	1888	1889	1890
博覧会開催期間に対応する7ヵ月間	517	567	540
その他の5ヵ月間	319	311	356

ブーランジェの危機〔訳注第三章†11を参照〕が、自殺の増加にたいする抑止作用をおよぼして、博覧会のもたらす反対の効果を相殺してしまったためであろう。しかし、パリでは、爆発した政治的情熱が地方と同様の作用をおよぼしたはずであるのに、事態はたしかに一八七八年の場合と変わりがなかった。博覧会の開催されていた七ヵ月間に、自殺は約一〇%、正確にいえば九・六七%増加し、それにたいして同年の残りの五ヵ月の自殺は、八八年、また翌九〇年のそれを下まわっている〔第54表を参照〕。かりにブーランジェ事件がなかったら、増加はもっと大きいものとなっていたのではないかと考えられる。

ところで、経済的窮迫が、よくいわれたほど自殺への促進的影響をおよぼさないことをいっそうよく証明してくれるのは、経済的窮迫がむしろ反対の作用をおよぼしているという事実である。アイルランドでは農民はいたましい生活を送っているが、ここでの自殺はごくわずかである。悲惨をきわめるカラブリア[†5]も、自殺はゼロといってよい。スペインの自殺も、フランスの一〇分の一にすぎない。じつに貧困が人びとを保護しているとさえいうことができる。フランスの各県をみても、自己の収入で生活している者[†6]の数が多ければ多いほど、それだけ自殺が多くなっている。

第55表　自殺件数と自己の収入で生活している者の平均数の比較

諸県の人口10万あたりの自殺件数(1878－87)	各群の県の人口1000あたりの，自己の収入で生活している者の平均数(1886)
48－43（5県）	127
38－31（6県）	73
30－24（6県）	69
23－18（15県）	59
17－13（18県）	49
12－8（26県）	49
7－3（10県）	42

地図による比較は、第55表の平均の比較の結果をさらに裏づけてくれる（第5図を参照）。

したがって、産業上あるいは金融上の危機が自殺を増加させるといっても、それらが、生活の窮迫をうながすためではない。なぜなら、繁栄という危機も、それと変わらない結果をもたらすからである。真の理由は、それらの危機が危機であるから、つまり集合的秩序を揺るがすものであるからなのだ。*7 なんであれ、均衡が破壊されると、たとえそこから大いに豊かな生活が生まれ、また一般の活動力が高められるときでも、自殺は促進される。社会集団のなかになにか重大な再編成が生じるときには、たとえそれが突然の発展的な運動に起因するものであろうと、なにか不意の異変に起因するものであろうと、きまって人は自殺にはしりやすくなる。どうしてこのようなことが起こりうるのか。一般に生活の改善をうながすはずだとおもわれる事実が、どうして人びとを生から訣別《けつべつ》させることができるのか。

この疑問に答えるためには、若干の予備的な考察が必要となる。

第5図　自殺と貧富

自殺(1878−1887)

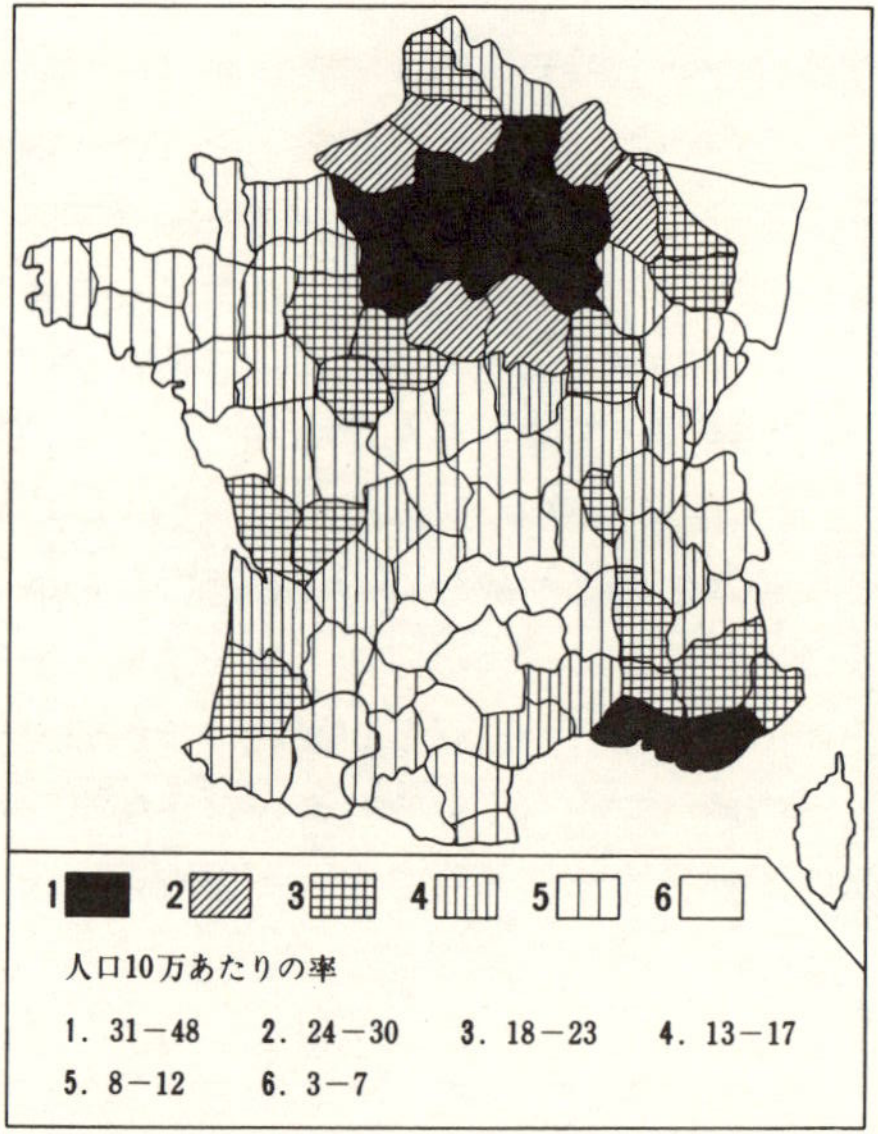

自己の収入で生活している者

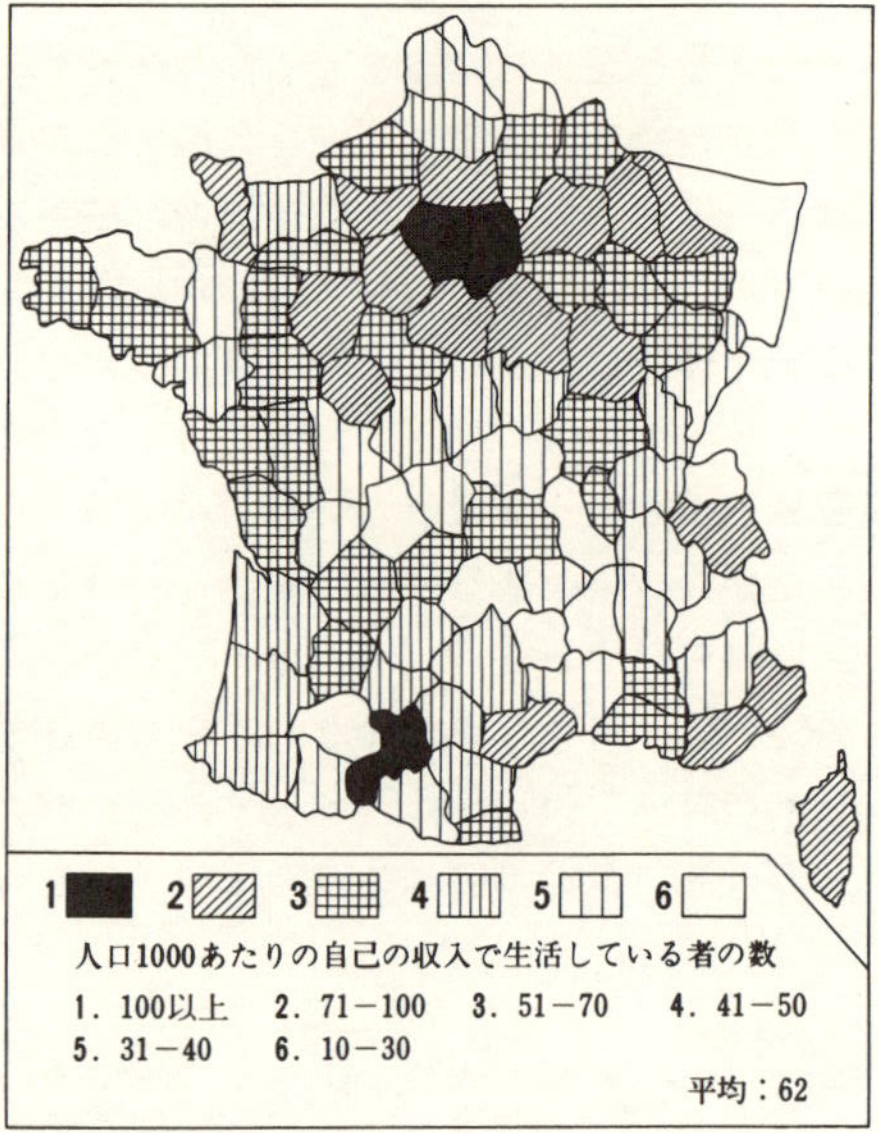

二

どんな生物も、その欲求が十分に手段と適合していないかぎり幸福ではありえないし、また生きることもできない。それに反して、もしも欲求が、手段の上で許容されるもの以上を求めたり、あるいはたんにその手段とかかわりのないものを求めたりすれば、欲求は、たえず裏切られ、苦痛なしには機能しえないであろう。ところで、つねにかならず苦痛をともなう行動は、くりかえし行なわれないのがふつうである。十分に充たされない傾向は萎縮《いしゅく》するが、生きるという傾向は他のすべての傾向の総体であるから、もし他の諸傾向が弱まれば、生きるという傾向も弱まらざるをえない。

動物においては、少なくとも平常では、自動的な自発性にもとづいてこの欲求と手段の均衡が生まれているが、それは、動物がもっぱら物的な条件に依存しているからである。有機体の要求するところは、たえず生命の維持に用いられる物質およびエネルギーの量と等量のものが、規則的に補充されるということにつきる。つまり、補償が消費に等しいということである。持ち前の財産のうち生命がうがちとった空洞の部分が、埋められさえすれば、動物は満足し、それ以上なにも求めない。動物は、その肉体の本性のなかに本来与えられている目的以外のものを想像しうるほど反省能力が発達していないのだ。そして他方、それぞれの器官に課されている作用は、それ自体生命力の一般的な状態ならびに有機体の均衡の必要性にもとづくものであるから、消費は消費で、補償とのかねあいにおいて規制され、均衡はひとりでに達成される。消費における限界は、そのまま補償における限界でもある。それらの限界は、ともに生物体の構造のなかにも刻みこまれていて、生物はそれをこえることができない。

ところが、人間のばあいにはそうはいかない。なぜなら、人間の欲求は、ほとんどが肉体に従属していないし、あるいは少なくとも、動物と同じようには従属していないからである。厳密にいえば、人間の生命を肉体的に維持するために必要な食物の量を決定することは、まだしも可能であると考えられる。とはいえ、その決定は、動物のばあいほど厳密にはいかないし、またそこには欲望の自由な組み合わせをいれる余地が大幅にのこされている。その理由は、人間の本性が本能的にはたらくときには、それで満足してしまうような必要最小限の量があっても、さらにその上に、覚醒《かくせい》した反省が、のぞましい目的と映じ、活動を刺激するよりよい条件の存在することをそれとなく予見させるからである。それでも、この種の欲望は、いずれはのりこえられない限界にぶつかるといえる。では、人間が正当に追求することの許される幸福、快適さ、贅沢《ぜいたく》の量は、どのようにして決めることができるのであろうか。人間の肉体的構造のなかにも、心理的構造のなかにも、このような欲求傾向に限界を画してくれるものはなにもない。個人の生命の作用が、それにたいして、ここでとどまらなければならない、などと要求することはない。その証拠に、歴史の発端より、それらの欲求はもっぱら発達する一方であったし、また不断により申し分のない充足がそれに与えられてきたが、なお欲求の中庸の健全さはそこなわれていなかった。では、とくに、それぞれの身分、職業、貢献の相対的な重要性などにしたがって異なるべき欲求の様式は、どのようにして確定されるのか。社会的ハイアラーキーの諸段階でこの欲求が同等に充たされているような社会は、存在しない。ところが、人間性というものは、その本質的な特徴においては、すべての市民のだれかれにかかわりなく、ほとんど似たようなものである。それゆえ、人間の本性が、この欲求に必要な種々の限界を設定することは不可能である。したがって、この欲求がたんに個人だけにもとづいているかぎり、けっきょく、際限のない欲求となってしまう。人間の感性は、それを規制しているいっさいの外部的な力をとりさってしまえば、それ自体では、なにものも埋めることのできない底なしの深淵《しんえん》である。

そうであるとすれば、外部から抑制するものがないかぎり、われわれの感性そのものはおよそ苦悩の源泉でしかありえない。というのは、かぎりなき欲望というものは、そもそもその意味からして、充たされるはずのないものであり、この飽くことを知らないということは、病的性質の一徴候とみなすことができるからである。限界を画するものがない以上、欲望はつねに、そして無際限に、みずからの按配《あんばい》しうる手段をこえてしまう。こうなると、なにものもその欲望を和らげてはくれまい。やみがたい渇きは、つねにあらたにおそってくる責め苦である。なるほど、よくいわれるように、かぎりなく活動をくりひろげたり、活動のおよばない彼方《かなた》に目的を設定したりすることは、たしかに人間の活動ならではのことである。しかし、このような無限定的な状態が、なぜ肉体的生命の要求よりも精神生活の条件とよりよく適合するというのか理解しがたい。人は行動し、運動し、努力することにいかなる快感を味わおうとも、そのうえになお、自分の努力が無意味ではないこと、また自分がその歩みのなかで前進していることを感じていなければならない。ところが、いかなる目的にも向かっていないときには、またそれと同じことだが、目ざす目的が果てしのない彼方にあるときには、人は前進していないも同然である。かれが目的から隔てられているその距離は、どんなに歩もうともつねに変わらないのであって、すべては、あたかも一箇所でむなしくあがいているかのようなありさまになってしまう。来し方をふりかえって、すでに歩んできた道程を一瞥《いちべつ》するときに感じる誇らしい気持でさえ、むなしい満足を与えるだけであろう。これから歩むべき距離は、だからといっていっこうにちぢまってはいないからである。それゆえ、かりに手のとどかない目的を追い求めるならば、人は果てるところのない不満の状態をもって罰せられる。もちろん、人は、まったく理性にさからって希望をいだくことがありうるし、希望というものは、たとえ不条理なものであっても、それなりの喜びをもたらしてくれる。だから、希望が一時的にも人をささえてくれるということはありうることなのだ。しかし、その希望も、くりかえし経験によって裏切られたのちには、かぎりなく生きつづけるわけにもいくまい。さて、みちたりた状態に永久に到達しえず、またほの見える理想にも近づくことができないとき、未来はいったい過去以上のなにを人に与えることができようか。だから、与えられた満足は、欲求を静めるのではなく、むしろそれを刺激するのであって、人は、得れば得るほどなおそれ以上に得ようと欲するだろう。これにたいして、行為そのものに快があるのだ、という人がいるかもしれない。しかし、それにはまず、人が自分の行為のむなしさを感じることができないほどひどく鈍感になっていなければならない。そのうえ、行為そのものに快が感じられるためには、またそれにともなう苦痛にみちた不安がなかば和らげられ、うすらぐためには、少なくとも、この無目的的な行動がつねに容易に、なにものにもさまたげられずに展開される必要がある。かりにその行動がさまたげられれば、不安だけが、それのもたらす不快感とともにのこる。さて、ここにおいて〔生にたいする〕なにかのりこえがたい障壁が現われてこないとしたら、それは奇蹟《きせき》というほかはない。このような条件のもとでは、人は、わずかな細い糸で生命につながれているにすぎないのであって、その糸はいつぷっつり切れるともしれないのである。

だから、そうならないためには、なによりもまずこれらの情念《パッシオン》に限界が画されなければならない。そのばあいにはじめて情念は能力と調和することができるであろうし、したがって充足されることができよう。とはいえ、情念に限界を画することのできるものは個人のなかにはないから、個人の外部にあるなんらかの力が必然的にこれを限界づけなければならない。肉体の欲求にたいして有機体の演じる役割と同じような役割を、精神的欲求にたいしても演じる、一つの規制力が必要となるのである。それは、この力がもっぱら精神的なものでなければならないという意味である。まどろみつづけていた動物の均衡状態を打ち破ったのは、ほかならぬ意識の覚醒であり、したがって、この意識のみが、均衡を回復させるすべを与えることができる。物質的強制はここでは効果がうすいといえよう。物理・化学的な力によっては、人びとの心を変えることはできない。欲望が生理的メカニズムによって自動的に規制されないばあいには、その欲望は、みずから正当と認める限界を前にしてしかふみとどまることができない。人びとは、決められた限界をふみこえるだけの正当な理由があると信じているときには、その欲望が制限されることに承服しないだろう。ただ、この正義の法〔人びとが正当と認めた限界〕も、前述のような理由から、かれらみずからが自分自身に課するというわけにはいくまい。だから、人は、尊敬し、自発的に服従しているある権威から、この法を与えられなければならないのである。そして、ただ社会だけが、あるときは直接的、全体的に、またあるときにはその諸器官の一つを媒介にして、この規制的役割を果たすことができる。なぜなら、社会は個人に優越した唯一の道徳的な権威であり、個人はその優越性を認めているからである。社会は、法律を布告し情念《パッション》にこえてはならない限界を画するうえで、必要にして唯一の権威である。また社会だけが共同の利益を最大限にはかりながら、将来各種の官吏にどれだけの手当を与えるべきかを見つもることができる。

事実、歴史の各時期には、それぞれの社会的貢献の相対的な価値や、各貢献にたいして与えられるべき相対的な報酬や、したがって、それぞれの職業の一般の従事者にふさわしい生活の快適度などを定める、漠然としたある感情が、その社会の道徳意識のなかにひそんでいる。それぞれの職能は、このように世論のなかにおいて序列づけられていて、各職能に与えられるべき物質的満足度も、その序列のなかに占める地位の上下によって定められている。通念にしたがえば、たとえば労働者が生活向上につとめるとき、その目ざしうる上限とみなされるある生活様式と、なにか重大な罪過を犯した者でなければ、容易にそれ以下にまで甘んじて下降しえないような下限の生活様式とがある。この上限と下限は、都市の労働者と地方の労働者をとっても、家事使用人と日雇労働者をとっても、商店員と官吏をとっても、それぞれ相違がある。また同じく、あまりけちな暮らしをする金持はなにかと非難の対象とされるが、一方、贅沢のかぎりをつくす者もまたとやかくいわれる。経済学者が抗弁してもむだである。ある特定の個人があまりに莫大な富をむやみに浪費しうるということは、つねに人びとのひんしゅくを買うことになろうし、人びとのこの手きびしさは、道徳の混乱期ででもなければ和らぐことはないとおもわれる。[*8] ということは、かならずしも法的形式こそとらないが、社会の各階級が正当に追求することのできる快適さの限度を、比較的厳密に定めた実際の規定が存在するということである。なお、このように設定されている序列は、けっして不動のものではない。それは、集合的収入が増減したり、社会の道徳的観念に変化が生じたりすると、それにともなって変化する。したがって、ある時代には贅沢とされたものが、別の時代にはそうでなくなることもあり、また長いあいだ例外的なもの、余分なものとしてある階級だけに許容されていた安楽が、ついにはまったく欠くことのできない、まったく正当なものと感じられるようになることもある。

この圧力のもとでは、各個人は、自分の生活領域のうちにあって、自分自身の欲望のおよびうる限界点をそれとなく感じとり、それ以上の欲望をいだかないものである。少なくとも、個人が規律を尊重し、集合的権威にたいして従順であるならば、いいかえれば正常な道徳的構造をそなえているならば、それ以上のものを要求すべきではないと感じるにちがいない。このようにして、情念に一つの目標と限界が画されるのだ。たしかに、この規定は、なんら硬直的なものでもなければ、絶対的なものでもない。市民のそれぞれの層に割りあてられている経済的理想は、それ自体一定の限界のなかにあるが、その埒《らち》内では欲望も自由にはたらくことができる。しかし、その理想は無制限なものではない。この相対的な抑制とそれから生まれる節度が、人びとを、そのおかれた境遇に満足させ、しかもそれを適度に改善させるように刺激するのである。そして、このほどよい満足こそが、おだやかな生き生きとした喜びを、また個人にとっても社会にとっても健康のしるしである、存在と生の喜びを生みだす。このときは、少なくとも一般的にいって、各個人はその存在条件と調和しているわけで、みずからの活動にふさわしい代価として正当に望みうるものを欲するだけである。そのうえ、人間の活動はそのために不活発におちいることもない。かれはみずからの生を美しくいろどるようにつとめることができるし、その方向への努力が、たとえ成功しなくても、それがかれを絶望のうちにとどめることはない。なぜなら、かれは、いま掌中にしているものをいつくしみ、欠けているものを求めることに熱中しないから、たまたまかれが渇望を感じたある新奇なものがその欲望や希望にそむいても、いっぺんにすべてのものがかれから欠落してしまうことはないからである。たいせつなものはのこされている。かれの幸福ははっきりと限定されていて、少しくらいの失望によってはくつがえされることがないので、安定した均衡をたもっている。

しかし、世論によって設定されたとおりの職能の序列が正当なものと認められていても、同時に、それらの職能に人びとを補充する仕方もひとしく正当なものと認められていなければ、それは無意味であろう。労働者が、それがまさに自分の占めるべき社会的地位であると納得しなければ、かれはその社会的地位と調和していない。当然他の地位を占めるべきだと信じているならば、現在の地位はかれを満足させることはできまい。したがって、それぞれの地位について、平均的な欲求水準が世人の感情によって規制されているだけでは、まだたりない。そのうえになお、もっと厳密な別の規制が、いろいろな地位が各個人にたいしてどのように開放されていなければならないかを定めていることが必要である。そして実のところ、この規制の欠けているような社会は見あたらない。その規制は、時と所によって異なる。かつては、それは、ほとんどもっぱら出自を人びとの社会的格づけの原理としていたが、今日では、相続財産と才能に由来する不平等以外の生まれながらの不平等を認めていない。しかし、そうしたさまざまな形態のもとでも、この規制の目ざしている目的はどこでも一つである。また、どこでも、この規制は、個人をこえたある権威、すなわち集合的権威によって個々人に課せられないかぎり、効力をもつことができない。なぜなら、それが確立されるためには、ある個人、または他の個人に、より一般的には全個人に、公の利益の名において献身と譲歩を要求しなければならないからである。

こう考える者がいたのは確かである。すなわち、経済的地位が世襲的に伝達されなくなったときには、この道徳的圧力も無用になるであろう。つまり、もしも相続が廃止されて、各人が等しい資力で生活を始め、競争者どうしの競争がまったく平等な条件のもとで行なわれるならば、だれひとりとしてそこに不正な結果をみいだすことはなくなるであろう。そして事態が理想的状態にあることを、おのずからすべての者が感じるにちがいない、と。

実際、この理想的な平等状態に近づくにしたがって、それだけ社会的拘束の必要性が弱まるであろうということは疑いをいれない。しかし、それも程度の問題にすぎない。なぜなら、いつになってもある種の遺伝は存続するにちがいないからである。すなわち、生来の才能の遺伝がそれである。知性、趣味、科学的・芸術的・文学的・工芸的才能、勇気、器用さ――それらは、われわれ個人に誕生とともに与えられている。ちょうど生まれながらの資産家に資本が与えられ、またかつて貴族に称号や職分が与えられていたように。したがって、この自然の恩恵にもっともめぐまれなかった人びとに、出生の偶然のめぐりあわせに由来するきわめて劣った地位を甘受させる、ある種の道徳的規律もまた必要であろう。分配は万人にたいして平等でなければならない、もっとも有用な人間も功労のあった人間も、それがために利益を与えられてはならない、とまで主張する者もいる。しかしそれならば、そのような人間に、凡人や無能力者とまったく変わらない待遇を受けいれさせるために、別の意味で強力な道徳的規律がなければなるまい。

ただ、この規律も、前述の規律とまったく同様に、それに服する人びとが正当なものと認めないかぎり、効力をもつことができない。それが習慣や強制力だけによってささえられているならば、そこに維持されている平和と調和はただ形ばかりのものにすぎない。不安な精神と不満がその底にくすぶっている。おもてむき抑制されているさまざまな欲望も、やがては爆発する。それは、貴族《パトリキ》や平民《プレブス》の伝統的な組織の根拠となっていた信仰が動揺したときにギリシアやローマに起こったことであり、また近代社会においても貴族的偏見がかつてのような支配力を失いはじめたときに起こったことである。しかし、この動揺状態は例外的なものであって、それが起こるのは、社会がなにかの病的な危機を経過するときにかぎられる。ふつう、集合的秩序は、大多数の人びとによって公正なものと認められている。だから、筆者が、集合的秩序を各個人に課するためにはある権威が必要だといったのは、なにも暴力が秩序を確立するための唯一の手段だという意味ではない。その規制は、個人の情念を抑制することを目的とする以上、個人を支配する力からみちびかれるものでなければならないが、しかし、その力への服従が、恐怖からではなく尊敬の念からなされることが同じく必要だということである。

このように、人間の活動が、いっさいの拘束から自由になることができると考えるのはまちがっている。そんな特権を享受できる者はだれもいない。それは、すべての存在がこの宇宙の一部分をなし、その他の部分と一定の関係をもっている以上、必然のことである。したがって、存在の本質やそれがしめす存在様式は、それ自身にもとづいているばかりではなく、それを抑制し、規制している他の存在にも依存している。この点については、思《し》惟《い》する主体と鉱物のあいだにも、たんなる程度と形態の差があるにすぎない。人間を特徴づけているのは、かれの服している拘束が物理的なものではなく、精神的なもの、すなわち社会的なものであるということである。人間は、その法《おきて》を、有無をいわさず押しつけてくる物質的環境からではなく、かれの意識よりも優越している——かれもその優越性を感じている——ある意識から与えられる。人間の生のほとんどとそのもっともすぐれた部分は肉体を超越しているので、人はその部分において、肉体のくびきから自由になるが、かわりに社会の拘束を受けるのである。

ただし、社会が混乱におちいったときは、たとえそれが苦難にみちた危機から生じた混乱であろうと、幸運な、しかし急激な変化をともなう危機から生じた混乱であろうと、しばし社会はこの活動〔個人にたいする規制〕を行使することができなくなる。そして、さきに確認したあの自殺曲線の急上昇は、じつにここから起こってくる。

じっさい、経済的破綻が生じるさいには、ある個人を、それまで占めていた地位からそれ以下の地位ににわかに突き落としてしまうような、一種の没落現象がみられるものである。したがって、そのような個人は、要求を引き下げ、欲求を制し、前よりもいっそう自制することを学ばなければならない。ことかれらにかんしては、社会のはたらきかけの成果も、すべてむだになってしまう。道徳教育は、もう一度はじめからやりなおされなければならない。ところが、社会はただちに個人を新しい生活に順応させることはできないし、また不慣れなさらに激しい緊張を課することに慣れさせることもできない。その結果、個人は、与えられた条件に順応していないし、しかも、そのような予見でさえもかれに耐えがたい思いをいだかせる。この苦悩こそが、個人を駆って、その味気ない生活を――それを実際に味わう以前にさえ――放棄させてしまう当のものなのだ。

しかし、このことは、危機が勢力と富の突然の増大に由来しているときでも、いっこうに変わらない。じっさい、その場合も、生活の諸条件は変わってしまうので、それまで欲求を規制してきた尺度は、もはやそのままではありえなくなる。というのは、その尺度は、各種の生産者に帰せられるべき分配をほぼ規定しているので、社会的な諸手段のあり方が変われば、尺度も変わるからである。こうして段階規定は混乱してしまうが、さりとて、新しいそれが、時をうつさず用意されるわけにもいくまい。人と物が世人の意識によって新たに分類されるまでには、時間を要する。こうして、いったん弛緩《しかん》してしまった社会的な力が、もう一度均衡をとりもどさないかぎり、それらの欲求の相互的な価値関係は、未決定のままにおかれることになって、けっきょく、一時すべての規制が欠如するという状態が生まれる。人は、もはや、なにが可能であって、なにが可能でないか、なにが正しくて、なにが正しくないか、なにが正当な要求や希望で、なにが過大な要求や希望であるかをわきまえない。だから、いきおい、人はなににたいしても、見境なく欲望を向けるようになる。この動揺がすこしでも深刻になると、それは、各職務への市民の配置を規定している当の原理にまでおよんでいく。なぜなら、社会のそれぞれの部分の関係が、その動揺によって必然的に変化するから、それらのあいだの関係を表現している理念も、もはやそのまま存続するわけにはいかなくなるためである。危機のおかげで特別の利益にあずかった階級は、もはやそれまでのような忍従に甘んじていることはできない。また、そのことへの反動として、その階級のより大きな富をまのあたりにした周囲の者、あるいは下位の階級の者は、ありとあらゆる羨望《せんぼう》をそそられる。このように、欲望は、方向を見失った世論によってはもはや規制されないので、とどまるべき限界のどこにあるかを知らない。そのうえ、このときには、一般に活動力が非常に高まっているため、それだけでも、欲望はひとりでに興奮状態におかれている。繁栄が増すので、欲望も高揚するというわけである。欲望にたいして供されるますます豊富な餌《え》は、さらに欲望をそそりたて、要求がましくさせ、あらゆる規則を耐えがたいものとしてしまうのであるが、まさにこのとき、伝統的な諸規則はその権威を喪失する。したがって、この無規制《デレーグルマン》あるいはアノミー[†7]の状態は、情念《パッシオン》にたいしてより強い規律が必要であるにもかかわらず、それが弱まっていることによって、ますます度を強める。

だが、そのときには、情念の要求するものそれ自体が、はじめから充足を不可能にしている。激しくかきたてられる渇望は、獲得された成果がなんであろうと、つねにそれをふみこえてしまう。こえてはならない限界について警告を発してくれるものがないからである。したがって、渇望を充たすものがないまま、その心の苛《いら》だちは、それ自体やすらぎもなく永久につづく。この到達しえない目的への歩みが、かりに一つの快を与えることができるとすれば、それは歩みそのもののもたらす快でしかないから、もしその歩みがさまたげられれば、人びとはから手のむなしさのなかにおかれてしまう。ところで、それとともに闘争もより激しく苦痛にみちたものとなるが、それも、これを機に闘争にたいする規制が弱まり、と同時に競争がますます熾烈《しれつ》になるからなのである。階級の区別がもはや明確でなくなるため、すべての階級がたがいに争いあうようになる。けっきょく、人びとの努力がなんの成果も生まなくなればなるほど、その努力がいっそう激しく行なわれるというわけである。これらの条件のもとでは、生への意欲の衰えないはずがあろうか。

以上の説明をさらに裏づけてくれるものとしては、貧しい国々が自殺にたいして一種特別な免疫をもっているという事実がある。貧困が自殺を抑止する——じつは、それは、貧困がそれ自体で自殺の一つの歯止めをなしているからなのだ。なにを行なう場合にも、欲望は、つねに多少は手段について考慮をめぐらさなければならないが、その手段とは、人がなにかを手に入れようと決めるとき、ある程度手がかりとして依拠したものである。したがって、けっきょく所有しているものが貧しければ貧しいほど、それだけ人は、自分の欲求の範囲を際限もなくひろげようとはしないものである。中庸が一般的であれば羨望をそそるものとてないが、それだけでなく無力さは人に節度を守るようにさせ、またそれに慣れさせる。ところが反対に、豊かさ《ショーズ》は、それが与える力から、自分の力でなんでもできるという幻想をいだかせる。それは、物がわれわれにおよぼしていた手ごたえを減じさせるので、そのため、われわれは、物をいくらでも手に入れることができると思いこんでしまう。ところで、人は、自分に限界が課せられていないと感じると、あらゆる制限をますます耐えがたいとおもうようになるものである。だから、多くの宗教が、貧しさの幸いと、その道徳的価値をたたえたのも、ゆえなしとしない。それはじつに、貧しさが人びとに自制心を教えこむもっともよい学校だからである。貧しさは、人びとに、たえずみずから規律を課するようにしいて、集合的規律を従順に受けいれる素地を用意させる。それに反して、豊かさは、個人を刺激して、背徳の因そのものとなるあの反抗心をめざめさせる危険をつねにはらんでいる。もちろん、このことは、人がその物質的条件を改善していくことに異をとなえる理由にはならない。しかし、あらゆる豊かさの増大から生じる道徳的な危険は、たとえそれを救うすべがあるとしても、見のがされてよいものではない。

三

ところで、アノミーが、以上にのべた場合のように、もっぱら断続的な発作として、またもっぱら尖鋭《せんえい》な危機の形態のもとに生じるにすぎないならば、それは、たまに社会的自殺率の変動をうながすことができても、変動の規則的・恒常的要因となることはできないであろう。しかし、現実にアノミーが慢性的状態にあるような社会生活の一領域がある。商工業の世界がそれだ。

じっさい、十九世紀の初頭以来、経済の発展は主として、産業上の諸関係をあらゆる規制から解き放つことをつうじてすすめられてきた。近年まで、すべての道徳的権威の体系は、産業上の諸関係に規制をくわえることを任務としてきた。まず宗教がある。宗教の影響は、職人にも親方にも、貧者にも富者にもひとしくおよんでいた。宗教は職人や貧者にたいしては、社会の秩序は神の摂理であって、各階級の分け前は神によって定められていると説くことによって、また現世の不平等の正当なつぐないを来世に期待させることによって慰めを与え、与えられた運命に満足することを教えていた。また親方や富者にたいしては、現世の利益が人間にとってすべてではない、それははるかに高い他の利益に従属させられるべきであり、したがって現世の利益をむやみに際限なく追求したところで価値はない、ということを想い起こさせることによって、自制をうながしていた。他方、世俗的権力はそれなりに、経済的機能の上にうちたてた覇権によって、また経済的機能を比較的従属的な地位におくことによって、その機能の飛躍的な発展を抑えてきた。最後に、産業界の内部においてさえ、同業組合が賃金を規制したり、生産物の価格や生産そのものを規制して、収入の平均水準を間接的に定めていたが、これによって欲求もおのずからある程度規制されるところとなっていた。もっとも、この組織〔同業組合〕について叙述したからといって、それを雛形《ひながた》として推奨するつもりはない。根本的な修正をほどこさずには、それを現代の社会に適用することができないことは明らかである。[†8] ただ、筆者がここではっきりさせておきたいことは、こうした組織がかつては存在し、大きな効果をもっていたが、今日ではそれに代わるような組織は存在していないということなのだ。

事実、宗教は、いまやその影響力をおおかた失ってしまった。政府権力も経済生活を規制する主体でなくなり、経済生活に奉仕する手段ないし下僕となってしまった。正統派経済学者と極端な社会主義者という正反対の両学派は、種々の社会的機能のあいだの多少とも消極的な媒介の役割を、政府権力に求めようとしている点では、主張を一にしている。前者は、政府権力をたんなる個人間の契約の保護者に仕立てあげようとし、後者は、それに、集合的な経営を担当する任務、すなわち、消費者の要求を把握して、それを生産者に伝えたり、また全体の所得を評価して、それを所定の方式にしたがって分配したりする任務を与えようとしている。しかし、政府権力にその他の社会的機関を従属させたり、あるいは政府権力の目的に向けてその他の機関を集中させたりするいっさいの資格は、両学派がともにこばんでいるところである。また、両者とも、産業の発展をかちえることが国家のもっぱらの、あるいは主要な目的でなければならないとしているが、この点は、表面的には対立している二つの体系の共通の根底をなしている経済的唯物論のドグマに、もともと内在しているものである。そして、この理論は、世論の現状をそのまま表現しているにすぎないので、産業は、ひきつづきそれに優越したある目的のための手段であるとはみなされず、かえって個人および社会の至上の目的となってしまった。こうして産業によってあおりたてられた欲望は、それを規制してきたあらゆる権威から身を解き放つことになった。この物質的幸福の神格化は、いわば欲望を神聖化し、欲望を人間のあらゆる法の上位におくようなものである。その欲望をさまたげることは、あたかも冒瀆《ぼうとく》であるかのようにさえおもわれる。そのために、産業界自体が、同業組合をつうじて欲望の上に行使してきたまったく功利的な規制さえも、維持されがたくなってしまった。最後に、この欲望の解放は、産業の発展と市場のほとんどとどまることを知らない拡大によって、いっそう拍車をかけられた。生産者が、自分の生産物を直接の隣人に売りさばくことしかできなかったかぎりでは、得られるわずかな利益は、欲望をとくに刺激することもありえなかった。しかし、いまやほとんど全世界の顧客を相手にすることも期待しうるときになっては、このかぎりなくひらかれている前途をまえに、どうして情念はかつてのような制限を甘んじて受けいれることができよう。

社会のその部分〔商工業の世界〕を支配している沸騰状態、またそこから他の部分に波及していった沸騰状態は、以上のようにして生じる。つまりそれは、危機とアノミーの状態が、そこに不断に存在し、いわば常態になっているからである。階級の上下をとわず、欲望が刺激されているが、それは最後的に落ち着くべきところを知らない。欲望の目ざしている目標は、およそ到達しうるすべての目標のはるか彼方《かなた》にあるので、なにをもってしても、欲望を和らげることはできないであろう。その熱っぽい想像力が可能であろうと予想しているものにくらべれば、現実に存在するものなどは色あせてみえるのだ。こうして、人は現実から離脱するのであるが、さて、その可能なものが現実化されると、こんどはそれからも離脱してしまう。人は、目新しいもの、未知の快楽、未知の感覚をひたすら追い求めるが、それらをひとたび味わえば、快さも、たちどころにして失《う》せてしまう。そうなると、少々の逆境に突然おそわれても、それに耐えることができない。そして、そのような熱狂がすべて醒《さ》めてしまうと、人はその狂奔がいかに不毛なものであったかに気づき、新奇な感覚をいくら積み重ねてみたところで、それが幸福の確固たる元手――それによって人は試練の日々にも耐えることができる――とはなりえないことをさとる。賢明な者ならば、獲得した成果を別の成果に取り替えていきたいという際限のない欲求をいだかず、得られた成果を喜んで受けいれることを知っているので、困難な時がおとずれても、生にむすびつくべき理由をそこにみいだしていく。ところが、いつも未来にすべての期待をかけ、未来のみを見つめて生きてきた者は、現在の苦悩の慰めとなるものを、過去になにひとつもっていない。かれにとっては、過去とは、焦燥のなかに通りすぎてきた行程の連続にすぎないからである。かれの目を曇らせてしまったのは、ほかならぬ、いまだ出会ったことのない幸福がやがては見つかるであろうとつねに当てにしてきたこと、そのことである。しかし、ここにおいて、その歩みはとめられてしまった。そうなると、かれの歩んできた後にも先にも、もはやその目をひくことのできるようなものは存在しない。そのうえ、果てしなくなにかを追い求めることは、いつかはむなしいことと感じられるようになるので、つのる疲労は、それだけでも幻滅をまねくのに不足はない。

今日、経済的破綻《はたん》がこれほどにも自殺を増加させているのは、とくにそうした精神的状態が原因しているのではないかと考えられる。人が健全な規律に服している社会では、人は運命の与える打撃にも労せずして耐えることができるものである。自己を縛り、抑制することに慣れている人にとって、多少のよけいな窮屈さを自分に課するための努力くらいはさほど辛《つら》いものでもない。それに反して、いっさいの制限が、それだけでいとわしいときには、さらにきびしい制限は、当然耐えがたいものと感じられる。〔このとき〕人びとをとらえる狂気じみた焦燥は、あきらめとはほど遠い感情である。到達した点をたえずのりこえることをもっぱらの目的としているとき、後方にとりのこされることはどんなに苦痛なことであろうか。ところが、今日の経済的状態の特徴である無秩序は、そうしたあらゆる危険な冒険へ扉をひらいている。人びとの空想は目新しいものに渇《かつ》え、しかもそれを規制するものがないので、空想はあてもなく手さぐりすることになる。いきおい、危険が大きくなるにつれて挫折《ざせつ》も多くなるが、さらにこれがますます人を殺《あや》めるようになると、その危機も倍加されるのだ。

しかし、こうした傾向はいまやあまりにも慢性化しているので、社会もそれに慣れてしまい、むしろ常態とみなす習わしになっている。しきりに説をなす者は、たえず休みなく、不確定な目的に向かって前進し、永久に満たされずにいるのが人間の本性なのだ、という。無限なものを目ざす情念《パッション》は、無規制的な意識――それは当の意識を苛《さいな》んでいる無規制状態を原理にまでしている――のなかでしか生まれないにもかかわらず、つねに卓絶した道徳性のしるしとして説明される。ともかく進歩を、それも可能なかぎり急速な進歩を強調する説が、一つの信仰箇条となってしまった。しかしまた、不安定さの恩恵をたたえるそれらの説とならんで、その説を生む母胎をなした当の状況を一般化するような、新たな説があらわれつつある。それは、生はいとわしいものであるとのべ、生は快楽よりもむしろ苦悩にみちており、人びとをたんに偽りの魅力によって眩惑《げんわく》しているにすぎないとして、生を告発している。混乱が経済界においてもっとも熾烈《しれつ》をきわめているせいもあってか、この説の犠牲者はこの世界にもっとも多い。

実際、工業、商業は、自殺のもっとも多い職業にふくまれている（第56表を参照）。それらは、自由業の水準に匹敵し、しばしばそれをしのいでいる。とりわけ農業にくらべると、前二者の自殺は多い。その理由は、農業が、古くからの規制力がいまなおもっとも強い影響をおよぼしている産業であって、事業熱がいちばん浸透していないということによる。かつての経済的秩序の一般的な構造はかくのごとくであったにちがいない、ともっともよく想像させるのはこの農業である。さらにまた、工業における自殺者のうち、雇主を労働者から区別したならば、右の差はもっと大きくなっていたにちがいない。というのは、もっとも手ひどくアノミー状態に冒されているのは、おそらく雇主だからである。金利生活者の法外な自殺率（百万あたり七二〇）は、もっとも富裕な者がもっとも苦悩に苛まれ

第56表　各職業従事者100万人あたりの自殺件数

	商　業	運輸業	工　業	農　業	自由業(1)
フランス(1878−87)(2)	440		340	240	300
スイス(1876)	664	1514	577	304	558
イタリア(1866−76)	277	152.6	80.4	26.7	618(3)
プロイセン(1883−90)	754		456	315	832
バイエルン(1884−91)	465		369	153	454
ベルギー(1886−90)	421		160	160	100
ヴュルテンベルク(1873−78)	273		190	206	
ザクセン(1878)	341.59			71.17	

（1）　統計が数種類の自由業に区別をもうけているときには，目安として，そのなかでもっとも自殺率の高い職業をとった。
（2）　1826年から1880年にかけては，経済的職能の者には自殺が少ないようである（*Compte rendu* de 1880 を参照)。しかし，職業統計は，はたして正確だったのであろうか。
（3）　著述業だけがこの数字に達した。

ていることを十二分にものがたっている。それは、人びとに従属をしいるものはすべて、アノミー状態のおよぼす効果を経減してくれるからである。下層階級は、少なくとも上位の諸階級によって制限を課せられている一線があるから、そのことだけからも、かれらの欲望はより限定されている。ところが、その上位にいかなる階級も存在しないような階級のばあい、背後から引きとめてくれる力がはたらかないかぎり、ほとんど必然的に宙に迷いこんでしまうのである。

したがって、アノミーは、現代社会における自殺の、恒常的かつ特殊的な要因の一つであり、年々の自殺率を現状のごとく維持している一つの源泉にほかならない。こうして、われわれは、他のタイプから区別されるべき新しい自殺タイプをここに見いだしたことになる。それは、個人が社会に結びつく様式にではなく、社会が個人を規制する様式によって規定されている点で、その他のタイプから区別される。自己本位的自殺は、人が、もはや自分の生にその存在理由を認めることができないところから発生し、また集団本位的自殺は、生の存在理由が生そのものの外部にあるかのように感じられるところから発生する。ところが、いま確認してきたこの第三の種類の自殺は、人の活動が規制されなくなり、それによってかれらが苦悩を負わされているところから生じる。その原因にちなんで、この種の自殺をアノミー的自殺と名づけることにしよう。

なるほどたしかに、この自殺と自己本位的自殺のあいだには類縁関係がないわけではない。つまり、両者とも、社会が個人のなかに十分存在していないという理由から発生している。しかし、〔個人において〕社会の存在が欠如している領域は、それぞれのばあいで異なっている。自己本位的自殺においては、社会の存在が欠如しているのはまさしく集合的活動においてであり、したがってその活動には対象と意味が失われている。アノミー的自殺においては、それが欠如しているのはまさしく個人の情念《パッション》においてであり、したがって情念にはそれを規制してくれる歯止めが失われている。こうみてくると、その二つのタイプはたがいに関係はあるが、やはり別々のものである。われわれは、自分のうちにある社会的なものをすべて現実の社会に関連づけることができても、なお自分の欲望を制することができないことがある。このように人は、自己本位主義者でなくとも、アノミー状態のなかに生きることがありうる。また、その逆も不可能ではない。ということは、要するに、この二種の自殺がそれぞれ主要なお得意をつかむのは、異なった社会的環境のもとにおいてであるということなのだ。一方は知的職業、すなわち思惟《しい》する人びとの世界を、他方は工業あるいは商業の世界を、おのおのその選定の地盤としている。

四

しかし、〔種々のアノミーのうち〕経済的アノミーが自殺をひき起こさせる唯一のものではない。

すでにのべたように、[*9]やもめ暮らしの危機が始まるときに生じる自殺は、実際は、一方の配偶者の死によってひき起こされた家族的アノミーに原因している。その場合、家族に混乱が生じ、のこされた配偶者はそれによって災いをこうむる。本人は、与えられたその新しい状況にうまく適応できず、そのために自殺しやすくなるのである。

さて、ここにもう一つのアノミー的自殺の変種があり、それについては、大いに留意する必要がある。というのは、この種の自殺は、きわめて慢性的なものであって、しかも、結婚生活というものの本質やそのさまざまな機能を明らかにするうえにも役だつであろうからである。

ベルティヨン氏[†9]は、『国際人口学年報』（一八八二年九月号）において、離婚について注目すべき論文を発表し、そのなかで次のような命題をたてている、「全ヨーロッパをつうじて、自殺数の増減は、離婚および別居の件数に比例している」と。

この二点からいろいろな国を比較してみるとき、すでに右の並行関係が確認されている（第57表を参照）。たんに平均値相互の関係がそうなっているばかりではない。子細に調べてみても、その関係に反するややめだった例外といえば、オランダだけであり、ここだけは、自殺が離婚の高さに対応していない。

国と国の相互間ではなく、おなじひとつの国のなかの地方と地方を比較すると、この法則はいっそう厳密に検証される。なかでもスイスでは、この二種の現象が驚くほどの符合をしめしている（第58表〔四三二ページ〕を参照）。離婚がもっとも多いのはプロテスタントの州であるが、自殺がもっとも多いのもまたそれらの州である。ついで、この二点では、カトリックとプロテスタントの混成の州が多く、カトリックの州はようやくその次にくる。それぞれの群の内部においても、同じような符合がみとめられる。カトリックの州のうちでは、ゾロトゥルン州と内アペンツェル州の離婚件数がめだって多いが、両州は、自殺件数においても同じく群を抜いている。フリブール州は、カトリックのフランス人の州であるにもかかわらず、離婚がかなり多く、また自殺も相当数にのぼっている。プロテスタント

第57表　離婚と自殺の二点におけるヨーロッパ諸国の比較

		年間離婚件数（婚姻1000件あたり）	自殺件数（人口100万あたり）
I 離婚、別居のまれな国	ノルウェー	0.54（1875－80）	73
	ロシア	1.6（1871－77）	30
	イングランドとウェールズ	1.3（1871－79）	68
	スコットランド	2.1（1871－81）	
	イタリア	3.05（1871－73）	31
	フィンランド	3.9（1875－79）	30.8
	平　均	2.07	46.5
II 離婚、別居のやや多い国	バイエルン	5.0（1881）	90.5
	ベルギー	5.1（1871－80）	68.5
	オランダ	6.0（1871－80）	35.5
	スウェーデン	6.4（1871－80）	81
	バーデン	6.5（1874－79）	156.6
	フランス	7.5（1871－79）	150
	ヴュルテンベルク	8.4（1876－78）	162.4
	プロイセン		133
	平　均	6.4	109.6
III 離婚、別居の多い国	ザクセン王国	26.9（1876－80）	299
	デンマーク	38（1871－80）	258
	スイス	47（1876－80）	216
	平　均	37.3	257

第58表　離婚と自殺からみたスイス諸州の比較

	婚姻1000件あたりの離婚・別居件数	人口100万あたりの自殺件数		婚姻1000件あたりの離婚・別居件数	人口100万あたりの自殺件数
I　カトリックの州					
〈フランスおよびイタリア人の州〉					
ティチーノ	7.6	57	フリブール	15.9	119
ヴァレー	4.0	47			
平均	5.8	50	平均	15.9	119
〈ドイツ人の州〉					
ウリ		60	ゾロトゥルン	37.7	205
高ウンテルヴァルデン	4.9	20	内アペンツェル	18.9	158
低ウンテルヴァルデン	5.2	1	ツーク	14.8	87
シュウィーツ	5.6	70	ルツェルン	13.0	100
平均	3.9*	37.7	平均	21.1	137.5
II　プロテスタントの州					
〈フランス人の州〉					
ヌシャーテル	42.4	560	ヴォー	43.5	352
〈ドイツ人の州〉					
ベルン	47.2	229	シャフハウゼン	106.0	602
都市バーゼル	34.5	323	外アペンツェル	100.7	213
地方バーゼル	33.0	288	グラールス	83.1	127
			チューリヒ	80.0	288
平均	38.2	280	平均	92.4	307
III　混成の州					
アールガウ	40.0	195	ジュネーヴ	70.5	360
グラウビュンデン	30.9	116	ザンクト・ガレン	57.6	179
平均	36.9	155	平均	64.0	269

*　ウリ州の数字の脱落のためか。他の三州の平均は5.3となる。

のドイツ人の州のなかでは、シャフハウゼン州ほど離婚の多い州はないが、そのシャフハウゼン州は、自殺件数においても首位の座にある。最後に混成の州は、アールガウだけをのぞいて、離婚との関係においても、自殺との関係においても、まったく同じ一群に分類される。

第59表　フランスの各県：自殺と離婚，別居の関係

	100万あたりの自殺件数	婚姻1000件あたりの離婚・別居件数
第1群（5県）	50以下	2.6
第2群（18県）	51－75	2.9
第3群（15県）	76－100	5.0
第4群（19県）	101－150	5.4
第5群（10県）	151－200	7.5
第6群（9県）	201－250	8.2
第7群（4県）	251－300	10.0
第8群（5県）	301以上	12.4

以上と同じ比較をフランスの各県についても行なってみたが、その結果も変わるところはなかった〔第59表を参照〕。各県を、自殺死亡率の大小によって八つのカテゴリーに分類してみたところ、このようにして構成された各群は、離婚と別居の件数の順位どおりにそのままならぶことが明らかになった。

　このような関係が確かめられたので、次に、その説明につとめてみよう。

　ベルティヨン氏のこれにかんするいかにも単純な説明については、たんに心覚え程度にのべるにとどめよう。この著者によれば、自殺数と離婚数は双方とも同じ要因に依存しているので、並行して変化をしめすのだという。その要因とは、性格欠陥者の数の大小である。じっさい、かれによれば、不仲の夫婦の多い国ほど離婚の数も多い。ところで、そのような夫婦は、とくに性格の不安定な者、性格が不完全で、かたよっている個人のあいだから生まれてくるが、その同じ気質がまた自殺への素地を用意している。したがって、右の並行関係は、離婚制度がそれじたいで自殺に影響をおよぼすからではなく、この二種の事実が、表現形態こそちがっていても同一の原因に由来していることから生じるのだという。しかし、離婚を、このようにある種の精神病理的欠陥と結びつけるのは恣意《しい》的であり、また根拠薄弱である。性格欠陥者の数が、スイスではイタリアの一五倍、フランスの六〜七倍にものぼっていると想定する根拠はどこにもない。にもかかわらず、スイスの離婚はイタリアの一五倍、フランスのほぼ七倍にも達している。そのうえ、自殺についていえば、純粋に個人的な条件というものが自殺の説明においていかに無力であるかは、すでにわかっている。さらに次の事実は、あげてこの理論の不備を証明してくれよう。

自殺と離婚のこの特筆すべき関係を規定している原因は、人びとの身体的素質〔精神病理的欠陥〕にではなく、離婚というものの特有の性質にもとめられなければならない。その点については、次のような第一の命題をたてることができる。すなわち、必要な資料の得られるかぎりのすべての国において、離婚者の自殺数は、それ以外の者の自殺数よりはるかに大きい、と。

第60表のしめすように、離婚者男女は、既婚者より年が若いにもかかわらず（フランス

第60表　ドイツ諸国の既婚，未婚，やもめ，離婚者と自殺の関係

	人口100万あたりの自殺件数							
	15歳以上の未婚者		既婚者		やもめ		離婚者	
	男子	女子	男子	女子	男子	女子	男子	女子
プロイセン(1887−89)	360	120	430	90	1471	215	1875	290
〃　(1883−90)	388	129	498	100	1552	194	1952	328
バーデン(1885−93)	458	93	460	85	1172	171	1328	
ザクセン(1847−58)	555.18		481	120	1242	240	3102	312
〃　(1876)			821	146			3252	389
ヴュルテンベルク(1846−60)			226	52	530	97	1298	281
〃　(1873−92)	251		218		405		796	

では後者の四六歳にたいして前者は四〇歳）、自殺数は、既婚者の三倍ないし四倍におよび、またやもめの自殺数とくらべても、やもめの年長さからくる促進傾向にもかかわらず、それをかなり上まわっている。なぜそのようなことになるのであろうか。

離婚の結果として生じる物質的・精神的条件の変化が、たぶんこの結果となんらかの関係をもっていることは疑いない。しかし、その条件の変化に原因を求めても、以上の結果を理解するためにはまだ十分ではない。じっさい、やもめ暮らしも、まったき困難を生活の上にもたらす点ではこれに劣らない。しかも、それは夫婦がみずから好んでつくりだした状態ではないだけに、ふつうきわめて深刻な苦悩をさえともなう。それに反して、離婚は、夫婦にとってしばしば解放でさえある。ところが、離婚者は年齢のせいで、自殺もやもめのそれの二分の一くらいでなければならないはずであるが、どこでもやもめの自殺を上まわり、国によっては二倍にも達している。促進率にして二・五から四のあいだになるこの増加は、かれらの状態の変化〔離婚の結果としての物質的・精神的条件の変化〕にはいささかも規定されていないのである。

その原因を明らかにするために、これまでに提示した命題の一つを思いかえしてみよう。本編の第三章では、同一の社会においては、やもめの自殺傾向は、それに対応する既婚者の自殺傾向に応じて変化するということがわかった。もしも既婚者の自殺傾向が強く抑えられていれば、やもめの自殺傾向も、程度こそ低いが、なおかなりの免疫をもつし、さらに、結婚生活において自殺傾向がよりよく抑止されているほうの性は、やもめ暮らしにおいても、依然としてもう一方の性よりも高い免疫をたもっている。ひとくちにいえば、一方の配偶者の死によって夫婦の結合が解消されても、その結合が自殺におよぼしていた効果は、一部分ひきつづき他方の配偶者によって享有されつづけるということである。[*10] とすれば、婚姻の解消が〔一方の配偶者の〕死によってではなく、法的行為〔離婚〕によって行なわれても、同じような現象が起こると考えてよいのではなかろうか。また、離婚者をおそう自殺の増加は、離婚そのものの結果というよりは、むしろ離婚によって終止符をうたれた結婚生活の結果と考えてよいのではなかろうか。それは、夫婦が別れたのちも、なおかれらに影響をおよぼしつづける結婚生活のある一定の特質にもとづいているにちがいあるまい。離婚者があのような強い自殺傾向をしめすのは、かれらがいっしょに生活をいとなんでいたときに、またその共同生活の結果として、すでに強い自殺傾向を獲得していたからなのだ。

いったんこの命題が承認されると、離婚と自殺の対応を説明することも可能になる。じっさい、離婚のひんぱんに起こっている国民には、離婚と深いつながりのある結婚生活の一種独特の特質がおのずと広汎《こうはん》にみとめられるはずであろう。なぜなら、そのような特質は、離婚すべき運命にある夫婦にかぎってとくにみられるのではなく、かれらにそれが最大に現われるならば、その他の夫婦あるいは大部分の夫婦においても、程度は低くともみいだされるはずだからである。というのも、自殺の多いところでは自殺未遂も多く、死亡率の高いところでは同時に疾病も多いように、実際に離婚の多いところでは、いくぶんとも離婚への傾きをもった夫婦が数多く存在しているはずだからである。それゆえ、離婚件数が多ければ、それに準じて自殺の素因となる家族のこの状態〔離婚の生じやすい状態〕もひろがり、一般化していないはずはない。したがって、けっきょく、この二つの現象が同じ方向に変化をしめすのは理の当然ということになる。

以上の仮説はこれまで明らかにしてきたすべての事実と合致するばかりではない。その仮説を直接に証明することもできないことではない。じっさい、もしこの仮説に根拠があるならば、離婚の多い国における既婚者の自殺への免疫は、離婚の許されない国における既婚者のそれよりも小さくなっているはずである。事実から結果するところは、まさしくそのとおりなのだ。第61表がしめしているように、少なくとも既婚男子にかんするかぎりは、そうである。イタリアは、カトリックの国で離婚がないが、同時に既婚男子の自殺の抑止率のもっとも高い国でもある。別居がしじゅうひんぱんに行なわれているフランスでは、既婚男子の抑止率はそれより低い。そして、離婚が多く発生している社会ほど、それだけ抑止率も低下していくのがうかがわれる。[*11]

オルデンブルク大公国の離婚件数を知ることはできなかった。だが、この国がプロテスタントの国であるからには、離婚はひんぱんに行なわれているであろうが、それはあまり法外にはおよんでいないと推定することができる。なぜなら、少数派のカトリックも、そこではかなりの数にのぼっているからである。したがって、離婚にかんしては、オルデンブルク大公国は、バーデンやプロイセンとほとんど同じところに位置づけられるとみてまちがいない。ところで、既婚男子の免疫にかんしても、この国はやはりそれらと同列におかれる。すなわち、一五歳以上の未婚男子十万あたりの年間の自殺は五二、既婚男子十万あたりのそれは六六で、後者の抑止率は〇・七九となり、離婚のほとんど、ないしはまったくないカトリック国にみとめられる抑止率と比べて、大きなひらきがある。

フランスは、われわれに観察の好機を与えてくれる。統計がいっそう正確であるため、それは、これまでのいくつかの観察をも裏づけてくれる。離婚は、セーヌ県が他の諸県を

第61表　既婚男子の免疫におよぼす離婚の影響

国		100万あたりの自殺件数		未婚男子にたいする既婚男子の抑止率
		15歳以上の未婚男子	既婚男子	
離婚の存在しない国	イタリア(1884－88)	145	88	1.64
	フランス(1863－68)(1)	273	245.7	1.11
離婚がかなり多い国	バーデン(1885－93)	458	460	0.99
	プロイセン(1883－90)	388	498	0.77
	プロイセン(1887－89)	364	431	0.83
離婚が非常に多い国(2)	ザクセン(1879－80)：			
	全身分の自殺100件あたり	27.5	52.5	0.63
	全身分の男子人口100あたり	42.10	52.47	

（1）　現在から隔たったこの期間をとったが，その理由は，当時は離婚がまったくなかったからである。さらに離婚を復活させた1884年の法は，今日にいたるまで，既婚者の自殺に目だった効果をおよぼしたとはおもわれない。かれらの抑止率は，1888-92年においてもこれといった変化はしめさなかった。一つの制度が，これほどの短期間にその効果を生むことはありえない。

（2）　ザクセンについては，エッティンゲンから引いた表示のような比しかわかっていない。しかし，筆者の目的にはそれで十分である。ルゴワの著書（p. 171）のなかにも，ザクセンでは既婚男子の自殺率が未婚男子のそれより高いことを同じく証明する別の資料がみられる。ルゴワ自身も，驚きをもってそれを指摘している。

はるかにしのいでいる。一八八五年には、この県で宣告された離婚件数は、正規の夫婦一万組につき二三・九九にのぼったが、この年のフランス全国の平均は、五・六五にすぎなかった。ところで、セーヌ県における既婚男子の抑止率が、地方のそれにくらべていちじるしく低いことは第37表〔二九七ページ〕から一目瞭然《りょうぜん》である。事実、そこでは、抑止率はただ一度、すなわち二〇歳から二五歳のあいだに三に達しているにすぎない。しかも、この数字はあまりにもわずかな件数から算出されているため、信憑《しんぴょう》性にとぼしい。すなわち、この年齢の既婚男子の自殺は、年々ほとんど一件程度にすぎないからである。三〇歳以上になると、抑止率は二をこえず、しばしばそれを下まわるようになり、六〇歳から七〇歳にかけては一以下にもなってしまう。平均して、一・七三[†10]となる。これにたいして地方諸県では、八つの数字のうち五つまでが三以上をしめし、平均が二・八八におよぶ。つまりは、セーヌ県の一・六六倍[†11]の強度である。

以上は、離婚のさかんな国には自殺も多いという事実が、身体的な素因、とりわけ性格欠陥者の数となんの関係もないことをしめす一つの証拠である。もしかりにそれが真の原因であったならば、その効果は、既婚男子ばかりでなく未婚男子の上にもおよんでくるはずであるが、実際は、とくに災いをこうむるのは既婚者のほうにかぎられているからである。そうなると、この病弊の根源は、すでに仮定したように、結婚生活か、または家族のある特質のなかにひそんでいることになる。その二つの仮説から、次に一つをえらばなければならない。この既婚男子の免疫の低さは、いったい家族社会の状態にもとづいているのであろうか、それとも夫婦の結合の状態にもとづいているのであろうか。それは、家族の精神が不健全であるためであろうか、それとも夫婦の関係が、およそ本来あるべき状態にないためであろうか。

まず次の事実から、すでに前者の説明は疑わしいものとなる。すなわち、離婚のもっとも多い国民においては、出生率がとくに高く、したがって家族集団の密度もきわめて高いという事実である。そして、家族の密度が高いところでは、一般に家族精神も強力であることが知られている。とすれば、右の現象の原因は結婚生活の性質のなかにあると考えてまちがいない。

じっさい、かりにもその原因が、家族の構造のなかにあったならば、妻の自殺もまた、離婚の少ない国より、それが常時慣行とされている国においてより多数にのぼっていなければならないであろう。なぜなら、〔かりにそうならば〕妻も、夫と同様にその家族関係の悪《あ》しき状態によってそこなわれるからである。だが、それとはまさに反対のことが起こっているのだ。妻の抑止率は、夫の抑止率が低下するとともに、すなわち離婚が多くなるとともに上昇する。また、その逆の符合も起こっている。夫婦の絆《きずな》が、ひんぱんにたやすく断ち切られるところでは、妻はそれだけ夫にくらべて恵まれた状態にあることになる（第62表〔四四二ページ〕を参照）。

第62表　既婚女子の免疫におよぼす離婚の影響

	人口100万あたりの自殺件数		抑止率		B/A (ただし B＞A)	A/B (ただし A＞B)
	16歳以上の未婚女子	既婚女子	既婚女子（A）	既婚男子（B）		
イタリア	21	22	0.95	1.64	1.72	
フランス	59	62.5	0.96	1.11	1.15	
バーデン	93	85	1.09	0.99		1.10
プロイセン	129	100	1.29	0.77		1.67
同(1887－89)	120	90	1.33	0.83		1.60
ザクセン						
全身分の自殺100件のうち	35.3	42.6				
全身分の女子人口100につき	37.97	49.74	1.19*	0.63		1.73

ここでの期間は，第61表の場合と同じ。

＊　0.76の誤りとおもわれる。

ここでの二組の抑止率の相反する関係は、注目すべきものである。離婚の起こらない国では、妻の自殺は夫ほど抑止されていない。ところが、その妻の抑止率の低さは、イタリアよりも、結婚生活の絆がつねに断たれやすいフランスにおいてはるかにいちじるしい。それにひきかえ、離婚の多いところでは（バーデン）、夫の自殺が妻のそれをしのぐようになり、妻のこの有利さは、離婚の多いところにいくにしたがって一貫して増大する。

さきの場合と同じく、オルデンブルク大公国は、この点にかんしても、離婚件数が中くらいの他のドイツ諸国と同じような動きをしめしている。未婚女子の自殺は百万あたり二〇三、既婚

第63表　プロイセンの各州における離婚と既婚女子の抑止率

離婚が810－405の州（既婚者10万あたり）	抑止率	離婚が371－324の州（既婚者10万あたり）	抑止率	離婚が229－116の州（既婚者10万あたり）	抑止率
ベルリン	1.72	ポメラニア	1	ポーゼン	1
ブランデンブルク	1.75	シュレージエン	1.18	ヘッセン	1.44
東プロイセン	1.50	西プロイセン	1	ハノーファー	0.90
ザクセン	2.08	シュレスヴィヒ	1.20	ラインラント	1.25
				ウェストファーレン	0.80

女子のそれは一五六であるから、後者の抑止率は一・三となり、〇・七九にすぎない既婚男子のそれをはるかに上まわる。前者は、後者より一・六四倍も強力であることになり、ほとんどプロイセンのそれ〔一・六七〕に匹敵する。

セーヌ県をフランスの他の諸県と比較してみると、この法則はあざやかに証明される。地方では、離婚が少なく、既婚女子の平均抑止率は一・四九にとどまっているが、これは、既婚男子の平均、すなわち二・八八の二分の一にすぎない。ところが、セーヌ県ではその関係が逆転している。男子の免疫はわずか一・五六であるが、一五歳から二五歳までについての信憑性のとぼしい数字をのぞくと、それは一・四四になってしまう。一方、女子の免疫は一・七九である。したがって、夫とくらべての妻の状態は、セーヌ県では地方より二倍も恵まれていることになる。

プロイセンの諸州を比較してみても、同じことが確認できる〔第63表を参照〕。

第一群の率はすべて、第二群の率をいちじるしく上まわっている。そして、もっとも低いのが第三群である。唯一の例外はヘッセンであるが、ここでは、どういうものか、離婚が多くないにもかかわらず、既婚女子がかなり大きな免疫性をもっている。[*12]

以上の証拠はみな符合をしめしているのであるが、なお最後にもう一つこの法則の検証を試みよう。こんどは夫の免疫度を妻のそれと比較するのではなく、結婚生活が、自殺についての男女の相互の地位をどのように変化させるかを、それぞれ国別の相違に焦点をあわせて調べてみたい。第64表の目的がそれである。それによれば、離婚のない国、あるいはごく最近離婚がみとめられるようになった国[→12]では、女子の自殺の、全既婚者のそれに占める割合が、全未婚者のそれに占める割合より大きくなっている。ということは、つまり、結婚生活が妻よりも夫にいっそう幸いしていること、および妻のそのめぐまれない地位は、フランスよりイタリアでさらにはなはだしいことを意味している。事実、既婚女子の占める自殺の割合から未婚女子の占める自殺の割合を引いた差の平均については、イタリアがフランスの二倍にものぼっている。だが、離婚制度がひろく機能している国民にいったん目を転じると、反対の現象の生じていることがわかる。そこでは、結婚生活によって有利な地歩をきずくのは女子のほうであって、男子はむしろそれを失っている。そして、女子が結婚生活から引きだす有利さのほどは、バーデンよりもプロイセンで、プロイセンよりもザクセンでより大きくなっている。これは離婚のもっとも多い国で最大値に達する。

第64表　ヨーロッパ各国の性別，法律上の身分別の自殺の割合

		未婚者の自殺100件のうち		既婚者の自殺100件のうち		各国の平均の差	
		男子	女子（A）	男子	女子（B）	B－A（ただしB＞A）	A－B（ただしA＞B）
イタリア	(1871)	87	13	79	21	6.2	
	(1872)	82	18	78	22		
	(1873)	86	14	79	21		
	(1884－88)	85	15	79	21		
フランス	(1863－66)	84	16	78	22	3.6	
	(1867－71)	84	16	79	21		
	(1888－91)	81	19	81	19		
バーデン	(1869－73)	84	16	85	15		1
	(1885－93)	84	16	85	15		
プロイセン	(1873－75)	78	22	83	17		5
	(1887－89)	77	23	83	17		
ザクセン	(1866－70)	77	23	84	16		7
	(1879－90)	80 *	22 *	86	14		

*　未婚男女の自殺の合計が100件をこえているが，誤記であろう。

そこで、次の法則はまったく異論の余地のないものと考えられる。すなわち、離婚がよりひんぱんに発生していればいるほど、結婚生活は女子の自殺を抑止する方向に作用する。その逆も真である。

この命題からは、二つの結論がみちびきだされる。

第一は、離婚の多い社会にみとめられる自殺率の上昇には、ただ夫〔の自殺〕のみがあずかっており、これに反して、そこでの妻の自殺は他の社会よりも少なくなっているということである。したがって、離婚の増加が、女子の精神的状態をつねにこのようによい方向にすすませるからには、離婚の多い社会における自殺率の上昇が、自殺傾向を促進するような家族社会の悪しき状態と関連しているとは、とうてい考えられない。なぜなら、そのような自殺増加であれば、夫とならんで妻の上にも生じていてしかるべきだからである。家族精神の衰微が、男女にそれぞれこのような正反対の効果をおよぼすことはありえない。それが、母親には有利にはたらき、父親にはこれほど手ひどい打撃を与えるということはありえないのだ。したがって、けっきょく、われわれの追究している現象の原因は、家族の構造のなかにではなく、結婚生活という状態のなかにあることになる。そして、事実、結婚生活が夫婦にそれぞれ反対方向の作用をおよぼすということは、いかにもありうることである。というのは、夫婦は、親という資格においては同じ目的を共有していても、配偶者としては利害がくいちがい、しばしば対立しさえするからである。それゆえ、ある種の社会では、婚姻制度のこの特有の性格が、男女の一方には恩恵をもたらし、他方には災いをもたらすということがよく起こる。まさにそれが離婚という場合であって、以上にのべてきたことは、すべてそのことを証明しようとしている。

第二に、同じ理由から、離婚と自殺に深い関係のある結婚生活のこの悪しき状態がもっぱら家庭内の絶え間ない不和から生まれる、とする仮説も肯定するわけにはいかない。というのは、そうした原因が、家族関係の弛緩《しかん》をまねくという議論も同様だが、妻の自殺への免疫性を増大させるなどということは、よもやありえないことだからである。かりに離婚がひんぱんに行なわれているところで、自殺の数が実際に夫婦の不和の多少によって規定されているならば、妻も、夫とまったく同じようにその災いに悩まされるにちがいない。そこには、妻だけを例外的に自殺から守ってくれるような性質のものはなにもない。また、たいていの場合、離婚とは妻から夫にたいして請求されるものであるだけに（フランスでは、離婚については六〇%、別居については八三%）[*13]、なおさらそのような仮説は認めがたい。このことは、つまり、夫婦間の不和の責任が大半のばあい男子のほうにあることを意味しているからである。それでは、離婚の多い国において、夫は妻をより虐待したから自殺をし、反対に妻は夫からより虐待されるから自殺が少ない、ということがあるとすれば、なんとも不可解である。そのうえ夫婦間の不和が離婚件数と比例してふえることは証明されてもいない。[*14]

以上の仮説をしりぞけると、可能性のある仮説は一つしかのこらない。すなわち、離婚制度そのものが、結婚生活に影響をおよぼして、自殺をひき起こすのでなければならない。

じっさい、結婚生活とはなんであろうか。それは両性の関係にたいする一つの規制であるが、この規制は、性的交渉によって目ざめる肉体的本能の上におよぼされるばかりではなく、肉体的欲望の土台の上に文化がしだいに積み重ねてきたあらゆる種類の感情の上にもおよんでいる。われわれにおける愛情というものは、肉体的なものであるよりも、むしろはるかに精神的なものだからである。男性が女性に求めるのは、たんなる生殖の欲望の充足だけではない。この自然の傾向が、かりにいっさいの性的なものの発達の根源であったにしても、それは、おびただしい種々の美的・道徳的感情によってしだいに複雑化されてきたので、今日では、本来それを源泉として生まれてきた全体的な複雑な過程のなかの小さな一要素にすぎなくなっている。それは、知的な要素と触れあうことによって、みずからある程度肉体から解き放たれ、いわば知性化されてきた。肉体的な刺激とともに、精神的な理由からもこの自然の傾向はよび起こされる。したがって、それは、もはや動物にみられるような規則的、自動的な周期はしめさない。心理的興奮は、いついかなるときでも起こりうる。休止の期間をもたないのだ。ところで、このように変形された諸傾向は、まさに直接的に肉体的必要に依存していないがために、それにたいする社会的規制が欠かせないものとなってくる。肉体のなかにそれを抑制してくれるものがなにもないので、社会の手による抑制が必要となる。結婚生活の果たす機能は、まさにここにある。それは、こうした情念《パッション》に支配される生活のすべてに規制をくわえるのであるが、なかでも一夫一婦婚は、他にもましていっそう厳格な規制をこれにおよぼす。それは、男性に、つねに同じただひとりの女性とだけむすびつくようにしいることによって、かれの性愛の欲求にきびしく限定された対象を定め、限界を付してしまうからである。

夫を利する精神の均衡は、このような限定づけから生まれる。夫は、このように自分に許されている満足以上のものを求めようとすれば、一夫一婦婚の義務をないがしろにしないわけにはいかないので、欲望をみずからそこに限定する。かれの服しているこの恩恵に富んだ規律は、与えられた条件のなかで自分の幸福をみいだすことを義務づけ、そのことによっても幸福を得る手段を提供してくれる。さらに、情念の移ろいが許されない以上、情念のおもむく対象もかれに欠けることがあってはならない。というのは、その義務は相互的なものだからである。かれの享有するものがはっきり規定されるならば、それは確実なものとなり、そこに生まれる安定性は、かれの精神の強固なささえになる。さて、未婚者のおかれている状態は、これとまったくちがう。未婚者は、心ひかれるすべての対象に愛情をそそぐことが正当に許されているので、あらゆるものを渇望するが、しかし充たされることがない。アノミーにともなってどこにでも発生するこの無限《アンフィニ》という病は、人びとの意識における愛情の面をも、他のあらゆる面とまったく同じように冒すことができるわけで、このばあい、病は、ミュッセがえがいたように、しばしば性的な形態をとる。[*15] 人は、なにものによっても抑止されないときは、自分の力でとどまることはできないであろう。「そうなると」みずから享楽した快楽のかなたに、さらに他の快楽を想いえがき、それを追い求める。すなわち、可能な快楽の範囲をほとんどのこりくまなくめぐりつくしてしまうと、人は、こんどは不可能なものを夢みるようになり、実在しないものにまで欲望をはせることになる。[*16] この果てるところを知らない追求のなかでは、感性の苛《いら》だちの起こらないはずがない。もっとも、ここにまで達するためには、なにも愛欲の体験をかぎりなく積み重ねたり、ドン・ファンのような生涯《しょうがい》を送るまでもない。ふつうの未婚者のありきたりの生活、それだけで十分なのだ。その生活は、たえず新たにわきあがる希望であり、またたえずあざむかれる希望であって、あとには倦怠と幻滅の心象をのこしていく。そのうえ、未婚者の欲望は、それを駆りたてる対象を確実に保持することができないため、どのみちみずからを安定させることはできない。というのも、ここにおけるアノミーは二重のものだからである。当人は、なにかに決定的に没入することをしないが、同じく、なにかを決定的な権利として掌中にすることもない。ゆく末のさだかでない未来が、自身の躊躇《ちゅうちょ》、優柔不断といっしょになって、かれを果てしもない動揺へおとしいれる。以上のことがすべて原因となって、必然的に自殺の機会を増大させる不安、動揺、不満の状態をひき起こすのである。

さて、離婚とは、結婚生活という規制の弛緩を意味するものである。離婚の容認されているところ、とりわけ法や慣習があまりにもこの慣行を容易にしているところでは、結婚生活そのものがすでに不安定な形態のものでしかない。それは劣った結婚生活といってもよい。とすれば、このような結婚生活は、ふつうの結婚生活と変わらぬ有益な効果をもたらすことはできまい。それが欲望の上に課する限界も、もはや同じ確固たる不動性をもたない。その限界はたやすく動揺し、変化してしまうので、情念《パッション》を強く抑制することができなくなり、その結果、情念はますます限界をこえてひろがる傾向をみせる。こうなると、情念は、与えられた条件においそれと甘んじていることができない。したがって、夫の力となってきた落ち着きや精神の安定も、ここでは度を減じ、いま掌中にしているものに満足することをさまたげる不安の状態に多少とも変じてしまうのである。さらに、かれには快楽が完全に確保されていないから、それだけいっそう現在への執着も弱まるが、その未来もさらに保証されていない。人は、現在からも未来からもいつ断ち切られるともしれないような紐帯《ちゅうたい》によっては、強く引きとめられていることはできない。足もとの大地がぐらぐらしていると感じると、どうしても自分のいまいるところの彼方《かなた》に視線をやらずにはいられなくなるものである。こういうわけで、結婚生活が離婚によってひどくゆるやかにされているような国では、既婚男子の自殺への免疫度が低下することは避けがたい。すなわち、離婚制度の存在するもとでは、既婚男子は未婚者に似かよってくるため、既婚者としての有利さをいくぶん失わざるをえないのである。その結果、自殺の総数はふえることになる。[*17]

しかし、離婚のもたらすこのような帰結は、男子に特有のものであって、女子には影響を与えない。じっさい、女子は、一般的にいって、精神生活がそれほど発達していないので、その性的欲求も、あまり精神的な性格をおびていない。彼女たちの性的欲求は、肉体の要求とごく直接に結びついていて、その要求に先んじるよりは、むしろそれに追従しているので、けっきょく、肉体の要求のうちに有効な歯止めをもっている。いいかえれば、女子は男子よりも本能に支配されやすいため、心の平安をみいだすには、ただ本能にしたがうだけでよいのである。それゆえ、結婚による規制、とりわけ一夫一婦制のような厳格な社会的規制は、女子にはなければならないというものではない。ところで、こうした規律は、たとえそれが効力をもつところでも、機能するときにはかならず不都合をともなわずにはいない。すなわち、それは、夫婦の地位を永久に固定化してしまい、そういうことが起こりうるにもかかわらずそこから脱することをさまたげる。また限界を定め、出口をふさぎ、たとえ正当なものであってもいっさいの希望を閉ざしてしまう。男子みずからが、その融通のなさに悩まされることもないわけではない。しかし、その苦痛は、男子にとって、別の面から引きだされる恩恵によって十二分につぐなわれる。そのうえ、この制度の厳格さをある程度和らげることのできる特権を、男子に認めるという風習もある。これにひきかえ、女子には、償いもなければ軽減もない。彼女たちにとっては、一夫一婦制はなんの仮借もない厳格な義務であって、他方、結婚生活そのものも、彼女たちには益のあるものではない。少なくとも、すでに本性のうちに限定づけられている欲望に制限をくわえたり、みずからの運命を甘受することを学ばせたりするうえで、男子のばあいとひとしく益があるとはいえないのである。それどころか、結婚生活は、女子が自分の運命を耐えがたく感じたときでも、その運命を変更することを禁じている。したがって、その規制は、女子にとっては、これといった有利さも与えられない一つの拷問なのだ。こうみてくると、その規制を緩和し、軽減することはすべて、妻のおかれている地位を改善するばかりである。離婚の存在が妻を保護するのも、また妻がすすんで離婚という手段にうったえるのも、こうした理由からである。

したがって、離婚と自殺の並行的な増加という事実を説明してくれるものは、離婚制度によってひき起こされる夫婦アノミーの状態にほかならない。けっきょく、離婚の多い国において、その自殺数の増加にあずかっている夫の自殺は、アノミー的自殺の一変種をなしていることになる。それらの社会に劣等な夫あるいは劣等な妻、したがって不幸な夫婦が多いために、この自殺が起こるのではない。それは、結婚生活による規制が弱まることが原因となって生じる、一種独特の精神的構造から起こるのであって、結婚生活を送るあいだに形成されたこの構造が、結婚が解消したのちも存続し、離婚者のしめすような例外的な自殺傾向を生みだすということである。なお、このことは、以上のような規制の弛緩が、離婚の法的承認によってまったく新たにひき起こされるという意味ではない。そもそも離婚というものは、先んじて存在していたそのような慣行を、公に承認するために法的に制定されたにすぎない。もしも、世人の意識が、夫婦関係の解消を不可とすることには根拠がない、としだいに考えるようにならなかったならば、立法者も夫婦関係をさらに弱めようとはつゆおもわなかったにちがいない。したがって、結婚生活におけるアノミーは、たとえいまだ法のなかに成文化されていなくとも、世論のなかにひそんでいることがある。

ただし、他面では、このアノミーがすべての結果を完全に実現させることができるのは、それが法的な形態を獲得したばあいにかぎられる。婚姻法が改められないかぎり、この法は、例の情念を少なくとも実質的に抑制することに役だつ。とくにそれは、この種のアノミーを否認するというそのことだけで、アノミーへの傾向が蔓延《まんえん》することをさまたげる。このようなわけで、結婚生活におけるアノミーが法的に制度化されているところにおいて、はじめて特徴的な、たやすく観察できる結果〔自殺の多発〕が生まれるのである。

以上の説明は、離婚と自殺のあいだにみられる並行的関係、[*18]ならびに夫と妻の免疫の反対方向への変化が生じる理由を解き明かしてくれるが、と同時に、次のような若干の事実は、さらにこの説明を根拠づけている。

一、結婚生活が真に不安定におちいるのは、離婚制度の存在している場合にかぎられる。というのは、離婚だけが完全な婚姻の解消であり、それにたいして、別居は夫婦に自由を与えず、結婚生活にともなうある効果を部分的に一時停止させるにすぎないからである。それゆえ、この特殊なアノミーが実際に自殺傾向に拍車をかけているならば、離婚者のほうが、別居者より目だって高い自殺傾向をもっていなければならない。この点にかんする既存の唯一の資料によれば、まさにそのとおりなのだ。ルゴワの計算によると、[*19]ザクセンでは、一八四七—五六年のあいだに、離婚者の自殺は、年平均で百万につき一四〇〇、そして別居者の自殺は、百万につきわずか一七六であった。後者の率は、既婚男子の率（三一八）にもおよばない。

二、未婚者のあのように強い自殺傾向が、一部分かれらの慢性的に体験している性的アノミーに原因しているならば、未婚者をおそう自殺増加がもっともいちじるしくなるのは、かれらの性的感情のもっとも高揚しているときであろう。そして事実、二〇歳から四五歳までのあいだに、未婚者の自殺率は、以後の年齢におけるよりもはるかに急激に上昇をしめし、その期間内にいちやく四倍に達する。これにたいして、四五歳から最高年齢（八〇歳以上）までにかけては、二倍に達するにすぎない。しかし、女子のほうにはそうした加速現象はみられない。未婚女子の自殺率は、二〇歳から四五歳にかけて二倍にもならず、わずか一〇六から一七一にふえるにとどまっている（第34表〔二六九ページ〕を参照）。つまり、性的高揚の期間は、女子の自殺の増減には影響をおよぼさないのだ。これは、すでにみてきたように、女子がこの形態のアノミーにそれほど敏感ではないとすれば、当然起こるべくして起こっていることである。

三、最後に、本編の第三章で明らかにしたいくつかの事実も、いまのべた理論によって説明される。そして、そのことだけでも、それらはこの理論を検証するのに役だつ。

第三章においては、フランスでは、結婚生活が、家族の影響とは別個に一・五という抑止率を男子に与えていることが明らかになった。いまや、その率がなにに対応しているのかがはっきりする。それは、結婚生活が男子におよぼす規制作用や、結婚生活が男子の諸傾向に与える節度や、それらに由来する精神的安定などから引きだされるさまざまな恩恵を表現している。しかし、それとともに確認してきたことは、この同じフランスにおいて、既婚女子のばあい、子どもがいてそれが結婚生活のおよぼすいまわしい影響を軽減してくれないかぎり、反対に、その条件がみじめなものになっているということである。その理由は、さきほどのべたばかりだ。男子は本性からして利己主義者でよこしまで、家庭においては妻を虐待することをもっぱらにしているからというわけではない。それは、フランスでは、近年まで離婚による婚姻の緩和が認められなかったので、結婚生活のおよぼす窮屈な規制が、女子にとってはあまりに重い無益なくびきとなっていたからにほかならない。もっと一般的にいえば、以上が、結婚生活は男女にひとしく益を与えることができないという、この両性の背反関係の由《よ》ってきたる原因である。[*20] つまりは、男女の利害が対立しあい、一方が拘束を望むと、他方が自由を欲するということがその理由である。

なお、男子も、生涯のある時期には、別の理由からではあるが、結婚生活から女子と同じような影響をこうむることがたしかにあるようである。すでにしめしたように、ごく若い既婚男子は、同年齢の未婚者よりもはるかに自殺が多いのであるが、その理由はおそらく、かれらの情念がまだあまりにも奔放で、自負に富んでいて、厳格な規律にしたがうことができないためであろう。だから、その規律はかれらにとって耐えがたい障壁と映じるわけで、欲望はこれに衝突して潰《つい》えてしまう。したがって、大いに考えられることは、男子が年をとってやや落ち着きを得、規律の必要性を感じるようになって、はじめて結婚生活はその恩恵に富んだ効果のすべてを実現するようになるということである。[*21]

最後に、この同じ第三章において、結婚生活が夫よりも妻により有利にはたらいているところでは、反対の関係の実現されているところよりもつねに男女の自殺数の差が少ないという事実を確認してきた。[*22] このことは、結婚生活が女子にたいしてまったく有利にはたらく社会においてさえ、それが男子の上に有利に作用するときにかれらが受けるほどの利益を女子は享有していないことをものがたる証拠である。反対に、結婚生活が女子に不利に作用するばあい、彼女たちはそれによって苦しみを味わうが、その苦しみの度合は、有利な作用を受けるときに彼女たちの浴した恩恵の度合よりさらにははなはだしいものとなるかもしれない。というのは、女子は、それほど結婚生活を望んでいないからである。さて、以上が、いままでのべてきた説の想定していたことなのだ。したがって、前に得た結果と、いまこの章からみちびかれた結果とは、たがいに合致し、たがいに他を確かめあうかたちになる。

こうして、われわれは、結婚生活とその役割について、通念とはかなりかけ離れた結論にたどりついた。結婚生活とは、妻のために、それも男性の気まぐれから女性の弱さを保護するために定められているものと解されている。とりわけ、一夫一婦制は、結婚生活における女子の地位を高め、改善するために、男子が一夫多妻制を好むその本能を犠牲にした結果であるとしばしばいわれている。だが実は、この制度をみずからに課するようにさせた歴史的原因がなんであろうと、それによってより大きな利益を受けるのは男子のほうである。このようにして男子の放棄した自由とは、じつにかれにとっては苦悩の源泉《もと》でしかありえなかったものなのだ。女子には、それを放棄すべき同じような理由がなかったために、この点については、女子は、男子と同じ規律に服することによって、かえって犠牲をはらうことになったといってよい。[*23]

＊1　Starck, *Verbrechen und Verg. in Preussen*, Berlin, 1884, p.55 を参照。
＊2　*Die Gesetzmässigkeit in Gesellschaftsleben*, p.345.
＊3　Fornasari di Verce, *La Criminalità e le ricende economiche d'Italia*, Torino, 1894, pp.77-83 を参照。
＊4　*Ibid.*, pp.108-117.
＊5　*Ibid.*, pp.86-104.
＊6　一八八五—九〇年の期間は、財政危機の結果として増加が少ない。
＊7　生活の向上が自殺を減少させることを証明するために、あの貧困の安全弁である移民が大規模に行なわれるときには自殺は減少することを立証するという試みがなされた（Legoyt, pp.257-259 を参照）。しかし、この二つの現象のあいだには、背反関係ではなく並行関係がみとめられる場合が少なくない。イタリアでは、一八七六年から九〇年にかけて、移民の数は、人口十万につき七六から三三五にまで増大している。一八八七年から八九年にかけての数字は、それをも上まわっている。ところがこの同じ期間、自殺は相変わらず増加しつづけた。

＊8　この非難は、現在ではまったく道徳的なものであって、ほとんど法的には罰することができないとおもわれる。筆者は、なんらかの奢侈取締令を復活させることがのぞましいとか、あるいは単純にそれが可能であるとか考えているのではない。

＊9　二八五―二八六ページを参照。

＊10　二九五―二九六ページを参照。

＊11　この観点から、ただそれらの数ヵ国だけをとって比較した理由は、その他の国々の統計が、既婚男子の自殺と既婚女子の自殺の区別をもうけていないからである。この区別がいかに必要であるかはいずれわかるであろう。

　ところで、この表から、プロイセン、バーデン、ザクセンでは既婚男子の自殺が実際に未婚男子の自殺より多いと結論してはならない。それらの率が、年齢を度外視し、年齢の自殺にたいする影響を度外視して算定されたことを忘れてはならない。さて、未婚男子の平均年齢である二五歳から三〇歳にあたる男子の自殺は、既婚男子の平均年齢である四〇歳から四五歳の男子の自殺のほぼ二分の一であるから、離婚の多い国においても、既婚男子は免疫をもっていることになる。ただし、それは、それ以外の国にくらべて低い。それらでその免疫がゼロであるといいうるためには、年齢を度外視した既婚男子の自殺率が未婚男子の自殺率の二倍でなければならないであろう。しかし、ここではそうなっていない。なお、年齢を度外視したことは、筆者の到達した結論をすこしもそこなうものではない。なぜなら、既婚男子の平均年齢は国々をつうじてほとんど差がなく、差があってもせいぜい二、三年であり、一方、年齢が自殺に作用するさいの法則はどこでも等しいからである。けっきょく、この要因の作用を無視することによって、たしかに抑止率の絶対値を引き下げてしまったわけであるが、しかし、すべての場合にわたって同じ比率で引き下げたことになるので、抑止率の相対値は変えないですんだ。この相対値だけが、われわれにとって重要なのである。というのは、ここでは、各国の既婚男子の免疫度の絶対値を把握しようとしているのではなく、各国を

かった。

＊12 年間の離婚件数が不明であったので、調査された離婚者数によってこれらの州を分類せざるをえなかった。

算定するのに必要な要素が、すべての国について明らかになっていなかったためでもある。

まずなによりも問題を不必要に複雑化させないためであったが、しかしまた、年齢の作用を正確に

この免疫度にしたがって分類することを目的としているからである。この単純化を行なった理由は、

＊13 Levasseur, *Population française*, t. II, p.92. これに Bertillon, *Annales de Dém. inter.*, 1880, p.460 を比較対照せよ。——ザクセンにおいては、男子の離婚請求は、女子のそれとほとんど同数にのぼる。

＊14 Bertillon, *Annales, etc.*, 1882, p.275 以下。

＊15 ミュッセの『ローラ』ならびに、『ナムーナ』におけるドン・ジュアンの描写を参照。

＊16 ゲーテ『ファウスト』のなかのファウストの独白を参照。

＊17 しかし、離婚が結婚生活の厳格さを和らげていないようなところでは、厳密な一夫一婦制の義務はいとわしいものとならないだろうか、という人がいるかもしれない。おそらく、そうした結果がどうしても生まれてくるであろう、この義務の道徳的な意味がもはや感じとられないかぎりは。じっさい、重要なことは、たんに特定の規制が存在しているというだけではなく、それが人びとに受けいれられているということなのである。反対に、もしもそれが、すでに道徳的権威を失墜し、慣性の力のみによって維持されているにすぎなければ、もはや有効な役割を演ずることはできない。それは、たいして役だたないのに、人びとを拘束するだけのものとなる。

＊18 夫の免疫度の小さいところでは妻のそれが大きいだけに、なぜそれらのあいだに相殺が起こらないかが、疑問とされよう。だが、それは、自殺総数のうちに占める女子の自殺の割合がきわめて小さく、女子の自殺の減少は全体からみると微々たるもので、男子の自殺の増加を相殺するまでにいたらないためである。離婚が、けっきょくは自殺総数の増加をともなうことになるのは、こうした理由による。

＊19　Legoyt, *op. cit.*, p.171.

＊20　二八三ページを参照。

＊21　結婚生活それ自体は、ずっとのち、三〇歳をこえてはじめて抑止的効果をあらわすようである。事実、三〇歳に達するまでは、子どものない既婚者の年間の自殺の絶対数は、子どものある既婚者のそれと等しい。すなわち、二〇―二五歳では双方とも六・六、二五―三〇歳では前者が三三、後者が三四である。しかし、子どものある夫婦の数は、この年齢範囲でも、子どものない夫婦より多い。だから、子どものない夫婦の自殺傾向は、子どものある夫婦の自殺傾向よりも数倍大きいはずであり、したがって、その強度としては、未婚者の自殺傾向にごく接近していなければならない。あいにく、この点についてはたんに仮説をたてることしかできない。人口調査は、各年齢ごとに、子どものある夫婦と子どものない夫婦を区別しているわけではないので、年齢ごとの双方の自殺率を別々に算出することはできないからである。ここでは司法省の資料による一八八九―九一年の絶対数をしめすにとどまる。それらは、特別な表として再構成し、本書の末尾に収録しておく〔六一一ページ第74表を参照〕。それにしても、この調査のこうした脱漏は、まことに惜しむべきことである。

＊22　二七二ページおよび二九六―三〇〇ページを参照。

＊23　前述の考察から、自己本位的自殺と集団本位的自殺がたがいに対立するのと同じように、アノミー的自殺と対立する自殺タイプも存在することがわかる。それは、過度の規制から生じる自殺であり、無情にも未来を閉ざされた人びとのはかる自殺である。こうした人びとの情念は、抑圧的な規律によって、はなはだしく圧迫されている。それには、あまりにも年若い夫や、子どものない妻の自殺が該当する。したがって、完璧を期するならば、第四の自殺タイプを構成しなければならないであろう。しかし、今日では、このタイプはほとんど重要性をもたないし、さきほど引いた事例をのぞいては、例をみいだすこともきわめてむずかしいので、これに検討をついやすのは、むだだとおもわれる。ただし、このタイプは歴史的な意義はもっているかもしれない。ある条件のもとで頻発し

たといわれる奴隷の自殺（Corre, *Le crime en pays créoles*, p.48 を参照）、すなわち、極端な物質的・精神的独裁の横暴を原因とするようなすべての自殺は、このタイプに関係しているのではなかろうか。その規制の、いかんともしがたい、不可避的で、柔軟性のとぼしい性格をはっきりさせるために、これまで用いてきたアノミーという表現に対置して、それを宿命的自殺（suicide fataliste）とよぶことができよう。

†1　ヨーロッパ、アメリカをおそった世界恐慌の一環で、十九世紀最大の恐慌といわれる。とくにアメリカ、ドイツ、オーストリアなどを中心とした。

†2　八〇年代初頭に始まった大々的な公共事業が、投機熱をあおり、この年金融恐慌をひき起こし、産業界にも深刻な不況をおよぼした。

†3　パリでひらかれた博覧会。普仏戦争の敗戦からようやく立ち直ったフランスが、その産業力をしめそうとした博覧会といわれる。

†4　パリで万国博覧会の開催された年。これにちなんで有名なエッフェル塔が建設された。

†5　長靴に似たイタリア半島の靴先にあたる地方。山が多く、産業の発達がおくれ、イタリアのなかでもっとも後進的な地方となっている。

†6　これがどのような社会的範疇をさすのか明らかでないが、おそらく資本家、金利生活者、小所有者などをさすものであろう。

†7　anomie. この語は、もともと「無法律状態」「神法の無視」などを意味するギリシア語 ἄνομος に由来するものであるが、中世以後一時廃語になっていた。イヴ・ギュイヨーがこれを宗教論のなかで復活させ、ついでデュルケームが社会学の分野において取り上げたのである。

†8　この同業組合をめぐるデュルケームの所説は、第三編第三章三—四にくわしく展開されている。

†9　Alphonse Bertillon（一八五三—一九一四）。アドルフ・ベルティヨン（大ベルティヨン、訳注二六

一ページ†1を参照）の子。フランスの犯罪人類学者。身体的特徴にもとづく犯罪者の鑑定方式を考案したことでも著名。

†10　一・五六の誤りとおもわれる（二九七ページの第37表を参照）。

†11　前注†10にしたがえば一・八四倍となる。

†12　フランスをさす。第61表の注記(1)（四三九ページ）のように、フランスでは、一八八四年、ナポレオン法典以来七〇年ぶりに離婚の法的承認が復活した。

第六章　種々の自殺タイプの個人的形態

筆者の研究から、いまや次のような一つの結論がみちびかれる。すなわち、一種類だけの自殺があるのではなく、複数の種類の自殺があるということである。たしかに、自殺というものは、生よりも死を好んでえらぶ人間につねに関係している事柄である。とはいえ、自殺を規定している原因は、すべての事例をつうじて同じ性質のものだというわけではなく、どうかすると、その原因が相互に相反していることさえある。ところで、その原因の相違は、結果のなかにも反映せずにはいない。したがって、たがいに質的に異なった幾種類かの自殺が存在していることはまちがいない。しかし、この相違が存在しているはずだということを証明しただけでは十分ではない。読者は、観察をつうじて、直接にその相違を把握し、それがどのようになりたっているかを知りたいとおもうであろう。個々の自殺の特殊な性格を、さきに区別した種々のタイプに対応させながら、別々の種類に分類してみたいとおもうにちがいない。そうすることによって、社会的源泉からその個人的な表現形態にいたるまでの、多種多様な自殺の流れをたどっていくことができるであろう。

こうした形態学的分類は、この研究の当初にはほとんど不可能であったが、いまや原因論的分類によって基礎が与えられたので、試みることができる。[†1] そして、そのためには、じつは、さきに自殺について区別した三つの要因〔自己本位主義、集団本位主義、アノミー〕を手がかりにして、自殺が個人において実現されるときにまとう独特の形態がそれらの要因に由来しうるのか否か、またどのように由来しうるのかを追究するだけでよい。むろん、自殺のしめしうるありとあらゆる特徴を、このように演繹《えんえき》することはできない。なぜなら、本人の固有の性質に由来するような特殊性もあるにちがいないからである。それぞれの自殺者はみな、その行為に、自分の気質やそのおかれている特殊な条件などを表わす個人的刻印をおびているが、それらはけっきょく、自殺という現象の社会的・一般的原因によっては説明することができない。ただし、この社会的・一般的原因も、それによって規定されている自殺に、その原因を反映した一種独特の色調や特殊な痕跡《こんせき》を印しているはずである。そして問題は、その集合的な刻印をみいだすことにある。

とはいうものの、その操作が、おおよその正確さしかもちえないことは確かである。われわれは、人びとによって日び行なわれている自殺や、歴史的過程のなかで行なわれてきた自殺をすべて組織的に記述できるような状態にはいない。たかだか、もっとも一般的な、もっともいちじるしい特性を指摘することくらいしかできないが、それらをえらびだす客観的基準すら与えられていないのである。そのうえ、それらの特性を、そこに起因しているとおもわれるそれぞれの原因に関連づけていくにさいしては、ただ演繹的な方法にたよる以外にない。せいぜい可能なことは、それらの特性が当然にその原因と関連がある、ということをしめすことにつきるのであり、そこでの推論は、つねに経験的に確証されうるとはかぎらない。ところで、いかなる経験によっても統制されないような演繹は、つねに疑わしいものであることを筆者も認める。しかし、そうした留保を付しても、なおこの探究は無意味であるとはいえない。たとえそれが、これまでの諸結果を例証するための一手段としか認められなくとも、なおそれは、その諸結果を、耳目にふれる観察上の事実やこまかな日常的経験に密接に関連づけることによって、それらにいっそう具体的な性格を肉づけすることができるという利点をもっているはずである。それればかりではない、この探究は、明らかな差異が存在していても、ニュアンスの差しかないものとしてふつういっしょくたにされている一群の事実に、いくらかでも区別をつけることを可能にしてくれよう。このことは、精神病についても、自殺についても変わるところはない。一般人がみれば、精神病というものは、ただ状況に応じて外面的にいろいろちがったかたちをとりうるだけの、もとはただ一つの同じ状態だということになる。ところが、反対に、精神病の専門医にとっては、この用語は、多くの病理学的タイプをさししめすものなのである。それと同じことで、ふつう人は、自殺者といえば、すべて生を重荷と感じている憂鬱《ゆううつ》な人間を思いうかべる。だが、実際には、人が生を放棄するという行為は、その精神的な意味も社会的な意味もまったくちがっているさまざまな種類にふりわけられるのだ。

一

自殺の第一の形態〔自己本位的自殺〕は、たしかに古代にもみられたが、しかし、それは今日とくに増加している。ラマルティーヌ†2のラファエルが、それの典型的なタイプにあたる。その特徴は、行動への活力を弱める憂鬱なもの思わしさにある。事業、公職、有益な仕事、そして家庭の義務ですら、かれを、ただ無関心とよそよそしい感情にいざなうばかりである。かれにとっては、自分自身の外へ出ていくのがいとわしい。その代わり、思索と内面的生活のなかで、活動力において失われていたものがすべて回復される。意識は、周囲のものをすべて遠ざけ、みずからについて反省をめぐらし、自己をその固有の唯一の対象とし、これを観察し、分析することをもっぱらのつとめとする。しかし、この極端な自己集中の結果、意識は、みずからと自余の宇宙のあいだを隔てているみぞをいっそう深くうがつばかりである。個人がこの点で自分自身の虜《とりこ》となるや否や、かれはひたすら、自分自身でないすべてのものから身を遠ざけるばかりであり、さらにその状態を強めることによって自分をつつむ孤独の状態を確立する。人は、ただ自己のみをみつめているときには、自己以外の他の存在に関心をいだく理由をみいだすことができないものである。あらゆる運動は、ある意味では集団本位的なものである。なぜなら、運動は遠心的なものであって、存在をその外部に向けてひろげさせていくからである。反対に、反省というものは、なにかしら個人的で自己本位的なものをもっている。というのは、反省は、主体が客体から離れ、そこから距離をとり、ついで自己自身にもどってくるときに、はじめて可能になるからであり、この自己自身への回帰がまったきものであればあるほど、それだけ反省は強烈なものとなるからである。人は、行動をすれば世界と交渉しないわけにはいかない。ところが反対に、世界について思惟《しい》するためには、それを外部から熟視できるように、世界との交渉を断たなければならない。ましてや自己自身について思いをめぐらすためには、なおのことそれが必要である。したがって、その活動をすべて内面的な思索にかたむけている者は、周囲のすべての物事に疎遠になってしまう。かれが愛をいだくとすれば、それは、かれ以外の他の存在とのみのり豊かな結合を成就すべく、身をささげ、結ばれるためではなく、自分の愛について思索をこらすためなのである。かれの情念はみせかけのそれにすぎない。なぜなら、不毛な情念にほかならないのだから。それは、心象《イマージュ》のむなしい結合として霧散してしまい、かたちあるものをなに一つ生みはしない。

とはいえ、他方、内面の生活は、すべてその基本的な素材《マチエール》を外部から獲得してくる。われわれが思惟することのできるものは、対象、あるいはその対象についての思惟様式だけである。まったくの無規定の状態においては、自己の意識に反省をくわえることができないし、無規定という形式のもとでは、思惟することもかなわない。ともあれ、意識は、意識以外のものから影響をこうむることによって、はじめて明確な規定をおびる。したがって、もしも意識がある一定の限度をこえて個人化され、他の存在、すなわち人間ないし事物からあまりにも極端に切り離されてしまえば、意識はもう、ふつうそれ自身の糧となっているはずの源泉とも交渉を失い、みずからを傾注させるなんらの対象をももたなくなってしまう。このような意識は、周囲を空洞化することによって、みずからの内部にも空洞をうがち、すでに自己のみじめさ以外には反省の対象をのこしてはいない。これが瞑想《めいそう》の対象としうるものは、もはやみずからの内なる虚無《ネアン》と、その虚無の帰結である悲哀だけである。この意識は、それをみずから経験していたラマルティーヌが、主人公の口を借りて巧みに語ったような一種の病的な喜びをもって、その悲哀にみたされ、身をゆだねてしまう。「周囲のすべてをいろどる憂鬱は、自分自身の憂鬱と驚くほどにひびきあっていた。それは、私の憂鬱を魅了し、つのらせた。私は悲哀の底しれぬ深みに身を沈めた。だが、それは生き生きと脈打ち、私の心のうちで、思想、印象、無限との交感、明暗によってみちていて、私を悲哀からのがれようとさせないほどであった。それは人を冒す病。しかし、病の感覚が苦痛であるよりもむしろひきこまれる魅力であるような、またそこでは死が無限《アンフィニ》に向かっての逸楽にみちた消滅にも似ているような、そんな病なのだ。それからというもの、私はこの悲哀にすべてをゆだね、悲哀をまぎらわすことのできる社会というもののいっさいから隠遁《いんとん》し、ここで出会う世界のなかで、沈黙、孤独、無関心をもって身をつつむことに心を決めた。自分の精神の孤独は一つの屍衣《しい》――それを通しては、私はもはや人間にまみえようとはしなかった、まみえたいと願うのはただ自然と神のみ」[*1] しかし、空虚《ヴィド》を前にしてこのように思いにふけっていると、しだいにそのなかにひきこまれずにはいない。たとえその空虚を無限《アンフィニ》という名で美化しようとも、名は本質を変えるものではない。人は存在を断つことに大きな快を感じているときには、存在を全面的に放棄することによって、はじめてこの欲求をもうしぶんなく充たすことができる。ハルトマン[†3]が、意識の発達と生の意志の衰退のあいだにみられるとしたあの並行関係には、この意味において真理がある。というのは、観念と運動は、実際は二つの対立する力であり、たがいに反対の方向にすすむのであって、しかも運動こそが生だからである。よくいわれるように、考えるということは、行動を留保することであり、したがって、それに応じて生を抑制することである。観念の絶対支配の王国が成立しがたく、ましてや維持されがたいのは、このためなのだ。すなわち、その王国は、死を意味するからである。しかし、このことは、ハルトマンが考えたように、現実そのものは少なくとも幻想のヴェールによっておおわれないかぎり耐えがたいものである、ということを意味するものではない。悲哀とは、事物に内在するものではないのである。それは、世界からおのずと由来するものではなく、世界についてわれわれが思惟すること、そのことにもっぱら由来している。つまり、それは、われわれの独自の思惟の所産である。その悲哀を一からつくりだすのはわれわれである。しかし、そのためには、われわれの思惟も常軌を逸したものとなっていなければならない。意識は往々にして人間の不幸をつくりだすことがあるが、それは、意識がもっぱら病的な発達をしめすときだけであり、またその固有の本性にさからって、みずからを絶対的なものとみなし、自己目的化してしまうときだけである。以上のことは、最近になって明らかになったことでもなければ、また科学[†4]によって究極的にきわめられたことでもなく、ここでの記述のおもな要素をストア派の精神状態から借りてこようとおもえば、それも明らかに可能である。ストア主義も、人間は、ひとり自力で生きていくために、かれにとって外的なものからすべて超脱しなければならないと説く。しかし、そのばあい、生の理由は失われてしまうので、この教説は、けっきょくは自殺という結論にみちびくことになる。

そのストア派の精神状態の当然の帰結である最期の行為には、右と同じような特徴がうかがわれる。その最期は、荒々しいものでもなければ、性急なものでもない。本人は、時をえらび、前もってゆっくりと計画を練る。自殺のための手段が手間どるのをすらいとわない。おだやかな、またどうかすると甘美さをもまじえた憂鬱が、かれの最期の瞬間を特徴づける。そして息はてるまで自分の心を分析しつづけるのだ。これがファルレののべている[*2]、人訪《と》うこともない森のなかにひきこもり、みずから飢え死にして果てたあの商人の例である。およそ三週間もつづいた死にいたる苦悶《くもん》のあいだ、かれは、その印象を規則正しく日記のなかに書きとめた。その日記はいまでものこっている。別の例としては、当然死をまねくはずの行為であるが、炭火を口で吹いて、窒息死した者がある。かれは、自分自身の観察を、逐次記録にとどめている。「私は、これ以上勇気を誇示したり、臆病《おくびょう》をみせたりしようとはおもわない。ただ、自分にのこされたしばしの時を利用して、人が窒息するときに感じる気持と、その苦痛のつづくありさまをえがきたいとおもう」。[*3] もう一つの例では、本人は、かれが「休息への酔い痴《し》れた期待」とよんだものにはいりこんでいくにさきだち、血を床の上に流さずに死を成就させる精巧な装置をつくりあげた。[*4]

以上の種々の特徴がいかにも自己本位的自殺に根ざしていることは、労せずしてみとめられる。それらが自己本位的自殺の帰結であり、かつその個人的な表現形態であることはほとんど疑いをいれない。その行動の緩慢さや憂鬱な超脱性は、筆者が、この自殺タイプの定義をするのにもってしたあの常軌を逸した個人主義の状態に由来している。個人が孤立するのは、個人を他者にむすびつけていた絆《きずな》が弛緩《しかん》したか、または断ち切られたためであり、また、個人と社会の接点において、社会が十分強固に統合されていないためである。人びとの意識を切り離し、たがいによそよそしくさせているこの空隙《くうげき》は、まさに社会組織の弛緩のまねいた結果にほかならない。くわえて、自己本位的自殺が、かならず知識と反省された知性のめざましい発達にともなって発生することをおもいだすならば〔第二章四を参照〕、この種の自殺の知的・思索的性格はたやすく理解される。じっさい、意識がつねに順次に、その活動範囲をひろげていくことを要求されているような社会では、意識は、それをこえると自壊を起こさざるをえないような正常な限界をもこえる危険に、それだけ大きくさらされることは明らかである。すべての事柄に問いを発するような思惟は、もしもそれが不可知の重荷にも耐えられるほど十分強靱《きょうじん》なものでなければ、かえってみずからにも疑問を向けるようになり、懐疑の深淵《しんえん》におちこむおそれがある。なぜなら、もしもその思惟が、問いを向ける対象のもつべき存在理由をさぐりあてることができなければ――そして、かりに思惟がそれほどただちに多くの神秘を洞察することができるとすれば、まさに奇蹟《きせき》である――、それは対象の実在性をすべて否定することになろうし、また、思惟がこのような問題を提起すること自体が、すでにみずから否定的な解決にかたむいていることを意味するからである。ともあれ、この瞬間、思惟は積極的な内容をすべて失い、その眼前には手ごたえのある対象をもっていないので、もはや内なる夢想の空虚さのなかに消えいるほかはない。

だが、自己本位的自殺においては、このような高次の形態が唯一のものではなく、ほかにもっとありふれた形態のものもある。本人が悲哀に沈みつつ自分の状態に思いをめぐらすこともなく、喜々として死の決意をすることもある。［そのとき］本人は、みずからの自己本位的精神と、そこから理の当然として生じる結果を意識している。にもかかわらず、かれは、あらかじめそれらの結果を受けいれて、子どもや動物と同じように生きようとする。子どもや動物とのただ一つの相違、それは、自分がなにをしているかを理解しているということだけである。そこで、かれは、個人的欲求を充たすというただ一つの課題に没頭するわけであるが、その充足をより確かなものにするために、あえて欲求を単純化しさえする。そして、それ以外になにを望んでもむだであることを知悉《ちしつ》しているので、その唯一の目的の実現をはばまれたときには、もはや無意味となってしまう生に見切りをつける覚悟をして、それ以上なにも求めようとしない。これが、エピクロス主義者[†5]の自殺である。すなわち、エピクロスは、弟子たちに死をいそぐことを命じる代わりに、かえって生になんらかの興が見いだされるかぎりは生きつづけるようにと説きすすめたからである。ただ、エピクロスは、人が生きることをもっぱらの目的としていると、いつ他の目的をすべて失ってしまうかもしれないこと、また感覚的な快楽は人を生に結びつけるにしてはあまりにも脆《もろ》い絆にすぎないことをいたく感じていたので、いささかでも周囲の求めがあれば、ただちに生を捨てるという覚悟をしておくように、と説いていた。したがって、ここでは、哲学的、夢想的な憂鬱は、懐疑的なさとりきった冷静さにとって代わられているが、それはとくに最期のときにいちじるしく現われる。本人は、憎悪も憤怒も、また知識人がその自殺において味わったような病的満足感もなしに、わが身に一撃をくわえる。かれは、それら知識人よりもなお情熱にとぼしい。その行きついた結末にもたじろがない。それは、いずれ近いうちにやってくるであろう、とあらかじめ予期していた出来事にほかならないのだ。したがって、本人は、長い時間をかけて自殺の準備をすることもなく、それまでつづけてきた自分の生活と調子を合わせ、ただみずからの苦痛を減じようとするにすぎない。もはや気ままな生活をつづけることのできない避けがたい瞬間がやってきたときに、皮肉をこめた冷静さと一種の淡泊さをもって自殺におもむくあの道楽者のばあいが、とくにこれである。*5

私が集団本位的自殺を設定したとき、かなりいろいろな例を引いておいたから、この自殺を特徴づける心理形態についてはいまさら長々とのべるまでもない。この形態は、集団本位主義じたいが自己本位主義と対立するように、自己本位的自殺の形態とも対立する。自殺をはかる自己本位主義者の特徴は、あるときは憂鬱なもの思わしさ、またあるときはエピキュリアン的な無頓着《むとんじゃく》さとなってあらわれる、一般的な銷沈《しょうちん》状態にある。それにひきかえ、集団本位的自殺は、もともと強烈な感情に根ざしているために、かならずある種のエネルギーの発揚をともなう。義務的自殺のばあいには、このエネルギーは理性と意志のためについやされる。本人は、自分の意識が命じるがゆえに自殺をするのであり、いわば一つの至上命令にしたがっているのである。だから、その行為は、義務を果したときに感じる、あの静かな確信を基調としている。たとえば、カトーの死〔三八四ページを参照〕やボールペール少佐の死〔三六五ページを参照〕が、その歴史的なタイプにあたる。また、集団本位主義が尖鋭《せんえい》な状態にあるときには、その行動もなにかいっそう情熱的で無反省的な性格をおびる。そのばあい人を死へ駆りたてるものは、信仰や霊感の激発《エラン》である。その霊感じたいは、死が最愛の神と結びつくための手段と解されているか、あるいは人間の敵と信じられている恐ろしい魔力を和らげるための贖罪《しょくざい》的犠牲と解されているかによって、歓喜すべきものにもなれば、陰鬱なものにもなる。偶像の車輪に満足げに押しつぶされて死ぬあの狂信者の宗教的熱情は、無気力におちいった修道僧のそれとも、大罪をつぐなうために自殺する罪人の悔恨とも似ていない。しかし、こうしたいろいろなニュアンスのちがいはあっても、現象の本質的な特徴に変わりはない。すなわち、その本質は能動的な自殺であるという点にあり、したがって、さきほど問題にした銷沈した自殺とは対照的である。

以上の特徴は、わずかな侮辱によって名誉がそこなわれたからといって、また自分の勇気の証《あかし》のためといって死をえらぶ、あの未開人や兵士のより単純な自殺にもうかがわれる。だが、かれらがこのように造作もなく自殺をはかることが、エピキュリアンのあのさとりきった冷静さと混同されてはならない。みずからの生命を犠牲に供するという傾向が、たとえきわめて根づよい傾向で、労せずして本能的な自発性をもって行なわれるとしても、とにかく能動的な傾向であることには変わりがない。この種の自殺の雛形《ひながた》とみなされる一例が、ルロワによって伝えられている。それは、あるひとりの将校の例である。かれは、いったん首つり自殺をはかったが成功せず、もう一度やりなおす準備をし、前もって最期の印象を書きとめようとつとめた。そして、こんな言葉を吐いている、「なんと奇妙な運命だ！　自分はいま首をくったばかりだ。意識を失った。縄が切れて、左腕から落ちたのだ……。さあ、やりなおしの準備はできた。もうすぐとりかかることになるだろう。が、自分はまだ最後の一服にかかろうとしている。いや、最後の一服であってほしいものだ。一度目はたいした面倒もなく、まず上々のできだった。二度目もそう願いたいものだ。けさは一杯やることができたほど自分は落ち着いていた。われながら不思議なくらいだが、これこのとおりだ。そう、本当に安らかな気持で、自分は二度死のうとしている」[*6]。この平静さの下には、自殺をする道楽者が決して完全に隠しおおすことのできない冷笑も懐疑も、一種の無意識の苛《いら》だちもひそんでいない。安らかさは完璧《かんぺき》なものであり、なんの努力の痕跡《あと》もなく、その行為は原因から自然に流れでている。なぜなら、本人の内にあるあらゆる能動的な傾向が、そのままこの行為の経路を用意しているのだから。

最後に三番目の種類〔アノミー的自殺〕の自殺者であるが、かれらは、その行為が本質的に情念的であるという点において、一番目の自殺者と対立し、またかれらに喚起されて、最期の場面を支配する情念の質がまったく異なっているという点において、二番目の自殺者とも対立する。その情念とは、霊感でもなければ、宗教的、道徳的、あるいは政治的な信仰でもなく、また軍人的勇気でもない。それは怒りであり、また失望にともなってふつう芽ばえてくるあらゆる感情である。ブリエール・ド・ボワモンは、一五〇七名の自殺者の書きのこしたものを分析し、大多数の者が、まずなによりも激しい苛だちと倦怠《けんたい》の状態をそこに表わしていることを立証した。それは、あるときには、生一般への冒瀆《ぼうとく》や激しい非難であり、またあるときには、みずからに与えた不幸の責めを負うべき特定の人物にたいする威嚇《いかく》や怨恨《えんこん》である。先行した殺人のいわば完成ともいうべき自殺も、この同じ部類の自殺に明らかに属している。すなわち、人は、自分の生活を侵害したといって、ある人間を殺害し、しかるのちに自分も自殺してしまうことがある。自殺者の憤怒がこれほど明瞭《めいりょう》にあらわれる自殺もほかにない。というのは、この憤怒は、言葉によってばかりではなく、その行為によっても表現されているからである。自己本位主義の自殺者は、けっしてこのような暴力的行為にうったえることはない。もちろん、かれも生にたいして不満をならすことがないわけではないが、しかし、それは悲嘆のなかにおいてである。なるほど生はかれにとって苦痛ではあるが、しかし、かれを激しい不快感によって苛だたせるわけではない。自己本位主義の自殺者は、生を苦痛と感じるよりは、むしろ空虚なものと感じている。生はかれの心をひかないが、かといって積極的な苦悩を課するものではない。かれのおちいっている銷沈の状態は、かれを激怒させることさえできないのだ。集団本位主義者の憤怒はどうかといえば、それはまったく別の意味をおびている。定義からいっても、そこで犠牲となるのはいわば本人自身であって、その同胞ではない。以上のようなわけで、ここには右の二つの心理的形態とは区別された形態が存在することになる。

さて、その形態は、まさにアノミー的自殺の本質のなかに属しているとおもわれる。じっさい、規制を受けない行動はたがいに和合することもできなければ、順応すべき条件に適応することもできない。したがって、いたましくも衝突しあわずにはいないのである。アノミーは、たとえ前進的なものであろうと、退行的なものであろうと、適当な限度をこえて欲求を解放し、幻想への扉をひらき、したがって幻滅への道を用意する。慣れしたしんできた地位から急に没落した者は、自分の意のままになると信じていたその地位が遠のいていくのを感じ、おもわず怒りにとらわれるが、当然その怒りは、真実にせよ思いちがいにせよ、かれが自分の没落の原因だとおもっているものにたいして向けられる。かりにその災難の責任が自分自身にあるとみとめれば、かれはみずからを恨むであろう。さもなければ、他人に恨みをいだくことになろう。前者のばあいには、自殺しか起こりえまい。しかし、後者のばあいには、自殺にさきだって、殺人かまたはなにか別の暴力の表示が行なわれる可能性がある。ただ、いずれの場合も、その感情は同じものであって、感情のさしむけられる焦点だけが異なっているにすぎない。本人が自殺をはかるのも、またそれにさきだって仲間のだれかを殺したり、あるいは殺さなかったりするのも、つねに怒りの爆発のただなかにおいてである。すべての習慣にこのような混乱が起こることによって、かれの内部に激しい興奮状態が生まれ、それは、必然的に破壊的行為をつうじてしか静まることができなくなる。このように高揚した情念の力の放出される当の対象はなにかということは、要するに二義的な問題にすぎない。その力のむけられる方向を決めるものは、偶然の事情なのだ。

　個人が、現在の地位から没落するのではなく、反対にその地位から、無原則に、限度もわすれてどこまでも上昇しようとするときにも、きまって同じことが起こる。じっさい、あるときには、個人は目的を喪失していることがある。自分ではそれに到達できると信じていても、じつはその目的が、かれの力のおよばないところに存在するからである。階級の区別がもはや明確でなくなったときに、下積み《アンコンプリ》の者たちのあいだによく起こる自殺がこれである。またあるときには、しばしのあいだすべての欲望と目新しいものにたいする嗜《し》好《こう》を充たすことができても、それも束《つか》の間《ま》、たちまちうちかちがたい抵抗に出会い、以来その窮屈な生に耐えられずに自殺してしまうこともある。これが、みずからそうよんだ悩める魂の持ち主ウェルテル〔ゲーテの小説の主人公〕、すなわち、無限への情熱に心うばわれ、愛にそむかれて自殺したあのウェルテルの例であり、また大成功に酔っているとき、ふと耳にした野次の口笛のため、また多少手きびしい批評を受けたため、あるいは人気が頭うちになったために自殺をはかる、あの芸人たちすべての例である。[*7]

　さらに以上ともちがう自殺者がある。それは、人にも、周囲の状況にも不満をいだく必要はないにもかかわらず、いつ果てるともしれない欲望の追求――そこでは欲望は静まるどころか、苛だつばかりである――にみずから疲れてしまって、自殺をはかる者の場合である。このとき、かれらは、生一般に責めを負わせ、自分をあざむいたといって非難をあびせる。しかし、むなしい興奮に身をゆだねたため、一種の疲労が尾をひくので、裏切られた情念がさきの場合ほど荒々しくおもてにあらわれることはない。その情念は、最後には倦怠におちいったかのように、もはや精力的な反応をしめすことができなくなる。こうして、本人は一種の憂鬱にとらわれる。それは、ある面においては知的な自己本位主義者のそれを想い起こさせるが、しかし本人は、それにものうい魅力を感じているわけではない。かれの憂鬱を支配しているのは、多少の苛立ちをまじえた生への嫌悪である。この精神状態こそ、すでにセネカが、同時代者や、その精神状態から生じる自殺のなかに同じくみいだしていたものにほかならない。かれは、こうのべている、「われわれを悩ましている病は、われわれのいる場所にではなく、われわれ自身の内部にひそんでいるのだ。われわれは、なにものをも耐えしのぶことができない。苦悩に耐えることもできないし、また快楽を享受するにはあまりに無力であり、すべてにわたって忍耐が欠けている。ありとあらゆる変化をためし、味わい、しかもなに一つ新しい経験を積むことができず、ふたたび同じ感情にまいもどってきて死をもとめる者のなんと多いことか」[*8]。今日、この種の精神をもっともよく具現している一つの典型は、おそらくシャトーブリアンのルネであろう[†6]。

ラファエルが内面に深く沈潜していく瞑想家《めいそう》であるのに反して、ルネはつねに満たされることのない渇望をいだいている人物である。かれは苦しげに叫んでいる、「人はよくぼくが気まぐれだとか、長く同じ幻想を楽しんでいられないとか、長つづきするのに耐えられず、すぐに快楽の底をついてしまうような空想にあやつられているとか、またぼくがいつも容易に手のとどく目的で満足しないとか、いろいろ非難しますが、悲しいかな、ぼくはただ本能に駆られて未知の幸福を求めているだけなのです。ぼくがいたるところに限界をみとめ、すべて限りあることにはなんの価値もないとおもっても、それがぼくの罪でしょうか」[*9]

この叙述は、自己本位的自殺とアノミー的自殺とのあいだの関連と相違をみごとにしめしているが、それは、われわれの社会学的分析から、すでに認めることのできた点である。[*10] いずれのタイプの自殺者も、いわゆる無限《アンフィニ》という病によって苛《さいな》まれている。ただその病は、両者をつうじて同じような形態ではあらわれていない。前者では、この病に冒されているのは、思索的な知性であって、これが過度の肥大をしめしている。後者では、感性が過度に刺激されていて、それが無規制におちいっている。一方では、内にこもる反省のため、思惟《しい》はもはやその対象をもたなくなっている。他方では、情念が無際限のものとなって、もはやその目的をもたなくなっている。前者は、果てしもない夢想のなかに迷いこみ、後者は、果てしもない欲望のなかに迷いこむ。

このように、自殺者の心理の形式でさえ、俗に考えられているほど単純なものではない。かれは生に疲れたのだ、生をいとわしく感じたのだ、などといってみたところで、それは、この心理の形式を定義したことにはならない。じっさい、自殺者にはひじょうにさまざまな種類があり、それらの相違は、自殺の行なわれる仕方のなかにも現われている。したがって、これによってその行為と行為者を若干の種類に分類することができる。ところで、それらの種類は、さきに社会的原因の性質にしたがって構成したあの自殺タイプと、その本質的な特徴において対応をしめす。それらは、いってみれば、社会的原因の個人内部への延長である。

とはいえ、自殺者の各種類は、経験のなかにおいてはかならずしも独立した純粋の状態であらわれてこないことを付言しておいたほうがよい。それらが、たがいに組みあわさって複合的な種類を新たに生みだすこともしばしば起こるわけで、いくつかの種類のそれぞれの特徴が、同一の自殺のなかにたがいにむすびついて並存していることもある。その理由は、自殺の種々の社会的原因じたいが、同時的に同じひとりの個人の上に作用し、そのもろもろの結果を、入りまじったかたちで実現させることが起こりうるからである。たとえば、性質を異にする種々の狂気が、たがいにからみあいながら同一の患者を冒し、発生の原因がちがうにもかかわらず、ともに同一の方向に作用して、〔患者に〕ある同一の行為をとらせることがあるのも、このためである。それらは、たがいに強めあうのである。また同じく、いろいろな熱がひとりの患者のなかに同時的に発生し、それぞれがそれなりに作用して、患者の体温を高めることがある。

自殺の要因のうちには、とくに類縁性の深い二つの要因がある。すなわち、自己本位主義とアノミーである。事実、それらが一般に、同じ社会的状態の二つの異なった側面にすぎないことはわかっており、したがって、この二要因が、同一の個人のなかにみいだされるとしてもべつに不思議はない。自己本位主義者が多少とも無規制への傾向をもつことは、ほとんど避けがたいことでさえある。なぜなら、自己本位主義者は社会から切り離されているので、社会はかれを十分にその規制のもとにおくことができないからである。しかし、ふつうかれの欲望はさほど狂奔をしめすことがない。それは、かれにあっては情念の生活が活気を失っているためであるが、というのも、かれがもっぱら自分自身に心を傾注していて、外部の世界に興味をおぼえないからである。ところで、かれが完全な自己本位主義者でもなければ、純粋な狂奔者《アジテ》でもないということも起こりうる。そのばあい、かれは、ひとり二役を同時に演じている。すなわち、みずからの心の内なる空虚を埋めるために、新たな興奮を追い求め、むろん、いわゆる情熱家ほどそれに血道をあげはしないが、しかしまた、より早くそれに飽いてしまい、倦怠からふたたび孤独にかえり、はじめのあの憂鬱をいよいよ深めてしまうことがある。それに反して、無規制というものは、自己本位主義の芽ばえなくしては起こりえない。なぜなら、もしも人が強固に社会化されているなら、およそ社会的束縛にたいして反抗的であることはないであろうからである。ただし、アノミーの影響が支配的なところでは、その萌芽《ほうが》が成長することはむずかしい。というのは、アノミーは、人をかれ自身の外部に投げだし、自分のなかに閉じこもることをさまたげるからである。しかし、アノミーの影響がそれほどの激しさに達していないばあい、自己本位主義もいくぶんかその効果を生むことができる。たとえば、たえず充たされない欲望をいだいている者でも、一定の限界につきあたれば、その限界がかれを反省へみちびき、みずからの内面生活に、この裏切られた情念の慰めを求めるようにさせることがある。しかし、〔もともと〕かれは内面生活のなかに愛着の対象となりうるものをみいだすことができないので、その心象のうながす悲哀は、ふたたびかれを逃避に追いやり、けっきょく不安と不満をつのらせる。こうして、複合的な自殺が生じるのであるが、ここにおいては、失望が興奮と、夢想が行動と、欲望の狂奔が憂鬱な瞑想と、交互にかわるがわるあらわれる。

アノミーはまた、集団本位主義とも同じくむすびつくことができる。すなわち、同じ一つの危機が、個人の生活を混乱におとしいれ、個人とその環境のあいだの均衡を破壊し、それとともに個人の集団本位的傾向を刺激して自殺をまねきやすい状態におとしいれることがある。それはとくに攻囲的自殺と名づけたもののばあいである〔第二編第四章二を参照〕。たとえば、エルサレムの陥落のさい、ユダヤ人たちは一団となって自殺をとげたのであるが、それは、ローマ人の勝利によってかれらがローマの臣下や属国の地位に下り、それまで守ってきた生活様式を変えることをよぎなくされるのではないか、という脅威のあったためであり、と同時にユダヤ人たちは、かれらの町と宗教にあまりにも強く愛着をいだいていたので、その両者が無に帰したあかつきには、もはや生きのころうとはおもわなかったからであった。この例と同じことで、破産者が、その名誉や家族を破産の恥辱で汚すことを恐れ、と同時に零落した地位において生きることをいとうために、自殺をすることが少なくない。また、将校や下士官が、やむなく退役をしいられたとき、容易に自殺をしてしまうのもこれと同様であり、そのさい、生命に重きをおかないというかれらの一般的な傾向とならんで、かれらの生活様式の上に生じようとする急激な変化が理由となっている。以上の例では、二つの原因は同じ方向に作用している。その結果、集団本位的自殺のあの熱っぽい興奮、あるいはけなげな一徹さと、アノミーからもたらされる苛《いら》だった狂奔とがむすびついた自殺が生まれる。

最後に、自己本位主義と集団本位主義は、それ自体としては相反する両極であるが、ときには両者の作用がむすびつくこともありうる。社会が解体にひんして、もはや個人の活動の目標となりえないような時期になお、この自己本位主義の一般的状態の影響をこうむりながら、なにか他のものを希求するような個人あるいは集団が存在することがある。かれらは、あてどもなく自己本位的な快楽のあいだをあれこれとさまようことは自己から逃避するよい手段ではないことをよく知っており、また束の間の享楽は、たとえたえず目新しさをもたらしつづけるものであっても、どのみちかれらの不安を静めることができないことをよく知っているので、恒常的にむすびつくことができ、また生に意味を与えてくれるような永続的対象をさがし求める。ただかれらがむすびつくことのできるものはまったく実在しないので、そのような役割を演ずることのできる観念上の実在を、まったく新たに創造することによって満足するほかはない。そこで、思索のなかである空想的な存在をつくりあげ、その奉仕者となり、それに一途《いちず》に身をささげるだけに、他のすべての存在から、すなわち自分自身からも切り離されるようになる。かれらは、そこに自己の存在理由のすべてを帰するのであるが、それは、かれらの目に、ほかのものがことごとく無価値なものと映じるためである。こうして、彼らは、二重の矛盾にみちた生活を送ることになる。すなわち、こと現実世界にかんするかぎり個人主義者であり、この理想的な対象にかんするかぎり万事極端な集団本位主義者である。ところが、いずれの傾向も自殺に通じているのだ。

ストア主義者の自殺の原因と本質はこのような点にある。かれらの自殺が、自己本位的自殺のある重要な特徴をいかに反映しているかについては、さきほど示したばかりであるが、この自殺は、まったく別の側面からもみることができる。ストア主義者は、個人的自我の垣《かき》をこえたものすべてにたいして絶対的な無関心をしめし、自己充足的な存在となるように個人に説きすすめるが、同時にかれは、個人を、普遍的理性のきびしい従属下におき、個人を普遍的理性の実現のたんなる手段にさえ還元している。だから、ストア主義者は、もっとも極端な道徳的個人主義と徹底した汎神論《はんしん》という、正反対の考え方を一つにむすびつけていることになる。それゆえ、かれの自殺は、自己本位主義者の自殺のように無気力《アパティク》である反面、集団本位主義者の自殺のように義務としてもなされる。[*11] ここには、一方の憂鬱と他方の能動的な力がうかがわれるわけで、いわば自己本位主義は神秘主義と融合している。なお、この融合は、凋落期《ちょうらく》〔の民族〕に特有の神秘主義がしめす特徴であって、みかけは同じでも、若い形成期にある民族にみとめられる神秘主義とは大いに質を異にしている。後者は、個々人の意志を同一の方向に向かわせる集合的飛躍《エラン》や、また市民が共同の事業に力をあわせるべく私利を離れて行なう献身から生まれる。ところが、前者は、自己とそのむなしさを意識した自己本位主義にほかならず、自己をこえようとはするが、ただ形ばかりに、またどうにか人為的にそこまでたどりつく自己本位主義にすぎないのである。

二

ちょっと考えると、自殺の本質と自殺者のえらぶ死の方法とのあいだには、なにか関係があるとおもわれるかもしれない。事実、自殺者が自分の決意を実行にうつすさいに用いる手段が、かれを駆りたてている感情によって規定されていて、したがって、〔その手段が〕この感情を表現していると考えるのは、むりのないこととおもわれる。それゆえ、自殺のいろいろな種類を、その外的形態によってさらに厳密に性格づけるために、この点について与えられている統計資料を利用したい誘惑に駆られるであろう。だがあいにく、この点にかんして筆者の試みた探究の結果は、否定的なものであった。

とはいっても、自殺の方法が選択されるさい、その選択を規定しているのは、たしかに社会的原因である。なぜなら、いろいろな自殺の方法がどのような割合でとられているかをみてみると、その割合は、同一の社会ではきわめて長期間にわたって一定しているが、他方、各社会ごとにはいちじるしく異なっているからである。それは、第65表〔四九〇ページ〕にしめされているとおりである。

この表の結果から、各国民はそれぞれに好みとする死の方法をもっていること、そしてその好みの順位はきわめて固定的であることがわかる。それは、自殺の総数よりもむしろ

第65表　自殺1000件あたりの各自殺方法の割合（男女合わせて）

		絞首,縊首	投身	火器	飛び降り	服毒	窒息
フランス	(1872)	426	269	103	28	20	69
	(1873)	430	298	106	30	21	67
	(1874)	440	269	122	28	23	72
	(1875)	446	294	107	31	19	63
プロイセン	(1872)	610	197	102	6.9	25	3
	(1873)	597	217	95	8.4	25	4.6
	(1874)	610	162	126	9.1	28	6.5
	(1875)	615	170	105	9.5	35	7.7
イギリス	(1872)	374	221	38	30	91	
	(1873)	366	218	44	20	97	
	(1874)	374	176	58	20	94	
	(1875)	362	208	45		97	
イタリア	(1874)	174	305	236	106	60	13.7
	(1875)	173	273	251	104	62	31.4
	(1876)	125	246	285	113	69	29
	(1877)	176	299	238	111	55	22

変わりにくく、しばしば総数に一時的変化をもたらすような出来事も、これに変化をおよぼすとはかぎらない。それればかりではない、ここでは、社会的原因がきわめて強い支配力をもっていて、宇宙的要因の影響はみとめられないようである。すなわち、あらゆる推測を裏切って、投身自殺が特別の法則にしたがって季節的変化をしめす事実はみとめられない。フランスでは、一八七二—七八年の期間に、自殺一般の月別分布にたいして投身自殺の分布がどういう関係にあったかを表示すると、第66表のようになる。

暖かい季節のあいだ、投身自殺は、その他各種の自殺よりもやや増加するが、差はごくわずかである。だが、もともと夏は、投身自殺にとって特別に格好な季節でなければならないようにおもわれよう。じっさい、身投げは、南方より北方で少ないといわれるが、それは気候のせいとされてきた。[*12] ところが、コペンハーゲンでは、一八四五―五六年の期間に、この自殺方法がイタリアにおとらずひんぱんに行なわれている（千件中二八一件、イタリアでは三〇〇件）。ペテルブルグでは、一八七三―七四年に、これほどひんぱんに行なわれた自殺方法もなかった。こうみてくると、気温がこの死の方法をさまたげるというのはあたらない。

ただし、自殺一般をひき起こす社会的原因と、自殺の行なわれる方法を規定する社会的原因は同じものではない。というのは、これまで識別してきた自殺のいくつかのタイプと、もっともひろく行なわれている自殺の実行方法のあいだには、なんの関連もみられないからである。イタリアは、根っからのカトリック国であり、近年まで科学的文化はほとんど発達をとげていなかった。それだけに、集団本位的自殺がフランスやイギリスより多いことは、いかにも考えられるところである。なぜなら、集団本位的自殺は、いくぶんとも知的な発達と反比例するからであって、その仮説は、本書のなかにみいだされるいくつかの理由によって立証されよう。そして、そのイ

第66表　年間の自殺1000件の月別の割合

	各種合計	投身自殺
1月	75.8	73.5
2月	66.5	67.0
3月	84.8	81.9
4月	97.3	94.4
5月	103.1	106.4
6月	109.9	117.3
7月	103.5	107.7
8月	86.3	91.2
9月	74.3	71.0
10月	74.1	74.3
11月	65.2	61.0
12月	59.2	54.2

タリアで、火器による自殺が中央ヨーロッパ諸国よりはるかに多いところから、人はこの方法が集団本位的自殺と無関係ではないと考えるかもしれない。また、その想定の根拠として、火器を用いることの方法が、兵士によって好んでとられていることに注意をむけることもできよう。しかしあいにく、フランスでは、この自殺方法がいちばん多く用いられているのは、文筆家、芸術家、官吏などもっとも知的な階級である。[*13] また同様に、憂鬱から生じる自殺は、ごく自然には縊死《いし》というかたちをとるとおもわれよう。そして、その方法は田舎《いなか》でもっともひんぱんに行なわれている。ところが、憂鬱というものは、とくにすぐれて都会的な精神的状態である。

したがって、人を自殺へ追いやる原因と、当人にかくかくしかじかの自殺の方法をとらせる原因とは同じものではない。方法の選択をさせる動機はまったく別のものなのだ。そうした特定の死の手段の利用を可能にしてくれるものは、まずあらゆる種類の慣習や手段配置の全体である。それをさまたげる要因が介入してこないかぎり、人は、もっとも抵抗の少ない道に沿って、もっとも手近な、日常的慣行をつうじて親しいものとなっている死の手段を用いるという傾向がある。たとえば、高所から飛び降りて自殺する者が、田舎より大都会に多いのは、このためである。つまり、都会の家屋が高層であるからにほかならない。また、鉄道の敷設がすすむにつれて、汽車による轢死《れきし》をもとめるという方法が一般化する。それゆえ、自殺全体にたいして各自殺方法のしめている割合をしめした表は、工業技術、もっとも普及している建築様式、科学知識などの状態を、ある程度反映していることになる。電気の使用が普及するにつれて、電気を用いる方法による自殺もますますふえるにちがいない。

しかし、〔自殺方法を規定している〕もっとも有力な原因は、おそらく、それぞれの国民、あるいは各国民のなかにおけるそれぞれの社会集団が、どのような死に方を比較的品位のあるものとみとめているかということにあろう。じっさい、いろいろな自殺方法が、すべて同列とみなされているわけではない。そのなかには、より潔いものとされる方法から、いやしいもの、品位のないものとしてひんしゅくを買うものまであって、それらは、集団のいかんによって、世論によりどのようにも類別される。軍隊では、斬首《ざんしゅ》は恥ずべき死とされている。しかし、別の集団では縊死がそれにあたるかもしれない。首つり自殺が都市よりも田舎に、また大都市よりも小都市に多いという理由は、その点にあるわけであり、つまり、この自殺には、都会の穏健な風習や、知的階級のいだいている人格尊重の心などを傷つける荒々しい粗野ななにものかがあるからである。また、おそらく、その嫌悪の情は、種々の歴史的原因がこの死に方に不名誉な性格を刻印してきたという事情や、さらに、洗練された都会人が、地方人のより単純な感受性のおよばないほど激しくこの不名誉な性格を感じとっているという事情などによるのであろう。

したがって、自殺者のえらぶ方法は、自殺の性質それじたいとはなんのかかわりもない

第67表　自殺の社会的タイプの原因論的分類と形態学的分類

		社会的タイプのとる個人的形態 基本的性格	二次的な変種
基本タイプ	自己本位的自殺	無　気　力	自己満足をともなった，ものうげな憂鬱 懐疑者のさとりきった冷静さ
	集団本位的自殺	情熱的あるいは自発的な力	平静な義務感をともなう 神秘的な霊感をともなう 落ち着きはらった勇気をともなう
	アノミー的自殺	焦燥，嫌悪	生一般にたいする荒々しい非難 ある特定の人物にたいする荒々しい非難（殺人－自殺）
混合タイプ	自己本位的・アノミー的自殺		動揺と無気力，活動と夢想の混淆
	アノミー的・集団本位的自殺		怒りの沸騰
	自己・集団本位的自殺		ある種の道徳的堅固さによって和らげられた憂鬱

現象である。同一の行為のこの二つの要素は、いかに密接に関連しあっているようにみえても、実際にはたがいに独立している。せいぜいのところ、両者のあいだには外見上の並存関係がみられるにすぎない。すなわち、二つの要素がともに社会的原因によるとはいっても、それぞれが表現している社会的状態は、まったく別個のものだからである。前者が後者について示唆を与えてくれる点はなにもないのであり、それはまったく別個の研究に属する。それゆえ、自殺が問題とされるときには、自殺の方法について長々と論ずるのが慣例《きまり》となっているが、もはやこれ以上この問題に筆をついやそうとはおもわない。そうしたところで、これまでの探究の結果として第67表に要約されたもの以上に、なにか得るものがあるとは考えられないのだ。

右の表のしめすものが、自殺の一般的な特徴、すなわち、社会的原因から直接的にみちびかれる特徴である。それが、個々の場合にそくして個人化されるときには、本人の気質や、おかれている特殊な環境に応じてさまざまなニュアンスをおび、複雑な様相を呈する。しかし、そのようにして生じるさまざまな組み合わせのもとでも、その基本的形態をみいだすことはつねに可能である。

＊1　Lamartine, *Raphaël*, édit. Hachette, p.6.
＊2　Falret, *Hypocondrie et suicide*, p.316.
＊3　Brierre de Boismont, *Du suicide*, p.198.
＊4　*Ibid.*, p.194.
＊5　Brierre de Boismont, p.494, 506 のなかに例がしるされている。
＊6　Leroy, *op. cit.*, p.241.
＊7　Brierre de Boismont, pp.187-189 のなかの諸例を参照。
＊8　Seneca, *De tranquillitate animi*, II, *sub fine*. Cf. Lettre XXIV.
＊9　Chateaubriand, *René*, édit. Vialat, Paris, 1849, p.112.
＊10　四二八―四二九ページを参照。
＊11　セネカは、カトーの自殺を、人間意志の事物にたいする勝利であるとして讃えている（*De Prov.*, 2. 9 および *Ep.*, 71, 16 を参照）。
＊12　Morselli, pp.445-446.
＊13　Lisle, *op. cit.*, p.94 を参照。

†1　第二編第一章一を参照。そこでは、デュルケームは、原因論的分類を強調しているが、かれがけっして形態学的考察を軽視したわけではないことがここからわかる。ただ、形態学的分類は原因論的分類によって基礎づけられねばならないのである。

†2　Alphonse M. L. de Lamartine（一七九〇―一八六九）。フランス・ロマン派の詩人、小説家、政治家。ラファエルは、小説『偽らざるの記』*Confidences*（一八四九）の一断片における主人公。

†3　Karl R. E. von Hartmann（一八四二―一九〇六）。ドイツの哲学者。シェリング、ショーペンハウアー、ヘーゲルの哲学を綜合し、近代科学的方法のもとに「無意識の哲学」を樹立した。

†4　キュプロスのゼノン（前三三五―二六三）に始まる哲学・倫理学説。人生の目的は自然の本性にしたがって生きることであるとし、外界にしたがいながら、しかも外界の変化に左右されず、また感情に翻弄されずに生きる心の態度（アパティア）を強調する。

†5　ギリシアの哲学者エピクロス（前三四二―二七一）に始まる思想。エピクロスは、人間にとって最高の善は快楽であるが、その快楽とは感性的快楽ではなく、精神的快楽であり、真の幸福は、外物にとらわれず、死の恐怖から免れた平静な精神状態のうちにあるとする。

†6　François R. Chateaubriand（一七六八―一八四八）。フランス・ロマン派の開祖とされる文学者、政治家。ルネは、『キリスト教精髄』（一八〇二）の一部をなす半自叙伝的小説『ルネ』の主人公で、自我の過剰から無限の理想を追求して人生に絶望し、アメリカの荒野に渡って先住民に救われ、ついにキリスト教に光明をみいだす。このルネは、いわゆる世紀病的厭世主義の先駆といわれる。

第三編　社会現象一般としての自殺について

第一章　自殺の社会的要素

さて、すでに社会的自殺率の変化を規定する要因が明らかになったので、こんどは、その率の対応している実在、その率が数字の上に表現している実在の性質をはっきりさせることができる。

一

ちょっと考えると、自殺を規定している個人的条件としては、二種類のものがあるようにおもわれよう。

まず、本人のおかれている外的状況がある。自殺をはかる人びとは、あるいは家庭の悩みがあったとか、自尊心が傷つけられていたとか、あるいは貧困や病苦に苛《さいな》まれなければならなかったとか、またなにかの道徳的なあやまちの自責にかられなければならなかったとか、等々。ところが、すでにみてきたように、それらの個人的な特殊な事情は、社会的自殺率を説明するものとはなりえないだろう。なぜなら、個々の自殺のこのような直接的な先行与件となる事情のさまざまな組み合わせが、ほとんど同じ割合であらわれているときでも、自殺率は、いちじるしい割合で変化をするからである。したがって、それらは、あとにつづく行為の決定原因ではない。〔自殺者の〕顧慮のなかにおいて、それらの事実がしばしば重要な役割を演じることは確かであるが、しかし、そのことは、それらの〔原因としての〕効力のほどを証明するものではない。人間の反省的意識の達する顧慮というものは、往々にしてたんに表面的なものにすぎないこと、またそれが、意識にのぼらない理由によってすでになされていた決心をさらに固めさせる以上の目的をもたないことは、周知のとおりである。

なおまた、自殺ととくにひんぱんに同時的にあらわれるので、その原因であろうとみなされる事情はほとんど数かぎりなく存在する。安逸のなかで自殺する者もいれば、貧苦のなかで自殺する者もいる。ある者は家庭生活において不幸であったが、ある者は自分を不幸にしていた結婚生活を、離婚によって断ち切った。一方で、身におぼえのないあやまちによって罰せられた兵士が自殺するかとおもえば、他方では、犯罪者が、その罪がまだ罰せられもしないのに自殺してしまう。生活上の種々さまざまな出来事は、たとえもっとも相反するものであっても、ひとしく自殺の口実になりうるのだ。こういうことが起こるのは、それらの出来事のいずれもが、その自殺の特有の原因ではないからである。では、とができるだろうか。かりに存在するとしても、その因果関係を、なにかそれらの出来事のすべてに共通する特性に帰することができるだろうか。だが、そもそもそのような特性は存在するだろうか。かりに存在するとしても、その共通の特性とは、せいぜいのところ、一般にくやしさとか悲しみであるとかいえない。そして、その苦悩が、どれくらい強くなるとこの悲劇的な結果がひき起こされるかを決めることはできないのである。生活のなかにおける不満は、それがいかにささいなものであろうと、いつ生を耐えがたいものにしてしまうか予断を許さない。しかしまた、この結果〔自殺〕をつねにかならずひき起こすような不満というものは、なおさら存在しない。われわれは、恐るべき不幸に敢然と立ち向かっていく者を知っているが、またほんのすこしばかりの倦怠《けんたい》感から自殺にはしってしまう者も知っている。さらに、苦しみにもっとも苛まれている者がもっとも自殺しやすい者であるとはかぎらないことを、筆者はすでに明らかにした。むしろ、すぎたる安逸こそが、人をしてみずからに武器を向けさせる。人がもっとも容易に生を放棄するのは、生活のもっとも楽な時期、および生活にもっとも余裕のある階級においてである。かりに本人の個人的境遇が、自殺への決意をうながす真の原因である場合が実際にあったにしても、そのような場合はたしかにごくまれであるから、それによって社会的自殺率に説明を与えることはできないだろう。

それゆえ、もっとも大きな影響を個人的条件に帰している論者でさえ、その原因を、それらの外部的な出来事にもとめず、むしろ本人の内在的な性質、すなわち本人の生物学的構造およびその基礎をなす物理的な付随現象にもとめたのであった。こうして、自殺は、ある種の気質の所産であるとされ、神経衰弱と同じ要因の作用によって規定された、神経衰弱の偶発結果にもなぞらえられた〔第一編第一章、六一―六五ページを参照〕。しかし、神経衰弱と社会的自殺率とのあいだには、まったく直接的・規則的関係はみいだされなかった。この二つの事実はたがいに反比例して増減することさえあり、一方がその最大に達する時と所において、他方が最小を記録することもある。そのうえ、自殺の増減と、神経系統にもっとも大きな影響をおよぼすとされている人種、気候、気温などの物理的環境の状態とのあいだにも、明確な相関はみとめられなかった。このことは、神経病患者は、ある一定の条件の下で多少の自殺傾向をしめすことがありえても、かならずしもつねに自殺すべく傾向づけられていないこと、そして宇宙的要因の影響は、かれの本性のごく一般的な諸傾向をこの特定の方向〔自殺〕に向けさせるにたるものでないことを意味している。

　個人をひとまずおいて、それぞれの社会の自殺傾向の由《よ》ってきたる原因を、その社会自体の性格のうちにさぐってみたとき、得られた結果は一変した。自殺と、生物学的および物理学的なたぐいの事実との関係は曖昧《あいまい》で疑わしいものであったが、まさにそれと反対に、自殺と一定の社会的環境の状態とのあいだには、直接的・恒常的関係がみとめられる。このばあいにこそ、自殺の諸タイプを組織的に分類することのできるような真の法則の存在が明らかになったのであった。両者のあいだのさまざまな符合は、しばしば物質的原因の影響に帰せられ、人は〔符合自体が〕その原因のおよぼす影響の証《あかし》であると考えたがったが、それも、筆者の規定した社会学的原因によって説明がついた。女子の自殺が男子よりはるかに少ない理由は、集合生活への女子の参加の度が男子よりはるかに低く、集合生活の影響を、よきにつけ悪《あ》しきにつけこうむることが少ないことによる。このことは、ほかの理由によるが、老人、子どもにもあてはまる。最後に、自殺が一月から六月まで増加し、それから減少に向かうのは、社会的活動がこれと同じような季節的変化をたどるからにほかならない。したがって、社会的活動のもたらすさまざまの結果が、この同じリズムによって支配され、それゆえに、二つの期間のうちの前の期間にいっそう顕著にあらわれてくるのは当然である。そして、自殺も、このような諸結果のうちの一つということなのだ。

以上すべてのことから考えると、社会的自殺率は、社会学的観点からしか明らかにされえないことになる。それぞれの時点において自殺率を規定しているものは、その社会の道徳的構造である。それゆえ、各民族には、人びとを自殺へ駆りたてる、一定の効果をもったある集合的な力が存在していることになる。自殺者のとるその行動は、一見したところ、あたかもかれの個人的気質の反映にすぎないようにみえるが、じつはそれは、ある社会的状態の結果であり、またその延長であって、当の社会的状態を外部的に表現しているのである。

このようにして、本書のはじめに提起しておいた問題は解決される。それぞれの人間社会が多かれ少なかれ特有の自殺傾向をもっているというのは、比喩《ひゆ》的な意味においてではない。そこにあらわれているものは、事実の本質に根ざしている。各社会集団は、自殺にかんして実際にそれ固有の集合的傾向をもっており、個人的傾向はこの集合的傾向から派生するのであって、集合的傾向が個人的傾向から生まれてくるのではない。その集合的傾向をつくりあげているものは、当の社会に作用をおよぼしている自己本位主義、集団本位主義、アノミーなどの潮流と、その結果である、ものうい憂鬱《ゆううつ》、積極的な自己放棄、いらいらした倦怠《けんたい》感などの傾向である。集合体のこれらの傾向が個人のなかに浸透して、かれを自殺へおもむかせる。一般に自殺の身近な原因であるとされる、あのいろいろな私的な出来事についてはどうか。それは、社会の道徳的状態の反映である自殺者の精神的傾向が、それらの出来事におよぼした影響以外のなにものでもない。自殺する本人は、生からの訣《けつ》別《べつ》の行為をみずからに納得させるために、それをもっとも身近な周囲の事情のせいにする。自分が悲しいので、生も悲哀にみちていると考えるのだ。もちろん、ある意味では、かれの悲哀も外部からもたらされるが、しかし、それはかれの生活上のあれやこれやの出来事からではなく、かれの所属している集団からもたらされる。それゆえ、どんな事柄であろうと、自殺の誘因とならないものはない。要は、こうした自殺の原因が、どれほど強力な作用を個人の上におよぼすかという点にある。

二

さらに、社会的自殺率が一定しているということだけでも、右の結論の正確さを証明するのに十分であろう。方法上、筆者はこの問題をここまで留保すべきだと考えてきたが、じつはそれは、これ以外の解決の余地をもたないのだ。

ケトレ[†1]が、ある種の社会現象が同一期間に驚くべき規則性をもってくりかえし生起するという事実について哲学者たちの注意を喚起したとき、[*1]かれはその平均人《ロム・モワイアン》の理論によって、この事実を説明することができると信じていた。なお、この理論は、右の注目すべき特性にかんする唯一の体系的な説明の座にとどまりつづけてきた。それによると、それぞれの社会には、ある一定のタイプというものが存在し、大部分の個人は多少とも正確にそれを再現していて、少数の者だけが攪乱《こうらん》的原因の影響を受けて、そこから逸脱する傾向にあるという。たとえば、大部分のフランス人が表現している身体的・精神的特徴の全体というものがあるが、それは、イタリア人やドイツ人にも同じ強度で同じ形式でみとめられるわけではない。また、後者の前者にたいする関係もそうである。〔平均人という〕その定義からしても、こうした特徴はもっとも広汎《こうはん》に行きわたっているので、そこから引きだされる行為も、最大多数の者のとる行為であって、それはすなわち大集団の行為をなしている。それにひきかえ、分岐した区々たる特徴によって規定される行為は、そうした特徴そのものと同じように、比較的まれにしか出現しない。また他方、その一般的タイプは絶対に変化しないのではなく、個人的タイプよりはるかに緩慢にではあるが、変化していく。この緩慢さは、一つの社会の全体としての変化は、とくに一人あるいは数人の個人の変化よりもはるかに生じにくい、ということに由来する。このような恒常性は、当然、そのタイプ特有の属性から派生するさまざまな行為にも通じている。すなわち、タイプの属性に変化がないかぎり、それらの行為の量も質も変わらないし、またその行為様式はもっともひろく行なわれているものであるから、その恒常性は必然的に、統計のとらえる人間活動の表現の一般的法則とならざるをえない。じっさい、統計学者は、与えられた社会の内部に生じた同種類の事実はすべて計算のなかに入れる。したがって、それらの事実のほとんどは、社会の一般的タイプが変わらないかぎり不変であるし、また他方、一般的タイプはそう簡単に変化しないから、統計記録の結果は、あいつぐかなり長い年数にわたって、必然的に同じ結果をしめすはずである。実際は、個人の特徴や個人的な出来事に由来するさまざまな事実は、同じ規則性にしたがうものではない。だから、恒常性といっても、けっして絶対のものではない。けれども、個人的特徴や個人的出来事から生じる事実は例外である。したがって、恒常性が原則であり、これにたいして、変化は例外であるということになる。

その一般的なタイプを、ケトレは平均タイプと名づけた。個人的タイプの算術平均をもとめると、ほぼ正確にそのタイプが得られるからである。たとえば、ある任意の社会において全員の身長を測定して、それらの総計をもとめ、測定した人間の数で割れば、得られた結果はもっとも一般的な身長にごく近似した数値をあらわす。というのは、高いほうへの差と低いほうへの差、いいかえれば小人と巨人は、ほとんど数の上で等しいとみなすことができるからである。したがって、それらの差はたがいに相殺しあい、帳消しになって、けっきょく、割った答には影響をおよぼさない。

この説は、いかにも単純明快におもわれる。だが、まずそれは、なぜ平均タイプが大多数の個人において実現されるかという問題を説明しえたばあいにのみ、はじめて一つの説明として通用する。個々人が変化するときでも平均タイプが変化しないためには、その平均タイプは、ある意味で個人から独立したものでなければならないが、しかしまた、平均タイプが個々人のなかに浸透していくことのできるなんらかの通路もひらかれていなければならない。この平均タイプが人種タイプと混同されていることを認めるならば、たしかに問題は一つではなくなる。というのは、人種を構成している諸要素は、個人以外の起源から生まれてくるものであり、個人の変化にそのまましたがうものではないが、しかし、それらは、個人において、しかも個人だけにおいて実現されるものだからである。したがって、人種の構成要素が、個人に特有の諸要素のなかに浸透し、それらの基盤をさえかたちづくっているということは、十分に考えられる。ただし、その説明が自殺にも通用するためには、人びとに自殺をうながすその傾向が、人種に深く根ざしていることが必要であろう。ところが、あいにく事実がこの仮説に反していることはわかっている。†2 もっとも、次のような反論もありえよう、社会的環境の一般的状態は、ほとんどの個人にとって同質のものであって、ほぼまったくひとしい影響をかれらにおよぼすのであるから、それがある程度類似した特徴を個人に刻印するのだ、と。しかし、社会的環境というものは、もともと共同の観念、信仰、習慣、傾向などからなりたっている。だから、それらがこのように個人のなかに浸透しうるためには、いわば個人から独立して存在していなければならない。こう考えるとき、筆者の提起した問題解決に近づく。なぜなら、自殺の集合的傾向が存在し、そこから個人の自殺傾向もみちびかれてくるということは、暗黙のうちに了解されており、のこる問題は一《いっ》にかかって、この集合的な自殺傾向がなにからなりたっているのか、どのように作用をおよぼすのかを明らかにすることだからである。

しかし、そればかりではない。平均人なるものの普遍性をいかに説明してみたところで、この考え方は、どのみち社会的自殺率のしめす規則性に説明を与えることはできまい。そもそもからして、このタイプのなかにふくまれうるただ一つの特徴は、じつは大部分の者にみとめられる特徴にすぎない。ところが、自殺というものは、そうひんぴんとは起こらない事実なのだ。もっとも自殺の多い国でさえ、人口百万あたり、せいぜい三〜四百件にすぎない。一般の人びとの自己保存の本能の力は、徹底して自殺をこばんでいる。つまり、平均人は自殺をしないのである。とすれば、自殺をはかる傾向が、まれな異常な傾向である以上、それは、平均タイプなるものとはまったく縁がないし、したがって平均タイプについていかに熟知していても、同一の社会においてなぜ自殺数が一定しているのかという理由を理解する助けにはならない。それどころか、これをもってしては、自殺が起こる理由さえ説明できないであろう。要するに、ケトレの理論は、まちがった考察の上にきずかれている。かれは、恒常性は、人間活動のもっとも一般的な表現のなかにしかみとめられない、ということを既定のごとく考えているのであろう。ところが、それは、社会のひろがりのなかにおける、孤立した少数の点にしか起こらない散在的な表現のなかにも、同じ程度においてあらわれる。ケトレは、やむをえなければ、例外的ではない事実の不変性をいかにして明らかにしうるかをしめせば、それですべての未解決の要求に答えたことになるかのように考えていた。ところが、例外そのものも不変性をもっているのであり、その点ではなんらおとるものではない。すべての人間は死を迎える。すべての生物は消滅せざるをえないようにつくられている。ところが、自殺をする者はごくかぎられている。大多数の人間においては、自殺をうながすような理由はつゆ存在しない。にもかかわらず、自殺率は、一般死亡率よりなおはるかに一定した水準をたもっている。こうみてくると、ある特徴がひろく分布していることと、その不変性とのあいだには、ケトレが認めたような緊密な関連はないことになる。

なお、かれ一流の方法からみちびきだされた結果は、〔逆説的にも〕以上の結論を裏づけている。その原理にしたがうならば、平均タイプのある一つの特徴の強度を算出するためには、当の社会においてその特徴をあらわしている事実の総和を、その事実を生じさせる傾向のある個人の数によって割らなければならないであろう。そうすると、自殺が久しく人口百万につき一五〇をこえたことのなかったフランスのような国では、自殺傾向の平均強度は、150/1000000 = 0.00015という比によってあらわされる。また、イギリスでは、同じ人口にたいしてわずか八〇件であるから、その比は、〇・〇〇〇〇八にすぎないであろう。したがって、平均的個人においては、それだけの大きさの自殺傾向が存在することになろう。だが、こんな数字は、実際にはゼロにひとしい。このような微弱な傾向は、自殺という行為をひき起こすにはあまりにほど遠いから、存在しないと考えてもさしつかえない。これでは、単独ではまともに自殺の因をなすことができない。けっきょく、あちこちの社会で毎年毎年あのように自殺が行なわれている理由を説明してくれるのは、このような傾向の一般性ではないのだ。

しかもなお、右の算定は測りしれぬほど誇張されている。ケトレは、勝手に一般の人びとにある程度の自殺傾向があることを仮定し、この傾向の強度を、例外的な少数の者だけにはみられても、とうてい平均人にはみられないような特徴を手がかりにして推定し、ようやくその算定にこぎつけたにすぎない。こうして、異常なものが正常なものを決定するために利用されたのである。じつはケトレは、異常な事例というものは、あるときには一方向に、またあるときには反対方向に出現するから、たがいに相殺され、帳消しになってしまうということをしめすことによって、反論をかわすことができると信じていた。ところが、そのような相殺現象は、たとえば身長のように、程度の差はあれ、すべての人間にみとめられる特徴についてしか起こらない。事実、とびぬけて背の高い者ととびぬけて背の低い者が、それぞれほとんど同数いるということは考えられる。したがって、その両極端の身長の平均をとれば、もっとも平均的な身長とかなりひとしくなるはずである。だから、けっきょく、計算をしても、こうした結果しか出てきようがない。しかし、自殺傾向のような、もともと例外的な事実については、ことは逆になる。このばあい、ケトレのやり方でいくと、平均タイプのなかに平均的でないような要素を人為的に導入してくる以外に道がない。たしかに、右にみてきたように、この要素は平均タイプのなかにはきわめて稀《き》薄《はく》な状態でみいだされるにすぎないが、その理由は、ほかでもない、それを割った個人の頭数が、ほんらいそれを割るべき数よりもはるかに大きいからである。[†3] この誤りは、実際にはさして重大ではないにしても、とにかく誤りは誤りである。

ケトレによって算出された比は、実際には、一定の社会集団に属するひとりの人間が一年のあいだに自殺をはかる、たんなる蓋然《がいぜん》性をあらわしているにすぎない。人口十万につき年々一五の自殺が起こるとすれば、たしかにあるひとりの人間の一年間に自殺をする確率は一〇万分の一五であると結論することができる。だが、この蓋然性は、どのみち自殺傾向の平均的強度をしめすものではないし、また自殺傾向の存在を証明するものでもない。百人のうち幾人かが自殺をはかるという事実はなにも、他の者もいくぶんかは自殺をはかるおそれがあるということを意味するものではないし、また、自殺をひき起こす原因の本質とその強度にかんしてなにかを教えてくれるわけでもない。*2

したがって、平均人の理論は、右の問題を解決してくれない。だからわれわれは、問題をもう一度とらえなおし、それが提起されたとおりによくみてみよう。自殺者は、あちこちに分散していて、その数はきわめてかぎられている。それぞれの自殺者は、別々にその行為を実行しているわけで、他の者もそれなりに同じ行為を実行していることを知らない。にもかかわらず、社会に変化がないかぎり、自殺者の数は一定している。それゆえ、それらすべての個人的行為は、たとえたがいに無関係であるようにみえても、実際には、たしかに諸個人を支配している同じ一つの原因あるいは原因群によってひき起こされた結果でなければならない。もしもそうでなければ、毎年毎年見ず知らずの個々人の意志が、なぜ同数で、同じ目的に向かうのかを説明することができないからである。それらの個々人の意志は、少なくとも一般的には、たがいに作用しあうことはなく、そのあいだにはいかなる協働も行なわれていない。しかしそれでも、まるで合図でもしあったかのように、すべてが運ばれるのだ。けっきょく、それは、かれらをつつむ共通の環境のなかに、かれらすべてを同一の方向に向かわせるなんらかの力がひそんでいるからであって、その力の大小が、個々人の自殺の増減をうながすということである。その力のあらわれであるそれらの結果は、有機体的環境や宇宙的環境によってではなく、もっぱら社会的環境の状態によって規定され、増減している。すなわち、その力が集合的な力であるということである。いいかえれば、各民族には、固有の自殺傾向が集合的なかたちで存在していて、そこにどのくらい自殺が起こるかは、その固有の自殺傾向によって規定されているということである。

以上の観点からみるならば、自殺率が不変性をしめすことも、もはやなんら不思議ではなくなる。また自殺率の固有性についてもそうである。つまり、各社会には一朝一夕には変化しえないような気質があり、集団の道徳的構造が自殺傾向の生じる基盤となっているので、自殺傾向が集団ごとに異なっていることも、各集団のなかでは自殺傾向が長期にわたってかなり一定していることも、当然のことだからである。自殺傾向は、社会的体感《セネステジー》[†4]の本質的な一要素をなしている。体感的状態は、個人のばあいと同じく、集合体においても、このうえもなく根底的なものであるから、きわめて個性的であり、変化しにくい。とすれば、そこから生まれる諸結果も、当然それに匹敵する個性と一定性をもっていてしかるべきである。それが一般死亡率よりもなお大きな恒常性をもっていても、いっこうに不思議はない。というのは、国民の気質《ユムール》は、気温や気候の影響や地理的影響など、要するに人びとの健康を規定している諸条件にくらべて、年々はるかに変化しにくいからである。

ところが、前の仮説とは一見したところ異なっていて、ある者にとっては魅力的であるかもしれないもう一つの仮説がある。この難題を解くためには、とくに自殺の決定原因であるとされている個人的生活にかかわるいろいろな出来事が、毎年同じ割合で規則的にくりかえされているということを仮定するだけで十分ではなかろうか。年々、ほとんど同数の、不幸な結婚、破産、希望の挫折《ざせつ》、貧困などが生じているといわれる。*3 だから、似た状況のなかに同数の個人がおかれれば、やはり同数の個人が、その状況のゆえに死の決意をしたとしてもべつに不思議はない。かれらが、かれらを支配している力に屈服したのであろうと想像する必要はない。同じ状況に直面すれば、人はふつう同じようなことを考えるものである、と仮定すればすむことである、と。

しかし、それらの個人的な出来事はかなり一般的に自殺に先行してあらわれていても、実際には自殺の原因でないことがすでにわかっている。いま一度いうと、別の原因からあらかじめ自殺への傾向をもっている人についてならともかく、〔一般には〕人をかならず自殺へ追いやるような生活上の不幸な出来事というものは存在しない。だから、そうしたさまざまな状況が規則的に出現するからといって、自殺が規則的に発生してくることの理由が説明されたことにはなるまい。そのうえ、これらの状況になにほどかの影響力を認めるにしても、そのような解決は、いずれにせよ、問題をきっぱりと解決せずに、ただ他のかたちにおきかえるだけにとどまろう。なぜなら、それらの絶望をまねく状況が各国の固有の法則にしたがって毎年判で押したようにくりかえし出現する理由が、依然説明されないままにのこされるからである。不変と考えられている同一の社会において、不断にほぼ同数の家庭不和や破産などが発生していたのはなぜであろうか。ある国民において一定の比率で――その比率は各国民ごとにひどく差はあるが――同じ出来事が規則的に反復されるというこの事実を説明するためには、各社会に、一定の強さで人びとを駆って商工業上の危険な冒険や、家庭を乱すようなあらゆる種類の行為などにおもむかせる特定の潮流が存在している、と考えなければならないであろう。さて、それは、人がしりぞけたと信じていた仮説そのものに、ほとんど同じかたちで立ち帰ることにほかならない。*4

三

しかし、これまで用いてきた言葉の意味と範囲をよく理解するようにつとめよう。

ふつう、集合的傾向とか集合的情念などというときには、人びとは、それらの表現を、たんなる比喩《ひゆ》、あるいはものの言い方としか考えず、ある数の個々人の状態の一種の平均をあらわす以外には、なんら実在的なものをさしてはいないとおもいがちである。人びととは、それをもの《ショーズ》とみなすこと[†5]、個人の意識を支配する一種独特の力とみなすことをこばんでいる。だが、これ〔ものであること、一種独特の力であること〕がそれらの本質なのであり、そのことは、ほかならぬ自殺統計があざやかに証明している。[*5] 社会を構成している個人は年々替わっていく。にもかかわらず、社会そのものが変化しないかぎり、自殺者の数は変わらない。パリの人口は猛烈な勢いで流動しているが、それでもフランス全体の自殺にパリの自殺の占める割合はかなり一定している。軍隊の兵員は、数年もすれば全部入れ替わってしまうものであるが、同じ一国における軍隊の自殺率の変化はきわめて遅々たるものがある。国のいずれをとわず、集合生活は、一年をつうじて同じリズムにしたがって展開されている。それは一月からほぼ七月までは活発になるが、以後は弱まっていく。そうであればこそ、ヨーロッパのさまざまな社会の成員がたがいにきわめて異なった平均タイプに属していても、自殺の季節的な増減、あるいは月別の増減でさえ、どこでも同じ法則にしたがって起こるわけである。同様に、個人の気質がいかにまちまちであろうと、やもめ暮らしの精神的状態が、所をとわず結婚生活特有の精神的構造と同一の関係をたもっているので、もっぱらその関係にしたがって、もっとも異質な社会集団どうしのあいだでも、既婚者の自殺傾向とやもめの自殺傾向の関係はほとんど同じものとなっている。したがって、一つの社会、あるいは特定の社会の一部分において、自殺率をこのように一定にたもたせている原因は、その影響をこうむる者のだれかれにかかわりなく、等しい強度で作用しつづけるのであるから、個々人には依存しない、独立した原因でなければならない。あるいは人は反論して、つねに変わりなく維持されている生活様式が、つねに変わりのない結果をもたらしているのだ、というかもしれない。なるほど、たしかにそうであろう。しかし、生活様式もなにものかであり、それが変化しにくいということは説明を要する。生活様式を実践する人びとがたえず入れ替わっていても、それが変化をこうむらずにいる以上、生活様式の実在性が、すべてそれを実践する個人に由来しているとは考えられない。

ある者は、自殺率の連続的同一性そのものが個人の所産であり、したがって、社会現象に、個人生活にたいする一種の超越性を認めなくとも、この連続的同一性のゆえんについて説明しうるということに注意を喚起し、右の結論を回避できると考えていた。事実、こうのべている、「およそ社会的なものであれば、一片の言葉、宗教の一儀礼、仕事の一秘《ひ》訣《けつ》、芸術の一手法、法律の一条項、道徳の一格率もすべて、一個人である親、主人、友人、隣人、仲間から、別の個人へ伝達されていくことができる」[*6]と。

なるほどたしかに、ただ一般的に一つの観念あるいは感情がいかにして一世代から次の世代へ伝えられていくのか、なぜその記憶が失われてしまわないのか、などのことを知るだけでよければ、厳密にいって、この説明もこれだけで十分とみなすことができよう。[*7]しかし、自殺のような事実の伝達のされ方、もっと一般的にいえば、道徳統計が教えてくれるようなあらゆる種類の行為の伝達のされ方は、きわめて独特な性格をもっているので、そうはたやすく説明できるものではない。事実、その伝達のされ方は、たんにある特定の行為様式におおまかに関係しているばかりでなく、その行為様式の実践される回数にまで関係している。毎年自殺が発生しているばかりでなく、一般的原則として、前年とほとんど同数の自殺が毎年発生しているのだ。人びとを自殺へ駆りたてる精神的状態は、純粋に単純に伝達されていくのではなく、なおいっそう注目すべきことには、それが、行為にうつされるための必要条件のもとにおかれている等しい数の人間に伝えられていくということである。かりに現存するものが個人だけならば、どうしてそんなことが起こりえようか。数というものは、それだけでは、なんら直接的な伝達の対象となりえない。きょうの人びとは、総額いくら自殺の納税をすべきかを、きのうの人びとから教えられたわけではない。にもかかわらず、状況が変わらないかぎり、かれらの自殺は、きのうの人びとのそれと正確に同数をしめしている。

では、それぞれの自殺者は、前年の自殺者のひとりを、いわば先達とし、師とし、また自分をあたかもその精神的な相続者としていた、と考えなければならないのであろうか。このような条件がないかぎり、社会的自殺率が、個人から個人への継承をつうじて一定にたもたれうる理由も了解できない。というのは、自殺の総数がひとまとめに伝達されるのでないとすれば、総数を構成している各単位はまさに一つずつ伝達されていくほかはないからである。それゆえ、各自殺者は、先行者のだれかから自殺傾向を継承していなければならないし、それぞれの自殺は、あたかも先行した自殺にこたえるこだまのようなものとなろう。しかし、たとえば、ある年に統計が記録しているそれぞれの道徳的事実と、前年における同じ事実のあいだに、この種の個人的なつながりがあると考えてよい根拠となるような事実は存在しない。ある行為が、他人の同様の性質の行為によってこのように刺激されて生じることがあっても、それは、すでにのべたように、まったく例外的なことである。[†6]しかも、この事実の波及は、なぜ年々規則正しく起こるというのであろうか。原因である事実が、それと類似した事実をひき起こすのに、なぜ一年かかるのであろうか。そして、それはなぜ唯一無二のコピーしか生まないのであろうか。というのは、平均してそれぞれのモデルはただ一度だけ模倣されるのでなければならないし、もしそうでなければ、総数は一定でありえないはずだからである。想像もおよばない、こんな恣意《しい》的な仮説については、これ以上論議を重ねるにもおよぶまい。だが、この仮説をしりぞけると、すなわち、個々の自殺が翌年にも同じものをひき起こすために年間の自殺率の数値が一定している、とするのが誤りであるとなれば、自殺率のこの一定性は、個々の自殺の事例をすべてこえた、なにか非個人的原因の恒常的な作用によるものとしか考えられない。

したがって、用語を厳密に理解しなければならない。集合的傾向は、固有の存在であり、性質こそちがえ、宇宙的な諸力と同じように現に実在する力なのだ。それは、異なった経路をつうじてではあるが、ひとしく外部から個人にはたらきかけてくる。集合的傾向の実在性が宇宙的な力の実在性にもおとらないことは、その実在が同じような仕方で証明されること、つまり、それのひき起こす結果が恒常性をもっていることによって立証される。死亡者数が毎年ほとんど一定していることが認められるとき、われわれは、この規則性を、死亡率が気候、気温、土地の性質など、要するに若干の物質的な力によって規定されている、ということから説明する。この物質的な力は、個人からは独立していて、たとえ世代が移行しても変わらない。それゆえ、自殺のような道徳的行為が、たんに死亡率と等しいばかりか、むしろそれ以上の斉一性をもって再現されているからには、自殺も、同じように個人の外部にある力によって規定されていると考えなければならない。ただし、その力はもっぱら精神的なものであり、個人をのぞいてこの世に精神的な存在といえば、社会しかないから、それはまさに社会的な力でなければならない。その名称のよび方はさておいても、要は、この力の実在性を承認し、われわれに作用をおよぼしている物理・化学的力と同じように、外部からわれわれに行動をうながしている力の全体としてこれを理解することである。それは、まさに一種独特のもの《ショーズ》であって、言葉のうえだけの実在ではない。ちょうど電流や光源の強さを測定するように、それらを測定することもできれば、相互の大きさを比較することもできる。したがって、社会的事実は客観的なものである、というこの基本的な命題[†7]、筆者が他の著作[*8]のなかで証明し、社会学的方法の原理とみなしているこの命題は、道徳統計、わけても自殺統計のなかに、新たな、とくに論証性に富んだ証拠を得たことになる。もちろん、この命題は常識にさからっている。しかし、科学が人びとに未知の力の存在をあらわにしてみせたときには、つねに猜疑《さいぎ》をまねいたものである。新種の事実を認めるためには、また新しい概念を構築していくためには、従来受けいれられてきた観念の体系を変更しなければならないので、人びとは億劫《おっくう》がってそれに抵抗する。だが、了解しあわなければならない。もし社会学が存立するとすれば、それは、他の諸科学がすでに探究している世界とは別の、未知の世界を研究するものでなければならない。ところが、その世界が、かりに一つの実在の体系でないとすれば、意味がないのである。

しかし、この考え方は、まさしく伝統的な偏見と衝突するために、異論[†8]をよび起こしている。それらの異論に答えなければならない。

まず第一に、この考え方は、集合的な傾向も思惟《しい》も、個人的な傾向や思惟とは性質のちがうものであり、前者は後者のもっていないさまざまな特徴をそなえている、ということを意味している。ところが、社会のなかには個人しか存在しないのに、なぜそんなことが起こりうるのか、と人は反論する。しかし、その論法でいくと、生物のなかにも、無機物のうちに存在しているもの以外はなにも存在しないといわなければなるまい。なぜなら、細胞は、もっぱら生命のない原子だけからなりたっているのだから。これと同じことで、なるほどたしかに、社会のなかにも、個人の力をのぞいてはほかに活動的な力はふくまれていない。ただし、個人は、たがいに結合することによって、一種の新しい、それゆえ固有の思惟と感覚の様式をもった心理的存在をつくりあげる。たしかに、社会的事実を生じさせるもとになる基本的な特性は、個々人の精神のなかに胚胎《はいたい》している。しかし、それらが個々人の結合のなかで変容を受けるとき、はじめてそこから社会的事実が生じてくる。というのは、このときにのみ、社会的事実が出現してくるからである。個々人の結合もまた、独特の結果を生みだす動因なのだ。ところで、この結合は、それ自身新しいなにものかである。諸個人の意識がたがいにそれぞれ孤立していることをやめて集合し、結合するときには、この世界には変化したなにものかが生じる。したがって当然、その変化がまた別の変化を生み、その新たなものがまた別の新たなものを生み、その構成要素のなかにみいだされなかったような独特の性格をそなえた現象があらわれてくる。

この命題に反論をくわえるただ一つの方法は、全体は部分の総和と質的にひとしいこと、ある一つの結果はそれを生んだ原因の総和に質的にも還元されうることを承認することであろう。そして、それを承認することは、すべての変化を否定するか、あるいはすべての変化を説明不可能とみなすことにつながろう。にもかかわらず、この極端な説をなすまでにいたった者がいる。しかし、それを擁護するのに、かれは、二つのじつに奇妙な理由をみいだしただけであった。第一に、次のようにのべている、「社会学においては、われわれはまれなる特権によって、われわれ個人の意識がそれにあたるところの要素《エレマン》についても、また意識の集合である化合物《コンポゼ》についても、同じく深い知識をもっている」。そして第二に、この二重の内省によって、「われわれは、個人的なものをのぞくと、社会的なものは無であることを自明のこととして認める」[*9]。

この第一の主張は、今日の心理学のすべてにたいする大胆な否定である。今日では、次のことは一致して認められている。すなわち、心理的生活というものは、直接的な観察によって知ることができるどころか、むしろ内奥の感情もおよばない、また外部世界を研究する科学が用いている方法にも似た間接的で複雑な方法によってようやくすこしずつ接近できるような、深い内面性をもっている。だから、意識の本性はもう明らかになっている、などとはとんでもないことである。第二の命題についていえば、それはまったく恣意的というほかない。なるほど、この著者が、その個人的な印象にしたがって、社会のなかには個人から由来するもの以外に実在的なものは存在しない、と断定するのはいかにも自由であるが、しかしその断定の根拠となるような証拠は欠けている。したがって、それについては論議のしようもない。この著者の感情にたいして、多くの人びとの反対の感情――社会を、個人の本性が自発的に展開されて外部にしめす形態と考えず、むしろ個人に制約をおよぼし、個人の抵抗の対象となる対立的な力と感じている反対の感情――を対置することは、ごくやさしいといえよう。そのうえ、直接的に、なんの媒介もなしに、要素たる個人のみならず、化合物たる社会をも認識しうるというあの直観については、いったいなんというべきであろうか。じっさい、目をみひらいて凝視するだけで、そくざに社会的世界の法則が認識できるならば、社会学などは無用であるか、あるいは少なくともおそろしく単純なものであろう。あいにく、事実のもっぱら証明しているところでは、意識というものは、この課題にたいしていかにも無力である。意識は外部から教えられなければ、毎年同数のあの統計的現象の生じる必然性を、けっして独力で認識するまでにいたらないであろう。ましてや、独力ではそれらの原因を発見することはできない。

しかし、〔筆者が〕社会生活をこのように個人の生活から切り離してしまったからといって、それは、けっして社会生活が心理的なものをなに一つふくんでいないという意味ではない。むしろ反対に、それが、本質的に表象からつくられているものであることは明らかである。ただ、集合表象というものが、個人の表象とまったく別個の性質をもっているまでのことなのだ。もしも、社会心理は個人心理の法則と異なった固有の法則をもっているということを細心に言いそえるならば、社会学は一種の心理学であるといったところで、なんら不都合はない。次のような一例が筆者のこの考え方を理解させてくれよう。通常、宗教の起源としては、神秘的な恐るべき存在を意識した人びとによび起こされる、恐怖あるいは畏敬《いけい》の念があげられている。この観点からすれば、宗教は、個人的状態と個人的感情の単純な発展以上のなにものでもないかにみえる。しかし、このいかにも簡略な説明は、事実の上をすどおりしている。集団生活をいとなんでいる人間だけがひとり宗教的な思惟をもつということを結論するためには、社会生活がごく原初的段階にとどまっている動物の世界には宗教制度が存在しないこと、宗教制度は集合的組織の存在するところだけにみられること、そして宗教制度は社会の性質のいかんによって異なっていること、を指摘すれば十分である。かりに個人が、自己自身と物理的宇宙を知っているだけにすぎなければ、自己自身と周囲のすべてのものをこのように無限に超越している力の観念には、けっして到達しなかったであろう。個人がつねにかかわりあっている大自然の威力でさえ、その観念を暗示することはできなかったかもしれない。なぜなら、当初においては、個人は、今日のように大自然の力がどのような点で個人を支配しているかを知っていたどころか、むしろある条件のもとではその力を自分の意のままに動かすことができるとさえ信じこんでいたからである。[*10]個人が自然の力にくらべていかにおとっているかを教えてくれたものは科学である。このように個人に畏敬をしいた力、またかれの崇拝の対象となった力は社会であって、そもそも神とは、社会の実体化された形態にほかならなかった。宗教は、要するに社会がみずからを意識するための象徴の体系であり、集合的な存在の固有の思惟様式である。したがって、そこには、諸個人の意識が結合しなかったならば生まれてこないような精神的状態、すなわち、この結合から生じて、個人の本性から由来する精神的状態の上にさらに付加された精神的状態の巨大な総体が存在している。[†9]その個人の本性をいくら子細に分析してみても、むだなことであろう。トーテミズムを生んだあの特異な信仰や慣行がどのようにして始まり、発達してきたか、自然崇拝がどのようにしてそこから生まれ、どのようにしてそれが、一方で抽象的なヤハウェの宗教〔ユダヤ教〕となり、他方でギリシア人、ローマ人の多神教となっていったのかを説明してくれるものは、個人の本性のなかにはまったくみとめられないであろう。さて、社会的なものと個人的なものとのあいだの異質性を主張することによって、筆者がいいたいことは、さきの観察方法が、たんに宗教にたいしてのみならず、法にも、道徳にも、流行にも、政治制度にも、教育上の実践にも、等々、要するに集合生活のすべての形態にたいして適用されるということである。*11

だが、筆者にたいしてもう一つ別の反論があり、それは一見したところ、さらに重大な反論であるようにおもわれる。筆者は、社会的状態は個人的状態と質的に異なっているとしたばかりではなく、さらに、社会的状態がある意味で個人にとって外部的であることをも認めた。この外在性を、物理的な力の外在性と類比することをもあえてした。†10 ところが、社会のなかには個人しか存在しないのに、なぜ個人の外部になにものかが存在しうるのか、と反論されたのである。

かりにこの反論に根拠があったならば、筆者はひとつの二律背反に直面していたかもしれない。なぜなら、さきに明らかにされた事実を無視するわけにはいかないからである。すなわち、毎年毎年のひと握りの自殺者は、べつに自然の集団を形成しているわけでもなく、またたがいに意思の疎通があるわけでもないから、自殺数のあの恒常性は、個人を支配し、個人よりも永続する同じ原因作用にもとづいているというほかはない。地上ばらばらに散在する多様な個々の自殺によって形成されているその束に統一性を与えている力は、必然的に個々のケースの外部にはたらいている力でなければならない。それゆえ、その力が実際にそれらにたいして外在的なものでないとしたら、この問題は解くことができないのだ。しかし、外在的でないというのは、じつは見かけだけにすぎない。

まずなによりも、社会が個人だけからなりたっているとするのは誤りである。社会は物的な事実をもふくんでいて、しかもその物的な事実が、共同生活のなかである本質的な役割を果たしている。社会的事実は、しばしば外部世界の一要素をなすほどに物化されるものである。たとえば、ある特定の建築様式は、ひとつの社会現象である。さて、それは、家屋やあらゆる種類の建築物においてあるていど具現されるが、それらはいったん建造されると、こんどは自立的な実在となり、個人から独立するようになる。交通・運輸路だとか、産業や個人的生活において使用され、歴史の各時期の技術の状態を反映している道具や機械なども同様である。書き言葉などもそうである。このように物質的な基盤の上にいわば結晶化され、堅固化される社会生活は、そのことだけによっても「個人にたいして」外在化され、われわれに外側からはたらきかけてくる。われわれの生まれる以前からもうけられている交通路は、わが国を特定の国々にむすびつけることによって、わが国の商業や貿易の発達にある一定の方向づけを与えている。子どもは、前世代から伝えられた国民的な趣味の遺産とふれあうなかで、その趣味をつちかう。この遺産が、何世紀間か忘却の淵《ふち》に沈んでいて、ある日突然、それを創造した国民が滅んでしまって久しいのち、ふたたび日の目をみ、新しい社会のもとで新しい存在を開示しはじめることはよくあることである。このきわめて特殊な現象を特徴づけているものが、ルネサンスとよばれる。ルネサンスとは、いわば、諸事実のなかに沈澱《ちんでん》し、そこに長いあいだ潜在していた社会生活が、突然目ざめて、その形成に関与しなかった民族の知的・精神的志向を変化させることをいう。たしかに、現に生きている人びとにその作用を受けいれる用意ができていなければ、その社会生活はよみがえることはできないであろうが、しかしまた、その作用がかつて創造されていなかったならば、これらの人びととの考え方や感じ方はすっかりちがったものとなっていたであろう。

信仰上の教義や法のおきてが慣用的形式のもとに外部的に固定化されるさいの、あの圧縮された一定の決まり文句《フォルミュル》についても、同じことが指摘される。その文句がいかにみごとに書きつづられていても、それを心にえがき、実行にうつす者がいなかったならば、たしかに死文にすぎないであろう。だが、それは、たとえ自己充足することはできなくとも、なんといって、社会的活動の一種独特の要因でないわけではない。なぜなら、それは、固有の作用の様式をもっているからである。法律上の諸関係は、法が成文化されているか否かによってまったく異なってくる。成文法の存在しているところでは、法解釈は規則正しく行なわれるが、柔軟性にとぼしく、より整然とした立法化が行なわれるが、それだけまた融通がきかない。いろいろな個々の特殊ケースにうまく順応することができないし、また革新的な者の企てには強い抵抗をしめす。したがって、それがまとまっている有形の形態は、たんなる無力な言葉の組み合わせでなく、能動的な実在なのである。というのは、かりにその形態がなければ生じないような結果が、そこから生じているからである。ところで、この形態は、たんに個人意識にたいして外在しているというばかりではない。むしろ、この外在性こそが、それらの独特の性格をかたちづくっている。個人がそれらをそうたやすく自分の状況に適合させることができないのも、それらが個人の力で左右できる範囲にないからであり、また、それらが変化にたいして強い抵抗をしめすのも、これと同じ理由からである。

とはいえ、社会意識がすべてこのように外在化され、物化されてしまうものでないことはいうまでもない。国民の美意識は、それにより霊感を吹きこまれている作品のなかにすべてこめられているわけではなく、また、道徳がすべて明確な戒律のなかに定式化されているわけでもない。その大部分は、拡散したままである。まるで自由のなかにおかれている集合生活もある。すなわち、あらゆる種類の潮流が、あらゆる方向に行き来し、周流し、さまざまに交錯し、まじりあい、まさに不断の流動のなかにあるがゆえに、客観的な形態をとるにいたらないことがある。きょうは悲哀と失望の風が社会の上を吹きまくっても、あすは逆に、喜々とした確信のいぶきが人びとの心を高ならせるかもしれない。ある期間、集団全体が個人主義の方向に引き寄せられる。そして別の期間には、社会的、博愛的な願望が支配的になる。きのうは人びとはこぞってコスモポリタニズムを奉じていたが、きょうは愛国主義の熱にうかされている。だが、この逆巻く波や潮の干満のすべてにもかかわらず、法や道徳の中枢的な規範は、神聖不可侵の形態によって不動のものとされていて、すこしも変容を受けない。しかも、それらの規範は基底の生活の一部分をなし、それ自身もっぱらこの生活を表現しているのであって、そこから由来してはいるが、その生活を抑圧はしない。これらすべての格率の根底には、実際の生きた感情が流れていて、格率のきまり文句は、この感情を要約的にあらわしてはいるが、たんなるその表面的外被にすぎない。もしもそれらが、社会のなかに脈絡もなく個々に息づいている具体的な情緒や印象に呼応していなかったならば、けっきょくなんの反応もよび起こさないだろう。したがって、筆者がそのきまり文句の実在性を認めるにしても、それを完全な精神的実在とみなそうと考えているわけではない。そんなことをすれば、記号を記号化された事物ととりちがえることになろう。記号は、たしかに否定しがたいなにものかであって、よぶんな副現象《エピフェノメーヌ》[†11]のたぐいではない。今日、知識の発達において記号の演じている役割のほどはよく知られている。だがしょせん記号は記号にすぎない。[*12]

　しかし、この生活〔基底の生活〕が、十分な一貫性をもたないために固定化されえないからといって、さきほどのべたような公式化された規範と同じ性格をもつことがさまたげられるわけではない。それは、個々にとってみた平均的な各個人にたいしては、外部的な存在なのである。たとえば、国家の重大な危機は、愛国的感情の沸騰をうながす。そこから一つの集合的な飛躍《エラン》が生じ、その力を利して、社会は、全体としてある一つの公理を樹立する。すなわち、平常はもっとも尊重されるべきものとされている個々人の利益も共同の利益の前にはすべて解消されなければならない、と。そして、この原則は、ただたんに一種の希望事項としてのべられるにとどまらないで、必要に応じては、文字どおり忠実に適用される。この瞬間に一般の個人を観察してみるがよい。きっと、かれらの大多数に、右の精神的状態がみとめられよう。ただしきわめて弱められた形態において。戦時下においても、自発的にこれほど完全な自己犠牲を行なう覚悟をしている者はめったにいない。したがって、国民という巨大な集団を構成しているすべての個々人の意識にたいして、集合的な潮流はほとんど全的に外部的な関係に位置している。なぜなら、それぞれの個人意識は、集合的な潮流のわずか一部分をふくんでいるにすぎないからである。

もっとも揺るぎない基本的な道徳的感情についても、これと同じことがいえる。たとえば、すべての社会は一定の程度において人間の生命一般を尊重するものであるが、その尊重の度合は、殺人罪にくわえられる刑罰の相対的な重さ[*13]によって決定し、測定することができる。他方、一般の人びとも、この同じ感情をいくぶんか共有していないわけではないが、それは、社会の有するそれよりもはるかに弱いし、そのありかたもまったくちがっている。このちがいを理解するためには、われわれが殺人者ないしは殺人の光景を目撃したときに個人的に感ずる心の動揺と、同じ状況をまのあたりにして群がり集まった群集の心をとらえるそれとをくらべてみればよい。かりに群集を制止するものがなければ、周知のとおり、かれらはどこまで引きずられていくかわかったものではない。それは、このばあい、怒りが集合的なものだからである。ところで、これと同じ相違は、社会がそれらの犯罪を受けとめるときの様式と、犯罪が個人の心にうったえる仕方のあいだにも、つまり、犯罪によってそこなわれる感情の個人的形態と社会的形態のあいだにもつねにある。社会的な怒りはひじょうに激しいので、とくに高価な贖罪《しょくざい》をひきかえにしてはじめて静まることが少なくない。われわれにとって、もしも被害者が見ず知らずの者か、またはなんのかかわりもない者であって、また犯人がわれわれの周囲の人間ではなく、したがって個人的脅威を感じさせないならば、われわれはその行為が罰せられるのはまったく正当と考えはしても、かれに復讐《ふくしゅう》をしたいという心底からの欲望を感じるほど激情に駆られることはない。われわれは、すすんで犯人をさがしだそうとはしないし、犯人を引き渡すことさえいとうであろう。事件がいわば世論の手にうつったとき、はじめてことの様相が変わる。このときになって、われわれはより要求がましくなり、より行動的になる。ところが、われわれの口を借りて語っているのは、じつは世論にほかならないのであって、われわれが動きまわるのも、個人としてではなく、集合体の圧力にうながされてのことなのだ。

社会的状態とその個人への反映とのあいだに、なおいっそういちじるしい落差の生じることも少なくない。いまの場合には、集合的感情は、個人化されても、大部分の個人のなかで少なくともかなりの活力を維持していたために、その感情をそこなうような行為にたいしてはよく対抗することができた。人の血を恐怖する感情は、今日では一般の人びとの意識のなかに深く根をおろしているので、殺人への思いが心に芽ばえるのをいちはやく抑えることができる。しかし、たんなるつかいこみだとか、隠密な、暴力をともなわない詐欺などになると、とても同じような嫌悪をもよおさせるまでにはいかない。不正な手段を使っても私利をこやしたいという欲望をその萌芽《ほうが》のうちにつみとってしまうほど他人の権利を深く尊重している者は、そう多くはないのである。それは、教育が、正義に反するあらゆる行為を嫌悪するある種の気持を発達させないからではない。あの曖昧《あいまい》な、ためらいがちな、つねに妥協に流れようとする〔個人の〕感情と、あらゆるかたちの盗みにたいして情け容赦なく社会が押しつける、まぎれもない罪の烙印《らくいん》とのあいだには、なんと大きな落差が存在することであろうか。そして、一般の人びとにはまだあまり深く根づいていないその他の多くの義務、たとえば、国家の支出にたいしてそれぞれ相応の納税をしなければいけないとか、脱税をしてはならないとか、兵役をごまかして免れようとしてはならないとか、自分の結んだ契約は忠実に履行しなければならないとか……これらの義務については、いわずもがなである。かりにそれらすべての件《こと》にかんする倫理性が、平均的な人びとの意識のなかの動揺しやすい感情だけによって保証されているとしたら、それはなんと心もとない話であろう。

だから、一つの社会の集合的タイプと、社会を構成している個人の平均タイプを混同することは――それは往々にして行なわれがちであるが――根本的な誤りである。平均人のもっている倫理性は、まことに陳腐なものにすぎない。もっとも本質的な倫理的格率だけがいくらか強くかれのなかに刻みつけられてはいるが、それらは、集合的タイプ、すなわち、社会全体においてみとめられるあの厳格さや権威というものからまだほど遠いものがある。まさしくケトレの犯した右の混同は、道徳の起源はどこにあるのかという問題をわけがわからなくしてしまう。なぜなら、個人は一般にきわめて凡俗なものであるから、かりに道徳が個々人の気質の平均のあらわれにすぎなかったならば、この点で個々人を超越している道徳がどのようにして形成されたのか、不可解となるからである。奇蹟《きせき》でも起こらないかぎり、最高のものが最低のものから生まれることはありえまい。もしも共同意識がもっとも一般的な意識にすぎなければ、それは凡俗な水準より高まることはできない。では、社会が子どもたちに教えこもうとし、またその成員たちに遵守を要求する、あの崇高な純然たる命令的規範というものは、どこから生まれてくるのであろうか。宗教やそれにつづいて多くの哲学が、道徳はそのすべての実在の根拠を神のなかだけにもつことができる、としたのもあながち理由がないわけではない。それはとりもなおさず、個人意識のあの弱々しいまったく不完全な形姿が、道徳の原型であるとはとうてい考えられないからである。個人意識は、むしろ当の道徳の不正確な粗悪な再現の結果であり、したがって、その原型は個人の外部のどこかに別に存在していなければならない。一般の人びとの想像力が、ふつうありがちな単純さから、それを神のなかに実現させることになった理由はここにある。もちろん、科学は、知る必要もない右のような〔宗教や哲学のとった〕考え方にかかわりあっていることはできないであろう。[*14] ただし、この考え方をしりぞけてしまうと、もはや道徳というものを宙に浮かせたまま説明をあきらめてしまうか、さもなければ、それを集合的状態の一体系とみなすか、の二つに一つしか道はない。道徳は、経験的世界のなかに与えられているなにものにも由来しないのであろうか。あるいはそれとも、社会に由来するのであろうか。道徳は意識のなかにしか存在しないのであるが、もしそれが個人意識のなかに存在しないとすれば、当然集団の意識のなかに存在することになる。とすれば、集団の意識は、平均的意識と混同されてよいどころか、あらゆる面でそれをこえていることを認めなければならない。

この考察は、したがって例の仮説[†12]を裏づけている。一方では、統計的データの規則性が、個人にとって外在的な集合的傾向が存在することを意味している。他方では、多くの重要な事例について、直接にその外在性を確かめることができる。なお、個人的状態と社会的状態のあいだの異質性を認めた者すべてにとっては、この外在性はすこしも不可思議なものではない。じっさい、社会的状態は、そもそも外部からしかわれわれおのおのにやってくることはできない。なぜなら、それは、われわれの個人的な傾向に由来するのではなく、われわれにとって外部的な要素からなりたっているのであり、[*15]われわれ自身とは異なった別のものを表現しているからである。たしかに、われわれがもっぱら集団と一体をなし、集団生活を営んでいるかぎり、集団の影響をこうむっている。しかし反対に、われわれが集団の個性と異なった個性をもっているかぎり、集団の影響にさからい、そこからのがれようとする。そして、この二重の生活〔集団への服従と反撥《はんぱつ》〕を同時にいとなんでいないような者はいないから、人はそれぞれにこの二重の運動によって同時的に駆りたてられている。われわれは、社会的な方向に引き寄せられてはいくが、しかも、みずからの本性の斜面をすべり落ちていく傾向をもっている。したがって、社会を構成するその他の人びとは、われわれの遠心的な傾向を抑えるために圧力をかけてくるが、われわれはまたそれなりに、他人の遠心的な傾向を弱めるために、かれらに圧力をかけることに協力する。われわれは、自分が力を貸し他人の上にくわえようとする圧力を、みずからの上にもこうむっている。二つの対立する力がそこにはたらいているわけである。一方は、集合体から発して個人をとらえようとする。他方は、個人から生まれて、前者の力に反撥する。前者の力は、たしかに後者の力より大いにまさっているが、それは、前者が諸個人の力のすべての結合にもとづいているからにほかならない。しかし、その力は、各個人が存在しているその数にみあった抵抗を受けるので、そのおびただしい角逐のなかで一部分費消され、変容をとげ、弱められてわれわれの内部にはいりこんでくるにすぎない。その力は、とくに強力なときには、それを活動させる状況がひんぱんにおとずれさえすれば、個人の素質の上にかなり強い刻印を押すことができるし、またその素質に、ある程度の活動的な状態をひき起こさせることもできる。そして、この状態はいったん形成されると、本能的な自発性をもってはたらくようになる。もっとも基本的な道徳的観念については、このようなことが起こっているのである。しかし、大部分の社会的潮流は、あまりに微弱であったり、あるいは「われわれと」あまりに断続的な接触しかなかったりするために、われわれのなかに深く根をおろすことができず、その作用は表面的なものとなる。したがって、それらの潮流は、ほとんどすべて外部的なものにとどまる。こういうわけで、集合的タイプのなにか一つの要素を測定する方法は、個人意識のなかにそれの占めている量を測ったり、またすべての測定の平均をもとめたりすることではない。むしろ、それらの総計をもとめなければならないであろう。なおそれでも、この算定の方法でいくと、結果は実際よりいかにも低くでてきてしまう。というのは、この方法によって得られるものは、個人化されることによっておよそ稀薄《きはく》化されてしまった弱い社会的感情にすぎないからである。

したがって、人が、筆者の考えをスコラ的であるといって非難したり、新種のなにかわけのわからない生命原則で社会現象を基礎づけたといって責めたのは、いささか軽率のそしりを免れない。筆者は、社会現象の基体《シュブストラ》を個人の意識にもとめることを拒否したが、社会現象にそれとは別の基体があることは認めている。それは、あらゆる個人意識がたがいに結合し、組み合わされて形成される基体である。この基体は、部分〔個人意識〕によって構成されている全体にほかならないから、なんら実体的なものでもなければ、本体論的なものでもない。とはいえ、それを構成している諸要素と同じように実在的なものであることに変わりない。というのは、それらの要素もべつにこれとちがった仕方でつくられているわけではなく、同じく〔部分から〕構成されているものだからである。じっさい、今日では、自我というものが自我をもたない多くの意識から生まれること、その原初的な意識のそれぞれがまた意識のない生命単位の所産であること、そしてそれぞれの生命単位自体も、同じく生命のない分子の結合にもとづいていることは、すでに周知のこととなっている。したがって、心理学者や生物学者が正当にも、その研究しようとする現象を、それがすぐ下位の諸要素の結合に根ざしているという理由だけで十分に根拠があるとみなしている以上、社会学もこれと同じであってよいのではなかろうか。このような根拠が不十分だといえるのは、生命力や実体的霊魂にかんする仮説にいまだ恋々としている者だけであろう。したがって、信仰や社会的慣行はその個人的な表現からは独立して存在することができるという、人びとの不興を買わざるをえないとされた命題も[*16]、すこしも奇異ではない。とはいっても、もちろん、個人がなくとも社会が存在しうるなどというつもりはない。

そんなことは、とやかく論議する必要もないほど明らかに不条理なことである。筆者のいう意味は次のようなことなのだ。

一、個々人が結合してつくりあげた集団は、ひとりひとりの個人とは異なった別種の実在である。

二、集合的状態は、個人たるかぎりでの個人に影響を与えるにさきだって、また個人のなかに新たなかたちで純粋に内的な存在として形成されるのにさきだって、まずそれを生んだ集団のなかに存在している。

個人と社会の関係についての、このような理解の仕方は、今日、動物学者たちが同じように個体と種《しゅ》あるいは人種とのあいだの関係についていだこうとしている観念をとくに想い起こさせるものがある。種というものは時間的な永続性と空間的な一般性をもっている個体にすぎない、というかにも単純な説はしだいにしりぞけられるようになった。じっさい、孤立した個体に生じる変異が種の変異となることはめったにないことであり、かりにあってもそれは疑わしいことであるが、この事実は、右の説と矛盾するのである。[*17] 人種のきわだった特徴がその人種一般にわたって変化するという場合にかぎって、その変化は個々人のうちにもあらわれる。この意味では、人種もなんらかの実在であり、それが個々人においてしめすさまざまな形態は、その実在性に由来するものであろう。個々人にあらわれるさまざまな形態を一般化したものが人種なのではないのだ。もちろん、以上の説は、証明ずみのものとみなすことはできない。しかし、筆者の社会学的な発想が、他種の研究を模倣したわけでもないのに、もっとも実証的な諸科学と類似したものをもっているということを明らかにすれば、ここでは十分である。

四

以上の考え方を、自殺の問題に適用してみよう。この問題にたいして本章のはじめで与えた解決は、さらに正確さを増すとおもう。

社会によってその比重に大小の差はあっても、自己本位主義、集団本位主義、そしてある程度のアノミーとむすびついていないような道徳的理想は存在しない。なぜなら、社会生活は、個人が一定の個性をもっていること、個人は集団の要求によってはその個性を放棄する覚悟をもっていること、そして個人にはあるていど進歩の観念を受けいれる用意のあること、などを同時的に前提してなりたっているものだからである。それゆえ、人びとを三つの異なった、しかも矛盾してさえいる方向にみちびくこの三つの観念の潮流が並存していないような民族はない。それらがたがいに和らげあっているようなところでは、道徳的存在としての人間はある均衡のとれた状態にあって、およそ自殺の観念の虜《とりこ》とならないように守られている。ところが、その潮流の一つが一定の度をこえて他の潮流を圧するようになると、すでにのべたような理由から、それは個人化されて、自殺の潮流に変わる。

この潮流が強ければ強いほど、当然、それに深く冒されて自殺への決意をかためる者もそれだけ多くなる。逆の場合には反対の結果が生まれる。しかし、その流れの強度そのものは、もっぱら次の三種の原因によって規定されている。すなわち、一、社会を構成している個人の性質、二、個人の結合の様式、すなわち社会組織の性質、三、国家的危機や経済的危機などのように集合生活の解剖学的構造を変えることなく、その機能を攪乱《こうらん》するだけの一時的な出来事。個人的な特性についていえば、すべての個人のなかに存在している特性だけがある程度の役割を演じることができる。なぜなら、まったくの個人的な特性や、あるいは少数の者だけに存在している特性は、その他のおびただしい特性のなかにまぎれてしまうし、しかも、それらはたがいに質を異にしているため、集合的な現象が生じる同化の過程においては、たがいに相殺され、帳消しになるからである。そういうわけで、なんらかの効果を生むことができるのは、人間性における普遍的な特性だけである。ところが、この人間性の普遍的な特性というものはほとんど変化しない。あるいは少なくとも、一民族の存続する数世紀のあいだだけでは、変化のしようもない。したがって、けっきょくは、自殺数を左右している社会的条件が自殺数の増減を規定することのできる唯一の条件だということになる。というのは、社会的条件が変化することのできる唯一の条件だからである。社会が変化しないかぎりそこでの自殺数も変化しないことの理由は、ここにもとめられる。自殺数のこの恒常性は、自殺の原因となる精神的状態がなにか偶然のめぐりあわせから一定数の個人のなかに存在し、その個人がさらになにかの理由で同数の模倣者にこれを伝達する、ということに由来するのではない。そうではなく、自殺数の恒常性をもたらし、維持している非個人的原因がつねに同一性をたもっているということによるのである。またそれは、社会的諸単位の結合の様式にも、それらの単位の共同の性質にも変化が生じなかったということによる。したがって、それらが相互に交換しあう作用、反作用も同一性をたもっている。その結果、ここから派生する観念や感情も変化をこうむることはありえない。

しかし、それらの潮流の一つが、社会のあらゆるところできわめて支配的なものとなることは、不可能でないまでも、非常にまれなことである。それほどの強度に達するのは、それが発達するのにとくに好都合な条件が与えられているかぎられた環境のもとにおいてでしかない。とりわけその発達に刺激を与えるのは、かぎられた特定の社会的地位、職業、宗派などである。このようにして、自殺の二重の性格が理解される。自殺をその外的な表現形態にしたがって考察するときには、ややもすれば、たんにそれらをたがいに独立した一連の出来事とみなしたくなるものである。それというのも、自殺は、はなればなれの地点で目にみえる相互の関連もなしに発生するからである。しかし、個々のすべての自殺の総計は、統一性と固有性をあわせもっている。それは、社会的自殺率が、各集合的個性のうちの一つの特性をなしているからである。つまり、自殺のとくに頻発する環境がたとえ個々別々に地上全体にこまかく散在していても、それらのあいだには密接な関係がはたらいているということである。またそれは、個々の環境が同じ一つの全体の部分を構成していて、あたかも一つの有機体の諸器官のようなものになっているという理由による。したがって、このそれぞれの環境の状態は、社会の一般的状態によって規定されているわけで、ある特定の傾向が各環境のなかで達する有害性《ヴィリュランス》の強度と、それが社会全体において達する有害性の強度のあいだには、密接な関連がある。集団本位主義についていえば、市民のあいだにおけるそれの強弱によって、軍隊における強弱も規定される。[*18] また知的個人主義についていえば、プロテスタント的環境では、すでに国民の他の部分においてこの個人主義が顕著になっていればいるほど、いっそう発達し、いっそう自殺の増加をうながす、等々。すべては、相互に関係しあっている。

ところで、精神錯乱以外には自殺の規定要因とみなすことのできる個人的要因はないが、集合的感情も、個人から徹底した抵抗を受けるときには、たしかに個人のなかに浸透していくことができないとおもわれる。したがって、自殺の潮流が発達をしめすまさにその時と環境において、なぜこの影響を受けいれる人間が十分に存在しているのかを明らかにしなければ、さきほどの説明も一面的だととられるかもしれない。

しかし、じつは、集合的感情と個人が呼応することはつねに必然的であり、また集合的傾向は、個々人があらかじめもっている傾向にかかわりなく力ずくでその影響を押しつけるわけにはいかないとすれば、両者の呼応はおのずから実現される。すなわち、この社会的な潮流を規定している原因は、同時に個人の上にも影響をおよぼし、個人をこの集合的な作用に応じやすいような心的状態のなかにおくので、そういう呼応がなりたつのである。その二種の要因は、同じ原因にもとづいており、またその原因をともに反映しているという点においても、自然に類縁性をもっている。それゆえ、両者はたがいに結びつき、適合する。アノミー的傾向や自己本位主義的傾向をもたらすあの文明の異常な発達は、その結果として人びとの神経系統を洗練させ、過敏にするが、それだけでも、人びとの神経系統は、ある一定の対象に永続的にむすびついていることができなくなり、あらゆる規律に耐えがたいものを感じるようになって、はなはだしい銷沈《しょうちん》と激しい焦燥にとらわれやすくなる。それに反して、未開人の極端な集団本位主義の意味している粗野で仮借のない文化は、生命の放棄をたやすく行なわせるような平然たる無感覚さをはぐくむ。要するに、社会は、個人のほとんどの部分を形成するのであり、また同じく個人を思いどおりのものに仕立てあげる。それゆえ、社会は、必要とする素材を、いわば社会自身の手によって用意することになるので、〔社会が〕この素材を欠くことはありえないであろう。

さていまや、自殺の発生において個人的要因の演じる役割がどのようなものであるかを、より正確に考えることができる。たとえば、もしも同一の道徳的環境において、つまり、たとえば同一の宗派や、同一の部隊や、同一の職業において、かくかくの個人が自殺をし、他のしかじかの個人が自殺をしなければ、それは、少なくとも一般的にいって、たぶんその本性や〔個人的な〕出来事の影響によってつちかわれた前者の心的構造が、自殺の潮流にさからうことが少ないためであろう。しかし、たとえこれらの条件が、自殺の潮流を体現している特定の個人の自殺の決断をうながすことにあずかりえたにしても、この潮流の特徴や強度を規定しているものは、それらの条件ではない。ある社会集団に毎年多くの自殺が発生することがあっても、それは、この集団に神経病患者がそれだけ数多くふくまれているためではないのだ。神経疾患は、たんにある者を他の者以上に自殺の誘惑に屈しやすくするだけのことである。臨床医の視点と社会学者の視点をわかつ大きなちがいは、ここから生まれる。臨床医は、たがいに関連のない個々のケースと接しているにすぎない。かれは、自殺者が神経質であったとか、アルコール依存であったとかいうことを認めて、それらの精神異常のいずれかによって、なされた行為を説明するのをつねとする。それも、ある意味では正しい。その隣人ではなくまさに当人が自殺をするのは、多くのばあい、こうした理由によるからである。だが、一般的にいって、自殺者が存在するのは、またわけても、それぞれの社会において一定の期間ごとに、一定の数の者が自殺をはかるのは、このような理由からではない。この現象を生みだす原因は、個人の外部にあるので、個人だけを観察の対象とする者の目からは、どうしてものがれ去る。この原因を発見するためには、個々の自殺に目をうばわれず、より高みに立って、それらに統一性を与えているものをみいださなければならない。それにたいして、あるいはこう反論されるかもしれない、もしも神経衰弱患者が十分にいなかったならば、社会的原因とても、その結果を全面的に実現させることはできなかったであろう、と。しかし、必要以上に多くの自殺候補者が各種の神経疾患によって生みだされているのは、あらゆる社会の通例である。そして、こういってよければ、そのなかのある者だけが指名されるということなのである。この指名を受けた者は、いろいろな事情から、厭世《えんせい》的な潮流にいっそうかたむきがちであった者、したがってその潮流の影響をより全面的にこうむっていた者にほかならない。

しかし、未解決の問題が、最後に一つのこっている。毎年毎年同等の自殺者が数えられる以上は、この自殺の潮流は、自殺をしうる、あるいは自殺をすべき者の全部をいちどきにおそうのではないことになる。翌年この潮流におそわれるはずの者も現在から存在し、そして、ほとんどは現在から集合生活に参加し、したがってその影響を受けている。にもかかわらず、その潮流がかれらに一時の猶予を与えるのはなぜであろうか。たしかに、その潮流が完全に影響を発揮するのに一年を要するということは、納得される。というのは、社会的活動の諸条件が季節によって異なるために、自殺の潮流もまた一年の各時点においてその強度と方向を異にするからである。一年間の周期が終わったときにはじめて、この潮流を変化させることのできるあらゆる状況の組み合わせがまっとうされる。しかし、かりに翌年は前年をくりかえすだけで、また同じ組み合わせを再現するだけにすぎないならば、なぜ翌年の分も満たされてしまわないのか。慣用的表現を用いるならば、なぜ社会は、債務を、もっぱら繰り延べた支払い期限において返済しようとするのであろうか。

この時をえらんで待機する傾向は、時間が自殺傾向におよぼす作用の仕方によって説明されると考えられる。それは、補助的な要因ではあるけれども、無視できない要因である。事実、自殺傾向が、青年期から壮年期にかけて絶え間なく増大していき、[*19]晩年には、しばしば最初の十倍にも達することがすでに明らかになっている。これは、けっきょく人びとを自殺へ駆りたてる集合的な力が、時を追ってすこしずつかれらのなかに浸透していくにすぎないためである。すべての事情がとくに変わらなければ、人は齢《よわい》を重ねるにつれてますます自殺しやすくなるが、それはたぶん、幾多の経験をくりかえさなければ、自己本位主義的な生活のまったきむなしさや、飽くなき大望のあらゆる空虚さを身にしみて感じることができないからであろう。自殺者が、もっぱら幾重にも世代の層を経ることによってその運命を実現するのも、このためである。[*20]

＊1　それは、とくに次の二著においてである。*Sur l'homme et le développement de ses facultés ou Essai de physique sociale*, 2 vol., Paris, 1835 および *Du système social et des lois qui le régissent*, Paris, 1848. たとえ、ケトレがこの規則性を科学的に説明しようとした最初の者であっても、それを観察した最初の者ではない。

道徳統計の真の創始者はジュースミルヒ師であり、次の著書がそれである。Süssmilch, *Die Göttliche Ordnung in den Veränderungen des menschlichen Geschlechts, aus der Geburt, dem Tode und der Fortpflanzung desselben erwiesen*, 3 vol., 1742.

この同じ問題については、以下の著書を参照されたい。Wagner, *Die Gesetzmässigkeit*, etc., 1re partie; Drobisch, *Die Moralische statistik und die menschliche Willensfreiheit*, Leipzig, 1867（とくに pp.1-58）; Mayr, *Die Gesetzmässigkeit im Gesellschafsleben*, München, 1877. Oettingen, *Moralstatistik*, p.90 以下。

＊2　以上の考察は、人種による社会的自殺率の説明が不可能であることを裏づける、さらにもう一つの証拠をもたらしている。じっさい、人種タイプというものそれ自体は、やはり属的なタイプであり、きわめて多数の個人に共通する特徴を意味しているにすぎない。ところが反対に、自殺とは例外的な事実である。したがって、人種は自殺を規定するにたるような要素をいささかもふくんでいない。もしそうでなければ、こんどは自殺が、実際にはもってもいないような一般性をもつことになるであろう。人は反論するかもしれない、人種を構成している要素がたとえ実際には自殺の十分な要因と認められなくても、人種はその固有の特徴にもとづいて、人びとを自殺の原因の作用を受けやすくしたり、受けにくくしたりすることができるのではないか、と。だが、たとえこの仮説が事実によって検証されようとも――実際は検証されない――、人種タイプはせいぜいわずかな効力しかもたない要因とみなければならないであろう。なぜなら、その予想された影響は、ほとんどのばあいさまたげられてあらわれないし、ごく例外的に作用するにすぎないからである。要するに、人種は、その人種にすべて同じように属している百万人の個人のうち、どうして年々多くて一〇〇人ないし二〇〇人の個人だけが自殺をするのか、という点を説明してはくれないのである。

＊3　じつはこれは、さきほど引用した著書においてのべられたドロビシュの意見である。

＊4　この論議は、自殺だけについて妥当するのではない。もっとも、それは自殺のばあいに他にもましてとくに妥当するのであるが。これは、いろいろな形態の犯罪にも同じようにあてはまる。じっさ

い、犯罪者は自殺者とまったく同じように例外的な存在であり、したがって、あの平均タイプの性質は、犯罪の増減に説明を与えることのできるようなものではない。結婚についても、なるほどそれは殺人や自殺の傾向よりもずっと一般的な傾向であるが、以上と同じことがいえる。人生の各期間において、結婚する者の数は、同年齢の未婚者人口全体と比較すれば少数を代表しているにすぎない。たとえばフランスでは、二五―三〇歳、すなわち婚姻率が最大に達するときにおいても、男女それぞれの未婚者千人にたいして結婚する者は、年に男子一七六人、女子一三五人にすぎない（一八七七―八一年の期間）。したがって、結婚への傾向――これを性的交渉への欲求と混同してはならない――が少数の人間において、充たされるだけの強さをもつにすぎない以上、平均タイプにおけるその強さは、ある任意の年齢における婚姻率の状態を説明することはできない。じつは、ここでも、自殺のばあいと同じく、統計上の数字は、個人の傾向の平均的な強度をあらわしているのではなく、人びとに結婚をうながす集合的な力の強度をあらわしている。

＊5　なお、とくに自殺統計だけではない。注＊4がしめすように、道徳統計のすべての事実はこの結論を含意している。

＊6　Tarde, La sociologie élémentaire, in *Annales de l'Institut international de Sociologie*, p.213.

＊7　厳密な意味でいうのである。なぜなら、この問題におけるもっとも本質的な点は、この方法では解決されないとおもわれるからである。じっさい、この連続的同一性を説明するうえで重要なことは、たんにある時代に行なわれていた慣行が次の時代にも欠かさず受けつがれていく理由を明らかにするだけではなく、さらにその慣行の権威がどのようにしてたもたれ、機能しつづけているかを明らかにすることにある。新しい世代の者はまったくの個人間の伝達によって前の世代の行なったことを知ることができると考える以上、新しい世代も同じ行動をとらなければならないという結論は出てこない。では、いったいなにがそれを強制するのであろうか。慣習の尊重、あるいは年長者の権威であろうか。とすれば、この連続的同一性を生じさせる原因は、もはや観念や慣行の伝達手段で

ある個人ではなく、ある民族において祖先をとくに尊敬の対象にさせている、とりわけ集合的な精神的状態である。そして、個人の上に強制されるのは、この精神的状態にほかならない。なお、自殺傾向とまったく同じように、それは同一の社会については一定した強度をもっており、その強度に応じて、個人が伝統に服する度合もちがってくる。

＊8　『社会学的方法の規準』第二章を参照。

＊9　Tarde, *op. cit.*, in *Annales de l'Institut de Sociol.*, p.222.

＊10　Frazer, *Golden Bough*, p.9 以下を参照。

＊11　しかし、不正確な解釈が生じないように付言するならば、筆者は、だからといって個人と社会的領域とを画然と区別するような点が存在しているなどとは考えない。〔社会的〕結合は突然一挙に形成されるものではなく、またその効果をただちに発揮するものでもない。そのためには時間が必要であり、したがって、結合が曖昧な存在にとどまっている時点もある。だから、一方のたぐいの事実〔個人〕から他方のたぐいの事実〔社会的領域〕へは連続的に移行することができる。ただし、このことは、両者の区別をしりぞける理由とはならない。もしも反対に、人が、少なくとも個々別々の種類は存在せず、進化は連続的なものであると考えるならば、この世界には区別されうるものはまったく存在しないことになってしまおう。

＊12　この説明ののちには、筆者が社会学において内部的なものを外部的なものにおきかえようとしている、という非難はもはや出てこないものとおもう。外部的なものだけが直接的に与えられているので、筆者はそこから出発するわけであるが、しかし、それは内部的なものに到達するためなのである。この方法は、たしかに複雑である。だが、研究しようとする一群の事実を対象とせずに、それについていだいている個人的な感情をその対象とするという危険を冒したくないならば、これ以外の方法はありえない。

＊13　この尊重の感情が、ある社会において他の社会よりも強いか弱いかを知るためには、その刑罰を構

成しているいろいろな処分そのものの重さを考慮するだけではたりず、さらに、その刑罰が刑罰の段階においてどのような地位を占めているかを考察しなければならない。謀殺〔計画的殺人〕は、今日でも、これまでの幾世紀かと同じくもっぱら死刑をもって罰せられている。しかしながら、今日では、単純な死刑のもつ相対的な重みは、より大きくなっている。というのは、死刑というものは、昔はそれ以上に刑が加重されたが、今日ではこれ以上重いもののない刑罰となっているからである。しかも、当時は、通常の謀殺には、加重は適用されなかったから、これはあまり強い非難の対象ではなかったと結論される。

＊14　物理学が物理的世界の創造主たる神の信仰について論議する必要がないように、道徳科学も、神を道徳の創造主とみなす説を認める必要はない。この問題は、われわれの取り扱うべき範囲には属さない。われわれとしては、どのような解決方法にくみする必要もない。追究に専念しなければならないのは、ただ第二原因だけである。

＊15　五一八―五一九ページを参照。

＊16　Tarde, *op. cit.*, p.212 を参照。

＊17　Delage, *Structure du protoplasme* の諸所、Weissmann, *L'hérédité* およびワイスマンの説に近いすべての説を参照。

＊18　三七六―三七八ページを参照。

＊19　ただし、この増加が集団本位的自殺の比較的まれなヨーロッパ社会だけにみとめられた、ということに注意したい。集団本位的自殺のばあいには、こうはならないであろう。この自殺は、むしろ壮年期に、すなわち、人びとがもっとも熱心に社会生活に参加していく時期に絶頂に達するにちがいない。次章でのべるが、以上の仮説は、集団本位的自殺と殺人のあいだになりたつ相関関係によって立証される。

＊20　筆者は、取り扱う必要のない形而上学的問題をここに提起しようとはおもわない。しかし、なお、

統計にかんするこうした説が人間のあらゆる種類の自由をかならずしも拒否するものでないことを注意しておきたい。むしろそれどころか、この説は、自由意志の問題を、人びとが、個人を社会現象の源泉とみなすときよりも、なおいっそう完全なかたちで保留しているのである。じっさい、集合的な諸現象の規則性がどんな要因にもとづいているにせよ、その原因は、それが存在するところではその結果を生まないわけにはいかない。さもなければ、これらの結果は、たとえ斉一性を呈しているときでも、気まぐれに変化してしまうからである。したがって、もしもその原因が個人に内在しているものであれば、それは、当の原因を内蔵している個人をかならず規定することになる。だから、けっきょく、この仮説においては、もっとも厳格な決定論からのがれるすべはないのである。しかし、統計的データのこの恒常性が、個人にとって外在的なある力に由来しているばあいには事情がちがう。なぜなら、この外在的な力は、ある特定の個人を規定するというものではないからである。それは、一定数のある種の行為を要求しこそすれ、きまっただれそれの行為を要求するということはない。ある者はこの力に抵抗するので、この力がその他の者で満足をするということはありうる。けっきょく、筆者の考え方は、物理的、化学的、生物学的、心理的な力に、社会的な力をつけくわえるという結果となるにすぎない。この社会的な力は、右のそれぞれとまったく同様に、外側から個人にはたらきかける。だから、それらの力が人間の自由を排するものでない以上、社会的な力がそれらと異なると考える理由もないわけである。どちらの力についても、同じ言葉によって問題がたてられる。疫病の発生源がはっきりすれば、この発生源の強度は、結果される死亡率の大きさをあらかじめ規定しているといえる。だが、その疫病に冒されるべき者がこれによって名ざされるわけではない。自殺の潮流にたいして自殺者のおかれている位置も、これとすこしも変わるところはない。

†1　Adolphe Quetelet（一七九六―一八七四）。ベルギーの統計学者、天文学者。近代統計学の基礎を

きずくとともに、確率論を社会現象にもあてはめ、個人的特殊現象から離れた、自然的に確立された典型的人間——平均人——を仮想し、この平均人を自然科学的方法によって観察することにより、社会現象の規則性をみいだすことができるとした。

†2　人種という要因が社会的自殺率に影響を与えないことは、第一編第二章で証明されている。

†3　それは、ほんらいならば、一定の自殺傾向をそなえた個人の頭数によって割られるべきであるから。

†4　体験 cénesthésie とは、心理学あるいは精神病理学などの用語であり、通常は意識の基底に漠然と感じられている身体にかんする感覚をさす。全身感覚、有機感覚などともよばれている。これの社会学的な転用において、デュルケームは、社会の基層に存在している固有の集合的な精神状態を「社会的体感」と名づけている。

†5　社会的事実をものとして考察するというのは、いうまでもなくデュルケームの基本的方法である（訳注五一九ページ†7も参照）。

†6　第一編第四章を参照。

†7　その命題とは、「社会現象はもの *chose* であり、ものと同じように扱われなければならない」というもので、いっさいの先入観念を排して、社会現象をあたかも客観的実在物のように観察しなければならない、という認識の客観性への要請を表現したものであった。

†8　このような主張を『社会学的方法の規準』第一版（一八九五）で公にしたさいに、デュルケームに寄せられた批判、非難をさす。

†9　一定の氏族の成員が特別に一体感を感じている動物、植物、まれに自然物（トーテム）を中心とする社会的・宗教的制度。デュルケームは『宗教生活の原初形態』（一九一二）において、オーストラリア先住民のトーテミズムを研究し、それが究極的には集団生活のリズムとそれにもとづく慣行や集合意識から発生してくるとした。

†10　たとえばデュルケームは、これを、人間の上にはたらく空気の圧力にたとえている（『社会学的方

法の規準』第一章）。

†11　意識は神経系統における生理的活動に付随して生じるものにすぎない、とする古い心理学的観点による意識現象の別称。

†12　社会的事実が個人にたいして外在的であるという仮説（五二五ページを参照）。

第二章　自殺と他の社会現象との関係

自殺は、その本質的な要素からしてひとつの社会現象であるから、他のさまざまな社会現象のなかでそれがどのような位置を占めているかを究明しておいたほうがよいであろう。この主題について提起される第一の、もっとも重要な問題は、自殺が、道徳の許容する行為のなかにはいるのか、それとも道徳の禁じる行為のなかにはいるのかを明らかにすることである。自殺は、多少とも犯罪学的な事実であるとみるべきであろうか。この問題をめぐってつねに論議が絶えなかったことは周知のとおりである。ふつう、この問題を解くには、まず道徳的理想について一定の見方を決めて、次に自殺というものがこれと論理的に反しないかどうかをたずねていくという方法がとられる。しかし、別のところですでにのべたように、[*1]この方法は、筆者のとるべき方法とはなりえない。統制を欠いた演繹《えんえき》はつねに疑わしいものであるが、とくに右の方法についていうならば、その演繹は、個人的感性という純粋な仮定をその出発点においている。なぜなら、各人が、公理とされるこの道徳的理想を、それぞれ自己流に理解しているからである。筆者は、こうした方法をとらずに、まず歴史上、実際に諸民族が自殺を道徳的にどう評価していたかをさぐってみようとおもう。次に、それらの評価のなされていた根拠がどのようなものであったかを規定するようにつとめる。そうしてのち、それらの根拠が、はたして今日の社会の本質のなかにもあるか否か、またどれほど根拠があるのかという問題をもっぱら、明らかにすべきであろう。[*2]

一

キリスト教社会が形成されたとき、そこでは、ただちに自殺は厳禁されてしまった。紀元四五二年、アルルの宗教会議は、自殺は一つの犯罪であり、悪魔的狂気のなせる結果にほかならないという宣言を行なった。しかし、この規定が刑罰の制裁を受けるようになったのは次の世紀、五六三年のプラハの宗教会議のときにすぎない。この会議で、自殺者は「ミサ聖祭において、いかなる追憶の祈禱《きとう》も与えられてはならないし、その遺体の葬送は讃美歌《さんびか》によって送られてはならない」という決定がくだされた。市民法はこの教会法の影響にうながされて、宗教的刑罰に、身体的な刑罰をつけくわえた。聖ルイ王[†1]の布令集のなかの一章は、とくにこの問題について次のような規則を課している。すなわち、殺人事件を管轄する当局の立ち会いのもとで、自殺死体にたいする訴訟が行なわれた、そして、自殺者の財産は正規の相続者の手にわたらず、諸侯の手中に帰した、と。多くの慣習は、財産の没収だけではあきたらず、ほかにさまざまな体刑を規定している。「ボルドーでは、その死体は足からさかさづりにされた。アブヴィルでは、死体をすのこにのせて大道を引きまわさせた。リールでは、男ならばその死体をくわで引きずりまわして、吊《つ》るさせ、女ならば火で焼いた」[*3]。気のふれた自殺者のばあいでも、かならずしも容赦されるとはかぎらなかった。一六七〇年、ルイ十四世によって公布された刑事王令は、これらの慣行をそれほど緩和することなく法制化した。ながく記憶のなかにとどめるために正規の刑が宣せられたのだ。死体はうつぶせにすのこにのせて大道や四辻を引きまわされ、ついで吊るされるか、あるいは廃物のなかに捨てられた。その財産は没収された。貴族ならば、失権をこうむり、平民の宣告を受け、その森林は切られ、城館は破壊され、紋章は破棄された。一七四九年一月三十一日付のパリ高等法院の、この法にしたがった判決は、いまなおのこされている。

　これにたいする急激な反動として、一七八九年の革命〔フランス革命〕は、それらのすべての抑圧的な処分を廃止し、法的犯罪のリストから削除した。しかし、フランス人の属している宗教はすべて、依然として自殺を禁じ、罰しているし、世間の道徳もそれに非難をあびせつづけている。自殺は一般民衆の心になお嫌悪をもよおさせるが、この感情は、自殺者がその決心を実行にうつした当の場所や、かれと親しく接触のあったすべての者にまでおよぶ。世論は、この点について昔よりは寛大になる傾向にあるようだが、やはり、自殺は倫理的堕落であるとされている。しかも、それは、かつての犯罪的な性格をいくぶんとものこしていないわけではない。もっとも一般的な判例では、自殺の幇助《ほうじょ》は殺人として起訴される。かりに自殺が道徳と無関係な行為とみなされていたならば、こんなことは起こらないであろう。

　こうした立法はすべてのキリスト教民族をつうじてみとめられるが、それは、いまなおどこでもたいていフランスより厳格である。イギリスでは、十世紀に、エドガー王†2がみずから公布した教会法の一つにおいて、自殺者を、盗賊や暗殺者や各種の犯罪者と同列においている。自殺者の死体に棒を突きとおして道の上を引きずりまわし、なんの葬儀もせずに大道に埋めるという慣行が一八二三年まで行なわれていた。今日でも、まだ埋葬は別のところで行なわれている。自殺者は叛逆者《フェロン》（*felo de se*）と宣告され、その財産は国王によって没収された。叛逆《はんぎゃく》行為を理由とする没収がすべて廃止されたのと時を同じくしてこの条項が廃止されたのは、ようやく一八七〇年になってからであった。もっとも実際には、この刑があまりに重すぎたために、すでに久しく適用されてはいなかった。陪審員はたいていのばあい、自殺者は発狂して自殺したのであるから責任を問うことはできない、とのべたてることによってこの法をまげていたのである。しかし、この行為が、依然犯罪とされていたことには変わりがない。自殺が行なわれるたびに、それはかならず正規の予審と裁判の対象となるし、また原則として未遂は罰せられる。フェルリによると、[*4]一八八九年に、イングランドだけでこの犯罪のために起こされた訴訟はなお一〇六件、そのうち有罪判決は八四件にのぼっていたという。ましてや自殺幇助が罰せられることはいうまでもない。

ミシュレの語るところでは、昔のチューリヒにおいては、自殺死体は恐るべき扱いを受けていた。もし人が短刀で自殺したときには、その頭の近くに木片を打ちこんで、そこにナイフを突きたてた。もし投身自殺なら、水ぎわから五歩離れた砂のなかに埋めた。[*5]プロイセンでは、一八七一年の刑法ができるまで、自殺者の埋葬は、すげなく宗教上の儀式ぬきで行なわれなければならなかった。ドイツの新刑法も、なお自殺幇助を三年間の禁錮《きんこ》によって罰している（二一六条）。オーストリアでは、教会法のかつての規則がまだほとんど完全に生きている。

ロシアの法は、さらに厳格をきわめている。もしも自殺者が、慢性的あるいは一時的な精神疾患の影響のもとに行動したとみとめられないときには、かれの遺書は、死にかんしてとることのできたあらゆる処分とともに、無効とされる。キリスト教徒としての埋葬もこばまれる。たんなる未遂も罰金を科せられるが、その裁定は、教権にゆだねられている。そして、他人に自殺を教唆した者や、たとえば必要な道具類を提供するといったかたちでかれの実行にいくらかでも手を貸した者は、計画的殺人の共犯者としての扱いを受ける。[*6]

スペインの法は、宗教的ならびに道徳的な処罰にくわえて財産の没収を規定し、さらにあらゆる共犯を罰している。[*7]

最後に、近ごろ（一八八一年）公布されたニューヨーク州の刑法は、自殺を犯罪と規定している。しかし、じつは、このような罪名を与えていても、有効に犯人を罰することができないので、実際上の理由から自殺を罰することは断念された。だが、自殺未遂にたいしては、二年以下の禁錮、または二〇〇ドル以下の罰金、あるいはその両者を同時に言いわたすことができる。たんに自殺を教唆したり、その実行を助長したりするだけでも、殺人の共犯と同列におかれている。[*8]

回教社会も、これにおとらず自殺をかたく禁じている。ムハンマドはこう説いている。「人は、その生の終わりを定めている書〔『コーラン』〕にしたがい、ただ神の意志のみによって死に就く」[*9]――「終わりがやってきたとき、人は、一刻といえどもそれにおくれたり、また先んじたりすることはできないであろう」[*10]――「われは、死がなんじらを次々と滅ぼすように定めたが、何人《なんぴと》も、われに先んずることはできないであろう」[*11]。事実、自殺ほど回教文化の一般的精神に反しているものはない。というのは、他のすべての徳にまさる徳は、ほかならぬ神意への絶対的服従であり、「すべてを忍耐づよく耐えさせる」[*12]ところの無心の服従だからである。したがって、不従順と叛逆の行為である自殺は、もっぱらこの根本的な義務にたいする由々しい違反とされた。

近代社会から、歴史的に先行した諸社会、すなわちギリシア－ラテンの都市に目を転じてみると、そこにも、同じく自殺についての立法がみとめられる。しかし、それは、これまでのべたものとまったく同じ原理の上に立脚しているわけではない。自殺は、国家によってそれが許可されないのに行なわれたときにだけ、不当であるとみなされた。たとえば、アテナイでは、自殺者は、都市にたいして不正を犯したものとして権利剝奪《アチミア》によって罰せられ、[*13]正式の埋葬の栄誉を拒否された。そのうえ、死体の手は切りとられて、別々に埋められた。[*14]ささいな点にちがいはあるが、テーバイやキュプロスでもこれと同様であった。[*15]スパルタでは、この規定がとくに絶対的な調子をおびていたので、アリストデモスは、プラタイアイの戦いに死をもとめ、それを果たしたというふるまいのために、この規定の罰則を受けたほどである。[†3]しかし、これらの刑罰は、個人が、あらかじめ所轄の当局の許可をもとめずに自殺をはかった場合にしか適用されなかった。[†4]アテナイでは、自殺をするにさきだち、生を耐えがたいものとしている理由を評議会に申し立てて許可を願い出、その要求が正規に許されると、自殺も正当な行為とみなされた。リバニオスは[*16][†5]、このことにかんする若干の法《おきて》を伝えてくれているが、その年代は明らかにされていない。しかし、それらは実際にアテナイにおいて効力をもっていたのである。なおまた、リバニオスは、この法を絶讃し、それらが大いにのぞましい結果を生んだと断言している。それらの法には次のようにうたわれている。「もはやこれ以上生きながらえることを欲しない者は、その理由を評議会に申し出、許可を得たのち生からのがれよ。もしなんじに生がいとわしいものとなれば、死ぬがよい。もしなんじが運命に敗れたならば、毒をあおるがよい。もしなんじが苦悩にうちひしがれたならば、生を捨てるがよい。不幸に泣く者はその不運をのべよ。長官はかれに薬を与えよ。しからば苦悩は終わりを告げるであろう」。これと同じような法はキオスにもみいだされる。[*17] それは、この都市を建設したギリシアの植民者によってマルセイユにも伝えられた。長官は、毒をたくわえておいて、自殺すべき理由と考えるものを六百人会[†6]に申し出て許可された者すべてに、必要な量を与えた。[*18]

初期のローマ法の規定については、あまり知られていない。すなわち、今日のこされている十二表法[†7]の断片は、自殺についてはなにも語っていない。しかし、この法典はギリシア法に強く影響されているだけに、似かよった規定をふくんでいたことは大いに考えられる。いずれにせよ、セルウィウス[†8]は、その『アエネイス』[†9]の注釈[*19]において、司教の書によると、縊死《いし》した者はだれであろうと埋葬を許されなかったと教えている。ラヌウィウムの信徒団の規定も、同様の罰則を定めていた。[*20] セルウィウスによって引用された編年史家カシウス・ヘルミナ[†10]によると、タルクイニウス尊大王[†11]は、自殺の伝染をくいとめるために、その処刑者〔自殺者〕の死体を十字架にかけること、ならびに野生の鳥獣のえじきにしておくことを命じた。[*21] 自殺者には葬儀を行なわないというこの慣行は、少なくとも原則的には存続したようである。なぜなら、たとえばユスティニアヌス法典[†12]にはこういう箇所がみられるからである。「厭世からではなく、良心の呵責《かしゃく》から自殺した縊死者でなければ、嘆き悲しまれるべきではない」[*22]。

ただし、クインティリアヌスのテクスト[†13]によると、ローマには、かなりのちまで、ギリシアにみられたそれと似かよった制度があって、前記の規定の厳格さを和らげるようにしていたという。自殺を欲する市民は、その理由を元老院に申し立てなければならなかったが、元老院はその理由が妥当であるか否かを決定し、死の方法にまで指示を与えた[*23]。この種の慣行が実際にローマに存在していたことは、帝政時代まで軍隊にはこの慣行のあるものが生きていたという事実から、推して考えることができる。兵役からのがれるために自殺しようとした兵士は、死刑に処せられたが、しかし、なにか許されるべき動機から自殺の決心をしたことを証明できれば、たんに軍隊から放逐されるだけですんだのである[*24]。そして、その行為が、もしも軍人としての過失から生まれた悔恨に原因していたときには、かれの遺書は無効とされ、財産は国庫に没収された[*25]。さらに、ローマでは、自殺について道徳的、法的な評価が行なわれるさいに、自殺をひき起こした動機についての考慮がつねに支配的な役割を演じていたことは疑いをいれない。だから、こんな規定もある、「また、理由なくして自殺する者は刑罰を受くべきである。なぜなら、わが身をいたわらない者は、なおさら他人をいたわることがないからである」[*26]。原則として、世人の意識は自殺に非難をあびせたのであるが、ある場合にかぎっては、自殺に許可を与える権利を留保していた。この原則は、クインティリアヌスの語っている制度〔元老院による自殺の規制〕の基礎となっている原則とよく似ている。それは、自殺にかんするローマの立法の根底をなしていたので、帝政時代まで維持された。ただし、時を追って〔自殺の理由として〕法的に許容されうる理由のリストは書きくわえられていった。最後には、もはやただ一つの不正な原因がのこされたにすぎなかった。すなわち、刑の判決の結果からのがれようとする欲望がそれである。なお、この不正な原因にたいし、不寛容な法律が適用されなかったようにみえる時期さえあった。*27

このような都市国家から集団本位的自殺のさかんな未開の民族にまでさかのぼると、そこで施行されていたかもしれない法をいくらかでも正確に確かめることは困難になる。それでも、未開社会において自殺が満足げに受けとられていたという事実は、自殺がそこでは厳禁されてはいなかったことをうかがわせる。もっとも、自殺があらゆる場合に絶対的に許容されるということはなかったかもしれない。しかし、この点についてはさておいても、ともかく、未開の段階をすでに通りこしているすべての社会においては、自殺の権利が個人に無制限に認められているような社会は、まったく見あたらない。なるほど、たしかに、ギリシアでも、イタリアでも自殺にかんするかつての規定が、ほぼ完全に効力を失った時期があった。しかし、それは、都市国家の体制そのものが凋落《ちょうらく》に向かった時期にかぎられた出来事であった。だから、この末期における自殺への寛容を、類似した例としてもちだすことはできないであろう。というのは、この寛容が、当時これらの社会をおそっていたはなはだしい混乱状態と関連のあることは疑いないからである。それは、一つの病的状態をしめす兆候にほかならない。

これらの逆行的な事例をのぞけば、自殺への非難がこのように一般化していることは、すでにそれだけで暗示的な事実であり、あまりにも自殺に寛容にかたむいているモラリストたちを当惑させるに十分であろう。みずからの論理の威力によほど奇妙な自信でもいだいていないかぎり、一論者が、[†14] その理論体系の名において、自殺にかんする人類の道徳意識にあえて挑戦できるものではない。あるいはまた、かれが、こうした禁止措置は過去に根拠をもっていると判断し、もっぱら現在のためにその廃止を要求するならば、最近集合生活の基本的条件になにか根本的な変化が起こったということを、あらかじめ証明しておかなければならないであろう。

しかし、もっと意味のある結論、つまり右の証明が可能であるとはほとんど考えられないような結論が、さきの記述からみちびかれる。種々の民族に採用された〔自殺の〕抑制手段のこまかなちがいをひとまずおくと、自殺についての立法は、二つの主要な段階をたどったことがわかる。最初の段階においては、個人がひとりで勝手に自殺をすることは禁じられるが、国家は個人にそれを許可することができる。その行為が、まったく個人的なもので、集合生活の諸機関が関与していないときにだけ、反道徳的であるとされる。特定の状況のもとでは、社会は、いわば怒りをころし、原則的には非とすべきことをも許容するわけである。次の時期においては、刑罰は絶対的であり、いかなる例外も許されない。犯罪の懲罰として死が科せられるときをのぞいては、人の生を自由に処分する権能は、当の本人はおろか社会にさえ与えられていない。それは、以来、私的な恣意《しい》からも、集合的な恣意からも守られるひとつの権利となっている。だれが自殺をはかろうとも、自殺は、それ自体において、それ自体のために反道徳的であるとみなされる。このように、歴史がすすむにしたがって、自殺の禁止は緩和されずにますます徹底されていくばかりである。[*28]

したがって、今日、もしも世人の意識がこの件《こと》〔自殺〕についてそれほどきびしい判断をくだしていないとみえるなら、その動揺状態は、きっと偶然的・一時的原因から生まれてきたものにちがいない。なぜなら、何世紀ものあいだ同じ一つの方向をたどってきた道徳的進化が、そののち、この点について逆もどりすることはまったくありそうもないことだからである。

　事実、道徳的進化にこのような方向づけを与えたもろもろの観念は、つねに生きている。自殺が禁止されるのは、また禁止にあたいするのは、人が自殺によって社会への義務を免れてしまうからである、とよくいわれてきた。だが、もしもこの顧慮だけによって人びとが動かされているとしたら、ギリシアの場合のように、もっぱら社会の利益のためにもうけられたはずのその防御を、意のままにとりのぞく自由を社会に与えなければならないであろう。それゆえ、われわれがこの権能を社会に与えないのは、われわれが、自殺者をたんに債権者である社会にたいする不良な債務者とみなしているためではないのである。というのは、債権者は、〔ギリシアのように〕みずからにとって利益になるその債務を、いつでも免除してやることができるからである。しかも、自殺にくわえられる非難が、かりにこのような起源のみに由来するならば、個人が国家にさらに強く服従していればいるほど、自殺への非難はいっそう絶対的なものになるはずであろう。したがって、それが頂点に達するのは、未開社会であるということになる。ところが、まったく反対に、国家の権利にたいして個人の権利が伸長していくにつれて、その非難はますます強くなるのだ。それゆえ、キリスト教社会で自殺にたいする非難があのように明確さと厳格さをくわえるからには、その変化の原因は、それらの国民が国家についていだいている観念のうちにではなく、人間の人格についてつくりあげた新しい考え方のうちに存していなければならない。人格というものは、かれらの目に、神聖なもの、とくに神聖不可侵なものと映るようになった。たしかに、都市国家の体制のもとでも、個人は、すでに未開民族におけるようなかげのうすい存在ではなかった。当時から、個人には社会的価値が認められていた。しかし、この価値は、まったく国家に帰属するものと考えられていたのである。したがって、都市は、個人をどのようにも処分することができたが、個人には自分を意のままに処分するという同じ権利はなかった。だが今日では、個人は、一種の尊厳を獲得し、自分自身よりも、また社会よりも優越したところにおかれるようになった。個人が罪を犯したり、またその行為によって人間としての資格を失ったりしないかぎり、すべての宗教がもっている、神から由来するあの一種独特の性質、そしていっさいの死すべきものを神から引き離すところの性質になんらかのかたちで関与しているかにみえる。個人は、宗教性をおびてきた。人は、人びとにたいして一個の神となった。したがって、人にたいしてくわえられる侵犯は、われわれにとってすべて神の冒瀆《ぼうとく》という結果を生む。ところで、自殺もその一つである。だれの手によってその一撃がくわえられたかは、さして問題ではない。自殺は、われわれのなかにあるこの神聖な性質――他人のそればかりでなく、みずからのうちなるそれをも尊重しなければならない、そうした性質――を侵犯するということだけでも、嫌悪をまねくのである。

つまり、自殺は、われわれの道徳のすべての基礎をなしている人格尊重の精神を傷つけるために非難されるというわけである。われわれが古代民族とまったくちがったかたちで自殺というものを考えているという事実から、このことは裏書きされる。昔は、自殺は国家にたいして犯されるたんなる市民としての不正行為にすぎないとされていて、宗教は、それに多かれ少なかれ無関心であった。[*29] これに反して、〔以後、〕自殺は本質的に宗教的意味をおびた行為となった。自殺にたいして非をならしたのは宗教会議であり、それに実際に刑罰をくわえた世俗権力も、教権に追従し、それにならったにすぎなかった。われわれがみずからにとって神聖でなければならないのは、ほかでもない、みずからのなかに神の一部である不滅の霊魂を宿しているからである。われわれがいかなる現世的な存在にも完全に従属することがないのは、われわれが神のなにものかであるからなのだ。

だが、自殺が不法な行為の列にくわえられる理由がこのようなもの〔宗教的なもの〕であるとすれば、この非難には、今後もはや根拠がないといえるのではなかろうか。じっさい、科学的な批判精神は、こうした神秘的思想にいささかの価値を認めることも、また人間におけるなにか超人的なものの存在を認めることもできないようである。フェルリがその著『殺人—自殺』のなかで、すべての自殺禁止令は過去の遺物であり、消滅すべき運命にある、ということを証明できると考えたのも、じつはこの論理にのっとってのことである。かれは、個人が自分の外部になにか目的をもちうるということは、合理主義的見地からみれば不条理であるとし、生を捨てることによって共同生活の利益をも放擲《ほうてき》する自由を人はつねにもっている、と論じている。かれにとっては、どうやら生きる権利は、理の当然として、死ぬ権利をもふくんでいるようである。

しかし、この議論は、形式から内容へ、またみずからの感情を表わす言葉の上の表現からその感情そのものへと、結論をいそぎすぎている。われわれは、人格のよび起こす尊敬の念を宗教的象徴をつうじて理解するのであるが、たしかに、この宗教的象徴は、それ自身の抽象的な形態においては現実とうまく適合しないし、そのことを証明することはたやすい。とはいえ、この人格尊重そのものに根拠がないという結論は、そこからは出てこない。それが今日の法や道徳のなかでも一つの支配的な役割を演じているという事実は、かえってフェルリのような解釈に疑問をいだかせるにちがいない。だから、その観念〔人格尊重の観念〕を文字どおりに解釈しないで、それを、それ自身において吟味し、それがどのようにして形成されたかをさぐってみよう。そうすれば、一般に通用している形式が、たとえ粗笨《そほん》なものであっても、客観的価値をもっていないわけではないことが理解されよう。

われわれが、人格に与えているこの種の超越性は、じつは人格だけに特有の性質ではない。その性質は、他の存在にもみとめられる。それは、すべての集合的感情がある程度の強度に達すると、その関連した対象に付与する特徴にほかならないのだ。集合的感情は、まさしく集合体から発してくるのであるから、それがわれわれの活動を駆っておもむかせる目的も、集合的な目的でしかありえない。ところで、社会は、われわれ個人の欲求とは異なった別の欲求をもっている。それゆえ、社会の欲求がわれわれにうながす行為は、われわれの個人的な傾向のおもむく方向にはしたがわない。その行為は、われわれの個人的利益を目的とするのではなく、むしろ個人的利益の犠牲と剝奪《はくだつ》によってなりたっている。神意にかなうために私が断食をし、禁欲にはげむとき、またしばしばその意味も重要性もあずかり知らないような伝統を尊重して、みずから不自由な思いに耐えるとき、また税を支払うとき、国家に労苦や生命をささげるとき、私はみずからのうちのなにものかを犠牲にしている。そして、私の利己心がこの犠牲に抵抗をしめすことからも、自分の服従しているある力によってこの犠牲の要求されていることが容易に感じとられる。その命令に喜んで服するときですら、自分の行為が、自分よりも偉大ななにものかにたいする畏敬の感情によってひき起こされたという気がする。この犠牲を命じる声に多少とも自発的にしたがうときでも、その声が本能の口調とはちがった命令的な口調で語りかけてくるのを感じる。だから、それが自分の意識の内部にどのようにひびこうとも、それを自分のうちから発する声とみなせば、つねに矛盾におちいってしまう。だが、私は、自分の感覚について行なうと同様に、その声を自分自身から引き離す。すなわち、それを外部へ投射し、外部にあって自分よりもまさっていると考えられる存在――なぜなら、それは命令をくだし、その命令に私はしたがうのだから――にそれを関係づける。同じ起源に由来しているともわれるものはすべて、当然同じ性質をわけもっている。このようにして、われわれは、この世の彼方《かなた》に一つの世界を想いえがき、それを異なった性質をもった実在によって満たさなければならなくなったのである。

これこそが、宗教や道徳の根底にあるあのすべての超越性の観念の起源なのだ。というのは、道徳的義務というものは、これ以外の方法では説明のしようがないのである。われわれがふつうこの超越性の観念にまとわせる具体的形態は、科学的にみればたしかに無意味なものである。そうした観念を基礎づける根拠として、たとえ人びとが道徳的理想の名において漠然と実体化している一種特別な人格的存在や、なにか抽象的な力をもちだしてきても、つねにそれは、事実の的確な表現にはいたらない比喩《ひゆ》的な表象にとどまる。しかしながら、その表象が象徴している過程は、にもかかわらず現実的なものなのである。じっさい、すべてこのようなばあい、われわれは自分を超越している一個の権威、すなわち、社会によって行動をうながされている。そして、その社会がこのようにして人びとをおもむかせる目標も、真に道徳的に優越した権威をもっている。とすれば、人びとがみずから感じているその優越した権威を、通俗的な観念によって表現しようとするために非難を受けようとも、その道徳的に優越した権威の実在性が減じられることはありえないであろう。こうした批判は、たんに表面をかいなでているだけであって、事柄の本質をついていない。それゆえ、人格尊重というものが近代社会の追求する、また追求しなければならない目的の一つであることが明らかにできれば、それだけで、この原則に由来するいっさいの道徳的規制は、それを正当化する世間の人びとの論法にどれほど意味があるか疑わしくとも、やはり正当化されよう。かりに、世間がそれで満足している〔正当化の〕理由が批判されるべきものであるならば、それを別の言葉に言いなおして、効力を与えればよいであろう。

ところでじつは、この目的は、たんに近代社会の追求している目的の一つであるというにとどまらない。諸民族がしだいにこれ以外のあらゆる目的に関心をしめさなくなる傾向は、いまや歴史の一つの法則である。歴史の発端においては、社会がすべてであり、個人は無にひとしい。それゆえ、もっとも強力な社会的感情は、個人を集合体に結びつける感情であり、集合体はそれ自身にとっての固有の目的である。そして、人間は、その掌中の道具としかみなされない。個人がその権利を獲得するようにみえるのは、ひとえに集合体のおかげであり、集合体にまさるものは存在しないので、個人は集合体にたいしてなんら特別な権利をもっていない。だが、しだいに事態は変わっていく。社会の規模とその密度が増せば増すほど、社会はいっそう複雑化し、分業がすすみ、個人間の差異もますます多様なかたちで出現するようになる。[*30] やがて、同一の人間集団においても、全成員のあいだに、すべてが人間であるということ以外にもはや共通の要素がなに一つ共有されないような時期がやってくる。このような条件のもとでは必然的に、集合的感性があらゆる力をかたむけて、のこされた唯一の対象に結びつき、そのことだけでもこの対象に比類のない価値を吹きこむのである。人格とは、だれかれにかかわりなくすべての心にふれることのできる唯一のものであり、また人格を讃美することは、集合的に追求されうる唯一の目的であるから、衆目は一致してそれに一種異常な価値を与えずにはいない。こうして、人格は、ありとあらゆる人間的な目的をこえて、ひとつの宗教的な性質をおびるようになる。

したがって、この人間崇拝は、前述の、自殺をみちびくあの自己本位的な個人主義とはまったく別ものである。それは、個人を、社会から、また個人を超越したいっさいの目的から離脱させるどころか、かえって個々人を同じ思想へむすびつけ、同じ創造作業への従事者とする。すなわち、このように集合的な愛と尊敬をささげられている人間とは、われわれひとりひとりのような感覚的、経験的な個人ではなく、むしろ人間一般であり、各民族が歴史の各時点において心にいだく理想的な人間だからである。ところが、だれしもこの理想的な人間にまったく無縁だというわけではないが、まただれしもそれを完全には体現していない。それゆえ、たいせつなことは、それぞれの個人を、自分自身や個人的利益に熱中させることなく、むしろ人類の一般的利益に従属させることにある。このような目的は、個人を内部から外部へ引きだしてくれる。非個人的であるとともに無私なその目的は、あらゆる個人的人格をこえたところにかかげられ、それゆえ、いっさいの理想と同じように、もっぱら現実をこえ、現実を支配するものとして理解されるからである。それはすべての社会的活動が志向している目的であるから、社会をさえ支配する。そうであればこそ、この目的を処分する権利は、もはや社会にも属していない。社会も、この目的をいただくことによって、はじめてみずからも存在理由をもつことを認め、これに服し、これにそむく権利を放棄したのである。ましてや、それにそむくことを人びとに許可する権利を放棄したことは、いうまでもない。こうして、道徳的存在としての人間の尊厳は、もはやあの都市国家におけるようなものではなくなった。しかし、だからといって、この尊厳がわれわれのものになったわけではなく、それをほしいままにする権利をわれわれが獲得したわけでもない。じっさい、われわれに優越している社会という存在がその権利をもってもいないのに、どうしてわれわれがそれを掌中にすることなどできよう。

このような条件のもとでは、自殺は必然的に反道徳的な行為のなかに類別される。自殺は、その本質的原理からして、この人間への信仰を裏切っているからである。自殺者は、みずからに害をおよぼすだけであり、「欲する者に損害はなきはずなり」という古い原則により、社会はそれに干渉をすべきではないとよくいわれる。しかし、それはまちがっている。社会も利益をそこなわれるのだ。なぜなら、今日の社会の至高の道徳的格率の基礎をかたちづくり、また成員のあいだのほとんど唯一の絆《きずな》としてはたらいている感情がそこなわれるからであり、この侵害がまったく勝手気ままに行なわれれば、その感情は弱まってしまうであろうからである。それが侵害されるとき、かりに人々の道徳意識が抵抗をしめさなければ、どうしてその感情はいささかでも権威をたもつことができよう。人間の人格が、個人も集団も意のままに処分することのできない神聖なものとみなされるときから、またみなされるべきときから、それにたいする侵犯はすべて禁止されなければならない。加害者と被害者がまったくの同一人にすぎないということは、たいして問題ではない。というのは、その行為〔自殺〕が本人自身に苦痛を与えるからといって、それだけで、そのその行為のために社会のみまわれる災いは消えてなくなるわけではないからである。人間の生命を暴力的に破壊することが、一種の冒瀆としてそれ自体において、また一般的なかたちで、われわれの憤りを買うとすれば、場合のいかんを問わずそれを大目にみることはできないであろう。こうした意味で弱まる集合的感情は、やがて無力なものになってしまう。

とはいっても、以上のことは、ここ数世紀のあいだ自殺にたいして科せられてきた残忍な刑を復活しなければならないという意味ではない。こうした刑は、刑法の体系が極端に厳格化されたある時期に、その一時的な諸事情の影響のもとにもうけられたものである。それでも、原則だけは維持されなければならない。自殺は非とされるべきである、という原則だけは。そして、この非難を表現するのにどのような外部的表示をもってすべきかは、なお追究の余地がのこされている。道徳的な制裁だけでことたりるか。あるいは法的な制裁が必要であろうか。どちらであろう。それは、次章で扱われる応用問題である。

二

だが、自殺の反道徳性の度合がどのようなものであるかを正しく規定するために、あらかじめ、自殺とその他の反道徳的行為、とりわけ重罪、軽罪[†15]などとのあいだにどのような関係があるかをたずねてみよう。

ラカサーニュ[†16]氏によれば、自殺の増減と財産罪（加重[†17]窃盗罪、放火、偽装倒産など）の増減とのあいだには一定した反比例関係があるという。この命題はかれの名において、その弟子のひとりショーシナン博士の『犯罪統計の研究への寄与』[*31]のなかで主張された。しかし、これを証明するための証拠はまったく欠けている。著者によれば、両者がたがいに反比例することを立証するためには、二つの曲線を比較するだけで十分であるという。だが、実際には、両者のあいだには、どんなたぐいの比例関係も反比例関係もみとめられない。なるほどたしかに、一八五四年以降では、自殺がふえているのに反して、財産にたいする罪は減っている。だが、この減少は一部分虚構である。それは、たんにこのころ裁判所が、ある種の重罪を、それまで管轄していた重罪裁判所からはずして軽罪裁判所に付託するために、軽罪扱いに変更することを習わしにしていたことから生じたにすぎない。したがって、このとき以降、ある程度の犯罪数は重罪欄から姿を消した。しかし、それは、ふたたび軽罪欄にあらわれてくるべきものであり、今日すでに確立されたその判例によってもっとも恩恵に浴したのは、財産にたいする罪である。それゆえ、統計がこれについて少ない数字をしめしているのは、もっぱら記録にかかわる人為性のためではなかろうか。

ところが、この減少が実際に事実であったところで、そこからはなにごとも結論されないであろう。というのは、一八五四年以降、二つの曲線が反対の方向をえがいていても、一八二六年から五四年にかけては、財産罪の曲線は、急激にではないにしても自殺の曲線と同時的に上昇をしめしているか、さもなければ横ばい状態をしめしているからである。

一八三一年から三五年までのあいだに、年間平均で五〇九五人の刑事被告人があった。この数は、次の期間には五七三二人に増加したが、それは、一八四一―四五年にはなお四九一八人、一八四六から五〇年にかけては四九九二人であり、一八三〇年のわずか二%の減少にすぎない。そのうえ、二つの曲線の一般的な輪郭をみると、両者を比較しようなどという観念はおのずから消しとんでしまう。財産罪の曲線はきわめて不規則で、ある年から次の年にかけて突如として飛躍する。その変動は、一目みても気まぐれであり、明らかに種々の偶然的事情によって左右されている。それにひきかえ、自殺の曲線は、いちような動きで規則的に上昇しており、わずかな例外をのぞけば、急激な上昇も急激な下降もみられない。その上昇は連続的であり、漸進的である。このようにほとんど比較しようもない二つの現象のあいだには、どんなたぐいの関係も存在しえないであろう。

それに、この意見をのべたのは、ラカサーニュ氏ただひとりであったとおもう。ところで、自殺は、人身にたいする罪、わけても殺人罪とは比例するとする別の説となると、話はちがってくる。この説は多くの支持者をもっているし、それだけに慎重な検討に値するものである。[*32]

ゲリは一八三三年に、人身にたいする罪は南部諸県において北部諸県の二倍も発生しているが、自殺についてはそれと反対のことが起こっている、という事実を指摘した。その後、デピーヌの算定は、血なまぐさい犯罪のとくに多発している一四県では、自殺は人口百万につきわずか三〇であったのにたいして、この犯罪のはるかに少ない一四県においては、自殺が八二にのぼったことを明らかにしている。その同じ著者が付言していることには、セーヌ県においては、起訴件数一〇〇につき人身罪はわずか一七件、自殺は平均して百万につき四二七であるが、それにたいして、コルシカでは、前者の比率が八三%にのぼり、後者のそれは人口百万につきわずか一八にすぎないという。

しかし、この指摘は、イタリア犯罪学派の注意をひくまでは支持者をもたなかった。とくにフェルリとモルセッリが、これを、その全学説の基礎にすえたのである。

かれらにしたがえば、自殺と殺人の反比例関係はまったく普遍的な法則であるという。その地理的な分布にしろ時間的な増減にしろ、どこでも両者がたがいに逆方向へ動いていることがわかるであろう。ところで、いったん認められたこの反比例関係も、二通りの説明が可能である。一つは、殺人と自殺は二つの相反する流れであり、きわめて強く対立しているので、一方が衰退しないと、他方が優勢になることができないからであるとし、もう一つは、両者は同一の源泉から発する同一の流れの二つの異なった水路であり、したがって、他方からの流れがそれだけしりぞかなければ、一方の流れがある方向にすすむことができないからであるとする。この二通りの説明のうち、イタリアの犯罪学者がとっているのは、後者である。かれらは、自殺と殺人のなかに、同一の状態の二つの表現形態を、すなわち、同一の原因から生じる二つの結果をみいだしている。その原因は、あるときには一方の形態で、またあるときには他方の形態で表現されるのであり、両方の形態を同時にとることはできないものと解されている。

こうした解釈をとるにいたった理由は、かれらによれば、殺人と自殺がある場合に反比例関係をしめしても、その比例関係がすべてしりぞけられてしまうものではないからであるという。両者を反対の方向に変化させるような条件が存在すると同時に、それらに同じような影響をおよぼす別の条件も存在するということである。そこで、モルセッリは、気温が二つの現象にまったくひとしい影響を与えるとした。すなわち、殺人と自殺は、一年のうちの同じ時点、つまり暑い季節が近づくときに、最大に達する。また、両者とも、女子より男子に多く発生する。そして、フェルリによれば、両者はひとしく年齢がすすむにつれてふえていく。それは、これらの現象が、ある側面においてはまったく対立するものをもっていても、一部分同じ性質を共有しているからであるという。ところで、殺人と自殺が同じように反応するもとになっている要因は、まったく個人的なものである。なぜなら、それらの要因は直接的に有機体のある状態（年齢、性）からなっているか、あるいは宇宙的環境——その影響はもっぱら物理的な個人を媒介にして精神的な個人の上におよぼされる——に特有なものであるか、のいずれかであるのだから。したがって、自殺と殺人がいっしょになって生じてくるのは、そうした個人的条件によるのであろう。自殺と殺人の双方の素因をなす心理的構造は一つのものであろう。フェルリとモルセッリは、ロンブローゾにつづいて、ともにこの〔自殺と殺人の素因をなす〕気質を規定しようと試みた。その気質とは、人びとにとって闘争に耐えるのに不利な条件である肉体の劣等性によって特徴づけられるにちがいない。殺人者と自殺者はともに変質者であり、無能者であろう。ひとしく、社会において有益な役割を果たすことのできない者であり、したがって敗北者たるべき運命を負う者であろう。

ただそれ自体においては、どちらの方向にもかたむいてはいないこの独特な素因も、社会的環境の性質に応じて、あるときはとくに殺人の形態をとり、またあるときはとくに自殺の形態をとる。こうして、ともに実在的ではあるが、その底にとにかく根本的な同一性を秘めている対照的な二つの現象が生まれてこよう。一般の風俗の穏やかなところ、また血を流すことを忌みきらうところでは、敗者はあきらめに達し、その無力さを告白して、自然淘汰《とうた》の結果がおとずれる前に生から身を引くことによって、闘争からも身をしりぞけるであろう。それにひきかえ、一般の風俗がもっと荒々しい性格をおびているところ、また人間の生があまり尊重されていないところでは、敗者は反抗し、社会に向かって挑戦し、自殺の代わりに殺人を犯すことになろう。要するに、自殺も殺人もともに暴力的な行為である。ところが、あるときには、これらの行為を生じさせる暴力は、社会的環境のなかで抵抗に出会わずに展開し、そのばあいは殺人となる。またあるときには、世人の意識のおよぼす圧力のため、外部に現われるのをさまたげられ、内攻し、その源となっている当人自身がその暴力の犠牲となる。

それゆえ、自殺とは、変形され、また弱められた殺人ということになろう。この資格においては、自殺はほとんど有益なものであるかのようにみえる。すなわち、それは、善ではないにしても、少なくともいくらかましな悪であり、人をよりひどい悪〔殺人〕から免れさせてくれるからである。禁止措置によって自殺の増加を抑制すべきではないようにさえおもわれる。というのは、自殺の禁止は、同時に殺人を抑制していた手綱をゆるめることにもなろうからである。自殺は開放しておいたほうがよい安全弁なのだ。要するに、自殺は、社会の干渉を必要とせず、したがって、もっとも容易に、できるかぎり経済的に、無益あるいは有害な一定数の人びとをとりのぞくという、このうえもない利点をもっていることになろう。社会をして暴力をもってかれらを追放させるよりも、むしろかれらを、ひとりでに静かに除去されていくままにしておいたほうがよいのではなかろうか。

だが、以上のいかにも巧みな説は、はたして正しいのだろうか。問題は二重にあり、それを別々に検討する必要がある。犯罪と自殺の心理的条件は、このように一つのものなのか。そして、両者の依存している社会的条件のあいだには相反する関係が存在しているのか。

三

殺人と自殺の心理のこの一なることを立証するために、三つの事実が引合いにだされた。まず、性別が自殺と殺人に同じような影響をおよぼすとされる。しかし、正確にいえば、この性の与える影響は、有機体的原因のもたらす結果というよりは、むしろ社会的原因のもたらす結果である。女子に自殺や殺人が少ないのは、女子が男子と生理的なちがいをもっているからではなく、女子が男子ほど集合生活に参加していないからである。しかしさらに、女子が、この二つの形態の反道徳性を同じようにいとう気持をもっているとはとてもいえない。じっさい、女子だけが独占しているような殺人もあることは忘れられがちだ。それは嬰児《えいじ》殺し、堕胎、毒殺などである。殺人が手のとどく範囲の行為であるときには、つねに女子も男子におとらず、あるいはそれ以上に殺人を犯す。エッティンゲンによると、*33家庭内の殺人の半数は女子に帰せられるという。だから、女子は生まれつきの性質により他人の生命をとくに尊重するようにできている、などと考えてよい理由はまったくない。それは、女子が生活をめぐる闘争の渦中《かちゅう》にそれほど深くはいりこんでいないため、殺人を犯す機会が少ないまでのことである。血なまぐさい犯行に人を駆りたてていく原因が、女子には男子ほど作用しないが、それは、女子がこの原因の影響範囲の埒外《らちがい》におかれているためである。女子が事故死にあうことが少ないのも、以上と同じ理由によるもので、この種の死亡百件のうち、女子のそれはわずか二〇件にすぎない。そのうえ、すべての故意の殺人、すなわち故殺[†18]、謀殺[†19]、尊属殺人、嬰児殺し、毒殺などを同じ名称のもとに一括しても、その全体のなかに女子の犯す殺人の占める割合はまだきわめて高い。フランスでは、これらの犯罪百件につき、女子のそれは三八ないし三九件であり、堕胎までふくめれば四二件にのぼる。この比率は、ドイツでは五一％、オーストリアでは五二％に達する。なるほどたしかにこのばあいには過失の殺人はのぞかれている。しかし、殺人が真の意味で殺人となるのは、それが意図されたときだけである。また他方、嬰児殺し、堕胎、家庭内殺人など女子特有の殺人は、その性質上、外目にもふれにくい。だから、起訴されず、したがって、統計にものらない多数の殺人が犯されているわけである。女子はたしかに公判において寛大さという恩恵に浴し、男子よりはるかに無罪になることが多いが、その同じ寛大さを、すでに予審においてもまちがいなく与えられていると考えれば、要するに殺人への傾向は、男女のあいだでそれほどちがうはずのないことがわかるであろう。それに反して、女子の自殺の免疫がいかに大きいかは、すでに知られているとおりである。

次に、年齢が双方の現象におよぼす影響には、まったくちがいがないといわれる。フェルリによれば、自殺と同様、殺人も年齢がすすむにつれて多くなるという。たしかに、モ

第68表　フランスにおける年齢別の故殺，謀殺，自殺の増減の比較
（1887）

年齢	各年齢の人口10万あたり		各年齢の男女各10万あたり	
	故殺	謀殺	男子の自殺	女子の自殺
16−21(1)	6.2	8	14	9
21−25	9.7	14.9	23	9
25−30	*15.4*	15.4	30	9
30−40	11	*15.9*	33	9
40−50	6.9	11	50	12
50−60	2	6.5	69	17
60以上	2.3	2.5	*91*	*20*

（1）最初の二つの年齢範囲についての数字は，殺人にかんしてはそれほど厳密な正確さをもたない。その理由は，犯罪統計は16歳から始まって21歳までを最初のくぎりとしているが，これに反して，人口調査は15歳から20歳までの人口総数をしめすからである。もっとも，このわずかの不正確さは，この表からでてくる一般的な結果をすこしもゆがめるものではない。嬰児殺しについては，最大値ははるかに早く，すなわち25歳ころにあらわれるが，それが下降に向かうのもひじょうに急速である。理由はのべるまでもない。

ルセッリはそれと反対の意見をのべた。*34 だが、真実は、背反も一致もないということである。自殺が老年にいたるまで規則的に増加していくのにたいして、故殺と謀殺は、壮年に達して、三〇歳から三五歳において頂点に達し、以後はもっぱら減少していく。第68表がそのことをしめしている。自殺とその血なまぐさい犯罪のあいだに同一の性質があるとか、相反する関係があるとかいうことの一片の証拠すらここにはみとめられない。

気温の作用がのこされている。人身にたいする罪をすべて合計するならば、そこに得られる曲線は、あたかもイタリア学派の説を裏づけるかのようにみえる。それは、自殺の曲線と同じく、六月まで上昇し、それから十二月まで一貫して下降をたどるからである。しかし、この結果はたんに、人身にたいする罪という共通の名称のもとに、殺人のほか暴行や強姦《ごうかん》などもかぞえられているところから生じたにすぎない。暴行、強姦などの犯罪は、六月に最高に達し、殺人よりはるかに多いから、この曲線にそのような輪郭を与えるのもそれらの犯罪である。しかも、それらは、殺人とは無縁の犯罪なのだ。したがって、一年のそれぞれの時点で殺人がどのように増減をしめすかを知ろうとおもえば、殺人をこれら他の犯罪から区別してとりださなければならない。ところが、このような操作を行ない、とくに、さまざまな殺人罪の形態を相互に区別するようにつとめると、もはやどのような並行関係のしるしもみいだすことができなくなる（第69表を参照）。

第69表　殺人犯罪の諸形態の月別の増減
（1827–70）

	故　殺	謀　殺	嬰児殺し	傷害致死
1月	560	829	647	830
2月	*664*	*926*	750	937
3月	600	766	*783*	840
4月	574	712	662	867
5月	587	809	666	983
6月	644	853	552	938
7月	614	776	491	919
8月	*716*	849	501	*997*
9月	665	839	495	*993*
10月	653	815	478	892
11月	650	*942*	497	960
12月	591	866	542	886

ショーシナンによる。

　事実、自殺の増加は、一月から六月前後まで規則的につづき、減少は、一年のその後の時期に同様に起こるのであるが、これにひきかえ、故殺、謀殺、嬰児殺しなどは、月々じつに気まぐれにふえたり減ったりする。その一般的な動きがくいちがっているばかりでなく、最大値や最小値もずれている。故殺には最大値が二つあって、一つは二月、他は八月である。謀殺にも二つあって、部分的には異なっているが、一つは二月、他は十一月である。嬰児殺しは、五月であり、傷害致死は八月と九月である。その増減を月ごとにではなく、季節ごとに計算してみても不一致はやはり大きい。故殺は秋と夏はほとんど同数であるが（一九七四にたいして一九六八）、冬は春より多い。謀殺のばあい、ピークは冬であり（二六二一）、秋がこれにつぎ（二五九六）、夏（二四七八）、そして春（二二八七）といううぐあいになる。嬰児殺しは、春が他の季節をしのいでおり（二一一一）、冬がそれにつぐ（一九三九）。傷害については、夏と秋が同水準にあり（前者が二八五四、後者が二八四五）、次に春（二六九〇）、それとわずかに差があって冬（二六五三）がくる。以上は、すでにみたように、自殺の分布とまったくおもむきを異にする。[†20]

さらに、もしも自殺傾向が、内攻した殺人傾向にほかならないとすれば、故殺者や謀殺者がひとたび捕えられると、かれらのその荒々しい本能はもはや外部に表現されえないから、かれら自身をくいつくしてしまうとみなければなるまい。すなわち、拘禁のおよぼす影響のもとに、殺人傾向は自殺傾向へと変じるにちがいない。ところが、幾人かの観察者の証言するところによれば、むしろ反対に、凶悪犯はめったに自殺をはからないという結果が出ている。カゾーヴィエイユは、フランスの各地の刑務所の医師のもとで、服役者の自殺の強度にかんする資料を収集した。[*35] ロシュフォールでは、三〇年間にただ一件の自殺があったにすぎない。トゥーロンではゼロであったが、そこには、常時三〇〇〇人から四〇〇〇人の服役者があった（一八一八―三四年）。ブレストではその結果はややちがっていて、一七年間に、平均約三〇〇〇人の服役者につき一三件の自殺が発生したが、これは年にして十万あたり二一という率であった。この数字は、前二者より高いとはいえ、主として成年に達した男子についての数字であることを考えれば、けっして高すぎるものではない。リール博士によれば、「一八一六年から三七年までのあいだに、刑務所で確認された死亡九三二〇件のうち、自殺はわずか六件しかかぞえられなかった」。[*36] フェリュ[†21]博士の行なった調査では、七年間に、各地の中央刑務所の服役者平均一万五一一一人あたり、自殺はわずか三〇件にすぎなかったという結果が出ている。しかし、刑務所においては、この比率はさらに低く、一八三八年から四五年にかけて、平均七〇四一人あたりわずかに五件が確認されたにすぎない。[*37] ブリエール・ド・ボワモンはこの事実を立証してから、こう付言している、「職業的暗殺者や凶悪犯などは、懲罰を免れるため、より罪の軽い拘禁者よりもかえってこの荒々しい手段にうったえることが少ない」。[*38] ルロワ博士も、「常習的なやくざや刑務所の常住者」はめったに生を断とうとしないことを指摘している。[*39]

一つはモルセッリ、[*40] 一つはロンブローゾ[*41]によって引用された二つの統計は、たしかに、拘禁者が一般に尋常ならぬ自殺傾向をもっていることをしめすかたむきがある。しかし、それらの資料は、故殺者や謀殺者をその他の犯罪者から区別していないので、いま扱っている問題についてはなんの結論も与えてくれまい。それらは、むしろ前述の観察を裏づけているようにさえおもわれる。じっさい、それらの資料は、拘禁という事態が、それだけでとくに強い自殺傾向を発達させることを証明している。逮捕されてただちに、まだ刑の判決もおりないうちに自殺してしまうような個人の存在をたとえ考慮にいれなくても、刑務所生活の影響としか考えられないかなり多数の自殺がのこる。[*42] さてそのばあい、拘禁された殺人犯の、すでに拘禁によって促進された自殺傾向が、さらに人がかれにみとめる先天的素因によって強化されているならば、かれは、法外に強い自殺傾向をもっていなければならないであろう。したがって、殺人犯の自殺傾向が、この点からみて、平均以上ではなくむしろ平均以下であるという事実は、次の仮説にとってあまりぐあいがよくない。すなわち、周囲の状況がその発達をうながすときにはすぐにあらわれる自然の自殺傾向は、もっぱら当人の気質に根ざしている、とする仮説である。なお、筆者は、殺人犯が本当に自殺への免疫をもっているということを主張するつもりはない。筆者が使用する資料は、このような問題を一刀両断に解決するに耐えるものではない。ある条件のもとで、重罪犯が生命をなんともおもわず、苦もなく生を放棄してしまうことはありうることである。だが、少なくとも、この事実は、イタリア学派の説のなかに自明の理としてふくまれるべき一般性も必然性ももっていない。確認しておくべきであった点は以上である。[*43]

四

しかし、このイタリア学派のとなえた第二の命題がまだ論じのこされている。殺人と自殺が同じ心理的状態から生じるのではないことが明らかになったから、こんどは、それらを規定している社会的諸条件のあいだに、実際の背反関係があるかどうかを調べてみなければならない。

これは、イタリア学派の著者たちや、その幾人かの反対者が考えていたほど単純な問題ではない。多くの場合、この反比例の法則が検証されないことは確かである。二つの現象が、反撥《はんぱつ》も排除もしあわずに、並行して発展するという事実がしばしば起こっている。たとえば、フランスでは、一八七〇年の戦争〔普仏戦争〕の直後から、故殺がいくらかの増加傾向をしめした。それは、一八六一―六五年は、年平均一〇五にすぎなかったが、一八七一年から七六年にかけて一六三となり、謀殺も、この同期間に一七五から二〇一になった。ところが、この期間、自殺もかなりの割合でふえていた。これと同じ現象は、すでに一八四〇―五〇年にかけても起こっていた。プロイセンでは、一八六五年から七〇年まで三六五八をこえたことのなかった自殺が、一八七六年には四四五九、七八年には五〇四二にのぼり、三六〔三八〕%増をしめした。そして、故殺と謀殺も、同じ歩度をしめし、一八六九年の一五一から、順次七四年の一六六、七五年の二二一、七八年の二五三となり、六七%も増加をみせた。*44 これは、ザクセンでも同様であった。すなわち、ここでは一八七〇年以前は六〇〇から七〇〇のあたりを前後し、一八六八年にただ一度八〇〇に達しただけであったが、七六年以来、それは九八一にのぼり、ついで一一一四、一一二六、そして八〇年には一一七一まで達した。*45 これと並行して、殺人も、一八七三年の六三七から、七八年には二二三二にのぼった。*46 アイルランドでは、一八六五年から八〇年にかけて、自殺が二九%増加したが、殺人もまたほとんど同程度（二三%）の増加をみた。*47 ベルギーでは、一八四一年から八五年までに、殺人は四七から一三九、自殺は二四〇から六七〇へ増加し、前者は一九五%増、後者は一七九%増となった。この数字は、例の法則にほとんど合致しないので、フェルリはベルギーの統計の正確さに疑いをはさまざるをえなかったほどである。だが、最近の数年、データがもっとも信頼できるこの数年をとってみたところで、得られる結果に変わりはない。一八七四年から八五年のあいだでも、その増加は、殺人が五一%（九二件から一三九件へ）、自殺が七九%（三七四件から六七〇件へ）である。

この二つの現象の地理的分布からも、同じことがみてとれる。フランスでもっとも自殺の多い県は、セーヌ、セーヌ‐エ‐マルヌ、セーヌ‐エ‐オワーズ、マルヌである。ところが、これらの県は、殺人については、同様に首位にあるわけではないが、やはりかなり高い順位にあって、セーヌは故殺については二六位、謀殺については一七位、セーヌ‐エ

－マルヌはそれぞれ三三位と一四位、セーヌ－エ－オワーズは一五位と二四位、マルヌは二七位と二一位となっている。自殺において一〇位のヴァール県は、謀殺において五位、故殺において六位となっている。ブーシュ－デュ－ローヌ県は、自殺が非常に多いが、それにおとらず殺人も多く、故殺では五位、謀殺では六位となっている。[*48] 殺人の分布図と同じく、自殺の分布図においても、イル－ド－フランスが、地中海沿岸の諸県からなる地帯と同じように濃色で表わされる。ただ一つの相違は、殺人の分布図ではイル－ド－フランスは自殺のばあいよりも薄色であらわされているが、地中海沿岸の諸県ではそれが反対になっている、という点だけである。同じく、イタリアでも、ローマは、自殺が三番目に多い裁判管轄区であるが、加重殺人でもなお四番目にある。最後に、生命の尊重されなかった未開社会においても、自殺がしばしば多数にのぼっていたことは、すでにみてきたとおりである。

しかし、以上の事実がいかに異論の余地のないものであっても、またそれを念頭においておくことがいかに益のあることであっても、なお、それと反対の事実も存在している。それは、やはり恒常的な事実であり、またはるかにひんぱんに生じてさえいる。殺人と自殺は、ある場合は少なくとも部分的に符号するが、明らかに反比例関係にある場合もあるのだ。すなわち、

一、十九世紀のある時期においては、両者は、ともに増加をしめしたが、二つの曲線を

全体としてながめると、少なくともかなり長期間にわたって観察しうるところでは、きわめてあざやかな対照があらわれている。フランスでは、一八二六年から八〇年にかけて、すでにみたように自殺は一貫して増加しつづけているが、それにひきかえ、殺人は、急激にではないにしても減少へのかたむきをみせている。一八二六―三〇年には、年平均で二七九人の故殺の被告人がかぞえられたが、それが、一八七六―八〇年にはもはや一六〇人しかなく、その中間でも、一八六一―六五年では一二一、一八五六―六〇年では一一九にさえ減少していた。一八四五年ころと一八七〇年戦争直後の二つの時期には、ふたたび増加のきざしもみられたが、それらの二義的な動きを捨象すれば、減少への一般的な動向は疑う余地がない。この減少は四三％であるが、人口がこの期間に一六％も増加しているだけに、減少はなおさらいちじるしいものがある。

謀殺については、減少はそれほど目だったものではない。一八二六―三〇年のあいだ、被告人は二五八人であったが、一八七六―八〇年にはまだ二三九人をかぞえていた。人口増加を計算にいれたとき、はじめてこの減少はいちじるしいものとなる。謀殺の増減におけるこのようなちがいは、すこしも驚くにはあたらない。じっさい、謀殺は、混合的な犯罪で、故殺と共通の性格をもってはいるけれども、またちがった点もあり、一部分、別の原因からひき起こされる。すなわち、謀殺は、あるときはもっぱら意識的、意図的な殺人であっても、またあるときは財産にたいする罪に付随するものにすぎないことがある。この後者の資格においては、殺人のそれとはちがう別の要因にもとづいている。それを規定しているのは、血なまぐさい犯行に志向するあらゆる種類の傾向全体ではなくて、むしろ盗みの根底にあるようなまったく別の動機である。この二種の犯罪の双対性《デュアリテ》は、すでにその月別、季節別の増減をしめした表のなかに明瞭にあらわれている。謀殺は冬に、より限定していえば事物にたいする犯行と同じく十一月に、頂点に達する。したがって、謀殺の増減をたどることは、殺人の潮流の動きを観察する最良の方法とはなりえない。故殺の曲線のほうが、その一般的な方向づけをよりよく反映している。

これと同じような現象はプロイセンにもみとめられる。一八三四年に、ここでは、故殺あるいは傷害致死のためにひらかれた予審は三六八件であり、人口二万九〇〇〇につき一の割合であった。一八五一年には、それはすでに二五七件でしかなく、五万三〇〇〇につき一の割合にすぎなかった。この減少の動きは、いくらかより緩慢にではあるが、その後もつづいた。一八五二年には、なお七万六〇〇〇につき一件であったが、一八七三年には、わずか一〇万九〇〇〇につき一件となった。[*49] イタリアでは、一八七五年から九〇年にかけて、単純殺人と加重殺人の減少は一九％（三二八〇から二六六〇へ）であったが、他方、自殺は八〇％も増加していた。[*50] 殺人が減っていないところでは、自殺も少なくとも停滞ぎみである。イギリスでは、一八六〇年から六五年までのあいだ、殺人は年にして三五九件がかぞえられたが、一八八一―八五年にはもはや三二九件にすぎない。オーストリアでは、一八六六―七〇年には五二八件であったが、一八八一―八五年には五一〇件にすぎない。[*51] かりにこれらの国々で、謀殺による殺人が区別されていたならば、その減少は、さらにはなはだしいものになっていたにちがいない。この同期間、右のすべての国で自殺は増加していた。

にもかかわらず、タルド氏[†22]は、フランスにおけるこの殺人の減少がみかけだけにすぎないことを論証しようとした。[*52] この減少は、ただたんに検察当局によっていいかげんに分類された事件や、公訴棄却に終わった事件を、重罪裁判所の扱う事件に加えることをはぶいたためだという。この著者によれば、そのようにして起訴されなかった多数の故殺、したがって司法統計の総計のなかに算入されていない故殺は、依然増加しつづけたであろうとのことである。つまり、裁判の対象となった犯罪と同種のこれらの犯罪をそれに加算したならば、そこにしめされたような減少ではなく、むしろ連続的な増加がみられたにちがいないという。だがあいにく、この主張を裏づけるためにかれの引合いにだした証拠は、あまりにも作為的な数字の配列によっている。かれは、一八六一―六五年の五年間に重罪裁判所に付託されなかった故殺と謀殺の件数を、一八七六―八〇年と一八八〇―八五年のそれらと比較し、後者、とりわけ三番目のそれが前者を上まわっていることを証明するだけでよしとしている。しかし、十九世紀全体をつうじて、一八六一―六五年の期間ほど、このように不起訴となった事件が少なかったときはない。その数字は異常に低いのであるが、どういう原因によるものか、よくわからない。それだけに、比較の対象とするにはこれほど不向きな期間もなかったのだ。しかも、二〜三の数字を比較しただけで一つの法則をみちびきだそうというのは、もともとむりなことである。もしもタルド氏が、このような手がかりによらず、それらの件数の増減をもっと長期間にわたって観察していたならば、まったくちがった結論に達していたであろう。事実、その観察からは第70表のような結果が得られる。

第70表　不起訴となった事件の数

	1835−38	1839−40	1846−50	1861−65	1876−80	1880−85
故　殺	442	503	408	223	322	322
謀　殺	313	320	333	217	231	252

これらの事件のうちのあるものは，重罪にも軽罪にもあたらなかったため，起訴されなかった。したがってそれらは除外するのが当然であろう。しかし，私は，この著者のよって立つ基盤をたどるために，あえてそうしなかった。なお，これらを除外しても，それらの数字から得られる結果にべつに変わりがないことは確かである。

表では、数字はあまり規則的な変化はしめさないが、一八三五年から八五年にかけては——一八七六年ころの増加はともかくも——かなりの減少をしめしている。それは、故殺については三七%減、謀殺については二四%減である。したがって、そこには、それぞれの犯行が増加したことを結論づける根拠はまったくない。*53

二、自殺と殺人がともに多発する国があっても、そこでの両者の率にはつねにずれがみられる。この二つの現象は、決して同一地点でともに最高の強度に達することがない。殺人のひじょうに多いところでは、それが自殺にたいして一種の免疫を与えている、というのが一般的な原則でさえある。

　スペイン、アイルランド、イタリアは、ヨーロッパでもっとも自殺の少ない三国であり、人口百万あたりの自殺数は、スペインが一七件、アイルランドが二一件、イタリアが三七件である。ところが反対に、殺人のこれほど頻発している国々もない。殺人の数が自殺の数をしのいでいるのはこれらの国だけである。すなわち、スペインでは、自殺の三倍（一八八五―八九年のあいだの平均が殺人一四八四、自殺はわずか五一四）、アイルランドでは二倍（一方が二二五、他方が一一六）、イタリアでは一・五倍（二三二二対一四三七）にのぼっている。反対に、フランスとプロイセンでは、自殺がとくに多いが（人口百万あたりそれぞれ一六〇件と二六〇件）、殺人はその一〇分の一であり、一八八二―八八年の年平均は、フランス七三四件、プロイセン四五九件にすぎない。

　これと同じような関係は、それぞれの国の内部にもみられる。イタリアでは、自殺の分布図上では、北部はすべて濃くぬりつぶされ、南部はすべてまっ白のままになっている。それが、殺人の分布図上では正反対になっている。さらに、自殺率の大小に応じてイタリアの諸県を二つの群にわけ、それぞれのなかで殺人の平均率がどうなっているかを調べてみると、例の反比例関係がこのうえもなくはっきりあらわれる〔第71表を参照〕。

　殺人のもっとも多い県はカラブリアであり、加重殺人は、人口百万あたり六九にのぼるが、またここほど自殺の少ない県もない。

フランスでは、殺人のもっとも多い県はコルシカ、ピレネー‐オリアンタル、ロゼール、アルデーシュである。ところが、自殺との関係においては、コルシカは一位から八五位に転落するし、ピレネー‐オリアンタルは六三位、ロゼールは八三位、アルデーシュは六八位にそれぞれ落ちてしまう。[*54]

オーストリアでは、自殺がもっとも多いのは、下オーストリア、ボヘミア、モラヴィアなどであるが、これにたいして、カルニオレ、ダルマツィアは少ない。ところが反対に、殺人については、人口百万あたりダルマツィアが七九、カルニオレが五七・四にたいして、下オーストリアは一四、ボヘミアは一一、モラヴィアは一五にすぎない。

第71表　イタリアにおける自殺と殺人の関係

	人口100万あたりの自殺件数	人口100万あたりの殺人件数
第1群	4.1－30	271.9
第2群	30－88	95.2

三、戦争が自殺の増加に抑制作用をおよぼすことを、すでに明らかにしておいた〔第二編第三章五を参照〕。戦争は、盗み、詐欺、背任などにたいしても同じ効果をおよぼす。しかし、その例外をなす犯罪もある。それが殺人なのだ。フランスでは、一八六六―六九年のあいだ、平均一一九であった故殺が突然、七〇年には一三三、七一年には二二四にはねあがり、八八％増をしめしたが、[*55]七二年には一六二に落ち着いた。当時三〇歳前後の者に殺人が多かったこと、またすべての青年が軍務に服していたことを考えるならば、この増加はさらに大きかったものと予想される。青年たちが平時にあっては犯したはず

の犯罪は、この統計の計算にははいっていない。そればかりではない、司法行政の混乱が、たびたび犯罪の発見や、予審から起訴への到達をさまたげていたであろうことも疑いの余地がない。この二つの減少の原因があったにもかかわらず、殺人が増加したとすれば、実際の増加がいかに大きくなければならなかったかがわかるというものである。

同じように、プロイセンでも、一八六四年のデンマークとの戦争のさいに、殺人が一三七から一六九へふえ、一八五四年以来たえてなかった水準に達している。そして、一八六五年には一五三に落ちたが、六六年には、プロイセン軍が動員されていたにもかかわらず、ふたたび増加した（一五九）。一八七〇年の場合は、六九年とくらべてわずかな減少がみとめられるが（一八五件から一五一件へ）、その減少は、七一年にさらに拍車がかけられている（一三六件）。だが、それは、他の犯罪の減少とくらべると、なんとわずかなものであろう。この同時期に、加重窃盗罪は、一八六九年の八六七六から七〇年の四五九九へと、半減しているのだ。そのうえ、右の数字には、故殺と謀殺が一括されている。ところが、この二つの犯罪は、同じ意味をもっているわけではなく、すでに明らかなように、フランスでも故殺だけが戦時下に増加している。したがって、あらゆる種類の殺人の全体的な減少があまりいちじるしくないときには、故殺を謀殺から分離してとりだしてしまうと、それはかなり大きな増加をしめすであろうと考えられる。それにくわえて、さきほどあげた二つの原因のために除外されていたにちがいないケースをすべて復元することができたならば、この一見目をひく減少も、とるにたらぬものとなろう。最後に、過失致死の増加がこの時期にとくにいちじるしかったことは大いに注目すべきことである。すなわち、それは、一八六九年の二六八から七〇年の三〇三へ、そして七一年の三一〇へと増加している。[*56]このことは、当時、人びとが平時よりも人間の生命を軽んじていたということの証拠ではなかろうか。

政変もまた同じ効果をまねく。フランスでは、一八四〇年から四六年にかけて故殺の曲線が横ばいであったのに、一八四八年〔二月革命の年〕には、突然上昇をしめし、四九年に二四〇という最大値に達している。[*57]同様の現象は、すでにルイ・フィリップ治下の最初の数年間にも起こっていた。このときは、政党どうしの抗争が激烈をきわめていた。そして、故殺が十九世紀全体をつうじて最高の数に達したのも、じつにこのときである。それは、一八三〇年の二〇四から、三一年には二六四にのぼり、この数字はその後も凌駕《りょうが》されたことがない。三二年にも、なお二五三をかぞえ、三三年には二五七に達している。一八三四年には、急に減少が起こり、それはますます促進され、三八年にはすでに一四五件となって、四四%の減少を記録した。この同期間に、自殺は逆方向の変化をたどっていた。一八三三年には一八二九年と同水準（前者一九七三件、後者一九〇四件）にあったものが、三四年に上昇の動きをみせはじめ、急速な増加をしめした。一八三八年には、三〇%の増加となっている。

第72表　カトリック国家とプロテスタント国家における殺人

カトリックの国家	人口100万あたりの単純殺人	人口100万あたりの謀殺	プロテスタントの国家	人口100万あたりの単純殺人	人口100万あたりの謀殺
イタリア	70	23.1	ドイツ	3.4	3.3
スペイン	64.9	8.2	イギリス	3.9	1.7
ハンガリー	56.2	11.9	デンマーク	4.6	3.7
オーストリア	10.2	8.7	オランダ	3.1	2.5
アイルランド	8.1	2.3	スコットランド	4.4	0.7
ベルギー	8.5	4.2			
フランス	6.4	5.6			
平均	32.1	9.1	平均	3.8	2.3

四、自殺は、農村的なものであるよりも、むしろ多分に都会的なものである。殺人のばあいこれと反対である。一八八七年には、故殺、尊属殺人、嬰児《えいじ》殺しなどをすべて合わせて、この種の犯罪が地方で一一・一あり、都市では八・六発生にすぎなかった。一八八〇年にも、数字はほぼ等しく、それぞれ一一・〇、九・三であった。

五、カトリシズムが自殺傾向を低下させるのにたいして、プロテスタンティズムがそれを増大させることは、すでにみてきたとおりである。ところが反対に、殺人は、プロテスタントの国民よりもカトリックの国にはるかに多い〔第72表を参照〕。

わけても、単純殺人についての、それら二群の社会の対照はきわだっている。

この同じ対照は、ドイツ国内にもみとめられる。殺人が平均をはるかにこえているような地方はすべてカトリックであり、ポーゼン（人口百万あたり故殺と謀殺は一八・二）、ドナウ（一六・七）、ブロムベルク（一四・

第73表　バイエルンの諸州：宗教と殺人の関係

カトリックが少数の州	人口100万あたりの故殺と謀殺	カトリックが多数の州	人口100万あたりの故殺と謀殺	90%以上がカトリックの州	人口100万あたりの故殺と謀殺
ライン・パラティナート	2.8	低フランケン	9	高パラティナート	4.3
中央フランケン	6.9	シュワーベン	9.2	高バイエルン	13.0
高フランケン	6.9			低バイエルン	13.0
平　均	5.5	平　均	9.1	平　均	10.1

八）、高バイエルンと低バイエルン（一三・〇）がそれである。なおまた、バイエルンの内部でも、地方のほうがプロテスタントが少ないために、それだけ殺人が多くなっている〔第73表を参照〕。ただ、高パラティナートだけが、この法則の例外をなしている。なお、第73表を第26表〔二三七ページ〕と比較すれば、自殺の分布と殺人の分布とのあいだの背反関係は、十分明瞭にあらわれる。

六、最後に、家族生活は、自殺にたいしては抑制作用をおよぼすが、故殺にたいしては、むしろそれを促進する方向に作用する。一八八四—八七年のあいだ、既婚男子百万あたりの故殺は年平均五・〇七であったが、一五歳以上の未婚男子においては一二・七であった。したがって、前者は、後者にたいして約二・三〔二・五〕に相当する抑止率をもっているようにみえる。ただし、これら二種類の者の年齢が等しくない事実、また殺人傾向が年齢に応じて異なるという事実は、無視されてはならない。未婚男子の平均年齢が二五歳から三〇歳であるのにたいして、既婚男子のそれはほぼ四五歳である。ところが、殺人傾向が最大になるのは、二五歳から三〇歳のあいだである。この年齢における百万あたりの殺人は年にして一五・四であるが、それにたいして四五歳のそれは六・九にすぎない。前の数字とあとの数字との比は、二・二になる。このように、既婚者の犯す殺人は、年長であるということだけで、未婚者の二分の一でなければならないであろう。かれらの地位は一見したところめぐまれているが、右のようなわけで、それは、かれらが結婚生活を送っていることによるのではなく、むしろ年長であることによる。家族生活は、かれらにいささかも〔殺人への〕免疫を与えない。

家族生活は、殺人を抑止しないばかりか、むしろ殺人を促進するとさえ考えられる。じっさい、既婚者が一般に未婚者より高い道徳性をそなえているということは十分ありそうなことである。その優位性は、結婚淘汰《とうた》に起因するというよりは——もちろん、その効果も無視はできないが——むしろ、家族がひとりひとりの成員におよぼす影響によるものである。個人が、ひとりで放置されるときには、日々家族的環境の有益な規律に服しているときほど倫理的でないことは、ほとんど疑いをいれない。それゆえ、殺人にかぎっては既婚者のそれが未婚者より多いことの理由は、こう考えられる。既婚者に恩恵を与え、あらゆる種類の犯罪から免れさせている家族の道徳的影響が、かれらを殺人へ駆りたてる悪しき影響——それも家族生活に由来しているにちがいない——によって一部分相殺されてしまうためである。[*58]

要するに、自殺と殺人は、あるときには共存しあい、あるときには排除しあうのであり、ある場合に同じ条件からの影響を受けて同じように反応しあうかとおもうと、またある場合にはそれぞれ反対の方向に反応し、しかもこの背反関係をしめす場合がもっとも多いのである。一見矛盾にみちているようにみえるこれらの事実は、どのように説明されるであろうか。

それらの事実を両立させつつ説明する唯一の方法は、自殺には異なった種類があって、そのうちのある種類は殺人と類縁関係にあるが、またある種類は殺人と相容《あいい》れないものであるということをみとめることである。というのは、ただ一つの同じ現象が、同じ環境のもとで、このようなくいちがった動きをしめすことはありえないからである。殺人と比例して変化する自殺と、殺人と反比例して変化する自殺が同じ性質のものであるはずがない。

事実、筆者は、自殺には異なるタイプがあって、それらは特徴をまったく異にしていることをすでに証明しておいた。前編の結論はこうして立証されるわけであるが、と同時に、それはいまのべたばかりの事実の説明にも役だつ。この事実だけでもすでに、自殺というもののうちに多くの種類のあることを予想させるのに十分であった。しかし、右の仮説は、前に得られた結果と比較されるとき、その比較によっていわば新しい証拠が補足されるばかりでなく、それ自身すでに単一の仮説ではなくなる。いまや自殺にどのような異なった種類があるか、またそれがどのようになりたっているかがわかっているから、殺人と相容れない自殺はどのような種類のものであるか、また逆に、殺人と部分的に同じ原因にもとづいている自殺はどのような種類のものであるか、さらに並存不可能性のほうがより一般的であるのはなぜか、などのことを明らかにするのはむずかしくない。

現在、もっとも広汎《こうはん》に発生し、年々の自殺数の増加にもっとも大きくあずかっている自殺タイプは、ほかならぬ自己本位的自殺である。その特徴は、常軌を逸した個人化から生じる憂鬱《ゆううつ》と無気力にある。ここでは、個人は、自己を現実につなぎとめてくれる唯一の媒介者すなわち社会にもはや十分にむすびついていないので、すでに生きることに心ひかれていない。かれは自己自身とその固有の価値をとくに強烈に感じ、自己のなかにみずからの活動の目的をみいだそうとするが、しかしそのような目的はかれを充足させうるはずもないから、けっきょく憂鬱と倦怠《けんたい》をおぼえながら、以来なんの意味も感じられない生活を送ることになる。だが、殺人というものは、これと反対の条件にもとづいている。それは、激情なくしては起こりえない暴力的な行為なのだ。ところで、社会が強固に統合されていて、部分の個性化がいちじるしくないようなところでは、集合的状態の強さが情念的生活の一般的な水準を高める。そして、とくに殺人への激情の高揚をうながすうえで、これほどねがってもない地盤はない。家族精神がまだ昔ながらの活力をたもっているようなところでは、家族にたいしてなされた侮辱は、どんな残酷な復讐《ふくしゅう》をもってもすすがれねばならない冒瀆《ぼうとく》とみなされ、しかもその復讐は第三者の手にゆだねることができないとされている。いまなおわが国のコルシカや、南部のある地方を血なまぐさい渦《うず》に巻きこんでいる復讐《ヴェンデッタ》の慣行は、[†23]ここから生じたのである。また、熱烈な宗教的信仰の生きているところでは、それはしばしば殺人を鼓吹するが、それは政治的信念のばあいにも変わりがない。

しかも、とくに殺人の潮流は、一般に、人びとの意識によって抑制されることが少なければ少ないほど、いいかえれば生命の侵害について問われる罪が軽ければ軽いほど、いっそう激しさをくわえる。そして、社会の道徳が個人および個人にかんする事柄に重きをおかなければ、またそれだけ生命の侵害も重大視されないから、微弱な個人化、すなわち筆者の表現でいえば、過度の集団本位的状態が、殺人をひき起こすことになる。未開社会で、殺人が多いと同時にその抑制がほとんど行なわれなかった理由は、ここにある。そこにおいて殺人がこのようにひんぱんに行なわれたこと、ならびに殺人が比較的寛大に扱われたことは、じつは同じ一つの原因から生じている。個人の人格が尊重されていないことによって、ますます個人の人格は暴力の危険にさらされるが、と同時に、この暴力はさほど犯罪とはみなされない。したがって、自己本位的自殺と殺人は、それぞれ相反する原因によるものであって、当然、一方がひんぴんと生じているところで他方も容易に増加をしめすことはありえない。社会的情熱が生き生きと脈打っているところでは、まず人は不毛な夢想にもエピキュリアンの冷徹な打算にもかたむくことはない。個人の運命をなんともおもわないことに慣らされると、人は、みずからの運命を不安げに自問しようなどとはしないものである。人間の苦悩が軽視されているときには、個人的苦痛の重荷はより軽く感じられるのだ。

反対に、しかしまた同じ原因から、集団本位的自殺と殺人がまさしく歩調を合わせて増減することが起こりうる。それは、両者が程度のちがいこそあれ、同じ条件にもとづいているからである。人は、自分の生を軽視するよう教えこまれると、他人の生もあまり尊重することができないものである。この理由から、ある種の未開民族においては、殺人と自殺がひとしく風土病的な状態において発生している。とはいえ、文化の発達した国民にもみられる自殺と殺人の並行関係の事例までも、この同じ原因にむすびつけられるとはおもえない。もっとも文化のすすんだ環境のもとでしばしば殺人と共存しているのがみとめられたあの多数の自殺は、常軌を逸した集団本位的状態から発生したものではない。というのは、自殺をひき起こさせるためには、なみなみならぬ強度をもった集団本位主義、それも殺人をひき起こす以上に強烈な集団本位主義がなければならないからである。じっさい、私が個人の生一般をどれほど軽んじていても、私という個人の生は、やはりつねに他人の生よりも価値あるものと映じるだろう。すべての条件がひとしければ、平均的な人間は、かれの仲間の人格よりも自分の人格のほうを尊重しがちなものである。したがって、後者の場合にこの人格尊重の感情を断ち切るためには、前者の場合よりさらに強力な原因が必要である。ところが、今日では軍隊のような特殊な数少ない環境をのぞいては、没個人性や自己犠牲への志向はあまりにもうすれ、その反対の感情があまりにも一般化するとともに強くなっているので、このようなかたちで簡単に自分を犠牲に供することは起こりがたくなっている。それだけに、同じく殺人とむすびつくことのできるもっと別の、より現代的な自殺形態が存在していなければならない。

それが、アノミー的自殺である。アノミーは、じっさい、憤激の状態や苛《いら》だたしい疲労の状態を生みだすが、それらは、状況のいかんによって、本人自身に向けられたり、あるいは他人に向けられたりすることができる。前者の場合が自殺であり、後者の場合が殺人である。このはなはだしく刺激された力がどちらの方向に向かうかを規定する要因は、おそらく当人の精神的構造のうちに存在しよう。その構造が苦悩に耐える強さをもっているか否かによって、力の方向は一方に曲がったり、他方に曲がったりする。凡庸な道徳性の持ち主は、自殺をはかるよりも、むしろ殺人を犯す。われわれのみたところでは、[†24]どうかすると、この二つの表現形態はたがいに連続的に生じさえする。そのさい、両者は、同一の行為における二つの側面にほかならない。そのことは、殺人とアノミー的自殺が密接な関係にあることをものがたっている。そのばあいの個人の激昂《げきこう》状態を静めるためには、二人の犠牲者が必要であるということなのだ。

今日、大都市や高度に文化のすすんだ地方で、殺人の増加と自殺の増加が並行して起こっているのは、このような理由による。すなわち、こうしたところでは、アノミーが尖鋭《せんえい》な状態を呈しているためである。そして、この同じ原因が、自殺の増加と等しい速度で殺人が減少することをさまたげている。じっさい、個人主義の発達があの殺人の一つの源を涸《か》らしているとすれば、経済的発展にともなってあらわれたこのアノミーは、また別の殺人の源を開発していることになる。わけても、フランスそしてとくにプロイセンにおいて、戦後〔普仏戦争後〕、自殺と殺人が同時的に増加したが、それは、両国において異なった原因からではあるが、いっそう道徳的不安定さが昂じていたためであると考えられる。けっきょく、自殺と殺人にこのような部分的な符合があるにもかかわらず、反比例関係がもっともひろくみとめられる理由は、以上のようにして理解される。それは、アノミー的自殺が、産業・商業活動が高度な発展をとげている特殊な地点にかぎり、まとまって生じるにすぎないからである。自己本位的自殺は、おそらくもっとも広汎にみとめられる自殺であろうが、それは血なまぐさい犯罪とはなじまない。

そこで、次のような結論に達する。自殺と殺人がしばしば反比例して増減するのは、両者がただ一つの同じ現象の二つの異なった側面をなしているからではない。それは、両者が、ある意味で二つの相対立する社会的潮流をかたちづくっているからにほかならない。このばあい、あたかも昼が夜を排除するように、また極端な乾燥から起こる病と極端な湿気から起こる病が相反するように、それらもたがいに排除しあう。とはいえ、この一般的な対立が、両者の共存をすべてさまたげることにならない理由は、ある種の自殺のタイプ

〔アノミー的自殺〕が、殺人の原因と対立する原因に起因するのではなく、むしろ反対に、それと同じ社会的状態を反映し、同じ社会的環境のなかではぐくまれているからである。さらに、アノミー的自殺と共存する殺人と、集団本位的自殺と共存する殺人とは、同質のものではないと予想することができる。けっきょく、自殺とまったく同様に、殺人も、単一の分離しえない犯罪学的な実体をなしているのではなく、たがいに千差万別の複数種をそのなかにふくんでいるはずだと予想できるのである。しかし、本書は、この重要な犯罪学上の命題を主張すべき場ではない。

したがって、自殺とは、この道徳に反した行為〔殺人〕を減少させるねがってもない反動力であり、それゆえ、その増加をさまたげないほうがかえって有益であるかもしれない、と考えるのはまちがっている。自殺は、殺人をまぎらわしてくれるものではない。たしかに、自己本位的自殺を規定している精神的構造と、もっとも文化のすすんだ国民の殺人を減少にみちびいているそれとは関連がある。ところが、この種の自殺者は、殺人未遂者であるどころか、殺人者になりうるなんらの要素ももっていない。それは、憂鬱な意気銷《しょう》沈《ちん》した人間なのである。だから、かれの行為に非難をあびせたところで、かれと同じ道を歩んでいる者たちを謀殺者に一変させることはない。あるいは、こういわれるかもしれない、自殺に非をならすことは、同時に自殺を生じさせる精神状態、すなわち、こと個人にかかわるいっさいの事柄についての一種の過敏さを責めることであり、その過敏さを弱めることであるから、そのことによって、没個人性への志向とその結果である殺人に拍車をかけるおそれがある、と。しかし、個人主義が殺人傾向を抑えることができるためには、それが自殺の原因となりうるほどとくに極端な強さにまで達している必要はない。個人が同胞の血を流すことをいとうようになるためには、なにもかれが自分以外のなにものにも愛着をいだかなくなる必要まではないのである。個人が、人格一般をいつくしみ、尊ぶだけで十分なのだ。それゆえ個人化への傾向は、ある妥当な限界のなかに抑えても、それがために殺人傾向が助長されるということはない。

アノミーについていえば、これは、殺人も自殺もともにひき起こすから、アノミーを抑制できるものは、この両者を抑制することができる。アノミーが、いったん自殺という形態であらわれることをさまたげられると、こんどはいっそう数多くの殺人としてあらわれるのではないか、という危惧《きぐ》をいだくにはおよばない。なぜなら世人の意識とその禁止を尊重して自殺を思いとどまるほど道徳的規律に敏感な者は、さらにきびしく罰せられ、責められる殺人などは、なおさらつよく忌避するにちがいないからである。それになお、このような場合に自殺をはかるのは、もっとも卓越した人びとであることがわかっている。とすれば、逆方向への淘汰《とうた》[†25]を弁護する理由は、なにもない。

本章は、しばしば論議の的となっていたある問題を解明するのにも寄与することができ

第74表　子どもの有無による既婚者とやもめの年齢別自殺（絶対数）
（セーヌ県をのぞいたフランスの諸県）　　　　（1889-91）

	年齢	既婚者		やもめ	
		子どものないもの	子どものあるもの	子どものないもの	子どものあるもの
男子	0－15	1.3	0.3	0.3	
	15－20	0.3	0.6		
	20－25	6.6	6.6	0.6	
	25－30	33	34	2.6	3
	30－40	109	246	11.6	20.6
	40－50	137	367	28	48
	50－60	190	457	48	108
	60－70	164	385	90	173
	70－80	74	187	86	212
	80以上	9	36	25	71
女子	0－15				
	15－20	2.3	0.3	0.3	
	20－25	15	15	0.6	0.3
	25－30	23	31	2.6	2.3
	30－40	46	84	9	12.6
	40－50	55	98	17	19
	50－60	57	106	26	40
	60－70	35	67	47	65
	70－80	15	32	30	68
	80以上	1.3	2.6	12	19

この表は，司法省の未発表の資料から作成された。人口調査は，年齢ごとの，子どものない既婚者ややもめの数をしめしてはくれないので，あまり役にはたたなかった。にもかかわらず，人口調査のこの脱落部分がいつかは埋められて，やがては利用に供せられるであろうと願いながら，筆者のこの作業の結果を公にする。

る。

われわれが同胞にたいしていだく感情は、利己的感情の延長にすぎないのか、あるいは反対にそれとは別個の感情であるのかという問題をめぐって、どのような論議がかさねられてきたかは周知のとおりである。[†26] ところが、どちらの仮説も根拠がないことは、いまみてきたばかりである。他者にたいする同情と自己自身にたいするそれとは、なるほど無関係ではない。なぜなら、ともに並行して高まったり減退したりするからである。しかし、だからといって一方が他方から生まれてくるわけではない。そのあいだに類縁関係があるとすれば、それは、この両者がともに集合意識のある状態から派生したものであり、その状態の異なった二側面にすぎないからである。それらが表現しているのは、世論が個人一般の道徳的価値をどのように評価しているかということである。もしも個人が、世人の評価においてとくに尊重されていれば、われわれは、この社会的判断を、自己に適用すると同時に他者にも適用する。他者の人格も、自分の人格におとらずきわめて尊いものと映じ、またわれわれは、自分にとくに関係のある事柄に敏感になると同様に、他者のひとりひとりに個人的にかかわる事柄にも敏感になる。かれらの苦悩は、みずからの苦悩と同じように、容易に耐えがたいものとなる。だから、人びとが他者にたいしていだく同情は、自己自身にたいしていだくそれのたんなる延長にはとどまらない。それゆえ、両者は、同一の原因から生まれた結果であって、同じ道徳的状態からなっている。もちろん、それは、自己自身に適用されるか、あるいは、他者に適用されるかによって、形態がわかれる。前者の場合には、われわれの利己的本能がそれを助長するが、後者の場合には、この本能がそれを弱めるようにはたらく。だが、いずれの場合にも、道徳的状態がそこに現存し、作用をおよぼしていることに変わりはない。個人の個性的な気質にもっとも深く根ざしているかにみえる感情でさえ、個人をこえた原因によって規定されていることはまぎれもない真実である。われわれの利己主義そのものも、おおかた社会の所産なのだ。

＊1　『社会分業論』序文を参照。

＊2　この問題についての文献には次のようなものがある。Appiano Buonafede, *Histoire critique et philosophique du suicide*, 1762; trad. fr., Paris, 1843. — Bourquelot, Recherches sur les opinions de la legislation en matière de morts volontaires, in *Bibliothèque de l'École des Chartes*, 1842 et 1843. — Guernesey, *Suicide, history of the penal laws*, New York, 1883. — Garrison, *Le suicide en droit romain et en droit français*, Toulouse, 1883. — Wynn Westcott, *Suicide*, London, 1885, pp.43-58. — Geiger, *Der Selbstmord im Klassischen Altertum*, Augsburg, 1888.

＊3　Garrison, *op. cit.*, p.77.

＊4　Ferri, *Omicidio-suicidio*, pp.61-62.

＊5　Michelet, *Origines du droit français*, p.371.

＊6　Ferri, *op. cit.*, p.62.

＊7　Garrison, *op. cit.*, pp.144-145.

＊8　Ferri, *op. cit.*, pp.63-64.
＊9　『コーラン』第三章一三九節を参照。
＊10　同、第十六章六三節を参照。
＊11　同、第五十六章六〇節を参照。
＊12　同、第三十三章三三節を参照。
＊13　アリストテレス『ニコマコス倫理学』第五巻第十一章三節。
＊14　Eschine, C. *Ctésiphon*, p.244. — Platon, *Lois*, IX, 12, p.873.
＊15　Dion Chrysostome, *Or.*, 4, 14（éd. Teubner, V, 2, p.207）.
＊16　Libanius, *Melet*, édit. Reiske, Altenburg, 1797, p.198 以下。
＊17　Valère-Maxime, 2, 6, 8.
＊18　Valère-Maxime, 2, 6, 7.
＊19　Servius, XII, p. 603.
＊20　Lasaulx, Ueber die Bücher des Königs Numa, 同著 *Études d'antiquité classique* 所収、を参照。Geiger, p.63 によって引用した。
＊21　Servius, *loc. cit.* — Pline, *Histoire naturelles*, XXXVI, p. 24.
＊22　*Digeste*, III, tit. II, liv. II, §3.
＊23　Quintilien, *Institution oratoire*, VII, 4, 39. — *Declam.*, p. 337.
＊24　*Digeste*, liv. XLIX, tit. XVI, loi 6, §7.
＊25　*Ibid.*, liv. XXVIII, tit. III, loi 6, §7.
＊26　*Ibid.*, liv. XLVIII, tit. XXI, loi 3, §6.
＊27　共和制の末期と帝政の初期がそれである。Geiger, p.69 を参照。
＊28　そしてなお、このばあいでさえ、この権利については、社会にたいして異議がたてられたのである。

＊29　Geiger, *op. cit.*, pp.58-59 を参照。

＊30　『社会分業論』第二編を参照。

＊31　Chaussinand, *Contribution à l'étude de la statistique criminelle*, Lyon, 1881. なお、一八八七年のローマの犯罪学会議で、ラカサーニュ氏は、この説の最初の主唱者であることを主張している。

＊32　この問題にかんする文献

Guerry, *Essai sur la statistique morale de la France*. — Cazauvieilh, *Du suicide de l'aliénation mentale et des crimes contre les personnes, comparés dans leurs rapports réciproques*, 2 vol., 1840. — Despine, *Psychologie natur.*, p.111. — Maury, Du Mouvement moral des sociétés, in *Revue des Deux Mondes*, 1860. — Morselli, *Il suicidio*, p.243 以下。— *Actes du Premier Congrès International d'Anthropologie criminelle*, Torino, 1886-87, p.202 以下。— Tarde, *Criminalité comparée*, p.152 以下。— Ferri, *Omicidio-suicidio*, 4e éd., Torino, 1895, p.253 以下。

＊33　*Moralstatistik*, p.526.

＊34　*Op. cit.*, p.333. ——ただし、この同じ著者は、*Actes du Congrès de Rome*, p.205 のなかで、この背反関係が存在することに疑問をさしはさんでいる。

＊35　Cazauvieilh, *op. cit.*, p.310 以下。

＊36　Lisle, *op. cit.*, p.67.

＊37　Ferrus, *Des prisonniers, de l'emprisonnement et des prisons*, Paris, 1850, p.133.

＊38　*Op. cit.*, p.95.

＊39　Leroy, *Le suicide dans le département de Seine-et-Marne*.

＊40　*Op. cit.*, p.377.

＊41　Lombroso, *L'homme criminel*, trad. fr., p.338.

＊42　この影響はどのようなものからなりたっているのであろうか。その一部は独房制度に帰せられなけ

ればならないようにおもわれる。しかし、刑務所の共同生活が〔個々人に〕同一の効果をもたらすような性質のものであっても驚くにあたるまい。ならず者や拘禁者の社会がひじょうに高い凝集性をもっていることは周知のとおりである。そのなかでは、個人はまったくかげがうすくなり、刑務所の規律が〔個々人に〕同じ方向の作用をおよぼすようになる。したがって、軍隊にみられたものとよく似た事実がそこにもいくぶんかは生じるであろう。自殺の伝染病が兵営におけると同じく、刑務所のなかにもひんぱんに起こるという事実がこの仮説を証明する。

＊43　フェルリによって引かれている統計（*Omicidio*, p.373）は、あまり証拠としての価値はない。イタリアの刑務所では、一八六六年から七六年にかけて、人身にたいする罪によって刑を宣せられた囚人に一七件の自殺があったが、これにたいして財産にたいする罪を犯した者の自殺は五件にすぎなかったという。ところが、刑務所に収容されている者には、後者よりも前者のほうがはるかに多い。だから、これらの数字からは結論めいたものはなにも出てこない。そのうえ、この統計の作成者が、そこで用いた要素をどのような材料からとったのか、筆者にはわからないのである。

＊44　Oettingen, *Moralstatistik*, annexes, table 61 による。
＊45　*Ibid.*, table 109.
＊46　*Ibid.*, table 65.
＊47　フェルリの作成した同じ表による。
＊48　この諸県の分類は、Bournet, *De la criminalité en France et en Italie*, Paris, 1884, p.41, 51 より引用された。

＊49　Starke, *Verbrechen und Verbrecher in Preussen*, Berlin, 1884, p.144 以下。
＊50　フェルリの表による。
＊51　Bosco, *Gli Omicidii in alcuni Stati d'Europa*, Rome, 1889 を参照。
＊52　Tarde, *Philosophie pénale*, pp.347-348.

＊53　この説を裏づけるためにこの著者の行なった二次的な考察も、あまり証明にはならない。かれによれば、自殺や事故死のなかに誤って分類されてしまった殺人も考慮にいれなければならないであろう。ところで、自殺も事故死も十九世紀初頭以来数を増してきているところから、かれは、この二つの名称のいずれかにくりいれられてしまう殺人の数もふえたにちがいない、と結論するわけである。したがって、殺人の動向を正確に測ろうとおもえば、まさにこの大きな増加を考慮しなければならないという。——だが、この推論の基礎には一つの混乱がある。すなわち、事故死や自殺の増加は、誤ってこれらの名称にくりいれられる殺人をも同じように増加にみちびくものではない。自殺や事故が多くなったとしても、それに応じてまちがわれた自殺やまちがわれた事故がふえるという結果にはならないのである。このような仮説がいくぶんとも真実性をもつためには、行政・司法関係の調査が、疑わしい事例についてかつてよりも粗雑になっているということが立証されなければなるまい。だが、この想定にはまったく根拠をみとめることができない。じっさい、タルド氏は、今日溺死がかつてなかったほどふえていることに目をみはり、この増加の裏に、かくれた殺人の増加があるのではないかと考えんばかりである。しかし、それなら感電死の数のほうがまだはるかに大きな増加をしめしている。それは二倍にのぼる。だが、それらは犯罪的な悪意となんのかかわりもない。疑うべくもないことは、まず統計的調査はますます正確の度をくわえているということ、そして溺死についていえば、海水浴がさかんになり、港が活気をおび、わが国の河川を往来する船舶がふえたため、水死事故が多くなったということである。

＊54　謀殺については、反比例関係があまり目だたない。この犯罪の混合的な性格についてさきほどのべたことは、これによっても立証される。

＊55　反対に、謀殺は、一八六九年の二〇〇、一八六八年の二一五とふえていたのが、七〇年には一六二にまで落ちている。これら二種類の殺人がいかにはっきり区別される必要があるかがわかる。

＊56　Starke, *op. cit.*, p.133 による。

＊57　謀殺のほうは、依然ほとんど横ばいをつづけた。

＊58　なお、この指摘は、問題の解決よりも、むしろ新たな問題の提起へ向けられている。自殺について行なったと同様に、年齢のおよぼす作用と、法律上の身分のおよぼす作用とを分離したときに、はじめてこの問題の解決は可能となるであろう。

†1　ルイ九世（一二一四―七〇）。フランス王（在位、一二二六―七〇）。十字軍を起こし、聖徒に列せられた。

†2　Edgar（九四四―七五）。イングランド王（在位、九五九―七五）。内治外交をととのえて平和な治政をたもち、「平和王」とも称せられた。

†3　スパルタのアリストデモスは、テルモピュライの戦い（ペルシア戦争）で眼病をわずらい、命を免れて帰還した。そのため、多くの非難をこうむったので、死を求めてプラタイアイの戦い（前四七九）で奮戦した。しかし、あらかじめ死を欲していたという理由でいっさいの栄誉を拒絶された（ヘロドトス『歴史』）。

†4　クリステネスによってもうけられたアテナイの立法の予備的審議機関（民会が最終議決機関）。各部族の代表五百人によって構成された。

†5　Libanios（三一四―三九三ころ）。ギリシアの修辞家。

†6　おそらく、アテナイの評議会に相当する機関であろう。

†7　ローマ最古の成文法（前四五〇ころ）。銅版に彫ったとも伝えられるので、十二銅版法ともよばれる。

†8　Maurus Honoratus Servius. 四世紀のローマの文法家。ウェルギリウスの詩などについて、修辞的立場から多くの評注がある。

†9　ウェルギリウスの叙事詩。アイネイアスがトロイ落城後、諸国を遍歴してローマ建国の祖となる物語。

†10 Cassius Hermina. 前二世紀ころのローマの歴史家。

†11 Lucius Tarquinius. 伝承によると、ローマ最後の王（在位、前五三四―五一〇）。性は尊大で、王を殺害して王位をうばったが、やがて王位から追われ、ローマの王政は終わったという。

†12 東ローマ、ユスティニアヌス一世下（六世紀半ば）に編まれたローマ法の集大成。『ローマ法大全』ともいう。

†13 Marcus Fabius Quintilianus（三〇―一〇〇以前）。ローマの修辞家。『雄弁家教育論』を著わした。「テクスト」とあるのは同書のこと。

†14 後述されるフェルリ（五六八ページ）をさすのであろう。

†15 フランス刑法においては、刑の種類により、犯罪が重罪、軽罪、違警罪の三つに分類されている。たとえば重罪には、死刑から軽禁獄までの九種が定められていた。

†16 Alexandre Lacassagne（一八四三―一九二四）。フランスの医師、犯罪人類学者。

†17 刑の「加重」とは、併合罪および累犯の場合に法定刑の範囲をこえて重い刑を裁定することをいう。

†18 故殺 meurtre とは、予謀、熟慮することなく、一時の激情によって決意された殺人。

†19 故殺にたいして、殺害の手段、方法などをあらかじめはかって行なう殺人を、謀殺 assassinat という。

†20 第69表によると、三月の誤りではないかとおもわれる。

†21 Guillaume M. A. Ferrus（一七八四―一八六一）。フランスの精神病医。精神病者にかんする立法などに功績があった。

†22 Gabriel Tarde（一八四三―一九〇四）。フランスの社会学者、刑事学者。司法省統計課長などもつとめた。社会学については、『模倣の法則』などにおいて心理学的社会学の立場を主張した。かれによれば、社会的諸関係は、もっとも単純かつ純粋な形式においては個人と個人の心理的関係（暗示、模倣）として把握されるものであり、社会現象の心理学的説明は社会学にとって中心的な方法

であるとされた。この立場は、社会現象の客観的な外在性を主張するデュルケーム学派と対立するものであったが、その後における社会心理学の成立にたいしては多大の貢献をなした。

†23 とくにコルシカで行なわれていた慣行で、殺人等の行為がくわえられたとき、犠牲者の家族、親族全体の手によってこれへの復讐が追求される。

†24 四七九―四八〇ページを参照。

†25 アノミーを放置し、自殺をふえるがままにしておくこと。

†26 人間の本性は利己的か愛他的か、というような古来くりかえされてきたいわゆる「人間性」をめぐる論議をさしているとおもわれる。たとえば、フランスのモラリストたちのさまざまな言説がある。

第三章　実践的な結論

さて、自殺とはなにか、その種類と主要な法則はなにかが明らかになったので、次に、それにたいして今日の社会がどのような態度をとるべきかを探究しなければならない。

しかし、この問題そのものは、もう一つの問題の存在を前提している。文化の発達した諸民族における自殺の現状は、正常なものとみなされるべきであろうか、異常なものとみなされるべきであろうか。じつはくみする解決方法のいかんによっては、自殺を抑止するために改革が必要であり、またそれが可能であるとおもわれるかもしれないし、あるいは反対に、自殺はよくないことだといいながらも、それをありのままに承認したほうがよいかもしれない。

一

このような問題が提起されうるということに、きっと人は驚くだろう。

じっさい、道徳に反することはすべて異常であるとみなすことに、われわれは慣れきっている。だから、すでに明らかにしたように、自殺が道徳意識をそこなうものである以上、それを社会病理学に属する一現象と考えないわけにはいかないであろう。しかし、筆者は、まぎれもない反道徳性の形態、すなわち犯罪でさえ、かならずしも病理現象に分類されるべきではないことを他の著書のなかで明らかにした。[*1] 事実、この主張は、たしかにある種の人びとを面くらわせたし、〔筆者の著書について〕皮相な検討にとどまった者にとっては、道徳の基礎を震撼《しんかん》させるように感じられたかもしれない。しかし、この主張はけっして道徳の基礎をくつがえそうとするものではない。そのことを納得するためには、筆者の主張の基礎となっている議論を思い起こすだけでよい。それは、以下のように要約される。

病という言葉は、ただの空語であるか、あるいはなにか避けることのできるものをさししめす言葉である。もちろん、避けることのできるものがことごとく病的なものだというわけではないが、病的なものは、少なくともたいていの者にとって避けることのできるものである。もしも、言葉における と同様に、観念においても、あらゆる区別を執拗《しつよう》に追求しようとするならば、ある種に属する存在がどうしてもたざるをえないような、またその存在の構造のなかに必然的にふくまれているような状態なり性格なりを、病的とよぶことはできない。他方、その必然性の存在を認識するためには、経験的に決定されうるとともに、他人によっても確認される客観的な目印によるほかはない。それが普遍性というものである。いつでも、どこでも、二つの事実がいささかの例外もなくいっしょにむすびついて生起するときには、両者が分離されうるとする方法はすべて、この事実と相容《あいい》れない。それは、一方がつねに他方の原因であるからではない。たとえそれらのあいだの関係は間接的であってもよい。[*2] そのばあいでも、その関係は存在することに変わりはないし、しかも必然的なものなのである。

さて、形態は異なっていても、われわれの知るかぎりの社会には多かれ少なかれ犯罪が起こっている。その道徳が日々蹂躙《じゅうりん》されていないような国民は存在しない。それゆえ、犯罪は必然的なものであって、存在しないわけにはいかないし、われわれの知るかぎり、社会組織をかたちづくる根本的条件は、当然のこととして犯罪をふくんでいるといわなければならない。したがって、犯罪は正常なものである。[†1] ここでは、人間性にいつもついてまわる不完全性を引合いに出してみても、また、悪というものはたとえ避けがたいものであっても悪であることに変わりがない、と主張したところで、無意味である。それは説教師の言葉であって、学者の口にすべき言葉ではないのだ。避けがたい不完全性は病ではない。さもなければ、いたるところに病をみとめなければなるまい。なぜなら、不完全性はなにごとにもつきものだからである。身体の機能やその解剖学的形態はすべて、もっと完全であったらよいとおもわずにはいられないものばかりである。人間の目のような粗雑な視覚器官がつくられたことに、光学者は赤面するであろう、とはよくいわれたことである。

しかし、だからといって、人びとはこの器官の構造が異常であるとは結論しなかったし、また結論することもできなかった。さらに、筆者の反対者たちの用いるやや神学臭のこもった言葉を使うならば、必然的なものは、それ自体のなかになんらかの完全なものをもっていないはずはない。生命の欠くべからざる条件をなしているものは、その生命が無益なものでないかぎりは、かならず有益である。このことを無視するわけにはいかないであろう。そして実際に、筆者は、犯罪がいかに有益なものであるかを明らかにした。[†2] ただし、犯罪が有益なものとなるのは、それが非難され、禁じられる場合にかぎられる。筆者が犯罪を正常社会学《ソシオロジ・ノルマル》の扱う現象のなかにふくめたということだけで、犯罪を罰する必要のないことを意味するものと人は誤解してしまった。しかし、犯罪の発生することが正常であるならば、それが罰せられることも、また正常なことである。刑罰と犯罪は切り離すことのできない一対の言葉をなしている。どちらも欠くわけにはいかない。刑罰制度にすこしでも異常な弛緩《しかん》が生じれば、それは、犯罪をそそのかすことになるし、犯罪に異常な激しさをそそる結果となる。

以上の考え方を自殺にも適用してみよう。

じつのところ、自殺の起こらないような社会は存在しないことを裏づけるにたるだけの情報を、筆者はもっていない。この点について統計的に知ることのできる民族はごく少数にかぎられている。その他の民族については、そこに慢性的に自殺が発生していたか否かは、自殺が立法のなかにのこしている痕跡《こんせき》のいかんによってしか証明することができない。ところが、自殺があらゆるところで法的規制の対象になっていたかどうか、はっきりしたことはわからない。しかし、もっとも一般的には、それが、法的規制の対象とされていたと考えることができる。自殺は、命令されることもあったし、非難されることもあった。また、禁止されるといっても、あるときには公に罰せられたかとおもうと、あるときには種々の留保や例外がのこされていた。しかし、あらゆる類推をはたらかせれば、自殺はけっして法や道徳と無関係の現象ではないはずだということ、すなわち、自殺が世人の意識の注視の的となるにたるほど重大な事柄であったことはまちがいない。いずれにせよ、時代的な消長があったにしても、ヨーロッパの諸民族につねに自殺の潮流が存在していたことは動かせない事実である。その証拠には、十八世紀以降は統計によって、それ以前の時代は法律上の記録によって、このことが確かめられる。したがって、自殺は、ヨーロッパの諸民族の正常な構造の一要素であって、おそらくはあらゆる社会の構造の一要素でもあろう。

さらに、自殺がどのように社会構造と関連しているかを知ることも不可能ではない。

それは、未開社会との関連における集団本位的自殺のばあいに、とくに明瞭《めいりょう》である。集団にたいする個人のきびしい従属がまさに社会の基礎原理であるために、集団本位的自殺は、いわば集合的規制の欠くことのできない一過程となっている。このとき、かりに人びとが生命をとるにたらないものと考えていなかったならば、自殺はそうしたあるべきかたちをとらなかったであろう。また、人が生命をとるにたらないものとみなす以上、かれらにとってあらゆることが生を捨てる理由となることは避けられない。したがって、自殺の慣行と、その社会の道徳的構造とのあいだには、切っても切れない関係がある。自己犠牲や没個人性がきびしく要求される特定の環境においては、いまなおこれと同じことがいえる。いまだに軍隊精神は、個人が自己自身から超脱しないかぎり強靱《きょうじん》なものとなることができないが、このような自己自身からの超脱は、かならず自殺への道をひらくのである。

これと反対の理由から、人格の尊厳が行為の至高の目的となっていて、人間が人間にとって神であるような社会や環境においては、個人は、容易にみずからの内部に存在する人間を神とみなし、自己自身をみずからの崇拝の対象とするかたむきがある。道徳が、なにはさておいても、個人にきわめて高い評価を与えようとしているときには、若干の事情がむすびついて作用するだけで、すでに個人はみずからをこえた存在をなに一つ認めることができなくなってしまう。もちろん、個人主義はかならずしも自己本位主義ではないが、しかし、これに近いものをもっているので、個人主義が鼓吹されると、どうしても、自己本位主義もそれだけ発達しないわけにはいかない。こうして、自己本位的自殺が生まれる。最後に、進歩のすみやかな、また、すみやかでなければならない民族においては、個人を抑制している規制も十分に柔軟で、順応性が高くなければならない。かりに、それが、相変わらず未開社会のそれのような、融通のきかない硬直した規制であったならば、進歩はさまたげられ、十分すみやかには行なわれないであろう。ところが、このばあいには、人びとの欲望や野心は、それほど強く抑制されていないので、どうしても、ある限界をこえてとりとめもなくひろがってしまう。人びとにこの教え〔進歩の教説〕が説かれる以上、また、進歩が義務とされる以上、かれらを忍従者《レジニエ》にすることはいよいよむずかしい。その結果、不満をいだく者や、不安の虜《とりこ》となる者は増加せざるをえないのである。したがって、およそあらゆる進歩と完全性の道徳は、ある程度のアノミーと不可分の関係にある。このように、一定の精神的構造がそれぞれその自殺のタイプに対応していて、それと密接にむすびついている。一方は、他方なしには存在することができない。というのも、自殺は、たんにそれらの精神的構造が、ある特殊な——しかし必然的に生じる——条件のもとで必然的にしめす形態にほかならないからである。

しかし、こういう反論があるかもしれない。それらのさまざまな潮流〔集団本位主義、自己本位主義、アノミー〕は常軌を逸したものとならなければ自殺をひき起こすことはないが、それでは、その潮流が、どこでも同じように、ほどよい強さをしめすことはありえないだろうか、と。——それは、社会生活の条件がどこでもひとしいものであってほしいとのぞむことであるが、これは可能なことでもなければ、またのぞましいことでもない。

すべての社会には、集合的状態が変容をこうむらずには浸透していくことのできない特殊な環境がある。そこでは、集合的状態は、状況にしたがって、強められたり弱められたりする。だから、ある潮流が一国全体において一定の強度をもつためには、それが、あるところでは、その一定の程度をこえているか、さもなければそれに達していないかのいずれかでなければならない。

このように、その潮流が、強すぎるか弱すぎるかのいずれかであることは、たんに必然的であるばかりではなく、それなりの効用をもっている。というのは、もっとも一般的な〔集合的〕状態が、社会生活のもっとも一般的な環境に、やはりもっともよくかなった状態であるならば、その状態は、それ以外の〔特殊的な〕環境には適応することができない。ところが、社会は、どちらの環境にも適応できることが必要なのである。その活動の傾向がけっして月並の水準をこえないような者は、なみはずれた努力が要求されるような状況には耐えていくことができない。それと同じことで、知的個人主義が過度なほどの水準に達することのできない社会は、その必要が起こっても、伝統のくびきを揺り動かすことはできないだろうし、信仰を一新することもできないだろう。反対に、必要とあらば、逆方向の流れ〔集団本位主義〕に発達の余地を与えうるほどにこの精神的状態が弱まることのできないようなところでは、たとえば、受動的服従が第一の義務とされる戦時下に人びとはいったいどうなるであろうか。社会が、そのような活動形態をまったく忘失してしまっていては、いざ必要というときに、それをよび起こすことができない。したがって、それらの活動形態は、どうしても共同生活のなかにおのおの一定の位置を占めていなければならない。いいかえれば、批判と思想の自由への妥協なき志向が保持されているような領域が存在すること、また他方では、軍隊のような昔ながらの権威崇拝がほとんど無傷でたもたれている領域が存在することが必要なのである。もちろん、平常は、そうした特殊な焦点をもった活動は、ある限度以上にひろがってはならない。なぜなら、そこではぐくまれる感情は、もっぱら特殊な環境に対応しているものであって、全体に波及しないことが肝要だからである。だが、それらが特定の領域に局限されていなければならなくとも、やはり存在はしていなければならない。社会は、たんに同一期間のあいだにさまざまな状況との対決を迫られるばかりでなく、さらにみずから変容をとげることなしに維持されていくことができないことを考えるならば、この必要性は火をみるよりも明らかであろう。現代の諸民族にふさわしい個人主義と集団本位主義の正常なかねあいも、一世紀ののちには、もはやそのままではないかもしれない。ところが、かりにその〔将来の変化への〕萌芽《ほうが》が現在与えられていなければ、未来というものもありえまい。一つの集合的傾向が、変化しつつ弱まったり強まったりすることが可能であるためには、いったんそれがすべてただ一つの形態のもとに固定してしまったが最後もはや身動きもならない、というようなことが起こってはならない。もしもその集合的傾向が、まったく空間的変化をしめすことができなくなれば[†3]、時間的変化をとげることも不可能となろう[*3]。

集合的な悲哀のさまざまな潮流は、以上の三つの精神的状態から派生するものであるが、過度におよばないかぎり、これらの潮流自体も存在理由をもっていないわけではない。純粋な歓喜が感性の正常な状態であると考えるのは、じつは誤りである。人が、かりに悲哀にまったく心動かされることがなければ、生きていくことはできないだろう。人は、多くの苦悩にたいして、それを愛することによってはじめて耐えていくことができるし、また苦悩のただなかに人びとの感じる快さは、かならずやいくぶんか憂鬱なものをふくんでいる。したがって、この憂鬱は、生活のなかに過大な位置を占めているときにかぎって、病的なものとなるにすぎない。ただし、それが生活のなかからまったく排除されてしまっているときは、これまた病的である。歓喜を謳歌《おうか》する傾向は、その反対の傾向によって抑制されなければならないのだ。そうした条件のもとで、はじめて歓喜は節度を得て、物事と調和をしめすであろう。そのことは、個人のばあいと同様、社会についてもいえる。あまりの陽気さをたたえた精神は弛緩《しかん》した精神であって、もっぱら衰微をたどる民族にふさわしく、またそのような民族だけにみいだされる。生とは、しばしば仮借なきもので、人を幻滅におとしいれるものであったり、空虚なものであったりする。だから、集合的な感性も、生のこのような側面を反映していてしかるべきなのだ。したがって、人びとに確信をもって世界と対決させる楽観的な潮流とならんで、もちろんそれほど激しく、また一般的でなくとも、ある程度この潮流を掣肘《せいちゅう》することのできる反対の潮流が存在していなければならない。というのは、一つの傾向は、それ自身の力で規制されるものではなく、もっぱら他の傾向の力によって規制されるほかないからである。ある指標によれば、ある種の憂鬱の傾向は、その社会の類型の位する段階が高まるにしたがって、むしろ強くなってさえいくようである。すでに筆者が他の著書のなかでのべたように、*4 文化のもっとも発達した諸民族の大宗教が、それ以前の社会のいっそう単純な宗教よりも深い悲哀にみちていることは、少なくとも注目にあたいする。それはもちろん、悲観的な潮流が楽観的な潮流をすっかり巻きこみ、押し流してしまうにちがいないということではない。むしろ、それは、この悲観的な潮流が、その地歩を失うものでもなく、いっこうに消失すべき運命にあるともおもわれないということの一つの証拠である。ところで、悲観的な潮流が存在し、維持されうるためには、社会のなかに、その基体としてはたらく特殊な器官《オルガン》がなければならない。すなわち、とくにこのような集合的気分へのかたむきをしめしている諸個人の集団が存在していなければならない。ところが、そうした役割を演じる人びとは、とかく自殺の観念が芽ばえやすい人びとなのだ。

しかし、ある程度の強度をもった自殺の潮流が正常社会学の扱う現象とみなされるべきだとしても、かならずしも同じ種類のなかのすべての潮流が、同じ〔正常な〕性格をもっていることにはならない。たとえ自己犠牲の精神、進歩への愛着、個人化への好みが、あらゆる種類の社会にその地歩を占め、またそれらが、やはりある程度自殺の発生原因とならざるをえないにしても、それらは、その固有の性格をある限度――それは民族に応じて異なる――以上にもっていてはならないのである。ある限度以下にとどまるかぎりで、それは存在すべき正当な理由をもつことになる。また同じく、集合的な悲哀の傾向も、それが支配的なものとならないかぎりは、健全なものである。だからけっきょく、文明諸国における自殺の現状が正常であるか否かを明らかにするという問題は、これまでのべてきたことによってはきっぱりとした解決をみることができない。このうえ必要なことは、この一世紀以来起こっている自殺の激増が、病理的な原因にもとづくものであるか否かを追究してみることである。

今日の自殺の激増は、文明のあがなうべき代償であるといわれてきた。たしかに、その増加は、ヨーロッパではあまねくみとめられるし、その国が高い文化に達していればいるほど、いっそう増加はいちじるしくなっている。事実、プロイセンでは、一八二六年から九〇年までに四一一%の増加をしめし、フランスは、一八二六年から八八年までに三八五%、ドイツ・オーストリアは、一八四一～四五年から七七年までに三一八%、ザクセンは、一八四一年から七五年までに二三八%、ベルギーは、一八四一年から八九年までに二一二%、ただしスウェーデンは、一八四一年から一八七一―七五年までにわずか七二%、デンマークは、同期間に三五％と少ないが、それぞれ増加している。イタリアにおいては、一八七〇年［イタリア統一の年］以来、すなわちイタリアがヨーロッパ文明の一翼をになうようになって以来、自殺の実数は七八八件から一六五三件にふえ、二年間に一〇九％の増加を記録した。さらにいえば、どこの国でも、自殺がもっとも蔓延《まんえん》しているのはもっとも文化のすすんでいる地方である。それゆえ、文化の発達と自殺の増加のあいだにはある関連があって、一方が発達すれば、他方もきまって発達するものと考えることができた。[*5]この命題は、犯罪の増加は、経済的取引の並行的な発展をその原因とし、代償としている、としたイタリアの犯罪学者のそれに似かよっている。[*6]かりにそのことが承認されたならば、発達した社会の特有の構造は、自殺の潮流を異常に刺激するようなものをふくんでいると結論しなければならないであろう。したがって、自殺の潮流が現にふるっている猛威も、必然的であるだけに正常なものであろうし、同時に文明にたいして特別な措置を講じるならともかく、そうでないかぎり、この潮流の猛威に特別の措置を講じるわけにもいかないであろう。[*7]

しかし、まず次の事実を考えてみるとき、このような推論にかたむくのを思いとどまることができるにちがいない。すなわち、ローマにおいて帝政がその絶頂に達していたとき、やはりおびただしい数の自殺が発生した。したがって、その当時の人びとも、今日と同じように、それは人間の到達した知的発展の代償であり、自殺による大量の犠牲者を生むことは文化のすすんだ民族にとっての一つの定めである、ということができたかもしれない。だが、その後の歴史の経過は、このような推論がいかに根拠にとぼしいものであるかを証明した。というのは、この自殺の伝染病はほんの一時期しか持続しなかったが、それにひきかえ、ローマ文化は生きながらえたからである。キリスト教社会は、ローマ文化の粋をとりいれたばかりではなく、さらに十六世紀以降、印刷術の発明、ルネサンス、宗教改革などののちには、かつて古代社会の達していた水準を、それもはるかにこえてしまった。にもかかわらず、十八世紀にいたるまで、自殺の増加は微々たるものであった。以上からしても、進歩がおびただしい血を流させるのは必然であったとはいえない。進歩の諸結果は保存され、のりこえられもしたけれど、それは、同じ殺人的な効果を発揮しつづけなかったからである。では、それは今日でも同様でありえないだろうか。つまり、現代文化の発達と自殺の増加が当然のこととしてはむすびつかず、それゆえ、前者の進歩が同時に停止しなくても自殺の増加はくいとめられるということはありえないだろうか。なお、われわれは、自殺が進化の最初の段階から存在し、しかもそこではしばしば猖獗《しょうけつ》をきわめていたことを知っている。このように、自殺がもっとも粗野な未開人の社会にも存在しているからには、それが洗練のきわみにある慣習と必然的にむすびついていると考える理由はまったくない。むろん、このはるか昔にみられた自殺タイプは、一部分すでに消滅してしまった。だが、それならば、まさにその消滅は、今日の年々の自殺の貢納分をすこしは低下させているはずであろう。それだけに、これがつねにますます重くなっているということは不可思議なことである。

そこで、この自殺の増加は、進歩というものの内的な性質にではなく、むしろ今日自殺の行なわれている特殊な条件に根ざしている、と考えるほうが妥当である。そして、それらの条件が正常なものであるという保証は、まったくない。すなわち、われわれはいま、まのあたりにしている科学、芸術、産業などの輝かしい発展にただただ眩惑《げんわく》されていることはゆるされない。この発展が、われわれに苦痛にみちた衝撃をおよぼす病的動揺のただなかで達成されていることは、あまりにも明白だからである。したがって、自殺の増加が、現在は文明の歩みと並行してはいても、その必然的な条件ではないような、ある病的状態に原因しているということは、きわめてありうることであって、ほとんど確かなことだとおもわれる。

今日の自殺の増加の速度を考えてみるとき、それ以外の仮説のなりたつ余地さえない。事実、国によっては、五〇年たらずのあいだに、いちやく三倍、四倍、五倍にもふくれあがっている。そして他方、自殺が、社会の構造のもっとも根ぶかいところにむすびついていることが、われわれにはわかっている。なぜなら、自殺は、社会の気分のありかたを表現しているのであるが、民族の気分も、個々人の気分と同じように、組織体の状態をもっとも根本的なところにおいて反映しているのだから。したがって、自殺率にこのように大きな上昇が生じることが可能であったからには、十九世紀をつうじて、現代の社会組織に根本的な変動が起こっていなければならないはずである。ところが、このように重大であるとともに急激な変動は、社会がこのように急激にその構造を変化させることはありえないということからしても、病的だといわざるをえない。社会がその性格を変化させていくときには、ほとんど目にみえないくらい緩慢な、継続的変化のみちをたどるものである。そのようにして行なわれうる変化そのものも、なお限定されている。ひとたびある一つの社会のタイプが固定されてしまうと、もはやそれは無限の可塑《かそ》性をもたず、こえることのできない限界にいちはやく達してしまう。それだけに、今日の自殺統計から想定される変動は、正常なものとは考えられない。その変動がどのようなものであるかをくわしく知らなくても、それが、規則正しい発展から生じたのではなく、過去の諸制度をいかにも根こそぎにすることはできても、その代わりの制度をもたらすことのできないある病的な危機から生じたものであることは、まえもって断言することができる。数世紀にわたって営々ときずきあげられてきたものが、わずか数年間でつくり変えられてしまうはずはないからである。さて、原因が異常なものであれば、結果もまた異常なものとならざるをえない。したがって、けっきょく、自殺の増加が証明しているものは、現代の文明の発展の光輝ではなく、むしろ、長びけば危険をまねきかねないような危機と混乱の状態なのである。

こうしたさまざまな理由にくわえて、もう一つ最後の理由をあげることができる。集合的な悲哀は、ふつう社会生活のなかである役割を演じていても、通常はたしかに社会集団のすぐれた中心部分にまで浸透していくほどひろがってもいなければ、強力でもない。それは、底流の状態にとどまっていて、集合的主体は漠然とそれを感じ、したがってその影響をこうむってはいても、べつにそれをはっきり自覚しているわけではない。その漠然とした傾向が共同意識に影響を与えるようなことがあっても、それは、せいぜい部分的、断続的な圧力をつうじてにすぎない。したがって、その悲哀は、一般的にいって、相互に脈絡もない断片的な判断や個々の格言などのかたちで表現されるにとどまっており、絶対性をおびた調子にもかかわらず、現実の一側面を表現しようとしているにすぎない。しかも、反対の格言が、それらを訂正し、補充しているといったありさまだ。民衆の知恵がしばしば楽しみをみいだしているあの憂鬱にみちた警句、あの生にたいする皮肉をまじえた格言などはここから生じるわけであるが、しかしそれらの数も、反対の格言にはおよばない。それらは、明らかに、人びとの意識を全的にとらえるのではなく、意識のなかを一時的によぎるだけの印象を表現するのにとどまっている。これらの感情が十分人びとの注意をひき、全体として認識され、整合され、体系化され、また生についての包括的な説の基礎となるのは、それが例外的に大きな力を獲得するときにかぎられる。事実、ローマやギリシアにおいてエピクロスやゼノンの悲観的な説が出現したのは、社会が重大な危機におそわれていると感じられたときにほかならなかった。したがって、その偉大な説が形成されたという事実は、社会組織のなんらかの混乱によって、悲観的な潮流がただならぬ強さに達していたということの指標をなす。さて、この悲観的な説がいまやいかに多様をきわめているかは周知のとおりである。その数と意義の大きさを正しくはかるには、ショーペンハウアーやハルトマンなどのそれのような、この特徴を公然と表現している哲学を考察にのぼせるだけでは十分ではない。さらに必要なことは、名こそまちまちであっても、同じ精神に由来しているすべての哲学を考慮にいれることである。無政府主義者、美学者、神秘主義者、革命的社会主義者などは、たとえ未来に絶望していなくとも、現存するものにひとしく憎悪や嫌悪の感情をいだくことにおいて、またひとしく現実を破壊したい、あるいは現実から逃避したいという欲求をいだいていることにおいて、少なくとも悲観主義者と近しい関係にある。かりに集合的な憂鬱が病的に昂《こう》じていなかったならば、それがこのような意味においてかれらの意識に浸透していくこともなかったであろう。したがって、それの病的発達の結果である自殺増加も、同じ〔病的な〕性格をおびているのである。[*8]

そこで、以上すべての証拠の一致してしめすところ、十九世紀をつうじて生じている自殺数のはなはだしい増加は、日に日に険悪さをくわえつつある一つの病理現象である、と考えることができる。では、この病理現象を克服するためには、どのような手段によるべきであろうか。

二

かつて行なわれていた威嚇《いかく》的刑罰を復活するのがよい、と大いに称揚した著者もあった。[*9]じっさい、筆者自身も自殺にたいする現在の寛容は行きすぎているとおもう。自殺は道徳に反するものであるから、さらに強く、さらにきびしく責められてしかるべきであろうし、しかもその非難は、外部的な明確な徴《しるし》、すなわち刑罰によって表現されなければなるまい。この点について今日の刑罰制度が弛緩しているということじたいが、一つの異常現象である。にもかかわらず、すこしでも厳格な刑罰を科することは不可能なのだ。それは、世人の意識には容《い》れられないだろう。なぜなら、自殺は、すでにみたように、真の美徳と近い類縁性をもつものであり、その美徳の過度におよんだものにすぎないからである。だから、自殺を対象とする評価においては、とかく世論はわかれてしまう。自殺は、ある程度まで、世論がその感情を称揚するところから生じてくるものであるだけに、世論は、自殺を非難するにあたってはどうしても控え目であり、ためらいがちである。自殺が道徳に反するか否かの問題をめぐって、諸家のあいだにたえずつきない論議がくりかえされている理由はここにある。自殺は、一連の段階づけられた媒介項をへて、道徳的に賞讃されているか容認されている行為に結びついているので、自殺がそれらの行為と同じ性格をもっているとしばしば信じられてきたことも、それにたいしてひとしい寛容が要求されてきたことも、いっこうに不思議はない。こうした疑念は、殺人や盗みにたいしてはめったに起こらなかったが、それは、これらにおいては〔道徳的行為とのあいだに〕きっぱりと境界線が引かれているからにほかならない。[*10]そのうえ、自殺者がみずからに死を課したという事実が、それだけで、ともかくもつよい憐憫《れんびん》の情をもよおさせるので、仮借のない非難をあびせることがむずかしくなってしまうのだ。

こうしたすべての理由のため、いきおい、自殺には道徳的な罰しか命じることができないであろう。可能なことは、せいぜい自殺者にたいして正式の埋葬の栄誉を拒否すること、未遂者からある種の公民権、参政権あるいは家族権、たとえば家父長権のあるものや公職にたいする被選挙資格などを剝奪《はくだつ》することくらいであろう。だれであろうと、根本的な義務からのがれようとした者には、その義務に対応した権利の剝奪という罰が科せられても、世論は抵抗なくそれを容認するとおもわれる。しかし、このような処罰手段がいかに正当なものであっても、それは、きわめて二義的な影響をおよぼすことしかできないであろう。それがこのように激しい自殺の潮流をせきとめることができると予想するのは、いかにも甘い考えである。

そのうえ、この方法だけでは、その病弊の根源にまでせまることはできまい。じっさい、われわれが自殺を法的に禁止することを断念したのは、われわれみずからが、自殺というものの反道徳性をほとんど感じていなかったからである。自殺は、もはや昔ほどわれわれに抵抗を感じさせないので、われわれは、それをふえるがままに放置している。しかし、法律的条項をもうけることによっては、どのみち人びとの道徳的感受性をめざめさせることはできないだろう。ある事実が道徳的に憎むべきものとみえるか否かは、法律の有無によって決まるものではない。世人の感情が無害であると感じている行為を法が禁じるときには、人びとの怒りを買うのは、法であって、それが罰している行為ではない。自殺にたいする人びとのあまりの寛容さは、自殺を生みだす精神的状態がひろまっていて、人が自殺を責めようとすると、みずからをも責めないわけにはいかないという事情に由来している。われわれがこの精神的状態にあまりに深くひたりすぎているために、ついある程度自殺をゆるしてしまうというわけである。とすれば、人びとを自殺にたいしてより厳格にさせる唯一の方法は、あの悲観的な流れに直接的にはたらきかけ、正常な河床に引きもどし、そこに押しとどめること、そして一般の人びとの意識をその影響から免れさせ、健康を回復させることをおいてほかにはない。いったん人びとの意識が道徳的安定をとりもどしたなら、それらは、自分を傷つけるものすべてにたいして、適切に抵抗するようになるだろう。そうなれば、もはや新しい刑罰制度を一から構想する必要もなくなる。それは、要求に押されてひとりでにできあがるにちがいない。その時がくるまでは、刑罰制度も人為的であろうし、したがってそれほど役にたたないものとおもわれる。

教育は、この成果を達成するうえで、もっともたよりになる手段ではないだろうか。教育は人びとの性格にはたらきかけることを可能にするので、それが、人びとの性格をより雄々しいものにかたちづくり、自殺の意志に屈しないようにすれば、それで十分ではないだろうか。これは、モルセッリの考えたことである。かれにとっては、自殺の予防的な扱いは、すべて次の教訓のなかにつくされる。[11]「人びとが、生活のなかで確固とした目的を追求することができるように、みずからのいだいている観念や感情を統御する能力を発達させること。一言にしていえば、道徳的性格に力強さと精力を与えること」。まったく別の学派に属する一思想家も、同じような結論にたどりついている。すなわちフランク氏によれば、「いかにして自殺の原因にまで手をのばすか。それは、教育という偉大な事業を改良して、知性ばかりでなく性格を、観念ばかりでなく信念をそだてるようつとめることによって」。[12]

しかしながら、これは、教育に、もともとありもしない能力を認めることである。教育とは、社会を映す像であり、またその反映にすぎない。教育は、社会を模倣し、それを縮図的に再現しているのであって、社会を創造するものではない。国民自身が健全な状態にあるとき、はじめて教育も健全なものとなるが、それはまた国民とともに腐敗もするのであって、自力で変化することはできないのである。もし道徳的環境が腐敗していれば、教師自身もそのなかに生きているのであるから、かれらにもそれが浸透しないわけにはいかない。とすれば、かれらが、環境から受けたものとはちがう志向をどうして自分の育てた生徒にうえつけることができようか。それぞれの新しい世代は、先行世代によって育てられるのだから、先行者は、あとにつづく者を向上させるために、みずからをも向上させなければならない。というような次第で、循環論法に落ちこんでしまう。なるほど、ときには、いだいている観念や願望が同時代の人びとのそれを凌駕《りょうが》しているような者が出現してくることもある。しかし、国民の精神の構造をつくり変えるのは、そのような孤立した個人ではないのだ。雄弁な言葉が、それだけであたかも魔術のように社会的な物事を変化させることができると信じるのは、たしかに愉快なことであろう。だが、他の例にもれず、ここでも無からはなにものも生じない。いかに強烈な意志をもってしても、無から、存在してもいない力を引きだすことはできないし、そうした経験的失敗は、かならずこのような安易な幻想を一掃させることになる。なおまた、なにか不思議な奇蹟によって、社会の制度と相反するような教育理論がつくられるにいたったときでも、それは、その対立関係のために効果をあらわすことはできないであろう。人がそれにたいして闘いをいどもうとしているような道徳的状態を生みだしている集合的組織が維持されていれば、子どもはその集合的組織と接触を始めたときから、やはりその状態の影響を受けないわけにはいかない。学校という人為的な環境は、子どもを、一時的にわずかにその影響から保護しているにすぎない。現実の生活がしだいに深く子どもをとらえていくにしたがって、それは教育者の制作物を破壊するまでになろう。それゆえ、社会じたいが改革されないかぎり、教育の改革も行なわれえないのである。そして、そのためには、社会を悩ましている当の病弊の原因にまで手をのばさなければならない。

さて、その原因がなんであるか、われわれにはわかっている。自殺の主要な潮流がどのような源泉から発しているかを明らかにしたさいに、筆者はその原因を規定しておいた。しかし、そのなかには、現在の自殺の増加にはたしかになんのかかわりもない一つの潮流がふくまれている。集団本位主義の潮流がそれだ。じっさい、今日では、それは隆盛であるどころか、すっかり基盤を失っている。これがとくにみられるのは、未開社会である。軍隊のなかでも命脈をたもっているが、なみはずれた強度に達しているとはおもわれない。この集団本位主義の潮流は、軍隊精神をたもつために、ある程度まで必要であるが、しかし、ここでもまた、しだいに衰微に向かいつつあるからである。こうみてくると、その増加が病的であると考えられるのは、自己本位的自殺とアノミー的自殺だけであり、われわれがもっぱら注目しなければならないのも、せんじつめれば、この二つにかぎられる。

自己本位的自殺は、社会があらゆる部分において十分に統合されておらず、そのためにすべての成員の拠りどころとなることができないところから発生する。したがって、この自殺が法外にふえているのは、この自殺の起因している右の状態そのものが、極端にひろまっているためであり、すなわち、社会が混乱し、衰えて、その影響下からあまりにも多くの人間を完全に逸脱するままにまかせているためである。したがって、その病弊をふせぐには、社会集団を十分強固にして、個人をもっとしっかりと掌握できるようにするとともに、個人自身も集団にむすびつくようにさせること以外に方法はない。時間的に個人に先んじて存在し、個人よりも永続し、あらゆる面で個人をこえているような集合的存在に、個人はいっそう連帯を感じなければならない。このような条件のもとではじめて、個人は、自分自身のなかにみずからの行為の唯一の目的をもとめることをやめるであろうし、自分がさらに上位の目的の手段であることを理解し、自分がなにものかに役だっていることをさとるにちがいない。そうすれば、生活は、自然な目的と方向を見いだすとおもわれるので、かれの目にとってふたたび意味をおびてあらわれてこよう。だが、このこのぞましい連帯感をたえずくりかえし人びとに喚起するのにもっともふさわしい集団とは、どのようなものであろうか。

それは、政治社会ではない。とくに今日、現代の巨大国家のもとでは、政治社会は、個人からあまりにも疎遠になってしまい、個人のうえに不断に有効な影響をおよぼしつづけることができない。われわれの日々の務めと公的生活全体とのあいだにどのようなむすびつきがあろうと、そのむすびつきはあまりにも間接的であって、われわれは、それをたえず生き生きと感じていることができない。われわれの状態が政治団体に依存していると切実に感ずるのは、そこに重大な利害が賭《か》けられているばあいにかぎられる。もちろん、道徳的に選《え》りぬかれた人びとにおいては、祖国の観念がまったく欠けていることはまずない。しかし、平時にあっては、祖国の観念も、うすぼんやりしたものであり、鈍い姿をしめすだけで、まったく輝きを失っていることも少なくない。それが前面に姿をあらわし、人びとの意識に浸透して、行為の動因となるためには、国家的あるいは政治的な大危機のような異常事態がなければならない。ところが、そうした断続的な作用では、自殺傾向を不断に一貫して抑制することはできない。個人は、自分の行為がある一つの目標に向かっていることを、ときどきではなく、生活のそれぞれの瞬間瞬間において確かめている必要がある。個人は、自分の生をむなしいものと感じないために、かれが直接ふれることのできるある目的に役だっていることをたえず知っていなければならない。だが、それは、〔政治社会よりも〕単純な狭い社会環境が個人をより身近につつみこんで、個人の活動によりかぎられた境界を与えているときに、はじめて可能となることである。

宗教社会も、やはりこの機能を果たすのには適さない。それはむろん、この社会が、与えられた条件のもとで有効な影響をおよぼすことができなかったという意味ではない。むしろ、それは、この影響をおよぼすための必要条件がすでに現在では与えられていないということなのだ。じつは、宗教社会が自殺を抑止することができるのは、それが個人をしっかり包摂するように十分に強固に構成されているばあいにかぎられる。カトリック教がプロテスタンティズムよりもいっそう強く信者たちを生にむすびつけているわけは、前者が、信者たちに広汎《こうはん》な教義や勤めの体系を課して、それだけかれらの現世の生活にもすみずみまで浸透しているからである。カトリック教徒は、〔プロテスタントにくらべて〕所属している信仰集団と自己とのつながりを見失うおそれがはるかに少ないが、それは、さまざまな生活環境に適用される命令的な戒律のかたちで、この集団が、かれにたえず想起されているからである。かれは自分の歩みがどこに向かっているかを不安げに自問しなくてもよい。その歩みは、ほとんど神によって、すなわちその顕現たる教会によって規制されているので、かれはそれをすべて神にゆだねる。しかしまた、それらの戒律は超人間的な権威から発するとされているため、人間の反省作用をそこに向けることは許されない。それらを、このような起源〔人間の反省作用〕に帰したり、その自由な批判を許したりすることは、〔権威の超人間性という点からして〕まったく矛盾することであろう。すなわち、宗教は、人びとの自由な思惟《しい》をさまたげるかぎりにおいて、はじめて自殺傾向を緩和することができるにすぎない。だが、この個人的知性の差押《マンミーズ》えは今後困難になるし、しかもやがてますます困難になるとおもわれる。それは、われわれのもっともいつくしんでいる感情を傷つける。われわれは、理性のはたらきに制限をくわえられ、「これより先にすすんではならない」といわれることを、ますます許しがたくおもうようになるだろう。そして、この傾向は昨今に始まったことではない。人間精神の歴史は、じつに自由思想の進歩の歴史そのものでもある。とすれば、まったくあらがうことができないとわかっている趨勢《すうせい》を押しとどめようとするのは愚かなことである。現在の巨大な社会が立ち直ることのできないほど解体にひんし、そのために人が昔のような小さな社会集団に立ちかえるということでもないかぎり、*13 すなわち、人類がその出発点に逆もどりでもしないかぎり、宗教はもはや人びとの意識の上にとくに広く深い影響をおよぼすことはできないであろう。それは、新しい宗教が創造されることはあるまいという意味ではない。しかし、創造される可能性のある唯一の宗教は、プロテスタンティズムのうちのもっとも自由な宗派よりも、なお大幅に内省の権利や個人的創意を容《い》れるような宗教であろう。そうなると、このような宗教は、自殺を抑止するうえで欠くことのできない力づよい作用を信者たちにおよぼすことはできないにちがいない。

少なからぬ著作家が、この病弊の治癒の唯一の道を宗教にもとめたのは、かれらが宗教の力の起源を見誤っていたからである。かれらは、宗教を、ほとんどすべて、要するに合理主義を満足させうるような若干の高遠な思想や、高尚な規範からなっているとし、それを人びとの感情や精神のなかに定着させれば、人びとがあやまちを犯すのを十分ふせぐことができると考えている。しかし、それはまちがっている。宗教の本質をなすもの、わけても宗教がしばしば与えてくれる自殺への免疫のもとづいている原因を誤解している。じっさい、この特別な恩恵は、宗教が人間のなかに、なにかしら漠とした、多少とも神秘的な超越的感情を維持させるところから生じるのではなく、むしろ宗教が人間の行為や思惟を、強力なしかも委曲をきわめた規律のもとにおいているところから生じてくるのである。宗教が、たんなる象徴的な理想主義にすぎないか、あるいは人びとの日常的活動から多かれ少なかれ疎遠な、異論の余地のある伝統的哲学にすぎなければ、それは、われわれに大きな影響力をおよぼすことはできない。神は、その荘厳さのゆえに、この世界と世俗的なもののすべてから遠ざけられてしまったが、そのような神は、われわれの世俗的活動の目的にはなりえないであろうから、われわれの活動は、こうして、目的とすべきものを見失う。そのときからすでに、神に無縁のものがあまりにも多くなり、したがって神は生に意味を与えることができなくなっている。神は、現世をみずからにふさわしくないものとみてわれわれにゆだねたが、と同時に、こと現世の生活にかんするかぎり、われわれは捨て子にされてしまったのだ。人びとの自殺を抑止するには、かれらが周囲の数々の神秘に思索をめぐらすだけでは十分でないし、また、全能ではあるけれども、無限にわれわれから かけ離れていて、ただいつともしれぬ未来においてわれわれに審判がくだされるような神の信仰によっても、それは達せられない。ひとくちにいって、自己本位的自殺が抑止されるのは、人びとが社会化されているかぎりにおいてである。ところが、宗教は自由検討の権利を剝奪《はくだつ》するかぎりにおいて、はじめてわれわれを社会化しうるにすぎない。さて、宗教はすでに、その十中八九が、このような犠牲〔自由検討の権利の剝奪〕を手中におさめることができるほど、十分な権威を人びとにたいしてもっていないし、今後もまず絶対にもつことができないであろう。それゆえ、自殺の抑止という点において、宗教をたよりにすることはできないのだ。にもかかわらず、宗教の再建が人びとを救うただ一つの道だと考えている者が矛盾におちいらないのは、かれらが再建を主張している宗教がはるかに古めかしい宗教にちがいないからである。というのも、ユダヤ教はカトリシズムよりも、またカトリシズムはプロテスタンティズムよりも、よく自殺を抑止しているからである。しかし、形式化された宗教儀礼からもっとも脱却し、したがって、もっとも理想主義的であるのは、プロテスタンティズムである。それにひきかえ、ユダヤ教は、その偉大な歴史的役割にもかかわらず、多くの面でいまだにもっとも原始的な宗教形態をのこしている。〔そのことからみても〕教義の道徳的ならびに知的な優越性が、自殺へのはたらきかけという点では無力にひとしいということは、まったくそのとおりなのだ。

最後に家族であるが、これが自殺を抑止する力をもっていることは疑いない。しかし、自殺の増加をくいとめるためには未婚者を減らせばよい、と考えるのは幻想であろう。なぜかといえば、たとえ既婚者の自殺傾向が〔未婚者のそれより〕低いにしても、その自殺傾向自体は、未婚者の自殺傾向と同じような規則性をもって、ひとしい比率で上昇しつつあるからである。一八八〇年から八七年にかけて、既婚者の自殺は三五％増加したが（二七三五件から三七〇六件へ）、未婚者の自殺の増加はわずか一三％にすぎなかった（二五五四件から二八九四件へ）。一八六三―六八年には、ベルティヨンの算出したところによると、人口百万あたりの前者の率が一五四であり、一八八七年には二四二で、その五七％増にあたるという。この同じ期間に、未婚者の率はそれほど上昇せず、一七三から二八九へと六七％の増加であった。したがって、この一世紀における自殺の増加は、法律上の身分の区別にかかわりなく生じたのである。

じつは、それは、家族の構造のなかに変化が生じ、それゆえ、家族がすでにかつてのような抑止作用をおよぼすことができなくなったという原因による。家族は、かつては大部分の成員を、出生から死にいたるまでその軌道の上に保持しつづけ、一種の永続性のある、緊密な、一体の集団をかたちづくっていたが、今日では、もはや一時的に存続する集団にすぎなくなっている。形成されるのも束《つか》の間《ま》、すぐに分散してしまう。子どもは身体的に成長をとげると、たいてい教育を受けるために外部に出ていく。とくに成人すれば、親もとから離れて独立することはほとんど原則でもあるから、家庭のなかは、からっぽになってしまう。だから、今日では、家族は、多くの期間にわたってただ夫婦だけになってしまうといえるが、夫婦が、自殺にほとんど作用をおよぼさないことは、われわれにわかっている。それゆえ、家族は生活のなかにたいした位置を占めないので、もはやかれらの目的としては意味をなさない。もちろん、それは、人が子どもをかわいがらなくなったからではなく、子どもが、かれらの生活にそれほど密接に長期間かかわりをもつことがなくなったからである。したがって、われわれの生は、なにかもっと別の存在理由を必要としている。子どもなしに生きていかなければならないから、それだけみずからの思考や行為を、別の対象にむすびつけなければならないというわけである。

しかし、わけても、この周期的な分散によってかたちをとどめなくなってしまうのが、集合的存在としての家族である。昔は、家族は、たんなる相互の愛情の絆《きずな》によってむすばれた個々人の集まりではなく、むしろ抽象的、非個人的な統一性をそなえた集団そのものであった。それは、ありとあらゆる想い出をよび起こす先祖伝来の名であり、家族の館《やかた》、先祖の土地、伝統的な地位や名望、等々であった。そのすべては失われつつある。時々刻々解体をつづけながら、別の時点で、まったくちがった条件のもとに、まったくちがった要素によって再形成されるような社会は十分な連続性をもたないから、個性的特徴をつくりだすことも、それ固有の、しかも成員たちが愛着をおぼえることのできるような歴史を生みだすこともできない。それゆえ、かつて人びとの活動の目的となっていたものが消滅していくのに応じて、人びとがそれを新たなものによって埋めあわせていかなければ、生活のなかに大きな空洞が生じることは避けられない。

以上の原因は、既婚者の自殺ばかりでなく、ひとしく未婚者の自殺をも増加させている。というのは、この家族の状態のため、青年たちは、新しい家庭をきずくことのできない状態のまま生家を去らねばならないからである。そして、一人世帯がたえず増加しているのも、ある程度この理由によるのであるが、その孤独が自殺傾向を強めることはすでにみたとおりである。しかし、なにをもってしても、この動向をくいとめることはできまい。かつて、慣習、伝統の存在、および交通路の稀少《きしょう》さなどによって、それぞれの地域環境が多かれ少なかれ閉鎖性をおびていたときには、各世代は、出生の地に強く引きとめられていたか、あるいは少なくともそこからあまり離れることはできなかった。しかし、この障壁が低くなり、またそれらの個々の環境が均質化され、たがいに融合していくにしたがって、必然的に、個人は、その欲望のおもむくままに、またその利益をはかって、かれにひらかれたより広大な空間にひろがっていく。それゆえ、どんな人為的手段も、この必然的な移動をさまたげたり、かつて家族に活力を与えていた一体性を回復させたりすることはできないであろう。

三

では、この病弊をのぞくことは、どだいむりなのであろうか。あるいは一見そう感じられるかもしれない。なぜなら、筆者がこれまで、好ましい影響を与えると証明してきた社会のうち、真の治癒をもたらすようにおもわれるものは、一つもみあたらないからである。しかし、筆者が証明したことは、たとえ宗教、家族、祖国などが自己本位的自殺を抑止することができるとしても、その原因は、それらのおのおのがよび起こす感情の特殊な性質のうちにもとめられるべきではないということであった。むしろ、その原因の効力はすべて、それらが社会をなしているという一般的な事実に由来している。そして、それらが十分に統合された社会、すなわちどの面においても偏りのない社会であるかぎりにおいて、はじめてその効力が発揮される。とすれば、まったく異なった集団でも、それがひとしい凝集力をそなえていさえすれば、同じはたらきをすることができることになる。さて、宗教社会、家族社会、政治社会などのほかにも、これまで問題にされなかったもう一つの社会がある。それは、同種類のすべての労働者、あるいは同じ職能のすべての仲間がむすびついて形成する職業集団ないしは同業組合である。†4

この社会がそうした役割を果たすのにふさわしいことは、その定義からしても結論される。それは、同じ労働に従事している個人によって構成されているし、かれらの利害は連帯し、一体化してさえいるので、社会的な観念や感情をはぐくむうえでこれほどうってつけの地盤はない。出自、教養、職業などが同一のため、職業活動は共同生活にとってこのうえなく豊富な素材をなしている。そのうえ、同業組合は、過去において自治と組合員にたいする権威を極端なまでに熱望する一個の集合的人格でありえたことをみずから証明しているので、組合員にたいして一個の道徳的環境となることができたことは疑いをいれない。十分に組織された社会においては、私的利益にたいして、社会的利益はつねに尊重されるべき性格と優位性をそなえているが、組合の利益も、労働者の目にこのようなものとして映じなかったはずはない。他方、職業集団は、他のあらゆる集団にもまして次の三つの利点をそなえている。すなわち、常時存在していること、どこにでも存在していること、そしてその影響は生活の大部分の面にわたっていること、である。この集団は、政治社会のようにただ断続的に個人にかかわりあっているのではなく、職業集団という器官《オルガン》の機能、そこにおいて個々人が協力していとなんでいる機能が間断なく行使されているので、そのことだけでも、たえず個人と接触をたもっている。それは、労働者が行くところならば、どこにでもついてまわる。このことは、家族ならば不可能なことである。労働者は、どこにいても、職業集団が自分をつつみこみ、義務を想起させ、必要なばあいには自分をささえてくれることを感じている。最後に、職業生活は生活のほとんどすべてであるから、組合のおよぼす作用は人びとの仕事のどんなささいな点にも感じとられ、人びとの仕事もある集合的方向にむけられることになる。このようなわけで、同業組合は、個人をとり囲み、精神的孤立状態から個人を引きだすにたるだけの十分なものをそなえている。他の集団が現在問題の多いものであるだけに、それは、この不可欠な役目を果たすことのできる唯一の集団となっている。

ただし、同業組合が以上のような影響力を発揮するためには、それが現在とはまったくちがった基礎の上に組織されなければならない。まず第一に、それは、法的に承認されてはいても国家の関知しないような私的集団にとどまらないで、一定の、今日の公的生活によって承認された機関になることがたいせつである。このことは、組合をかならず義務的なものにしなければならないという意味ではない。重要なことは、同業組合が、特殊的利益の多様なむすびつきを代弁するばかりでなく、ある社会的な役割を果たすこともできるように構成されているということにある。しかし、それだけではたりない。この枠組の内部が空洞のままでないためには、そこで成長することのできるあらゆる生命の萌芽《ほうが》を、なかにうえつけなければならない。この集団がただの名称のみに終わらないためには、そこにある一定の機能を与えなければならないのだ。ところが、他のあらゆる集団にもましてこれが適切に果たすことのできる機能がある。

現在、ヨーロッパの社会は、職業生活を無規制のままに放置しておくか、それとも国家の介入によってそれに規制をくわえるか、という二者択一の岐路に立たされている。というのは、この調整の役割を果たすことのできる機関がほかにもうけられていないからである。国家は、この複雑な現象からはあまりにも疎遠なところにあって、現象のひとつひとつに適した特殊な形態をとることができない。それは、いわば一般的で単純な作業を行なうためにつくられた鈍い機械である。国家の活動はつねに画一的で、かぎりなく多様な個々の事情にしたがうことも、それに順応することもできない。その結果、国家の活動は、必然的に圧迫的になり、また均質的になっている。かといって、他方では、たしかに、このように弛緩《しかん》してしまった生活をすべて未組織のままに放置しておくわけにもいかないとおもわれる。われわれが、あまりにも硬直しているために無力化してしまう権威的規制から、無政府状態をひき起こすために持続することのできない一貫した権力行使の回避へと、あれかこれかの果てしもない動揺をくりかえしている理由はここにある。労働時間、保健衛生、賃金、あるいは保険や救済の事業が問題になるとき、善意の人びとはどこにおいても同じ困難に直面する。なんらかの規則をもうけようとすると、規則の柔軟性の欠如から、それを経験に適用することに困難が生じるのである。あるいは少なくとも、〔あえて適用しようとすれば〕それは、適用されるべき事柄にたいして、力ずくでしか適用されることができない。

この二律背反を解決するただ一つの方法は、国家のほかに——とはいえ、国家の影響にしたがう——もっと多様な規制作用を発揮できる一群の集合的な力を形成することにある。ところで、同業組合が再建されればその条件を充たすというばかりでない、じつは、それ以外のいずれの集団も、それを充たすことはできない。というのは、同業組合は、現実と十分に密着し、十分に直接的、恒常的な接触があるので、現実のあらゆる微妙な性格をよく把握しており、しかも、十分な自立性をもっていて、現実の多様性を尊重しうるはずだからである。したがって、保険、救済、退職年金などの事務をとり行なうのは同業組合の任務である。それらの事務は、多くの識者たちがその必要性を感じながらも、すでにあまりにも強力で硬直化している国家の手にゆだねることをためらっているものである。そして、そのためらいももっともなものがあった。また同じく、同一の職種の若干の部門のあいだにたえず生じる紛争を調整したり、正当なものとして服すべき契約の条件――ただし、企業の種類によって異なるが――を定めたり、公共の利益のために強者による弱者のむやみな搾取を防止したりすることも、同じくこれに属する機能である。分業がすすむにつれて、どこでもひとしい普遍的原理にもとづいていた法や道徳が、それぞれの特殊な職能に応じて、異なった形態をとるようになる。万人に共通の権利、義務のほかに、各職業固有の性格にもとづく権利、義務というものが存在するが、その数も重要性も、職業活動がますます発達し、多様化していくにしたがって増していく。こうした特殊な規律のそれぞれには、それを適用し、維持するための同じく特殊な機関がなければならない。ところで、その機関を構成するものは、同じ職能にともに従事している労働者たちをのぞいてほかにあるだろうか。

同業組合が、人びとの正当に期待しうる役割を果たすことができるためにはどうあるべきかを大ざっぱにのべると、以上のとおりである。もちろん、組合の現状を考えると、それが「そのままで」道徳的権威の尊厳を得るまでにいたるとは考えかねるものがある。現在の同業組合は、じつは、たがいに縁もゆかりもないような個々人、表面的でときおりのむすびつきしかないような個々人、あるいは協力者としてよりも、むしろ競争者や敵対者としてたがいを遇しあってさえいるような個々人などから形成されている。しかし、かれらが、共通のものをいま以上に分有するようになり、またかれらとその所属集団との関係が、この意味でさらに緊密に隔てのないものになったあかつきには、かつてほとんどなかったような連帯感が芽ばえてこようし、この職業的環境の精神も、まだ冷たく、成員にとってあまりにもよそよそしく感じられているが、それもかならずや熱気をおびてこよう。そして、このような変化は、さきほどの例からもうかがわれるように、経済生活にかんする機関だけに生じるとはおもわれない。この組織を要求しないような職業、あるいはこの組織を受けいれることのできないような職業はこの社会に存在しない。その網の目が致命的に弛緩してしまっている社会組織も、このようにしてすべての面で締めなおされ、強固にされるものとおもわれる。

　この同業組合再建の必要性はあまねく感じられてはいるが、不幸にして、旧制度《アンシャン・レジーム》下の同業組合の歴史ののこした悪評[†5]がそこにつきまとっている。とはいえ、同業組合が、中世のみならずギリシア‐ローマの昔から[*14]存続していたという事実は、それがじつはなくてはならないものであることを証明しているのではなかろうか。近年における同業組合の廃止という事実[†6]が、その無益さを証明しうるのにもまして。この一世紀間〔フランス革命より一世紀間〕をのぞき、職業活動が多少でも発展をとげたところならばどこでもそれが同業組合に組織されていたことをおもえば、この組織が必要なものであることは、ほとんど疑いの余地がないのではあるまいか。また、それが、百年前にはもはやその役割にふさわしいものでなかったにしても、その克服方法は、それを根本から廃止することにではなく、ゆがみを正し、修正することにあったのではなかろうか。たしかに、同業組合は、急を要する進歩にさいしては障害になってしまった。地域的にかぎられていて、外部からの影響をすべて拒否していた昔の同業組合は、精神的、政治的に統一された国家のなかでは無意味なものとなっていた。享有していた極端な自治によって、それはまるで国家のなかの一国家の観を呈していたが、政府の機関があらゆる方向に分肢をのばし、社会のすべての二次的な機関がしだいにその従属下にはいるようになったとき、組合の自治は維持されることができなくなった。それゆえ、同業組合制度をささえていた基盤を拡大して、国民生活の全体に根づかせなければならなかった。しかし、もしもそれぞれの地域の類似した同業組合が、孤立したままでなく、たがいに結合して同じ一つの組織を形成し、しかもその組織がすべて国家の一般的なはたらきかけにしたがい、そうすることによってたえず連帯感を維持していたならば、慣習の壟断《ろうだん》や職業上のエゴイズムはきっと妥当な限界のなかにとどめられたであろう。じっさい、広大な地域にひろがっている巨大な組合においては、伝統というものは、一つの町の城壁をこえないような小団体のばあいほど、たやすくそのまま維持されるものではない。*15 と同時に、特殊なそれぞれの集団も、ひとたび公的生活の支配の中心機関と恒常的に関係をもつようになると、みずからの利益のみに目をうばわれたり、それのみを追求するような傾向はなくなる。このような条件のもとで、はじめて共通の事柄についての考えが、人びとの意識のなかにめざめ、十分持続的にたもたれる。なぜなら、そうなれば、特殊なそれぞれの機関と一般的利益を代表すべき権力のあいだには、たえざる交渉がなりたつであろうし、したがって社会はもはや、個人にときおり漠然と想起されるだけの存在にはとどまっていないとおもわれるからである。社会の存在は、日常生活のあらゆる過程において感じとられるであろう。ところが実際には、人びとは、存在していたものをくつがえし、その代わりのなにものをももたらさず、組合のエゴイズムに代え、さらに輪をかけて破壊的な個人的エゴイズムをもたらしただけであった。それゆえ、近年行なわれたすべての破壊のなかで、この破壊だけは遺憾とすべきものである。個々人の意志を着実に統合していくことのできる唯一の集団を解体させてしまったことにより、みずからの道徳の再組織化のための手段をも手ずから破壊してしまったのだ。

しかし、同業組合再建によって対処されるのは、自己本位的自殺ばかりではない。アノミー的自殺も、自己本位的自殺と類縁関係にあるので、同じ扱いを受けてしかるべきである。事実、アノミーは、社会のある部分において、集合的な力、すなわち社会生活を規制すべく構成された集団の欠如が起こることによって生まれる。したがって、それは、自己本位的潮流の発するあの同じ社会の解体現象に一部分由来している。ただし、この同じ原因はやはり、それが投射される点のちがいによって、すなわち活動的・実践的機能のうえに作用するか、あるいは表象的機能のうえに作用するかのちがいによって、異なった結果を生む。それは、前者からは熱狂や憤怒をよび起こすが、後者からは当惑や狼狽《ろうばい》をひき起こす。したがって、いずれの場合でも問題の解決方法は変わらない。じっさい、同業組合のおもな役割は、すでにみたように、かつてと同様将来も、社会的諸機能、わけても経済的機能に規制をくわえ、要するに現におちいっている無秩序状態からそれらを脱却させることにある。欲望が刺激され、もはや限界をわきまえなくなりがちのとき、組合員のそれぞれの地位にたいする妥当な分け前を決定するのは、つねに同業組合であろう。それは、成員たちより優位にある存在であって、かれらに必要な犠牲や譲歩を要求したり、規律を課することのできるあらゆる必要な権威をそなえているであろう。それは、強者にはその力をほどほどに行使するように義務づけ、弱者にはその要求が際限もなくひろがるのを押しとどめ、両者に相互的な義務と一般的利益についての感覚をよびさまさせ、またあるばあいには、生産を規制し、それが病的な過熱におちいるのをふせいで、たがいの情念をやわらげ、それに限界を付与し、鎮《しず》めることができよう。こうして、新しい形式の道徳的規律が確立されるであろうが、それなくしては、科学上の発見も幸福の増進もすべて、不満な人間を生むだけに終わるにちがいない。

一時もなおざりにできないあの分配の公正の原則が、それ以外のいかなる環境において形成されるか、それ以外のいかなる機関によって適用されるかは知るよしもない。宗教もかつてはある程度この役割を果たしていたが、今日ではその任にたえない。なぜなら、宗教がそのもとに経済生活を従属させることのできる、唯一の可能な規制の必然的原則はといえば、ほかでもない、富の蔑視《べっし》だからである。宗教が信者たちにその運命に安んじるように説きすすめるのも、人びとの現世における地位はその救いとは関係がないという観念にのっとってのことにほかならない。また宗教が、人びとに、環境によって与えられた運命を素直に受けいれるのは義務であると説くのは、われわれをいっそう努力にあたいする目標に全面的にむすびつけていくためである。そして、一般的に宗教が欲望の節制をすすめる理由も、これと変わるところはない。しかし、このような受動的な忍従は、今日集合生活のなかに現世的利益の占めている地位とは相容《あい》れない。この現世的利益にとって必要な規律は、その利益を二義的なものに押しとどめ、できるかぎり縮小することではなく、むしろその重要度に応じた組織をそれに与えることを目的とするものでなければならない。問題はいっそう複雑になった。欲望の手綱をゆるめることが解決にならないとしても、それを抑制するために上から押さえつけるだけでは、もはや不十分である。一方で伝統的な経済学説の最後の擁護者たちが、今日でも依然として規制が必要であることを誤って見のがしているかとおもえば、他方、宗教制度の擁護者たちは、その昔の規制が今日でもなお有効であろうと信じる誤りを犯している。それらの過去の規制が現在効力を欠いているところに、じつにあの病弊の生じる原因があるにもかかわらず。

このような安易な解決方法は、現状の難題にたいしては問題にならない。もちろん、人びとに命令をくだすことのできるものといえば、道徳的な力しかないが、それはさらに、現世のさまざまな事実と十分かかわりをもち、それらの真の価値を計ることのできるような力でなければならない。職業集団は、この二重の性格をそなえているのだ。それは、集団であるからには、個々人の上に十分に君臨し、かれらの欲望に制限をくわえることができるが、また、個々人の生活ときわめて一体となっているので、かれらの要求と呼応することもできるのである。なお、国家も、依然重要な機能を果たしていることは確かである。国家のみが、それぞれの組合の個別主義《パルティキュラリスム》にたいして、普遍的効用性の感覚と有機的な均衡の必要性とを対置することができる。とはいえ、すでに明らかなように、国家の活動は、それを分化させていく二次的な機関の体系がないかぎり、有効に行使されることができない。とすれば、なににもまして創造する必要があるのは、その二次的な機関である。

しかし、おそらくこの方法によってもくいとめることのできない自殺がある。それは、夫婦のアノミーから生まれる自殺である。このばあい、われわれは解きがたい二律背反に直面するかにみえる。

すでにのべたように、この自殺の原因は、離婚制度ならびにその制度のもとになっている観念や慣習の全体――離婚制度は、じつはそれらを公に是認したものにほかならない

——にある。とすれば、離婚制度の存在するところでは、この制度を廃止しなければならないであろうか。それは、あまりにも複雑な問題で、ここでは手に負えない。婚姻とその進化について研究したのちでなければ、この問題に有効にとりくむことはできない。ここではさしあたり、離婚と自殺の関係の問題だけに限定して検討しなければならない。その観点から、筆者はこういっておきたい。夫婦のアノミーにもとづく自殺数を減少させる唯一の方法は、婚姻をそうたやすく解消できないようにすることである、と。

ところが、このようにして夫の自殺を減少させると、こんどは妻の自殺がふえてしまうという事実が、この問題を妙にこみいったものにし、ほとんどドラマティックな興味さえそそる。ということは、男女いずれかがかならず犠牲にならなければすまないということであろうか。その解決は、けっきょく、二つの悪のうちより軽い悪を選択することにつきるのであろうか。結婚生活における夫婦の利害がこのように相反しているとすれば、それ以外にどんな方法が可能なのかわからない。なにはさておき、一方は自由を欲し、他方は規律を欲する。そのかぎりでは、婚姻制度が両者にひとしく利益を与えることは不可能であろう。しかし、現在では問題の解き口をふさいでいるこの対立関係も、解決不可能ではないし、やがて解消されるべきものと期待することができる。

じつのところ、このアノミーは、男女が平等に社会生活に参加していないことから生じている。男子が社会生活に積極的に参加しているのに反して、女子はほとんど遠くから傍観しているにすぎない。その結果、男子のほうが、女子よりもはるかによく社会化されている。かれの趣味、願望、気分がほとんど集合的な起源をもっているのに反して、相手のそれは、より直接的に肉体的影響のもとにおかれている。それだけに、男子は女子とおよそ異なった欲求をいだいているのであって、けっきょく、かれらの共同生活を規制するための制度が公平であることも、またこのように相反している要求を同時的に満足させることも、不可能である。一方がほとんど全面的に社会の所産であるのにたいして、他方がはるかに自然の所産の状態にとどまっているとき、その制度が、二つの存在にたいして同時に好都合なものであることはできない相談である。しかし、その対立関係がかならず維持されなければならないことを証明するものはなにもない。もちろん、ある意味では、発端ではこの対立関係は、今日ほどいちじるしいものではなかったが、だからといって、「今後も」この対立関係が果てしもなく強まっていく運命にあると結論することはできない。というのは、もっとも原始的な社会的状態が、進化のもっともすすんだ段階で、はじめと異なった、ほとんど正反対の形態においてではあるが、再現されることも少なくないからである。たしかに、女子が社会のなかで男子と同じ機能を果たすことができると考えることはむりであるが、女子は、社会のなかで現在よりももっと重要な役割を、もっぱら女子だけに果たせる役割としてもつことができるかもしれない。女子は、より男子と類似した存在に帰っていくことはあるまい。むしろ逆に、いよいよ相違はきわだっていくものと予想される。ただし、その相違は、かつてよりも社会的にみて有益な相違になるであろう。たとえば、男子がますます実際的な職務に専念するようになって、芸術的な役割などを手ばなさざるをえなくなったとき、これが女子の手にゆだねられないはずはなかろう。両性は、分化しながらもこのように接近していくにちがいない。かれらはそれぞれ異なったかたちにおいてであっても、ひとしく社会化されていくであろう。[*16] まさにこうした方向に進化はすすむとおもわれる。都会では、女子と男子の相違が地方よりも大きいが、女子の知的・精神的構造にもっとも社会生活が浸透しているのはかえってこの都会のほうである。

いずれにせよ、これが現在男女のあいだを分かっている不幸な道徳的葛藤《かっとう》——それは自殺統計により明確に証拠だてられている——を緩和するための唯一の道である。夫婦のあいだのこの隔たりが少なくなったとき、はじめて結婚生活も、いわば一方をかならず犠牲にして他方に有利に作用しなければならないということがなくなろう。いますぐにも女子に男子と平等の権利を与えるべきだと要求している人びとについていえば、かれらは、幾世紀にもわたって形成されてきたものを一瞬にして廃止することは不可能であること、しかも、男女に心理的不平等がこのようにまぎれもなく存在する以上、両者の法的平等は正当ではありえないことをあまりにも忘れている。だからこそ、われわれはこの心理的な不平等を減少させるようにつとめなければならない。男女が同一の制度によってひとしく保護されるためには、とにかくかれらが同じ性質をもった存在となることが必要なのだ。その場合にのみ、婚姻の解消が不可能とされていても、そのことが対立している両当事者の一方だけに有利にはたらくという非難をもはや受けることがなくなろう。

四

要するに、自殺は人びとの経験する生活苦からひき起こされるものではないが、それと同じ理屈で、自殺の増加をくいとめる手段も、生存競争をやわらげ、生活を楽にしてくれるわけではない。昔にくらべて自殺がふえたのは、今日人びとが生活を維持するうえにいっそう辛《つら》い努力をしいられているからでもなければ、人びとの正当な欲求が以前ほど充たされなくなっているからでもない。それはむしろ、人びとがもはや、正当な欲求がどこでとどまらなければならないかを知らないからであり、みずからの努力に方向をみいだすことができないからである。交通が大いに便を増し、そのため、不断に増大しつつある多くの競争者がいよいよ競争の渦中《かちゅう》に投じられてくるので、たしかに競争は日に日に活発になっている。しかし、他面では、いっそう完璧《かんぺき》な分業と、それにともなって生まれたいっそう複雑な協業が、職業――それによって人は他人に役だつことができる――を無限に増加させ、多様化し、それによって生活手段を豊富化するとともに、その生活手段をさまざまな人びとの手のとどく範囲にもたらしている。もっとも能力のとぼしい者でさえ、そこには一つの地位をみいだすことができる。と同時に、そのいっそう精緻《せいち》な協業の結果として強化された生産は、人類の利用に供することのできる富を増大させ、それぞれの労働者により豊かな賃金を保証して、生命力のより大なる消費とその補塡《ほてん》のあいだの均衡を維持している。事実、社会階級のすべての段階において、物質的満足が平均して増大したことは疑いない。もっとも、おそらくこの増大は、つねに最大に平等な割合で起こったというわけではなかろうが。したがって、人びとを悩ましている不安は、その苦痛の客観的な原因が増したとか、強まったとかいうことから芽ばえているのではない。この不安は、経済的貧困の増大の証人ではなく、むしろ憂慮すべき道徳的貧困の証人である。

ただし、この言葉の意味を誤解してはならない。個人的あるいは社会的な疾患を、名づけて「それはまったく道徳的なものである」という言い方をするとき、人はふつう、それはいささかも実際的な治療を受けるべきものではなく、たえざる激励や組織的な非難や、ひとくちにいって言葉の作用だけによって治癒されうるもの、という意味に受けとる。人は、あたかも一つの観念体系がそれ以外の世界となんのかかわりもなく存在し、したがってそれを破壊したり変革したりするためには、特定の方式を、あるかたちで言葉で表明しさえすればそれですむかのように考えている。それは、未開人が物理的世界に適用した信仰や方法を、精神的な物事に適用することにもひとしいということに、人びとは気づかない。あたかも未開人がある存在を別の存在に変えてしまう力をもった呪文《じゅもん》を信じているように、われわれも、しかるべき言葉によって人びとの知能や性格を変えることができると暗黙のうちにみとめている。しかも、その考え方の粗雑さに気づいていない。その意志によってかくかくの宇宙的現象を実際に現出させることができるとひたすらに信じこんでいる未開人は、交感的な呪術の力によってその実現をうながすことができると考えているが、それと同じように、われわれも、かくかくの革命を達成したいという欲望を熱意をもって語れば、それがひとりでに実現するかのようにおもいこんでいる。だが実際は、一つの民族の精神体系は、たんなる命令だけによって攪乱《こうらん》されるものでもなければ再編成されるものでもない、ある一定の力の体系である。それは、じつは、社会的諸要素の結合や組織化の様式に根ざしているものなのである。ある一定の様式で配置された一定数の個人からなる民族が存在すれば、そこからは特定の集合的な観念や慣行の全体が生まれてくるが、それらは、依存している条件そのものが変わらないかぎり変化しない。じっさい、民族を構成している個人の数の多少によって、またそれがどのようなプランによって組織化されているかによって、必然的にその集合的存在の性質は左右されるので、その思惟《しい》様式や行動様式もそれに応じて異なってくる。ただし、後者は集合的存在が変化しないかぎり変わらないので、それを変化させようとおもえば、集合体の解剖学的構造を変化させなければならない。それゆえ、筆者が、自殺の異常な増加をその徴候とする例の病弊を道徳的なものと呼んだところで、それをいみじくも表現すればそれでやわらげることのできるような、なにかとおりいっぺんの病弊に化してしまおうとおもっているわけではない。それどころか、あのようなかたちでしめされている道徳的特質の変化は、今日の社会の根本的な変化を証言している。したがって、それを治癒するためには、社会を再編成しなければならないということである。

筆者の観点からみるとき、この再編成がどのように行なわれなければならないかは、すでに明らかにしたとおりである。ただし、その再編成は、たんに自殺の現状に照らして必要だというばかりでなく、現代の歴史の発展全体にとっても必要であり、それゆえこの課題の達成は焦眉《しょうび》の急を告げている。

じっさい、現代の歴史発展の特徴は、古い社会の枠組を次から次へすべて一掃してしまったという点にある。それは、ある場合は長期間にわたって徐々に、ある場合は突然の激動によってあいついで、破壊されたわけであるが、しかし、それに代わるものはまったく再建されなかった。その起源にさかのぼれば、社会というものは家族の基盤の上に組織されていた。すなわち、社会は、いくつかのさらに小規模な社会、つまり氏族《クラン†7》の結合からできていたのであるが、この氏族の成員はすべて血縁関係にあるか、または血縁関係にあるとみなされていた。この組織は、それほど長く純粋状態にはとどまっていなかったようである。家族は、かなり早くから政治的な区分単位ではなくなり、私的生活の中心となった。そのとき以来、かつての家族集団に地域集団がとって代わった。同じ地域に住んでいる個々人は、あらゆる血縁から独立して、やがては共通の観念や風習をつくりあげたのであるが、とはいえ、それらは遠く離れた隣人にとってもひとしく共通の観念や風習であったわけではない。こうして、もっぱら近隣関係とそこから派生する諸関係だけを実質的基礎とする小規模な集合体が生まれる。しかし、それらはおのおの特徴的な形態をもっていた。それが村落であり、もっとすすんでは、付属領地をそなえた都市である。たしかに、たいていのばあい、その小規模な集合体は未開の孤立性のなかに閉じこもってはいなかった。それらは、相互のあいだに同盟をむすび、さまざまな形態のもとに結合して、いっそう複雑な社会を形成するのであるが、しかし、おのおのは固有の性格をのこしながらそこに参加しているにすぎない。それらは、依然基礎的な環節《セグマン》[†8]であることに変わりはなく、全体社会は、それをより大きく引きのばした再現にすぎなかった。ところが、こうした同盟がさらに緊密の度をくわえるにしたがって、相互の地域的な境界はしだいに曖昧《あいまい》になって、昔の風習や風俗の個性は失われていく。ある一つの町と他の町、ある一つの地方と他の地方、それらのあいだの相違はうすれていく。[*17]フランス革命によってなしとげられた一大変化は、ほかでもない、この平準化を、それまで起こっていなかったようなところにまで拡大したことにある。このことは、下準備もなしに革命によって突然に行なわれたわけではない。それは、旧制度の手がけていたあの漸進的な中央集権化[†9]によって、すでにひさしく用意されていた。ただ、旧来の州《プロヴァンス》を法的に廃止し、まったく人為的で名目的な新しい区分〔県《デパルトマン》〕をもうけたことが、その変化を決定的なものにした。以来、交通路の発達は人びとの交流をうながし、古い秩序はほとんどあとかたもなく一掃された。そして、このとき、職業組織に関係したものも徹底的に破壊されたので、社会生活における二次的機関はすっかり消滅してしまったのだ。

以上の激動のなかを生きのびた唯一の集合的な力、すなわち、それが国家である。だから、ことのなりゆき上、国家は、およそ社会的性格をおびることのできる活動形態をすべてそのなかに吸収しようとつとめることになった。そして、国家に相対する存在としては、無数のちりぢりの不安定な個人だけがのこされたのである。[†10] ところがそのために、国家は、不適任な、得手でもない種々の機能までも背負いこまざるをえなかった。だからこそ、国家は無力なのにどこにでも浸透していく、とよく指摘される。国家は、その手からのがれているものや、強制力なしにはとらえられないものなどすべてに、その力をのばそうと病的に激しい努力をかさねている。じっさい、得られた成果にくらべて不釣り合いな、人びとの非難を買っているあの国家の力の浪費はここに起因する。他方、国家は、唯一の組織化された集合体であるから、個人はそれ以外の集合的な作用をこうむっていない。個人は、もっぱら国家を媒介にして社会というものを体験し、社会にたいする依存性を感じとっている。ところが、国家は、個人から疎遠な存在であるから、個人にはよそよそしい断続的な影響をおよぼすにとどまっている。そういうわけで、社会への依存の感情は、個人のなかに必要な一貫性と力強さをもって脈うつことができない。個人の生活のいとなまれる大部分の期間において、個人をかれ自身の内部から引きだして拘束をくわえるようなものは、その周囲にまったく存在しない。こうした条件のもとでは、個人が自己本位主義ないしは無規制にかたむいていってしまうことは避けられない。人が、もしも自分をこえたところにみずからと連帯しているものをみとめなければ、かれより優越している目的にむすびつくことはできないし、一つの規律に服することもできない。個人をいっさいの社会的圧力から解放することは、けっきょくかれを孤独のままに見捨てることであり、意気沮喪《そそう》させることになる。じつに以上が、今日の道徳的現状の二つの特徴である。国家は個人を十分つよく包摂するために、みずからを膨脹《ぼうちょう》させ、異常拡張させているが、功を奏さず、個々人はたがいになんのむすびつきもなく、あたかも液体分子のように流動している。個人を引きとめ、固定し、組織化する中心的な力はまったくみあたらない。

この病弊を克服するために、地域集団にかつてのような自治のある要素を回復させてはどうかという提案がときどきなされている。いわゆる地方分権化である。しかし、この分権化は、同時に社会的諸力のいっそう強力な集中化をうながすものでないかぎり、本当に有効なものとなることはできない。社会のそれぞれの部分を国家に結びつけている絆《きずな》を弛《し》緩《かん》させることなく、国家の発揮しえなかった作用を多数の個人の上におよぼすような道徳的権力を創造しなければならないのである。ところが、いまや、市町村も県も地方も、こうした影響力を人びとの上に行使できるほどの力をもっていない。それらには、もはやまったく無意味な伝統的な張り札がみとめられるだけである。もちろん、すべての条件がひとしければ、人は、ふつうその生まれ育った場所に生活することを好むものである。ところが、もはや故郷は存在しない。また存在しえない。決定的に統一された国における普遍的な生活は、すべてこうした形式の分散化に抵抗する。すでに消滅してしまったものに哀惜をおぼえるのは自由であるが、しかし、それは無意味なことである。すでに存在の根拠を失っている個別主義的精神を人為的にもう一度よみがえらせようとしても、それはできない相談である。とすれば今後、若干の巧妙な術策によってたしかに政府機関の作用をいくぶんかは軽減することができるかもしれない。しかし、こんな方法では、どだい社会の道徳的基礎を変化させることはできないであろう。あるいはこの方法で、手に余る事務をかかえている政府各省の負担を軽くしたり、また地方官庁にいささかの活動材料を提供することくらいはできるかもしれない。だが、そのためにそれぞれの地方がそれなりの道徳的環境に変じていくということはないであろう。なぜなら、行政的手段によって、そのような結果に達することはたぶん不可能であるというばかりでなく、その結果じたいをとってみても、それは可能でもなければ、またのぞましいことでもないからである。

国家の統一を破壊せずに共同生活の中心を多元化していくことのできる唯一の分権化の方法は、職業的分権化とでも呼ぶべきものである。というのは、それらの中心のひとつひとつは特殊な、しかも限定された活動の中心であるため、たがいに切り離すことのできないものであろうし、個人は、やはり全体との連帯をたもちながら、その中心にむすびつくことができるとおもわれるからである。社会生活が、完全に統一をたもちながら、しかも分割されうるのは、分割されたおのおのの部分が一つの機能を代表しているという場合にかぎられるのだ。このことは、職業集団を今日の政治組織の基礎にすえること、つまり、選挙区を地域的区分によってではなく、同業組合によって区分することを欲している著述家や政治家たちがよく理解していたことであるが、こうした考えをいだく者はますますふえつつある。[*18] ただし、そのためには、まず同業組合を組織化するところから出発しなければならない。同業組合は、なにも共有するものをもたずに、ただ投票日にだけ顔をあわせるような個々人の集まりであってはならない。それが旧套《きゅうとう》を脱し、一つの明確な組織、あるいは集合的な人格となり、慣習と伝統を、権利と義務を、そしてその統一性をそなえるにいたったとき、はじめてほんらいの役割を果たすことができるであろう。とくに困難な点はといえば、それは、職業別に代議士を、しかも各何名というぐあいに指名することを政令で規定することにあるのではなく、むしろそれぞれの同業組合が一個の道徳的個性となることにある。さもなければ、新たなものにおきかえようとしている現存の枠組に、外部的なとってつけたような枠組を付加するだけに終わってしまう。

以上のように、自殺にかんする特殊研究《モノグラフィ》は、それがとくに目ざしていた特殊な事実群をこえた射程範囲をもっていることになる。これが提起している問題は、今日提起されているきわめて重大な実践的問題と分かちがたくむすびついている。自殺の異常な増加と、それによって現代社会がおちいっている一般的な病態とは、同じ原因から派生している。この尋常ならぬ数にのぼる自殺の増加は、ほかでもない、文明社会を悩ましているあの根の深い混乱状態を証明しているわけであるが、しかもその状態がいかに深刻なものであるかをものがたっている。それは、深刻さの度合を表現しているといってもよい。このような〔社会のこうむっている〕苦痛は、一理論家の口から語られるときには、誇張され、事実に反して表現されているとおもわれるかもしれない。だが、自殺統計においては、それはいわばひとりでに記録されてきたようなものであり、個人的評価のはいりこむ余地はない。だから、この集合的な悲哀の潮流を抑止しようとするならば、少なくとも、集合的な病――それの合力であり、徴候であるのがこの悲哀の潮流である――を軽減しなければならない。この目標に達するには、もはやみせかけの生命しか吹きこむことのできない時代ものの社会形態をわざわざ復興させる必要もなければ、まったく新しい、歴史上類例のないような社会形態を一からこしらえる必要もないことはすでにのべたとおりである。必要なことは、過去のなかにふくまれていた新しい生命の萌芽《ほうが》をさぐりだし、その成長をうながすことなのだ。

この萌芽が、どのような特殊な形態のもとに未来における発展を約束されているか、すなわち、必要とされる職業組織は詳細な点においてどうでなければならないか、をさらに正確に規定することは本書の試みをこえている。さきの結論をいっそう正確に確認するためには、まずそれにさきだち、同業組合制度とその発展法則についての特殊研究が必要であろう。なお、一般に政治哲学者のお気に入りの、あのあまりにも限定された綱領《プログラム》については、その利点をあまり買いかぶってはならない。それは想像力の遊戯であって、事実の複雑性からはあまりにもほど遠く、実践に大いに役だつという代物《しろもの》ではない。社会的現実は、それほど単純なものではないし、それを詳細な点にまでわたって予測するには、まだあまりにも社会的現実について未知の点が多い。ただひとつ、事象との直接的な接触のみが、科学から得られる教訓に、欠けている確定性を与えることができる。ひとたび、病弊の存在、そしてそのなりたちや原因が明らかにされ、したがってその克服方法の一般的な性格とそれが適用されるべき点が明らかになったときには、たいせつなことは、すべてを予見するようなプランをあらかじめつくりあげることに時をついやすことではなく、意を決して実行にとりかかることである。

＊1　『社会学的方法の規準』第三章を参照。
＊2　論理的関係さえもすべて間接的なものではあるまいか。関連しあっている二つの言葉が、いかに近いものであっても、つねに相違があり、それらのあいだにはつねに論理的な隔たりと間隙がある。

＊3　この問題を曖昧にしてしまった原因は、人びとが健康の観念と病気の観念がいかに相対的なものであるかということに十分気づいていない点にある。きょう正常であるものが、あすは異常なものになるかもしれない。あるいはその逆も起こるであろう。未開人のあの長大な腸は、環境との関係でいえば正常なものであるが、今日ではもはや正常なものとはいえない。個人にとって病的なものが、社会にとっては正常だということもありうる。神経衰弱は、個人生理学の観点からは一つの病気である。だが、神経衰弱患者のいないような社会はあるだろうか。かれらも、現実に一つの社会的役割を演じている。ある一つの状態が正常だとか、異常だとかいうときには、なににたいしてそれがそのように性格づけられるかを付けくわえなければならない。さもなければ、人びとの誤解をまねく。

＊4　『社会分業論』第二編第一章を参照。

＊5　Oettingen, *Ueber acuten und chronischen Selbstmord*, pp.28-32 および *Moralstatistik*, p.761.

＊6　ポレッティ氏による。ただし、氏の説は、タルド氏の *Criminalité comparée*, p.72 における叙述を通してはじめて知ったにすぎない。

＊7　じっさい、こうした結論に行きついてしまうことを避けるために、自殺はたんに文明の悲しき側面 Schattenseite にすぎないのであり、文明そのものに挑戦しなくとも自殺を減らすことはできる、と主張した者（エッティンゲン）もいる。しかし、これは言葉の上だけで満足しているにすぎない。もし自殺が文化によって基礎づけられた原因から生まれるならば、その力をそぐことなしには自殺の減少をうながすことはできない。なぜなら、自殺の減少を有効に達成するただ一つの方法は、原因にはたらきかけることにあるからである。

＊8　この議論は、一つの反論に出会う。なるほど仏教やジャイナ教は、一貫して厭世的な教説からなっている。とすると、こうした教説は、それを実践した民族の病的状態をあらわす指標でなければならないのであろうか。筆者は、そうした知識にとぼしいので、この問題にはっきりと決着をつける

* 9 ことはできない。筆者の推論がヨーロッパの民族および都市タイプの社会をもっぱら対象としていることを考慮していただきたい。この限界の内部では、自殺が病理現象であることはほとんど異論の余地のないものであると信じている。別のある種の社会には、固有の自己放棄の精神があって、それが正常なものとして制度的に確立されていることも考えられる。

* 10 とりわけ Lisle, *op. cit.* p.437 以下。

* 11 これらの場合にも、道徳的行為と道徳に反する行為とのあいだの区別が絶対的なものであるというわけではない。善と悪の対立は、一般の人びとのいうほど根本的なものではない。一方から他方への移行がない、それと感じられないほどなしくずし的に行なわれ、その境目は曖昧であることが少なくない。ただし、明白な犯罪が問題となるときには、自殺の場合より、善悪両極端のひらきが大きく、双方の関連性は少ない。

* 12 *Op. cit.*, p.499.

* 13 *Diction. philos.* フランクによる《Suicide》の項。

* 14 筆者の考えを誤解しないでいただきたい。たしかに、現在の社会もいつかは滅びるにちがいない。したがってそのときには社会は、はるかに小さな集団に解体してしまうであろう。ただし、過去をかえりみて未来を推しはかるならば、この状態はごく一時的なものであろうし、その部分的集団も、現在の社会よりはるかに巨大な新しい社会をかたちづくる素材となるであろう。そのうえ、たがいに結合して現在の社会を形成している集団よりも、これらの集団のほうがそれ自体ずっと大規模なものになるであろうと予想される。

* 15 史上最初の職人組合は、帝政ローマ時代にまでさかのぼる。Marquardt, *Privat Leben der Römer*, II, p.4.を参照。その理由については、拙著『社会分業論』第二編第三章、とくに三三五ページ〔田原音和訳、三三一ページ〕以下を参照。

＊16　この分化は、たぶん現在ほど厳格な規則ずくめの性格はもたないであろう。女子がいやおうなしにある種の職能から排除されて、他の職能に追いやられるといったことはなくなるにちがいない。女子はより自由に選択することができても、ただその選択は、彼女たちの性向によって規定されるだけに、一般的にいって同じ種類の職業に向けられるであろう。選択はかなり画一的なものとなろうが、それは強制的なものではなかろう。

＊17　もちろん、この進化については主要な段階しかしめすことができない。都市につづいて現代社会が出現したというつもりは毛頭ない。その中間の段階を除外したのである。

＊18　この点については、Benoist, L'organisation du suffrage universel, in *Revue des Deux Mondes*, 1866 を参照。

†1　「正常（的）」normal という語の意味については注意を要する。デュルケームは、多少とも普遍的、恒常的に存在している社会の構造特性と必然的に結びついている現象を normal とするのであって、ここには「正当」とか「道徳にかなった」というような価値評価はかならずしもふくまれていない。犯罪がなければ、法律や道徳の十分な発達もありえなかったという意味において（『社会学的方法の規準』第三章）。

†2　社会生活のすべての領域が同一の集合的傾向によって支配されてしまえば、との意。

†3　この集団概念については、『社会分業論』第二版序文を参照。デュルケームは、とくに産業社会における道徳的秩序の回復という課題に照らしてこの集団の意義を論じており、その意味では、労使を一丸とした職能別の組織といった性格が強い。なお、そのイメージは、中世から旧制度にかけてのギルド的組織にかたどって考えられている面もあるが、他方、その伝統的形態の悪弊の克服も強調され、近代的結社の概念に接近する面もある。しかし、デュルケームのこの集団概念の意味と問題点を理解するためには、その労働者の概念の未分化性や経済体制の認識視点（アノミー的自殺の

部分）を理解し、念頭においておくことが必要である。

†5　フランスの同業組合の存在は七世紀ころから史実にみえているが、パン、靴、ろうそくなどの製造職人のそれぞれの組合が知られていた。やがてそれらが発達し、生産、取引の独占、航海などの権利を主張するにいたり、また王権もこの統制を種々の方法で行ない、財政収入をはかろうとしたが、特権の濫発、組合間の反目などによって矛盾が深まった。また旧制度末期には、同業組合は農村工業の圧迫のための陳情を行なったり、市場を遮断するなど、経済の発展にとって桎梏と化していた。なお、十七世紀末のパリにこの種の組合が一五〇〇あまり存在し、五万人以上の親方、職人を組織化していた事実は、その勢力のほどをうかがわせる。

†6　フランス革命のさい、立法措置（いわゆるル・シャプリエ法）によって結社が禁じられた。内容は十人以上の結社、集会をすべて禁止するという極端なもので、類似の規制は十九世紀にもひきつがれ、近代フランスの労働運動の発展等の大きな桎梏となった。

†7　実際の系譜関係の有無にかかわらず、同一の祖先から出て父系あるいは母系の血統によってむすばれている、とその成員の信じている外婚的・単系的集団。多くの父系あるいは母系社会においては、これが社会生活の単位となっていた。

†8　他の外部の社会的単位とのあいだに有機的なつながりをもたず、閉鎖的な構造をもちながら他の単位と隣接しあっているような社会的単位（たとえば自給自足状態における村落）をさす。デュルケームは、このような環節がこわれて単位間の有機的な連繫の深まっていく過程を社会の近代化の過程と考えていた（『社会分業論』）。

†9　十七世紀を中心とする絶対主義王政の時代（とくにルイ十四世治下）に、宮廷内の諸会議の整備、地方にたいしては知事の任命などによって、かなり高度な中央集権体制が形成されていた。

†10　個々人と国家とのあいだに介在すべき集団が、革命による清算、および結社の禁止（訳注†6を参照）によって崩壊したため、個人と国家は無媒介的に対峙する状況が生まれた。

解説

主題それじたいのいきいきとした興味と、ある一貫性をもった方法の適用とがむすびついた社会学的著作は、そうたくさんあるものではない。本書は、おそらくそうした数すくない作品のひとつであろう。「自殺（論）」というメインタイトルと「社会学研究」というサブタイトルとの組み合わせがまさしく本書のこの性格をものがたっている。したがって、この書物は、自殺というきわめて問題的な人間行為それじたいに興味をひかれる読者からも、社会学の基礎視角や研究方法をまなびたいとする学徒からも、共に広くひもとかれてきたのである。

著者エミール・デュルケームは、一八五八年、ラビ（ユダヤ教律法教師）のモイーズ・デュルケームを父として、フランス東部、ロレーヌ地方のエピナル市に生まれた。パリに出、高等師範学校《エコール・ノルマル・シュペリュール》にまなび、歴史家フュステル・ド・クーランジュ、哲学者エミール・ブトルーらの講筵につらなり、その影響をうけた。卒業後リセの哲学教授をつとめるが、しだいに社会学への関心をふかめ、実証的社会科学の方法をまなぶために八六年にドイツに留学、おもにライプツィヒとベルリンに滞在する。翌八七年、帰国とともにボルドー大学講師に任命される。以来、のちのソルボンヌ時代もふくめて、時代のアクチュアルな問題と取り組みつつ社会学の方法的確立をめざすという努力がかれの一貫した企てとなる。『自殺論』の公刊は一八九七年で、そのボルドー時代、三九歳という研究者としてもっとも脂ののりきった時期にまとめられたものである。

それに二年ほど先だつ『社会学的方法の規準』で、デュルケームは、社会的事実を物のように考察せよ、という観察の公準と、社会的事実の決定原因は個々人の意識にではなく先行した社会的事実にもとめられなければならない、という説明の公準を立てた。これに引きつづいてあらわされた本書では、序文にうかがわれるように右の方法の規準が意識されていて、ときにドグマティックとの印象をあたえるほど、その適用がこころみられている。「社会学研究」というサブタイトルが添えられているゆえんである。具体的にいうと、それぞれの社会は一定数の自殺をひき起こす傾向（社会的自殺率）をもっていて、それは個々人には依存しない社会的原因に根ざしているのだとする主張、自殺の説明にさいし通常個々人の動機に帰せられているものはあまり頼りにならないとする指摘、さらに、自殺をたしかな観察的指標によってとらえるための統計的データへの依拠、などがそれである。これらの点が、通常の自殺を扱った書物にはみられないガッチリとした方法的な性格を本書にあたえている。

しかし、つぎのこともコメントしておかねばならないだろう。まず、本書が「社会学研究」と副題され、方法の意識的適用が追求されているからといって、デュルケーム自身、自殺という一種特別な行為にある深い人間的な関心をいだいていなかったわけではないこと。その個人的経験のなかではかれは、高等師範学校の同窓生で無二の親友のヴィクトル・オンメーを一八八六年、自殺と推定される死によって失っている。その追悼の一文を同窓会誌に寄せたかれは、万感の想いをこめて亡き友との生前の交遊の思い出を書きつづっている。人間デュルケームにとってこの衝撃はまこと小さからぬものがあったようである。

また、かれの社会学的自殺論の根底をつらぬく、他者や集団と目標を共有し、集合的な生を生きることによって人ははじめて自己の生に意味をあたえることができるという見方は、ラビの家系に生まれ、のちに信仰を失うとはいえユダヤ的共同体の強い凝集性をもった生のあり方を身をもって知っているその経験にささえられていたのではないか。ただ、この集合的生の拘束があまりにも強いものとなるとき、人格の価値を没却したある型の自殺——集団本位的自殺——が生じることにも目配りがされている。集合的生の両義性の認識がきわめて興味ぶかいかたちで提示されているといえよう。

ところで、自殺研究の流れのなかで本書はどういう位置を占めるのか。すぐれたデュルケーム研究者のひとりアンソニー・ギデンスは、論文「フランス社会学における自殺の問題」（同『社会理論と政治理論の研究』ハッチンスン、一九七七年所収）のなかで、一八世紀の自殺研究は主として自殺という行為の道徳的意味に関心を寄せたが、一九世紀の後半からはヨーロッパにおける自殺率の急上昇が研究者の関心を惹《ひ》き、そのことが広く自殺統計に目を向けさせた、とのべている。フランスのゲリ、リール、ルゴワ、ベルギーのケトレ、ドイツのワグナー、マサリック、イタリアのモルセッリ、フェルリらが、すでに先鞭をつけていたものがそれである。これら先人たちの名と業績は、本書中でもたびたび引かれている。

そして、別の論文「自殺の理論」（同じく前掲書所収）でギデンスは、デュルケームの自殺研究の貢献はかならずしもその統計的方法の使用にあるのではない、と次のようにいう。「この著書（『自殺論』）を卓越したものたらしめているのは、それが依拠している経験的資料でもなければ、それらの収集、分析にもちいられた統計的方法にあるのでもない。これらすべては、他の研究者によってすでにおなじみのものとされていた。むしろそれは、これらの資料がかれの社会学的方法論を資料的に裏づけるべく動員されていくその一貫性と力強さにこそある」。

その社会学的論証の仕方にはたしかにいろいろと問題がある。たとえば自殺の社会的要因による説明を定式化するとき、また非社会的要因による説明を棄却するとき、かれは自殺そのものを問題にしていたのか、それとも自殺の社会率の変動要因を問題にしていたのか。また、二系列の統計的データ（たとえば県別の自殺率と家族の密度）をもとに論証につるさいに用いられる共変法は、方法的にはたして今日的な検討に耐えうるのか。以上のような点については、ふるくは弟子のモーリス・アルヴァクスの『自殺の諸原因』（一九三〇年）にはじまって、最近ではダグラス、ポープ、イザンベール、ティラーらの一連の指摘があって、すでに論点は提出ずみであるともいえる。訳者自身もこれらの点には、『デュルケム　自殺論』（有斐閣新書）において若干の考察と批判をおこなっている。しかし、そうした問題点は多々あれ、『自殺論』の意義と魅力が、自殺という人間行為と社会構造および道徳的構造の特質との関係をなんとかさぐりだそうとする、この社会学者の執拗な、そして力づよい推論にあることは、ページを繰る読者の何びとも否定しがたいのではなかろうか。

だから、本書についてはいまひとつ別の社会学的な読み方もなりたつ。近代社会における個人の存在条件とこれをめぐる道徳意識の変化にかんする透徹した認識として、統合的個人の存立の危機の諸相についての指摘として、さらには危機にある近代社会の再組織化にむけての情熱をこめた訴えとして、本書を読むことである。わけても、第二編第五章のアノミー的自殺の記述は、「アノミー」（anomie）という概念の魅力的な含蓄とあいまって、多くの読者を惹きつけてきた。現代の爛熟した産業社会における人びとの欲求の無規制下の昂進、欲求における疎外の問題が、すでに前世紀末にこの社会学者によって望見されていたかにみえるのである。事実、現代社会における逸脱行動、競争、フラストレーション、誇示的消費、価値の葛藤など、さまざまな現象にアプローチしようとする研究者にとって「アノミー」の概念はすでに不可欠の共有財産となっているといってよい。現代社会論あるいは現代人間論として『自殺論』を読むという企ては十分になりたつのである。

なお、前後するが、ギデンスがデュルケームにたいして提出しているいまひとつの批判点を紹介しておこう。「自殺の理論」（前掲書）のなかでかれはいう。デュルケームは本書においてもっぱら既遂の自殺とその社会的性格に目を向けることによって、実際には厖大な数にのぼる未遂に終わった自殺の問題をネグレクトしてしまった。そこでは暗黙のうちに未遂の自殺も主要な点で既遂の自殺と同じ性質をおびていると仮定されているが、多くのばあいそうではない。前者のうちには決定的な死への決意ではなく、しばしば抗議、補償、贖罪、自己処罰、他者の注意を惹くための訴えなどの心理がはたらいている。それはまさに、内面的な動機など当人の主観的な意味の世界に分け入ることによってはじめてとらえることができる対象なのである。デュルケームの方法とその自殺観にとって、死角にぞくする問題領域がここに指摘されている。

デュルケームは、一八八八年の『哲学雑誌』（*Revue Philosophique*）二六号に「自殺と出生率——道徳統計の研究」と題する論文を寄せた。これが自殺を主題にとりあげた最初の仕事であった。この論文については本書中では若干のコメント（三〇二—三〇三ページ）がある。その結論のみをのべよう。ヨーロッパ諸国の出生率と自殺率のあいだにはあるゆるやかな反比例関係がみとめられるが、このことは、未婚者は既婚者よりも自殺にさらされやすく、子どものない父親は子どものある父親よりも自殺しやすく、離婚や別居の多いところほど自殺が発生しやすい、という事実との関連で理解される。すなわち家族の密度が低かったりその連帯が弛緩しているところで、出生率が低く、反面、高い自殺率がしめされるというわけである。「出生率が低下するとき自殺が増加するのは、これら二つの現象が、ひとしくある程度まで家族的感情の衰退に起因しているためである」。

これは、まさに、本書の自殺のタイポロジーいうところの「自己本位的自殺」の原因論にほかならない。この論文を書いたころ、デュルケームの入手していた統計はかぎられていたし、また、伝統的社会の自殺やアノミーにまでその視野は拡がっていなかった。その後、かれは、一八八七—九〇年度のボルドー大学の講義で「自殺」をとりあげているが、その内容は残念ながらよくわからない。『自殺論』の準備作業はいつごろから始められたのか。『社会学的方法の規準』でかれは社会現象の「正常—病理」の判断の基準についてひとつの見方をうちだしたが、これも『自殺論』の下準備につながる企てとみることができる。ともあれ、『規準』公刊後の一八九五—九六年が執筆期間にあてられたことは疑いない。そのさい、必要なドキュメンテーションのためにかれは心血をそそいだわけであるが、これを助けた陰の功労者マルセル・モースの存在を忘れることはできない。のちに偉大な人類学者として名を知られるこの青年は、デュルケームの甥で、同郷のエピナルに生まれ、ボルドー大学にまなび、若き学徒として研鑽をつんでいた。そのかれが叔父の仕事を助け、司法省統計には記載されていない身分別、子どもの有無別などの自殺傾向を明らかにするため、ひとりで二万六〇〇〇件もの自殺の原資料に立ちもどり、これを点検したのであった。なお、これら司法省の資料の閲覧にさいし、当時同省統計課長の地位にあったガブリエル・タルドの配慮が大いにあずかっていたようである。後世の目からは、この『模倣の法則』の著者とデュルケームは不倶戴天の敵であるかのようにみられているだけに、興味ぶかい点である。

本訳書は、いまからかれこれ二〇年も前に着手し『ジンメル/デュルケーム』(「世界の名著」第四七巻)に収められた拙訳がもとになっている。しかしこのときは、第一編「非社会的要因」は要約を収めただけで、全体としては分量で四分の三ほどの抄訳にとどまっていた。その後、「全訳を読みたい」という要望が読者から寄せられ、一方、訳者としても未熟な二〇代に公刊した旧訳にいろいろと不備を感じていたこともあり、「全訳をこころみられては……」という中央公論社のすすめがあったのを機会に、旧訳の改訳に第一編の新訳をくわえた全訳をだすこととした。というわけで、既訳の部分についても全部いちおう原書と照合しなおして、訂正すべきところはチェックしたつもりである。しかし、正直のところ、いまだにどう訳すべきか判断のつきかねる箇所がいくつもあり、翻訳とは永遠に終わることのない奥行のふかい仕事だということをあらためて思い知らされている。

なおこの機会に、『自殺論』の訳出のそもそもの機縁をあたえられた尾高邦雄東京大学名誉教授、高橋徹同教授にふかく感謝申し上げる次第である。また当時から今日にいたるまで、翻訳について貴重な助言、批判をいただきつづけている折原浩東京大学助教授にも謝意を表したい。なお、同助教授のまとめられた『デュルケムとウェーバー』（上下巻、三一書房、一九八一年）が、『自殺論』解読のたいへん透徹した企てであることをぜひともつけくわえておきたい。

訳文をつくるにあたっては、*Le Suicide: étude de sociologie*, nouvelle édition, 3ᵉ trimestre, Presses Universitaires de France, 1960 を底本とし、ほかに二、三の版を必要に応じて参照した。スポールディングとシンプソンによる英訳本も、文意の確認のうえで参考になった。

今回の改訳、新訳にかんしお世話をいただいた中央公論社江阪満氏、そのための煩雑な作業に従事された同長谷川弘道氏には、訳者として感謝の気持でいっぱいである。

一九八五年盛夏　　宮　島　　喬

新装版の刊行にあたって

デュルケーム『自殺論』の拙訳が中公文庫に収められ、多くの読者の手に取られ、三〇余年が経過する。このほど、より読みやすい、親しみやすい新装版がつくられるのに際し、若干の訳の修正と、表記の変更、注の配置換えを行ったが、文庫の初版時（一九八五年）の原型とはほとんど変わっていない。

本書は一九世紀末に世に問われ、議論を巻き起こし、その著者エミール・デュルケームはちょうど没後百年を昨年（二〇一七年）に迎えている。自殺とは、誰しもが人間の極限の行為と認め、誰しもが「なぜ?」「その動機は?」と問わざるをえない行為である。かつて自殺は、宗教的・道徳的な判断の対象とされ、次いで、人間病理の表れとされ、これらに視点の転換をもたらしたものの一つが、デュルケーム『自殺論』だ。著者は、社会学者として自殺という行為の理解と説明に、大きな革新をもたらしたが、それについては、訳者解説で述べたので、ここでは繰り返さない。ただ、現代の社会状況、人間状況からこの古典を読み解く上で、二、三の思い至ることに触れておきたい。

それぞれの社会集団は固有の自殺率（傾向）をもち、男性—女性、既婚者—未婚者、カトリック教徒—プロテスタント、一般市民—軍人・兵士、などの間で自殺率に有意の差がみとめられること、その理由を問うのに、自殺の社会的タイプ分けが必要だとして、①自己本位的自殺、②集団本位的自殺、③アノミー的自殺、④宿命的自殺、という四つの自殺タイプを設定したこと、これは、種々の批判も投げかけられてきたが、やはり、デュルケームの不滅の業績であると思う。

ただ、自殺という行為が現出する社会文化環境と、それらが人々に与える衝撃も、一世紀前とはかなり異なる。文庫公刊の三〇年前に比べても、時代相の違いはさまざまに感じられる。

たとえば急激に進んだ高齢社会化。自殺総数に占める高齢者のそれの割合は増加する一方であり、日本の自殺においても六〇歳以上のそれが四割に達する。自殺の動機を単純にこれこれと単一化して示すやり方に『自殺論』の著者は大いに批判的だったが、この高齢者の自殺ほど孤独、家族との離死別、健康不安、生き甲斐喪失などが複合的に重なっているケースは少ない。加えて、あのリーマンショック時（二〇〇八年）に急増した経営破綻の事業主のように、社会的責任を深刻に受け止め、自罰感情をかさね、生命を絶った者が六〇歳代にも少なくなかった。

ソーシャルメディア、ＩＴの機能や使用が圧倒的に広がり、孤独と自己無意味感に苦しむ個人が「自殺をしたい」と発信し、たちまちネット上で同じ志向をもつ未知の仲間とつながる。だが、互いに慰め励まし、生きる意欲を与え合うと思いきや、逆に、落ち合って一つの車の中に排気ガスを引き込んで集団自殺をとげる、といった理解しにくい事態が起こったりする。『自殺論』では、生の意味を失う孤独者の選ぶ自死は、集団自殺などとは無縁のものだった。

そして一九九〇年代日本は、あのオウム真理教の未曽有の諸事件をもった。教祖とその法外な世界観に傾倒したとされる、若い高学歴エリートを含む青年たちが、日本の法制では死刑は免れないと分かるはずの、複数の殺人と、サリンガスの製造・散布による不特定多数に死傷を負わせる行動をあえてし、自ら命を落とした（二〇一八年七月、麻原彰晃こと松本智津夫ら一三名の死刑執行）。デュルケームは、待望するある理想状態（たとえば涅槃《ニルヴァーナ》）に到達するために自己を滅却する行為を自殺の一タイプとして描いたが、それとかれらの行為は通じるのか。デュルケームならば、オウムの青年たちの行動を、どんな自殺の社会的タイプに引き寄せただろうか。

最後に、子どもの自殺。日本の日々のニュースに「いじめを苦にしての子どもの自殺」を推測し、伝える報道が何と多いことか。「いじめ自殺」の言葉さえ生まれ、これが年間二百余件に上るなどと推測する向きもある。『自殺論』にはさまざまな自殺行為者が登場するが、子どもの自殺への言及は全くない。デュルケームの持論では、子どもは、infans

自殺という行為に身を投じる（言葉をもたない）なる未熟な、非社会的存在なのだから、理由をもたないということになる。だが、いたいけなローティーンの子どもにも友人関係、親子関係、教師との関係などの社会関係があり、理解や共感ではなく、嫉み、敵意、服従という関係に苦しめられる子もいる。生きたいと思いつつも、それらを突破する社会的な力をまだもちえないという閉鎖的世界が、かれらを「もうこれしかない」と思う最後の行為に追いやるのではないか。と考えると、『自殺論』がわずかに注のなかで、それも一度だけ言及して通り過ぎた、「宿命的自殺」が、それにあたるのかもしれない。

現代の読者が、さまざまな自殺という行為に出遭いながら、デュルケーム『自殺論』に埋め込まれている意味を再発見することも、意味のあることではなかろうか。

二〇一八年盛夏

宮島　喬

Lunier, *De la production et de la consommation des boissons alcooliques en France*, Paris, 1877.—同じく art. in *Annales médicopsych.*, 1872; *Journal de la Soc. de stat.*, 1878.—Prinzing, *Trunksucht und Selbstmord*, Leipzig, 1895.

第三章

Lombroso, *Pensiero e Meteore*.—Ferri, Variations thermométriques et criminalité, in *Archives d'Anth. criminelle*, 1887.—Corre, Le délit et le suicide à Brest, in *Arch. d'Anth. crim.*, 1890, p.109 以下、および p.259. 以下。—同じく *Crime et suicide*, p.605-639.—Morselli, p.103-157.

第四章

Lucas, *De l'imitation contagieuse*, Paris, 1833.—Despine, *De la contagion morale*, 1870; *De l'imitation*, 1871.—Moreau de Tours (Paul), *De la contagion du suicide*, Paris, 1875.—Aubry, *Contagion du meurtre*, Paris, 1888.—Tarde, *Les lois de l'imitation (passim). Philosophie pénale*, p.319 et suiv., Paris, F. Alcan.—Corre, *Crime et suicide*, p.207 et suiv.

◇第二編

第四章

Steinmetz, Suicide among primitive Peoples, in *American Anthropologist*, January 1894. Waitz, *Anthropologie der Naturvölker* の諸所。—Suicides dans les armées, in *Journal de la société de statistique*, 1874, p.250.— Millar, Statistic of military suicide, in *Journal of the statistical society*, London, June 1874.— Mesnier, *Du suicide dans l'armée*, Paris, 1881.—Bournet, *Criminalité en France et en Italie*, p.83 以下。— Roth, Die Selbstmorde in der K. u. K. Armee, in den Jahren 1873-80, in *Statistische Monatschrift*, 1892. — Rosenfeld, Die Selbstmorde in der Preussischen Armee, in *Militarwochenblatt*, 1894, 3es Beiheft. 一同じく、Der Selbstmord in der K. u. K. österreichischen Heere, in *Deutsche Worte*, 1893.— Antony, Suicide dans l' armée allemande, in *Arch. de méd. et de phar. militaire*, Paris, 1895.

manie du suicide et de l'esprit de révolte, de leurs causes et de leurs remèdes, Paris, 1841.—Etoc-Demazy, *Recherches statistiques sur le suicide*, Paris, 1844.—Lisle, *Du suicide*, Paris, 1856.—Wappäus, *Allgemeine Bevölkerungsstatistik*, Leipzig, 1861.—Wagner, *Die Gesetzmässigkeit in den scheinbar willkürlichen menschlichen Handlungen*, Hamburg, 1864,IIe partie.—Brierre de Boismont, *Du suicide et de la folie-suicide*, Paris, Germer Baillière, 1865.—Douay, *Le suicide ou la mort volontaire*, Paris, 1870.—Leroy, *Étude sur le suicide et les maladies mentales dans le département de Seine-et-Marne*, Paris, 1870.—Oettingen, *Die Moralstatistik*, 3e Auflage, Erlangen, 1882, p.786-832 および tableaux annexes p.103-120.—同じく *Ueber acuten und chronischen Selbstmord*, Dorpat, 1881.—Morselli, *Il suicidio*, Milano, 1879.—Legoyt, *Le suicide ancien et morderne*, Paris, 1881.—Masaryk, *Der Selbstmord als sociale Massenerscheinung*, Wien, 1881.—Westcott, *Suicide, its history, literature*, etc., London, 1885.—Motta, *Bibliografia del Suicidio*, Bellinzona, 1890.—Corre, *Crime et suicide*, Paris, 1891.—Bonomelli, *Il Suicidio*, Milano, 1892.—Mayr, Selbstmordstatistik, in *Handwörterbuch der Staatswissenschaften, herausgegeben von Conrad, Erster Supplementband*, Iena, 1895.—Hauviller D., *Suicide*, Thèse, 1898-99.

◇第一編

第一章

Falret, *De l'hypocondrie et du suicide*, Paris, 1822.—Esquirol, *Des maladies mentales*, Paris, 1838（t. I, p.526-676）および article《Suicide》, in *Dictionnaire de médecine*, en 60 vol.—Cazauvieilh, *Du suicide et de l'aliénation mentale*, Paris, 1840.—Etoc-Demazy, De la folie dans la production du suicide, in *Annales médico-psych.*, 1844.—Bourdin, *Du suicide considéré comme maladie*, Paris, 1845.—Dechambre, De la monomanie homicide-suicide, in *Gazette médic.*, 1852.—Jousset, *Du suicide et de la monomanie suicide*, 1858.—Brierre de Boismont, *op. cit.*—Leroy, *op. cit.*—Art.《Suicide》, du *Dictionnaire de médecine et de chirurgie pratique*, t. XXXIV, p.117.—Strahan, *Suicide and Insanity*, London, 1894.

参考文献

取り扱われる特定の問題について、必要に応じて特殊文献を各章ごとに示す。

◇自殺の一般的文献にかんする指針

I　依拠した主要な官庁統計

Oesterreichische Statistik (Statistik des Sanitätswesens).—Annuaire statistique de la Belgique.—Zeitschrift des Königlisch Bayerischen statistischen Büro.—Preussische Statistik (Sterblichkeit nach Todesursachen und Altersclassen der Gestorbenen).—Würtembürgische Jahrbücher für Statistik und Landeskunde.—Badische Statistik.—Tenth Census of the United States. Report on the Mortality and vital statistic of the United States 1880, IIe Partie.—*Annuario statistico Italiano.—Statistica delle cause delle Morti in tutti i communi del Regno.—Relazione medico-statistica sulle conditione sanitarie dell' Exercito Italiano.—Statistische Nachrichten des Grossherzogthums Oldenburg.—Compte rendu général de l'administration de la justice criminelle en France.*

Statistisches Jahrbuch der Stadt Berlin.—Statistik der Stadt Wien.—Statistisches Handbuch für den Hamburgischen Staat.—Jahrbuch für die amtliche Statistik der Bremischen Staaten.—Annuaire statistique de la ville de Paris.

その他、次のような論文に有益な資料がふくまれている。

Platter, Ueber die Selbstmorde in Oesterreich in den Jahren 1819-1872. in *Statist. Monatsch.*, 1876.—Brattassévic, Die Selbstmorde in Oesterreich in den Jahren 1873-77, in *Stat. Monatsch.*, 1878, p.429.—Ogle, Suicides in England and Wales in relation to Age, Sex, Season and Occupation, in *Journal of the statistical Society*, 1886. —Rossi, Il Suicidio nella Spagna nel 1884, *Arch. di psychiatria*, Torino, 1886.

II　自殺一般についての研究

De Guerry, *Statistique morale de la France*, Paris, 1835 および *Statistique morale comparée de la France et de l' Angleterre*, Paris, 1864.—Tissot, *De la*

マ　行

ヤ　行

ナ 行

ハ 行

タ　行

索　引

主要なページをしめす。

ア　行

編集付記

一、本書は中公文庫『自殺論』(一九八五年九月刊)の改版である。

一、改版にあたり、同文庫(二五刷 二〇一七年一二月刊)を底本とし、若干の訳文の修正を行った。巻末に訳者による「新装版の刊行にあたって」を付し、旧版の巻末にあった原注、訳注を各章末に移した。

一、本文中、今日の人権意識に照らして不適切な語句や表現が見受けられる部分があるが、執筆当時の時代背景と作品の価値に鑑みて、そのままの表現とした。

中公文庫

自殺論《じさつろん》

1985年 9 月10日　初版発行
2018年 9 月25日　改版発行
2025年 1 月30日　改版 5 刷発行

著　者　デュルケーム
訳　者　宮《みや》島《じま》　喬《たかし》
発行者　安部 順一
発行所　中央公論新社
〒100-8152　東京都千代田区大手町 1-7-1
電話　販売 03-5299-1730　編集 03-5299-1890
URL https://www.chuko.co.jp/

ＤＴＰ　平面惑星
印　刷　三晃印刷
製　本　小泉製本

Published by CHUOKORON-SHINSHA, INC.
Printed in Japan　ISBN978-4-12-206642-7 C1136

各書目の下段の数字はISBNコードです。978－4－12が省略してあります。

中公文庫既刊より

ニ-2-3
ツァラトゥストラ
ニーチェ
手塚富雄 訳
近代の思想と文学に強烈な衝撃を与え、今日なお予言と謎に満ちたニーチェの主著を格調高い訳文と懇切な訳注で贈る。〈巻末対談〉三島由紀夫・手塚富雄
206593-2

ハ-2-2
パンセ
パスカル
前田陽一
由木 康 訳
時代を超えて現代人の生き方に迫る、鮮烈な人間探究の記録。パスカル研究の最高権威による全訳。年譜、索引付き。〈巻末エッセイ〉小林秀雄
206621-2

マ-2-4
君主論 新版
マキアヴェリ
池田 廉 訳
「人は結果だけで見る」「愛されるより恐れられるほうが安全」等の文句で、権謀術数の書のレッテルを貼られた著書の隠された真髄。〈解説〉佐藤 優
206546-8

キ-5-6
死ぬ瞬間 死とその過程について
キューブラー・ロス
鈴木 晶 訳
死とは、長い過程であって特定の瞬間ではない。二百人におよぶ末期患者への直接面接取材で、〝死に至る〟人間の心の動きを研究した画期的ロングセラー。
206828-5

キ-5-7
「死ぬ瞬間」と死後の生
キューブラー・ロス
鈴木 晶 訳
大ベストセラーとなった『死ぬ瞬間』の著者が語る、少女時代、医学生時代。どうして著者が死を迎える患者たちの話を聞くに至ったか等、白熱の講演を再現。
206864-3

キ-5-3
死、それは成長の最終段階 続 死ぬ瞬間
キューブラー・ロス
鈴木 晶 訳
無為な人生を送ってしまう原因の一つは死の否認である。明日があると思ってやるべきことを先延ばしにする人間は成長しない。好評「死ぬ瞬間」続編。
203933-9

キ-5-4
「死ぬ瞬間」をめぐる質疑応答
キューブラー・ロス
鈴木 晶 訳
死を告知された患者と、介護する家族の心構えを、簡潔な質疑応答のかたちでまとめた必読の書。「どうして私が」という当惑と悲しみをいかに克服するのか。
204594-1

テ-6-1
仏の教え ビーイング・ピース ほほえみが人を生かす
ティク・ナット・ハン
棚橋一晃 訳
詩人・平和活動家として名高いヴェトナム出身の禅僧である著者が、平和に生きること、仏の教えを平易な言葉で語る。現在のこの瞬間への冒険と発見の書。
203524-9

カ-7-1
ルルドへの旅 ノーベル賞受賞医が見た「奇跡の泉」
アレクシー・カレル
田隅恒生 訳
二十世紀初頭、若き医師がルルドの地で目撃した、不治の病にある一女性に起こった奇跡。著者の生前発表されることのなかった引き裂かれた魂の告白。
206183-5

コ-7-3
若い読者のための世界史 改訂版
E・H・ゴンブリッチ
中山典夫 訳
『美術の物語』の著者がやさしく語りかけるように、時代を、出来事を、そこに生きた人々を活写する。各国で読みつがれてきた〝物語としての世界史〟の古典。
207277-0

マ-10-1
疫病と世界史（上）
W・H・マクニール
佐々木昭夫 訳
疫病は世界の文明の興亡にどのような影響を与えてきたのか。紀元前五〇〇年から紀元一二〇〇年まで、人類の歴史を大きく動かした感染症の流行を見る。
204954-3

マ-10-2
疫病と世界史（下）
W・H・マクニール
佐々木昭夫 訳
これまで歴史家が着目してこなかった「疫病」に焦点をあて、独自の史観で古代から現代までの歴史を見直す好著。紀元一二〇〇年以降の疫病と世界史。
204955-0

マ-10-3
世界史（上）
W・H・マクニール
増田義郎
佐々木昭夫 訳
世界の各地域を平等な目で眺め、相関関係を分析しながら歴史の歩みを独自の史観で描き出した、定評ある世界史。ユーラシアの文明誕生から紀元一五〇〇年までを彩る四大文明と周縁部。
204966-6

マ-10-4
世界史（下）
W・H・マクニール
増田義郎
佐々木昭夫 訳
俯瞰的な視座から世界の文明の流れをコンパクトにまとめ、歴史のダイナミズムを描き出した名著。西欧文明の興隆と変貌から、地球規模でのコスモポリタニズムまで。
204967-3

マ-10-5
戦争の世界史（上） 技術と軍隊と社会
W・H・マクニール
高橋均 訳
軍事技術は人間社会にどのような影響を及ぼしてきたのか。大家が長年あたためてきた野心作。上巻は古代文明から仏革命と英産業革命が及ぼした影響まで。
205897-2